艺海扬帆　薪火传续

方济众 评传

吉武昌　著

中国文史出版社

图书在版编目（CIP）数据

艺海扬帆　薪火传续：方济众评传 / 吉武昌著 .--
北京：中国文史出版社，2023.10
ISBN 978-7-5205-4361-3

Ⅰ . ①艺⋯ Ⅱ . ①吉⋯ Ⅲ . ①方济众（1923-1987）
—评传 Ⅳ . ① K825.72

中国版本图书馆 CIP 数据核字（2023）第 188448 号

责任编辑：李晓薇

出版发行：**中国文史出版社**
社　　　址：北京市海淀区西八里庄路 69 号　邮编：100142
电　　　话：010-81136606　　　81136602　　　81136603（发行部）
传　　　真：010-81136655
印　　　装：西安雁展印务有限公司
经　　　销：全国新华书店
开　　　本：787mm×1092mm　1/16
印　　　张：32.5
字　　　数：450 千字
版　　　次：2023 年 10 月北京第 1 版
印　　　次：2023 年 10 月第 1 次印刷
定　　　价：128.00 元

长安画派文化研究史料

方济众艺术研究系列丛书 （三）

目　录

卷四　诗意笔墨　精神家园
——方济众诗书画作品解读

附录　艺术评述·年表·谈艺录

引言

意大利著名文艺批评家、历史学家、哲学家贝奈戴托·克罗齐在其1915年出版的《历史学的理论与历史》书中提出"一切历史都是当代史"。其意为,那些在我们当代历史中已"过去"了的历史,只要于我们当代还具有某种鲜活的而非空洞的、并能引发我们实际精神兴趣生活的需要,那么,过去史实际上也就是当代史。从认识论的角度看,历史正是以当前的现实生活作为其参照系。也即是说,只有过去的历史和当前我们的文化视域与精神指向相重合的时候,那么,这样的过去史才能为人所理解,并且可传承与延续。英国哲学家柯林武德在其《历史的观念》一书中且进一步认为:"历史就是活着的心灵的自我认识。"

在当代,国家富强与经济强盛,伟大的中华民族复兴梦,已给予国人比较优越的文化自觉条件与彰显文化自信的资本。

长安画派历史已是当下一种新传统,一种启发引导我们艺术精神的"当代史",长安画派依然活在现在,其艺术史仍然是当下活生生的过去。

今天,国家"一带一路"倡议,已经给予了长安画派新的价值意义诠释,也赋予了身处文化故都长安的艺术家一种特有的情感。长安画派已再次被历史重新标格,其在中国美术界树立的风标导向,随着时空的推移,将会愈加清晰明确。

诞生于20世纪的长安画派及方济众艺术人生之文史价值意义,之所以在当下能引起学术界与社会的兴趣和关切,乃是因为其已经直接影响到当代长安画坛的现状格局与动态走向。

当下,专注于长安画派的研究兴趣,是基于当下实际生活的需要,也同样是当前彰显文化自信的活生生的精神需要。

研究长安画派及方济众艺术并赋予其历史以当代新的文化意义的,正是潜存于我们对其历史判断中的实际需要。将长安画派历史与当代艺术生活相统一，意味着历史就是现实的精神生活过程，意味着我们当下的艺术精神已融入其历史中，意味着我们必须以自己的精神世界来融入和领会过去的历史。

唯其如此，才能真正实践我们与先贤的灵魂对话。

历史是精神活动，而精神活动永远是当前的；历史也是一种自然的物化了的历史，也即是具体的人事的历史。

活跃于20世纪50年代末至80年代中期的方济众，他的人生旅程、艺术行为于当代长安画坛有着承前启后之价值意义。方济众虽然离开我们已经40多年了，然而在当代长安画坛以及家乡陕南汉中，人们并没有因为先生离开的许久而渐渐遗忘，先生的精神力量并未因其肉体的消失而消失，相反，它有着强大的历史延续性和精神穿透力。

因此，本书的写作意义，在于重新审视方济众的艺术生涯，在于重温长安画派及方济众艺术人生的过去。这将有助于我们重温长安画坛的过去，梳理长安画坛的现在，展望长安画坛的未来。

逝去的方济众，曾经的艺术，过往的故事，以其人生的点点滴滴，如同泱泱汉水河面上时时泛起的朵朵浪花，永远是奏响我们艺术灵魂的最强音符。

2021年5月

卷一 | 故土・泥香・滋卉园 | 方济众与汉中

汉水泱泱　诸葛灵光

　　人类历史，亘古绵绵，远古岁月，幽邃神秘。越巍峨秦岭，茫茫云海之下，南濒巴山之间，素有"天府之国""鱼米之乡"之称的汉江盆地，承自然之孕繁衍生息，和万象之律竞相绽放；山川予其脊梁，河流蕴其血脉。

　　温润、纯朴、灵秀，神奇之汉江盆地，千百年来，融荆楚、巴蜀、羌陇、秦汉文化之多样，亦哺育了许多艺术之芬芳。

一

　　古代龙岗寺遗址，显露于史之众多彩陶，将绘画和器物造型结合，以写实与写意手法表现，简洁明快，自然流畅。

　　汉中古栈道，斑斑痕迹，绵延山间，经历2000多年岁月，遗留下许多人文典故印记："幽王伐褒得褒姒""张良火烧栈道""萧何月下追韩信""明修栈道，暗度陈仓""诸葛亮北伐曹魏"在历史的尘雾中闪烁着迷人的光芒，成为历代山水画家创作的生活源泉。北宋《宣和画谱》记载，唐代诗人、画家王维曾创作的反映嘉陵江山水栈道的栈道图、蜀道图；画圣吴道子创作的嘉陵江蜀道图；青绿山水画鼻祖李思训、李昭道父子的《明皇幸蜀图》《春山行旅图》等。

　　汉魏石门"十三品"摩崖石刻中最具代表者为《部君开通褒斜道摩

崖》（大开通）、《故司隶校尉楗为杨君颂》（石门颂）及北魏《石门铭》。"大开通""石门颂"为东汉隶书刻石。"大开通"为现存东汉摩崖刻石中最早者，此碑结字圆润浑穆、寓健于柔，有波燥意味，但无明显挑法，故拙朴内涵饶有古趣。而"石门颂"则有鲜明的隶书八分特点，瘦劲恣肆、雄健舒和，素有"隶中草书"之誉。"石门铭"为著名的北魏石刻，此刻石在笔法上、笔势与体势上吸收了"石门颂"的苍劲凝练、跌宕开张、奇崛飞逸的特点，发展成为浑穆自然的北魏楷书。此三摩崖石刻驰誉海内外，历来为方家学者所推崇和赏识。于右任"朝临石门铭，暮写二十品，辛苦集为联，夜夜泪湿枕"诗句，更是激起当代众多年少学子对汉魏摩崖十三品的追摹与向往。

再如，现珍藏于汉中略阳县城南灵崖寺的东汉著名摩崖刻石《郙阁颂》，清翁方纲《两汉金石记》、康有为《广艺舟双楫注》对其艺术评价甚高。此碑气度宽阔，结构严整，俊逸厚重，古朴沉郁，独具风韵，碑字为标准的汉隶八分书，是研究汉字、书法和东汉八分隶书的重要实物资料。

此外，北宋著名画家、文学家文同（1018——1079），曾任兴元府（今汉中）知府、洋州（今洋县）知州十年。城北簧管谷多竹，常赏竹并画之。画竹叶创浓墨为面，淡墨为背之法，开创画竹新风，形成墨竹一派，对后世影响甚广。其画竹真谛由苏轼提炼出"必先成竹于胸中"，典故"胸有成竹"于此广传。台北故宫博物院藏有《墨竹图》。

古时文物、书画名作，实乃汉水文化的形象标志和文明载体，是古人对其生存与精神完美体验的表现。这些丰厚的文化遗产，是我们塑造现代文明的精神导航和艺术新生坐标。

二

方济众的家乡在现今的汉中市勉县。

勉县，西汉时设置"沔阳县"。隋代撤沔阳县，改为嶓冢县。以后称西县，至唐一直沿用。唐以后改称沔州。明洪武四年（1371）迁沔州治于西山谷口，也即现在方济众家门西南的武侯街。明洪武七年（1374）七月去沔州为沔县；清代几百年，沔县属汉中府。1912年废州为沔县。民国二年（1913）废府设"汉中道"，沔县属之。民国十七年（1928）废道，直属于省。民国二十四年（1935）在汉中设陕西省第六行政督察区专员公署，沔县属之。

勉县位于陕南山地西部，汉中盆地西端，因南临沔水（汉江上游）而得名。北依秦岭山脉之天荡山，南接巴山山脉之定军山，中部为汉江平原，地形分平川、丘陵和山地三部分。平川位于武侯镇以东，是汉中盆地的一部分。这里气候温润，林木丛生，泉水棋布。逶迤雄伟之八百里秦岭山脉之中，有一条纵贯南北、终年激流奔腾的深渊山谷，汉水的支流褒水和渭河的支流斜水汇聚流淌其中。有意思的是，支撑古代汉中平原经济动脉的三条古栈道中的褒斜道，连通三秦与巴蜀；陈仓古道经陕入川，都在勉县的古阳平关前与蜀地的金牛古道相连。阳平关西隔沔河支流咸河与走马岭上的张鲁城遥遥相对，雄踞于西通巴蜀的金牛道口和北抵秦陇的陈仓道口。

连接三条古道枢纽的阳平关，"西控川蜀，北通秦陇，且后依景山，前耸定军、卓笔，右踞白马、金牛，左拱云雾、百丈，汉、黑、烬诸水襟带包络于其间，极天下之至险。蜀若得之上可以倾覆寇敌，尊将王室；中可以蚕食雍、凉，开扩土地；下可以固守要害，为持久之计"（《隋书·地理志》）。三国时期之诸葛亮六出祁山过程中，挥师北伐，其中四次出阳平关，行陈仓道，率领各路大军进行北伐。诸葛亮于沔阳屯兵长达八年之久。而每当退兵时，他又在这里休养生息，教兵演武。现今在古阳平关的卧龙岗上仍留有诸葛亮读书台遗址。故而古阳平关不仅是诸葛孔明"兴复汉室"的桥头堡，也是镇守汉中的"蜀之咽喉"，构成抵御曹魏的"汉中门户"。

古阳平关，又名"白马城""泧口城"。始建于西汉，现位于武侯镇莲水村。古阳平关城置身汉江河谷之中，城以南之汉江自西往东穿流而过，河谷南是东西走向延绵10里，"十二连珠"闻名遐迩之定军山。定军山与勉县以北之秦岭山脉天荡山互为呼应，而关城横贯汉江河谷之间。汉江支流之咸河自北向南在阳平关城西与汉江交汇。这里地势险峻，景色优美，沔水汉江如一条绿色长带，从定军山、天荡山山谷穿梭而过。

《三国志·蜀书·后主传》记载：蜀汉建兴"五年（227）春，丞相亮出屯汉中，营沔北阳平石马。"石马城就是勉县老城，是清代勉县之古县城所在地。《沔县新志》记载："卧龙山在县城北一里，有莲花池，传为卧龙所载，岁放数花，间开并蒂，瑞应科名，旁有孔明读书台，其下西泉在焉，旧建卧龙亭及祠、宇三楹。"明洪武四年（1371），沔州治迁于沔河（汉江）以北今武侯镇莲水村西山谷口，明嘉靖龙冈书院所在地。州府迁至，带动了经济兴盛与繁荣，人口逐渐密集，逐步发展成为一个新兴城镇；洪武七年（1374），降州为县，县治仍位于此。此后，城镇面积不断扩大，遂成为沔县的经济、政治中心。直至民国24年（1935），县城由此地迁往今址（菜园街）。而地处古阳平关之"老城"，此后人口逐渐分

勉县武侯祠一角

散，经济渐为萧落。

三

"一个沔阳城，半部三国史"，此话并非夸张。遥想古代，豪迈、悲壮、激荡的金戈铁马的三国历史，曾演义出多少英雄豪杰。现在的古阳平关遗址，三国时期众多之历史遗迹、人文景观蕴存于四周，丰富的传说在这里汇集。定军山下，云霞树绕，岗峦起伏，沔水清泠。

风定犹闻碧玉香　67cm×68cm　1983年

十字，由于我的兄弟中，有两位著名
的书诗家，三位画家和一位诗人！
我你为一个最小的弟之。我两文化环
景境，也还是很优越的。

家里的书籍和拉谱很多，特别
是每逢春节来临时的前夕，为了迎
接春节的来临，全家都忙了起来。
写春联，画门画，接新窗纸，村
暑垃圾庭宇，使整个院落里
得焕然一新。

楹联总是我叔父提前拟
好的，由我最长的大哥执笔，门书
画，由三位兄长，每人画两幅，而
我自己也只是一个跑来跑去的
观众，只感到其乐无穷而已。惠一

个撑纸磨墨的份儿也轮绘不上。

在我的家里，除了头土房里每年
都买一份灶王爷贴上，重写付"上
天言善事，下地降吉祥退处，再没
有春联敷纸。那天天长之贵的中
堂和门画，全是用兄长的大红
纸上画的山水或梅兰竹菊，花
鸟的那之贵的东西。正方里也大
多是名人字画，更派方先地展就
即和祖先的神径。

尽管我家也养猪圈，牛圈
圈之内总共才十四间房，但在这个
村里，而角也称个大户。当我上
小学的时候由我成了中遇爱了雨

我的学画经历（手记）

蜀建兴十二年（234），诸葛亮常年征战操劳，病逝于五丈原。诸葛亮临死前遗命："葬汉中定军山，因山为坟，冢足容棺，敛以时服，不须器物。"公元234年，忠武侯诸葛亮墓修建于沔水之南、定军山之北。

公元263年，蜀后主又下令建武侯寺于沔水之北，也就是现在的阳平关向东两里地的武侯祠。

千百年来，诸葛亮之墓便静静地卧在定军山高挺粗壮的松柏之间。沔水长流，无声地诉说着蜀、魏帝王将相谋略的故事，为古阳平关平添了许多神秘。古老的沔阳热土，如今英雄长眠，历尽荣辱后青山依旧在，"出师未捷身先死，长使英雄泪满襟"，诸葛亮那鞠躬尽瘁、死而后已的精神如江河奔流，千古永存。千百年来，文人雅士、达官显贵、庶民百姓不断来此凭吊。

武侯镇是勉县政府管辖的一个建制镇，是由早些年古阳平关以东的老城更名至今。面积93平方公里，辖1995年前的老城乡、方家坝乡和朱家河乡。山多、丘陵多，平地仅占8%左右，浕水（咸河）与沔水（汉江）在这里交汇。现存明清古城墙1000多米，后依据古阳平历史概貌修复西城城楼及城墙300米。而东城墙与东城门据说毁于"文革"时期。如今放眼老城门外，政府在老城基础上，仿民国24年（1935）前的沔县老城主体格局及当时的繁华景象，建成一公里左右的仿古武侯街，街道以卵石铺垫，板铺互连，街内居民宅院几乎皆仿古时陕南民居样式而建。为方便居民，街内诸如邮局、银行、市场等一应俱全。

古阳平关外的108国道承袭古之金牛道，而省道309承袭古之陈仓道。两道交汇于此，前几年新修成的十天高速公路贯越其境。2013年，武侯镇被确立为省级文化旅游名镇，三国时期之文化古迹遗存尽显于此，境内有古阳平关、勉县老城、武侯祠、马超墓祠、万寿塔、诸葛亮读书台等，多处古迹遗存为武侯古镇凝练了人文内涵。如今，历经改革开放几十年潮流激荡，千年古镇焕发出青春的活力，而山川秀美工程使这里的山水更加婀娜多姿。

故土滋养　书香世家

一

武侯镇因诸葛亮而得名。武侯镇方家坝是方济众的家乡。

1923年7月24日（农历癸亥六月十一日），方济众便出生于古阳平关所在地勉县老城西北尽头之方家坝。

方家坝距离今勉县城5公里，西邻艾叶口，北靠朱家河，大概因方氏祖先自第一代之方再高公以后，经历代方氏繁衍生息，人口惠泽方门人丁兴旺，故而得名方家坝。按1989年《勉县志》载："清末民初，方济众的家庭在沔县为第二富豪。"方氏后人新修订之《方氏家谱》文字叙说，方家坝方氏祖籍浙江舟山。后因躲避战乱，向北方迁移，先落户于湖北麻城、黄陂、孝感一带。至明成化年间，又因战乱沿汉江向西迁徙。据说其中有方姓三兄弟，老大在城固方家堰安家，老二止步于沔州古阳平关成墙下，老三落脚于凤县今方家坎。

现在居方家坝之第一代先祖乃先公方高再。高再公育有四子，为二代。至清末，方氏族人主要居住在方家坝老村子，现今钟楼村；及近者，先后分布于勉县城、水磨湾、茶店镇、武侯街等。

方氏族十代方育文公，其生卒年与事迹不详，传说死于1863年太平天国扶王陈得才率军攻打汉中、占领勉县的一次意外土匪绑架中。育有三子：方联科、方联荣、方联奎，其主要居住在方家坝老村子。

方济众青少年时期的故居一角

　　那时，方济众祖父方联科一辈家境还算殷实，生活也较安逸。方联科膝下二子方培德、方锡德，方联荣育有方付德，方联奎育有方茂德。方济众祖父去世后，家境逐渐贫困。祖父离世时，老二方锡德还小。这样，全家生活重担自然落在了老大方培德肩上，全家也一直住在方家坝现在的老村子里。

　　方培德，生于1871年，卒于1925年。为人侠义豪爽，品正厚德，友善好客。民国时期曾被推举为地方团头，那时的团头相当地方甲长，比现在的村主任职权要大些，要维持地方治安，还有百姓生活与教育管理。而团头一般都由在当地有威望的乡绅担任。由此可知，方培德依靠勤劳智慧，已将家庭逐渐带向富裕。方培德还经常救济穷苦百姓，方圆几十里很有威望，深受家乡人民尊敬。

　　方培德育有四个子女，分别是方济豫、方济宽、方济萍、方济众。1925年（民国14年），方培德病逝，那时方济众只有3岁多，哥哥方济宽刚9岁，姐姐方济萍6岁。

　　方家至祖父方联科时，在方家坝村子正中央，仿照北方建筑房舍格局修建了一个木制结构四合院。在那时山村房舍普遍都是单式房屋的情况下，这样的四合院显得别样又显眼。方家四合院门窗全是木制雕花装饰样式；中间是正房，两边为侧房、书房；长辈居正房或侧房，晚辈居厢房或耳房，这其中以东厢房为尊。侧房内边是厨房。方家一家老少，按辈分配居室。此后，方家老小就在这四合院起居生活。

二

清末至民国时期，方济众母亲与儿女一直和方锡德全家同住这个四合院里。

方锡德膝下有方济森和方济溥、方济英。方济众在院子六个弟兄中年龄最小，侄子后辈就叫他"老六"。

方家坝几十户人家，松敳地分布于一个由北而南渐次而下的山坡上。这里青山绿水，景色秀丽，周围层层梯田环抱，郁郁树林合围；山脚下一条清澈的小河叫咸河，蜿蜒曲回，由北而南默默地流向沔水汉江。

方锡德，字鑑堂，1878年（清光绪四年）出生于方家坝。方锡德从小聪颖好学，心地善良，温良谦恭，勤俭朴素，饱览群书。大约在1905年，

青年时期方济众（右一）与母亲胡宝珍、哥哥方济宽（左一）及孩子的合影

方锡德参加汉中府组织的清朝的最后一次科举考试，顺利考取秀才。

明、清之际，经过州府组织的院试，获得入学资格的"生员"的俗称，也即得到秀才资格。在古代，获取秀才资格意味着获取了功名，进入了封建体制士大夫阶层的最低门槛。同时，在地方上亦会享有一些特权，受到社会一定的尊重。例如免除差徭，见知县时不用下跪、知县不可随意对其用刑、遇公事可直接禀见知县等等。但秀才生员功名的获得并不能带来财富，不能享有专门俸禄。在经济文化十分落后的乡村，秀才已经是名副其实的一方乡绅名士了。普遍会受到乡野民间百姓的尊重。那时，秀才在乡间更多以教书谋生。

中国的科举制度经历了1300多年。1905年（光绪三十一年）9月2日，清政府宣布废除科举制度。科举制度的废除是"新旧中国的分水岭。它标志着一个时代的结束和另一个时代的开始"（罗兹曼《中国的现代化》）。此后，代表现代教育理念的新学堂在各地纷纷设立。到辛亥革命前全国各地已有6万多所新学堂。而高等教育新学堂引进西方教育理念，吸收新式教育的管理方式与教学方法，提倡现代科学与技术。在这种情况下，方锡德萌生了要走出乡间报考保定军官学校的念头。

那时从家乡过沔城一路奔汉中，年轻人一般都会选取便捷的山间羊肠小道。而要从沔县到西安，一般都是从褒城进山，经过张良庙、柴关岭、酒奠梁，中途落脚在双石铺（凤县县城），从双石铺翻秦岭到宝鸡，再坐火车到西安，一般都要三至五天。方锡德沿褒谷山间小路行至连城山时，路遇一行人，互相礼让间，一步未跨过去，被山上落下的一块石头砸伤。此后，腿脚落下残疾，终未出山，实为遗憾。

1935年（民国24年）之前的勉县县府在今西山谷古阳平关东的老城，当时的方家坝距勉县县城不远。方锡德为家乡乡绅，思想开明，为人真诚，他先于家乡兴办教育，方济众幼年接受的教育，便是从叔父在方家祠堂办学开始。清末至民国初期的方家祠堂坐落于方家坝老村子中间，大约在1814年（嘉庆十九年），被土匪吴抓抓放火烧毁。方家又在原址基础上，于1888年（光绪十四年）重新修建，自此香火一直不断。祠堂为四合

翻修一新的方济众故居

院，大小房间十四间。祠堂院内中间有百年丹桂一株，四角不老柏松护卫。每逢9月，院内丹桂飘香，松柏掩映，散发出勃勃生机。房舍建筑，坐北向南，殿宇古朴雅致，庄严凝重又高大显阔。祠堂内有大照壁、山门、献殿、过厅，大门两边砖雕上刻有匾额，大门门楣上有"方氏祠堂"巨匾一块，煞是气派。祠堂外沿两边有斗拱，飞檐翘角。大门两侧有石狮。

民国后期，方氏家族每年都要在这里举办隆重的祭祖仪式。

那时，方氏祠堂也是方家坝最早的启蒙小学学堂。当时在祠堂授课的还有方济众的兄长方济豫。方济豫非亲生，是抱养过来的，文质彬彬，书生意气，却在一次乡公所当班时被土匪意外杀害。

方锡德腿落有残疾之后，便打消了到外考学求取功名的念头，安心踏实经营家事。方家当时没有经营商业，主要以教书和经营土地为主要谋生手段。

三

方济众父亲方培德去世后，全家重担就落在了叔父方锡德身上。方锡德最初是以办教育起家，在自家祠堂兴办启蒙教育，后来还在老县衙担任

过勉县高小学堂校长。那时，方家坝四合院居住着大小十几口，一家人生存是个大问题。方锡德凭他的坚毅、智慧与勤劳，使全家大小和睦相处，其乐融融。家境虽不算十分宽裕，倒也自适顺畅。方锡德为人厚朴，自奉俭约，做人正直，是地方名副其实的开明绅士。

1935年8月，勉县县治由老城迁至菜园镇，也就是现在的县城。次年，川陕公路开通，使汉中途经沔县，直达宁（羌）变得通达顺利。

以后，方锡德还担任过勉县教育局长、财政局长、粮贸局长。由于思想开明，仁爱旷达，门徒很多，晚年被大家拥戴推荐为县参议长。方家也因此成为勉县四大名望家族之一（其他三家为苏俊山家、朱承德家、侯建成家）。那时，勉县有"四大胡子"，方锡德人称"方胡子"。当时在勉县，能留有胡子的须是乡绅名士、地方名流。

方培德去世后，方锡德对待堂嫂尊重有加，对待侄子视同己出。四合院家内事务全是方锡德之妻、方济众二妈打理。二妈心地善良，朴实贤惠。每逢农忙时节，二妈穿着布鞋挂着拐杖，行走田间地头，吆喝一家大小与雇工在田间忙活着。这样的环境滋养以及方锡德的惠泽教养，方家堂兄姊妹都能和睦相处，小时候的方济众便成长在这样一个温暖祥和的大家庭中。同时方锡德还教子有方，方家堂兄姊妹均受过良好的教育，可谓书香世家。

20世纪30年代中期，方锡德主动弃官回家，在家专于学医。方锡德膝下三儿一女，长子方济森高中毕业。二子方济溥，生于1908年，先在湖北武昌美专上学两年，后又上武汉大学。大学毕业后在武昌中学任教。因为身体不好，两年后回乡，任县立中学第二任校长。方济英就读于汉中师范学院，毕业后到三原县工作。

故居前的咸河

故乡田园　68cm×45cm　1984年

民国时期高中故校风光速写　1972年

汉水巴山是旧乡　200cm×68cm　1981年

沔水孕育　学涯成长

一

　　五四运动以后之中国，内外文化环境时常处于新旧交替、逆向交流与互相碰撞之氛围中；20世纪也是中国美术从古典形态向现代形态转变的重要历史时期。民族屈辱，战火纷飞，救亡图存，反帝反封建构成这一时期重要主题。中国画也伴随着激荡的社会潮流不断变革，引入西式教育教学模式与办学方式。

　　抗战初期，东南和华北大部沦陷。1937年10月30日，国民政府从南京迁都重庆。这期间，大批文艺家先后向武汉、重庆、成都、桂林和延安等地转移，沿海各地及沦陷区的高等学府、科研院所与艺术院校大多迁至大后方；各类报纸、抗战画刊及出版社也先后落脚重庆。陆续迁入重庆的大学诸如国立中央大学、复旦大学、国立北平艺专与国立杭州艺专等。同时，一大批文艺家如茅盾、田汉、冯友兰、曹禺、徐悲鸿、于右任、张大千、赵望云、高剑父、关山月、老舍、黄宾虹、黄君璧、丰子恺、谢无量等先后入蜀，汇聚重庆。抗战期间，重庆文化活动与艺术行为非常活跃，有力地带动并影响了全国各地的抗战文艺运动。当时，仅在美术展示活动方面，有张大千、关山月、陈之佛的国画展，赵望云、傅抱石的国画写生展，张大千的敦煌壁画临摹展等，这些展览在挖掘与传承民族文化传统、展示中国画的时代新风及艺术创新之路方面都做了一定的开拓探索。另

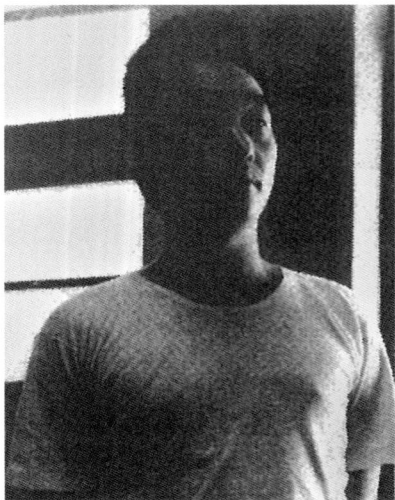
1952年时的青年方济众

外，各类为抗战义卖募捐展、各类文化协会举办的现代绘画展等也持续不断。有关艺术考古、书画史论文献研究展览以及当下艺术批评与艺术研究，也在此时期产生了较大的社会反响与意义，如傅抱石发表的《中国山水画论》《中国的画学》，徐悲鸿发表的《西洋美术对中国美术之影响》等，在当时产生了较大影响。不断兴起的中国画展览活动，也引起了画家、文化学者、文艺理论家对于当时的民族绘画中国画生存现状与艺术之路的思考。"'七七'民族解放的圣战开始之后，一切学术都为了争取胜利，以配合着军事和政治武装起来了。在学术中国化的前提下，'民族情调'与'中国气派'，确实适合于新国画的基本目的，我们在这战斗的大时代中，批判地改造国画，使其树立起中国近代的有利战斗基础。"（赵望云《抗战中国画应有的新进展》，原载1940年《中苏文化》抗战三周年特刊）1942年秋赵望云携学生、青年画家杨乡生一起前往河西走廊、祁连山一带写生。"经半年之久，足迹遍及陕甘沿途"，赵望云引导学生用传统国画技巧直面西部生活，创作了一批表现草原生活和大西北边疆雄伟风光的画作，并在其中有意识地突出抗战精神等。民国32年（1943）4月17日，《新新新闻》报开办"杨乡生画展特刊"，对其中清新的生活气息给予积极评价，"向成都国画画坛吹来改革新风。"作家姚雪垠在《观杨乡生画展有感》中特别提道："中国画有三条路，一条死路，一条生路，另一条是半生不死或一生求死之路。第一条路是死模古人，第三条路是冬烘秀才穿西装四不像。而第二条是赵望云、关山月等人熔中西技巧于一炉，创造性的中国现实主义绘画风格之路。这才是一条前途灿烂之路。"

二

汉中素为屯兵要地，历代均驻有重兵。抗战时期，地处秦巴天险要地的陕南汉中因地理优势一时成为全国抗战大后方。汉中位于西安、成都、重庆之间的地域战略优势，吸引了由沦陷区搬迁来的四面八方的军队、机关、学校团体和流亡在外的同胞，他们翻山越岭拥入汉中腹地。一时间，汉中成为连接西北、西南两大后方的军事集结地和西北重要空军基地。

1938年（民国27年），国民政府最高军事学府中央陆军军官学校第一分校（其前身是黄埔军校），迁至汉中石堰寺。这所培养抗战时期高级指挥员的军事学府，为抗日前线培养出两万多名各级指挥员。1943年，国民党中央军事委员会委员长汉中行营成立，台儿庄会战的最高长官、第五战区长官李宗仁将军任行营主任。与此同时，鄂、陕、甘边区警备总司令部在汉中成立，陕南王祝绍周任司令。国民党青年军二〇六师在汉中组建。另外还有各类用于抗战军事保障的国际通讯台、长途电话维护总站迁驻汉中。各大银行也先后在汉中设立分行。从1931年至1945年，汉中先后建有机场四处。

抗战中，不愿做亡国奴的民众离乡背井，经由京广铁路和陇海铁路相继来到西北古城西安；还有一些，一路颠簸翻过秦岭落脚汉中后，再由汉中中转前往西南、西北等地避难。1938年1月，国立北平大学、国立北平师范大学、国立北洋工学院（天津）等迁移来汉。在城固县城设立校本部及文理学院，在龙头镇七里寺和古路坝设立工学院，在今汉台区黄家塘设医学院，在沔县设农学院。4月，国民政府将迁移来汉各高校合并，改称国立西北联合大学。一批文化名人被吸引到汉中，另外商务印书馆、中华书局、生活书店、电影院、京剧院和秦腔剧院也相继设立。

此时期汉中以艺术形式宣传抗日的文化活动频繁，《雷雨》《野玫瑰》《棠棣之花》等话剧艺术展演场次众多，仅次于重庆、桂林。一批著名学者、教授、画家如许寿裳、李达、李蒸、许德珩、李约瑟、罗章龙、蒋牧良、叶仿樵、任曼逸等云集汉中，给这个闭塞的古城带来一股浓郁的

1987年2月初，方济众探亲期间在汉中博物馆与亲朋合影

文化气息。1940年前后，从河北流亡到汉中的画家叶仿樵、任曼逸、郭登岑、孙竹青、曹自先、王大平等人举办了山水、人物画及抗日宣传画展览，以义卖形式赈济难民，开古城画展之先河。一时间，在汉南联中、汉中师范、女中等校的青年学生中引起轰动，大家奔走相告，一睹为快。书画家以展览、义卖、募捐、街头宣传的形式投身于抗日活动，活跃了艺术气氛，鼓舞了老百姓的抗日热情，也增强了军民的抗日斗志。

特别需要提到的是，一代书法大师于右任在此期间先后多次来往甚至寓居汉上，在汉中留下了许多墨宝。

1939年7月5日，老舍随全国慰问总团北路慰问团一行，从四川重庆出发，抵达汉中；1943年3月，常香玉的"香玉剧社"来到汉中，以义演募捐形式在汉中城市乡村为灾民演出约半年时间，其间，常香玉还到勉县不少城镇演出。1944年8月，中国戏剧协会组织演艺人员来汉中，先后演出著名剧作家、汉中籍左明的《放下你的鞭子》以及《捉汉奸》《义勇军进行曲》《松花江上》等剧曲。其时，西北联大在汉中宣传演出的阵容强大，演出的进步戏剧及剧目场次比西安还多。汉中也成为与昆明、桂林、成都、重庆并举的南北文化重镇。

三

方济众居住的勉县也不例外。

方济众少年时期，家乡方家坝的勉县老城也迁来了沦陷区的许多难民百姓，一些部队与府衙机关也迁移于此。

随着军队、机关、学校等一些设施与单位的迁入，以及大量难民的流入，一时间，方济众的家乡古阳平关老县城武侯镇变得拥挤不堪、杂乱无序。当时的汉中，日军飞机经常不定期地来轰炸，勉县老城地处山区，日军飞机才少干扰。但是，随军家属子女及难民子弟上学却成了一大难题。

1938年之前，勉县还没有中学。于是，东北军五十三军留守处便借当地的第一女子小学校舍，在武侯镇驻军设立部队子校，学校名为"东北仁山中学"，但当地老百姓的子女是无法进入这所学校学习的。1938年秋，教育部第八服务团山西战地服务团来县宣传抗日救国，当时丁玲带队的西北服务宣传队也到五十三军宣传抗日救国。服务团同时于武侯镇筹办了两个初中补习班，面向百姓子女，校名"沔县中山初级中学"，校址设在武侯镇旧城内的城隍庙。这期间，武侯镇抗日宣传运动如火如荼。1938年4月，西北农学院迁至勉县武侯祠，勉阳第一女子小学、勉县第一高小、东北仁山中学、山西战地服务团办的中山初级中学给地方教育增添了生机与活力；学校内外、大街小巷，各类抗战刊物、墙报、漫画、标语、传单随时可见。抗日讲演会、文艺节目等形式丰富多彩，一时间，武侯镇成了当时的抗战宣传教育试验场。

方济众的堂兄方济博1932年从武汉中华大学教育系毕业，两年后返汉，在汉中联立中学教书。1937年冬，仲宽联络旅汉同学组织抗日宣传队，并亲率宣传队回勉县宣传抗日并于1938年积极筹办勉县初级中学，得到了驻军东北军五十三军的鼎力支持。1942年，县长王慕曾筹款在何营乡边寨村南设立县立初级中学，接收中山中学、仁山中学，初名为武侯中学，冬复名县立初级中学。1942年，于右任赴川过县，曾为县立初级中学题写校牌。1944年冬，校舍为国民党军队占用，学校迁至武侯墓院内。1946年又迁回原址。

方家坝位于秦岭南麓的低矮丘陵地带，村子三面环山，山川相间分布，贯穿于家门前的一条咸河从北往南，在古阳平关南与沔水交汇。儿时的方济众常在门前的水潭游泳捉鱼，在家门前树丛山坡捕鸟。家乡特有的自然和人文气息，为年少的方济众提供了艺术的基本营养。

方济众叔父方锡德文才极高，每逢家乡佳节及红白喜事，别人写对联都是抄写，而方锡德则是现场即兴对仗，顺口皆成诗词。叔父的几个孩子都比方济众姊妹年龄大。方济众同辈六兄弟小时候都生活在方家坝四合院，因着老城与武侯祠文化气氛以及家庭文化氛围潜移默化的浸染，六兄弟小时候都喜欢书画。

1929年（民国18年），方济众5岁那年便开始了他的读书生涯。最初是在方家祠堂接受启蒙教育，1930年入勉县书院读书。1922年（民国11年），当时的县府将旧州、黄沙两所官学扩建为第二、第三高级小学，将原老城（勉县书院）高等小学改为第一高级小学堂，方济众就在这所学校读完高小。第一高级小学堂在武侯镇，叔父方锡德曾担任过这所高等小学堂的校长。

方济众上小学时的校长叫祁安祥，祁先生早年毕业于成都东方美术专科学校，这所学校是石鲁的哥哥冯健吴在1932年创办的。

祁先生思想开明，教育理念新颖，教学方式方法不同于私塾教育。大概因为方家当时在地方上的威望，祁先生经常与方家来往；又因为方济众性格温和、聪颖善良，生活朴实节俭，在学校勤勉好学，又特别喜欢绘画，令祁校长特别的钟爱。祁先生的图画课不是让学生照本宣科地生硬描摹一些课本上插图作品，而是根据学生各自心理特点，启发学生自由作画。这样学生在课堂上就无所拘束地进行涂鸦，方济众画起画来特别来劲。当时配备的图画教材里的插图几乎都是丰子恺先生的现代漫画。方济

城固桔园写景　25cm×25cm　70年代

众临摹得多了，脑海里也就记住了画家丰子恺先生。方济众晚年曾在他的《艺海扬帆》回忆录里写道，祁先生"对绘画很有研究，教学方法颇新，给我很大启示和指导"。

　　当时方家四合院中堂大厅门口上方的匾牌是"孝友传家"。至方锡德一代，方家已成为沔阳一带典型的文化世家。1925年（民国14年）当时的窦县长专门给方家写有匾牌"积勤有余"。方济众晚年总结自己的艺术人生，从国际视野谈民族心理和乡土意识对他艺术的影响，在回忆录里深情感怀地写道："感到自己的家乡、自己的祖国是多么的美好而自负终生。"在家乡环境的影响下，方济众年少志高，勤勉好学，习诗作词，而于画事，特别钟爱。

一次，母亲让他和哥哥方济宽到附近自家地里去拔草，但兄弟二人却悄悄合计着要到附近的雷公山去画画。雷公山在老城关关山梁村，东西走向，连绵起伏，沟壑纵横，古木参天，云雾缭绕，峰峦叠嶂，峰顶上还有个元岳观庙。庙宇西侧那一片竹海荡漾下，一缕清泉飞瀑悬挂，景色秀美异常。虽然雷公山就在家门不远处，但是兄弟两个还从未攀登过。于是，弟弟在哥哥带领下，一路未曾歇息地登上山去。登高远眺，山下汉江如带，门前咸河蜿蜒脚下，阳平关万寿塔、武侯祠尽收眼底。兄弟俩饱览美景后，便匆匆下山。不料，下山途中，哥哥脚底下未踩稳，一脚踏空滚下山坡十几米远，幸而被一竹树拦截未掉下山去，却满脸划痕，血迹斑斑。兄弟俩胆怯至极，不敢回家。幸而遇当地朝庙的大人们一路护送，才算安全下山。方母见状，既心疼又生气，却也没有发脾气。

1935年12月川陕公路修通，成为抗战中连接西北与西南的大动脉，蜀道天堑由此变成通途。这条路刚好从方家坝前通过。一次，方济众为了画马，便沿着山路观察马的行走姿态，竟然不知不觉跟着一马队行走了30多里，一路跟到了黄沙镇。返回后大人心疼不已，让母亲好好地说教了他一顿。

堂兄方济博曾在武汉美专上过两年学。回到家乡后学历最高，在方济众同辈里名望也较大，并且书画皆善，诗文也好。特别是他从武汉带来了新理念、新思想，也带回许多新的文史艺术书籍，如达尔文的《天演论》、哥白尼的《天体运行论》，还有孟德斯鸠的《论法的精神》、德孟尔的遗传学及牛顿的万有引力等科学名著以及其他科学人文书籍等。少年方济众在翻阅过程中，眼界逐渐开阔，想象力不断增强。求知的欲望也愈来愈强。方家几个堂兄弟里，方济众从小受方济博影响最大，堂兄也特别喜欢小弟方济众，对他的学习要求也很严格，经常督促检查方济众作业，也时不时地手把手教方济众写字画画。

他家里很早就藏有《芥子园》成套画册，方济众懂事时更是对《芥子园》画册爱不释手，常常临摹起来不知疲倦，乐在其中。

方济博经常会给周匿村舍前来求教者予以帮衬。小时候的方济众总是堂兄的尾巴，堂兄走到哪里就会跟到哪里。堂兄帮别人作书写字时，总会吆喝方济众为他磨墨。

方家四合院每逢佳节总会张灯结彩，张贴许多民间窗花。一次，小小的方济众大着胆子在自己的窗框上用毛笔信手画了一幅有叶无花的兰竹图，并且还煞有情趣地题了画名"忍着春寒懒放花"。意想不到的是，方济博看到此画后十分惊叹，认为小弟画得非同一般，构思巧妙，立意独特，诗境深远，富有内涵，很有创意。因为一般人画兰会画花朵，而方济众的画却别出心裁。堂兄在人面前说，大家别小看这个小弟弟，长大以后说不定会有大出息。能得到自己仰慕且具有社会威望的堂兄的赞誉，方济众心里别提有多高兴了。

在绘画之外，方济众小时候对中国的古典诗词和文学著作也特别感兴趣。叔父及几个堂兄珍藏于家里的中外名著，他反复阅读，常常会被书中多愁善感的文学情节所吸引而不能自抑。

四

方济众在武侯镇读完小学后，大约在1937年，便来到了汉中府省立第五中学读书。这所学校按照民国新学制，实行六年全日一贯制教学培养模式，初中与高中连读，初中3年，高中3年。

省立第五中学（后来校名改为省立南郑中学）创建于1929年，校址最初设在万寿宫。学校创建之初便招收高中班，从此结束了汉中没有高中的历史。方济众能就读于此，得益于堂哥方济楷的引荐。

那时候，汉中城有两所中学，其中一所为汉中联立中学。联立中学前身汉南中学堂是清光绪三十二年的汉南书院。汉南书院在清朝乾隆时期是汉中最大的学府，因治学严谨，仅考取进士者先后就有14人之多，因而闻名遐迩。1912年8月，再改汉南中学堂为"联合县立汉中中学校"。1915年

山行

68cm×45cm　1986年

更名为"陕西省联合县立汉中中学校",简称"汉中联中"。这座学校属于汉中地方管理,不像方济众就学的五中,是省府直接管理。

方济众堂兄方济楷1936年担任汉中联中校长。方济楷是自家堂叔方茂德三子。堂叔方茂德生年不详,乃祖上三爷方联奎唯一的儿子。方茂德那时在勉县也是个享有威望的学士,曾在清末考中拔贡,于四川灌县任师爷多年,后归家侍奉老人,之后再未去四川续职直到病逝。方茂德育有五子,分别是方济泰、方济濒、方济瀕、方济瑞、方济堃。

1938年到1944年,古城汉中遭受日军轰炸多达30余次。有一次轰炸日军竟然动用了60多架飞机,令汉中城内外死亡人数近百,伤者不计其数。如此状态下,国民政府不得不下令将城内机关、学校分散到周边山区、农村。这样,从1939年初开始,省立南郑中学、女子师范迁至周家坪;汉中联立中学与汉中师范搬至褒城高台寺。方济众14岁那年,日军飞机经常来骚扰轰炸激发起民众极大的抗日情绪。当时的城乡街道到处都张贴着抗日标语，随时能见到抗日救亡活动，山间乡野到处都能见到军队营地官兵在军训操练；社会民主抗日团体与众多学校也都积极投身于抗日浪潮中。汉中学生抗日后援会组织了学生演出队，演出以抗日救国为主要内容的新旧戏剧、歌舞等，受到各界民众的欢迎。那时，从全国沦陷区流亡到汉中的画家与当地画家经常举办一些抗战义卖募捐性的美术展览。1942年，汉中本地画家还专门成立了美术学会，曹自先为主要发起人之一。主要成员为郭登岑、王大平、叶访樵、陈次石、阎松父，这是当时汉中最早成立的美术学会。河北籍画家孙竹清女士从北平流亡到汉中定居，国家危亡之际，孙女士一改画鸟为画虎，以此艺术行为呼唤国人威武抗敌。孙竹清还开办了"竹清油墨社"，并多次在汉中、城固街头作画义卖募集捐款。许多画家分散在各类学校教授美术，配合形势画抗战壁画。

这样一种氛围，不仅影响着方济众的学画热情，也点燃了他的爱国热忱，年少的方济众就在这时候尝试着用水墨画形式画起了宣传画。

方济众所在的省立第五中学，是著名民主人士刘次枫于1927年秋天受民国省府教育厅委派回汉中创办的，刘次枫为首任校长。先生思想开明，倾向进步。故而在他创办的学校里，具有进步思想倾向的老师很多，其中就有中共陕南特委地下党书记梁益堂。学校经常有抗日活动进行，年少的方济众也凭着一腔热血时常参与其中。"一次全校师生冒雨参加抗日誓师大会的时候，图画老师给方济众安排了一个特殊任务：要他在几块六尺长白丝布拼成的幅面上画一幅抗日宣传画。画稿是老师找好的。题目是'工农兵学商，一齐来救亡'。画面是一条凶恶的蟒蛇从日本，经朝鲜和中国东北，向华北、华南扑来。在蟒蛇周围有成千上万的抗日群众拿着各式各样的武器向蟒蛇投掷。当方济众完成后得到了老师和同学的赞扬，并在清明节的小镇集会上，就将这画挂在戏台前。这是方济众十四岁时首次完成的巨幅画。"（见《方济众艺术研究文集》，世界图书出版公司西安分公司出版）

方济众还特别喜欢读一些进步书籍。"土地也被火光烤红了，在北方的天空中火光连成一片，不停地在天空涂抹血迹……人们聚在苏州河这一边，关切着对岸闸北方向的大火。几个青年在忧愤地交谈着，其中一人说：'让它烧吧，中国人是烧不尽的，中国人的心是烧不死的！'""你还记得火中的凤凰吗？它们从火中得到新生。我们也应该在火中受洗礼。这是我们的苦难……苦难可以锻炼我们……"这是巴金小说《抗战三部曲》第一部《火》中的一个场景。书中火热悲壮的语言激励了无数青年的抗日斗志。每当方济众读到这里的时候，总是激情澎湃，热血沸腾。于是，他结合《流亡三部曲》中的歌词画成一套几十幅的连环画，很快在学校师生中传播。想不到的是，连环画在师生们互相传阅的过程中，竟意外地被媒体发现，很快地在当地报刊以新闻的方式刊登。方济众的画作一时间在师生中引起很大反响与共鸣。1940年，汉中专署举办十二县大中专院校美术竞赛展览，方济众送去的两幅国画作品被评选为全区美展国画第一名。

少年方济众也对中国古典诗词及中外文学名著喜爱有加，托尔斯泰、普希金等的文学名著他经常反复阅读，并且在阅读中养成了独立思考的习惯。中学时期，方济众已是才气逼人，经常书写诗文，以诗歌抒发自己的情感。1941年清明节前后，语文老师以"扫墓"为作文题，方济众两小时完成了一首古体诗《老马行》："……地阔北风急，天高白云稀，老马啮墓草，相对故人泣。故人少将军，提鞭策战驹，去岁带血回，丧生故园西。井里为一墓，荒丘生荆棘，老马感春阳，出枥扬鬃去。"诗文意境生动感人，老师从头到尾未改一字，并且给予了极高的评价！

除绘画与诗歌以外，方济众还酷爱民族乐器。他从拮据的生活费中抠出些钱买了一把二胡，并花费了不少课余时间练习乐器的技法。

方济众很小时父亲便不幸病逝，此后母亲胡宝珍就与儿女们相依为命。丈夫早早去世，身边还拖有两儿一女，胡宝珍时常感到精神与情感的孤独，后来就信奉了佛教，成了一位地道的佛教徒。虽有济众叔父方锡德经常性给予他们一些贴补，但是母子四人的生活还是显得有些艰难。哥哥方济宽大方济众9岁，在武侯镇读完高小后，便进入省立汉中师范学校读书。1938年毕业就回到了勉县老城第一高小学校教书，1937年方济众到汉中上学时，哥哥以微薄的薪水经常性地给他生活上的资助。

四合院里的叔父方锡德，早年在府衙任职，又有家里的土地收入，还可以撑起全家基本生活。后来，叔父辞官在家自学中医，依靠行医，还勉强支撑生活。但随着四合院子弟陆续上学，抗战后期时局动荡、苛捐杂税名目繁多，物价漫天飞涨，家庭收入越来越少。

方济众高中毕业前一年，母亲考虑哥哥方济宽已经工作，姐姐已出嫁，不想再过多连累堂弟，执意要求分家生活。方锡德拗不过堂嫂，于是在1943年这年，无奈同意分家。

方济众高中学习的最后一年，母亲为了继续供养他读书，无奈私下借

林间溪畔　25cm×25cm　80年代初

贷，并变卖了些土地。那个时候的家庭生活艰难状况，从他14岁时张贴在班级墙报上的一首新诗可窥见一斑：

窗外的雨，

灯前的泪，

十年前的往事，

竟成了不堪回首的记忆。

父亲留下的幼儿，

母亲养成的爱子，

如今是无依的漂泊者。

五

1944年夏天，方济众结束了他的中学时光，开始踏上了自我谋生、自食其力的生活之路。

从小受家庭环境的耳濡目染，更有母亲一直以来的殷切期望，济众高中毕业后本该继续在外求学，通过仕途谋取良好前程，以报效长辈与母亲的教化养育之恩。但是当下现实生活却让他不得不收敛抱负，先求谋生。

经人引荐，也应周加坪小学王介生校长的聘约，方济众高中毕业便直接来到汉山脚下的这所小学教书。

周家坪小学是个完全小学，方济众在授课的同时，还兼了一个班的班主任。学校教师短缺，方济众平均每周上课都在30节左右。校长王介生是一位十分干练的人，除了从事教育行政外，为了缓解学校资金紧张，提高教师生活待遇，他养了两头羊、许多只鸡，还充分利用校园内的空地种植各类蔬菜、豆类，而学生和老师就是劳动力的来源。到学期终了，春节来临时，校长便会宰羊请老师们享用，算是对老师一个学期辛苦工作的谢意。方济众面对被宰杀的羔羊，写下《牧童的哀悼》一诗。从诗文中能感受到青年方济众的善良与善于思索的思维特性。

牧童的哀悼（上）
　　——一九四四年冬于周小

一只哀鸣的羔羊被宰割时，

白色的颈上，

抹一痕淋淋的血渍，

安然逝去。

啊？我的可爱的呀！

祖先给了你一对坚角！

你为何不抵抗于今夕？

祖先给了你蹦跳如飞的四蹄，

你为何又走向了亮尖尖的屠刀？

难道你不知道人间有尖刀？

不知道人间有伪善的面孔？

……

　　方济众除了上语文、美术课外，还兼任学校体育课程。每天早操时他总要带领学生唱着《义勇军进行曲》出校、返校。但是这首乐曲当时在汉中被列为禁唱歌曲，方济众这样的行为也给他带来了不少麻烦。

　　繁忙紧张的一学期结束了，方济众决定离开周家坪小学另谋出路。

　　半年的辛劳，并没有获得多少酬金，方济众回家的时候只能给家里买一担竹编的箩筐。1945年春节后，方济众进入家乡的勉县中学教书。

　　这时候他的堂哥方济博正好在勉县县立初级中学任校长。当时的勉县初级中学暂设在武侯祠内。祠内古木参天，祠外定军山环绕，汉江从武侯祠脚下山涧静静流淌而过。武侯祠内外殿堂纵轴布局碑石林立，到处都有历代名人题写的匾联。融建筑、雕刻、绘画、书法、文学、园林艺术于一体。方济众在这里任教虽然只有短短一年时间，然而却对他日后的绘画创作产生了极其深远的影响。"在那里，他第一次从容而细致地端详了生他养他的土地，头一回认真地观察了家乡的风俗民情，当然也是第一次将自己的命运与那挣扎在风雪线上的父老乡亲系在一起。"（见《艺海扬帆》回忆录）

方济众晚年的回忆里，对当时故乡山川风光有这样的描述：春天，参天的古柏依旧蔚蔚葱葱的，远远望去，是一段黑森森的林带。走到近处，那些饱经战乱风霜的栎树、梅树，以奇异而魁伟的姿态迎接你。梅树新吐的深红色花絮和嫩叶，栎树未脱尽的老叶和嫩芽，土坡上初生的嫩草和远远近近丘陵上早已苏醒过来的麦苗，把这许多无法用语言描述的色彩，组成了一幅富有诗意的图画。清明过后不久，这里的盛夏就开始了，浓荫使这儿特别凉爽，尤其是夜晚。山风从定军山的峡谷吹来，使人尽情地品味来自自然而绝非人间的气息。群鹰在这里聚会、夜莺在这里唱歌，皎皎的明月从古柏交错的丛林中升起。这时，我喜欢独自在庭园的月光下散步，静静地欣赏那冲出乌云的月亮。

连绵的秋雨使这里变得暗淡而凄清，特别是夜晚，雨丝抽打芭蕉的声音唤起了我的琴心，于是我静坐窗前，举弓操琴。雨打芭蕉的琴韵伴着淅淅沥沥的风声雨声，我不禁凄然而吟起那首小诗：

窗外的雨，
灯前的泪，
十年前的往事，
竟成了不堪回首的记忆。
…………

冬天开始，阴雨就告结束。陕南的秋收往往要拖延到冬天。天晴好种麦，远远近近的丘陵田野，又很快铺上一层轻轻的绿纱，雁群又回到这里，一字横空，引颈长鸣，在红云飞扬的林梢谱写了一曲晴朗的歌。

冻云密布的时候，北风吹拂来漫天的雪花。远远近近，高高低低，铺

山村傍晚　　68cm×68cm　　1973年

撒成一片白色的世界，似乎遮盖了世间的一切烦恼。但迫于生计的农夫还得冒雪辛劳。

> 洪洪雪原，
> 沉睡在灰暗的云天下。
> 在天边，
> 有多个黑色的小点，
> 向近处慢慢移动；
> 啊，原来那是冬耕的农夫，
> 他一面鞭打着耕牛，
> 一面跨着艰难的步
> 向着生活的旅途。
> ……
> （见《艺海扬帆》回忆录）

这或许便是方济众的笔名"雪农"的来由。

青少年时期，对故乡山川的浓浓情意与诗意画境，在他以后的诗意田园山水图式里得到了最完美的再现。

方济众一生的最高学历为高中，少儿时期的启蒙及高小学校即在家门前。从小生活在四合院，浓浓的书香文化气氛，深深凝固在他的精神血液与思想情怀里。因而可以说，其接受文化教育的直接信息来源于父兄，根系于家庭。方济众性格善良、敦厚、内向且善于思考，而青少年时代的勉县，相对于古城汉中，亦无古时战事之喧嚣。故而其性情中的乐观强毅与镇静自若，与他小时的生活环境有密不可分的联系："故乡的清风明月与山林农舍，凝结在他的血肉躯体中，而那田园般的境界及那种与世无争的耕读之情，与他那天授的怡然宁静之淡泊一道，注定了他的艺术因缘。"（陈绶祥：《方济众画谱序》，《荣宝斋画谱》，北京荣宝斋1997年9月第一版）

方济众在他的自传诗《习字有感》中写道："家乡的一山一水给予了我独步当代之个性特征。而生活中一花一石的积淀带给我笔底乍现的灵感，这自然的馈赠凝结为弐的诗与画，宛若行云流水，生生不息，有着恒久不倒的精神！"

年少故土于方济众正𨚫一条长河的源头、一座大山的根基。青少年时代的生活环境及成长过程，无疑是促成其个性人格、画风形成之基础。

民国35年（1946），国民党三青团陕西支团部要在西安开会，要求各府县区推荐两名青年代表参加。4月18日，县分团召开第二届代表会，选出省三青团代表2人。两名代表中，县团部一名代表，另一名代表要从中小学区队出，方济众就被推荐上了。

这应该是个公差，也是青年方济众第一次出山。

从小到大的理想愿望，似乎在这一刻看到了希望。方济众心里知道，这是一次难得的机会，他暗暗下决心，要珍惜这样的机会，无论出山的路途怎样艰难，也要坚毅地走出这一步。1945年8月15日日本投降以后，汉中又恢复了往昔的平静。抗战时期，秦巴山区江汉平原短暂的热闹繁荣，让汉中这块故土开阔了眼界。当外来的人们相继离去之后，心怀志向的方济众也决心走出山里，到外边的世界闯一闯。

水乡　22.6cm×22.6cm　70年代

姻缘艺真　珠联璧合

一

　　1948年（民国37年）初冬，方济众穿着师母（赵望云夫人）给他缝制的厚厚棉衣，带着干粮，从古城西安一路翻山越岭、顶风冒雪、风餐露宿，回到了家乡勉县。回到家乡后，依旧在勉县初级中学担任教师。其时，他的哥哥方济宽也在学校教书。

　　从1946年（民国35年）夏初至1948年（民国37年）元月初冬，方济众在古都长安度过了他人生最初的艺术生涯，虽然只是实现艺术梦想的真正开端与起步，然而却在不到两年的时间里，迎来了艺术人生的最大机遇——拜师于国画大师赵望云门下，成了赵先生门下的三个大弟子之一。方济众从此收获了赵氏艺门及赵望云的最大恩情，也奠定了其艺术人生最初，然而却是最美的起步。最初离开家乡，本来是抱着外出寻求理想并实现艺术之梦的愿望的。那么，艺术之路刚刚起步，艺术基点坐标此时刻已经定准。也许，本不该这样急着赶回到家乡；也许，这时候返回家乡不是方济众的本心。然而，慈爱的故乡厚土却赐予了他此生最大的人伦生活机遇，给予了他人生最纯洁最惠美的情感补偿，奉献给了他人生最美好的花朵，方济众由此相遇了与他相伴终生的爱人——何挺文。

　　一次，方济众的侄女、堂兄方济森的女儿方纫兰来到学校，身边陪伴着一个落落大方、眉目清秀、文雅又有些羞怯的年轻女子。方纫兰虽然是方济众侄女，但他们年龄基本同等，三个人在一起聊天，自然就不显得拘

1986年方济众与爱人何挺文在家里的留影

谨。侄女介绍身边的女子说，这是她在汉中联立中学上学时的同班同学，名叫何挺文，是应她邀请来勉县玩几天的。

方济众与何挺文认识了，并且一见如故。闲聊中当得知何挺文的哥哥是何挺警时，两人之间的话语一下子多了起来。

何挺文的家在周家坪何家湾。方济众对周家坪周边太熟悉了。

1937年方济众在省立五中（南郑中学）读书时，因为日军飞机轰炸，学校迁至周家坪。何家湾就在周家坪城南区，方济众还经常在那里画画。何挺文的哥哥何挺警当时就在学校担任教师，并兼体育科主任。何挺警虽然本职是体育教师，但却是当时汉上有影响的书法家。1942年秋，汉中成立的美术研究会首届美术大联展，当时的汉上名家曹自先、庞裕洲、郭登岑、王大平、叶访樵、陈次石、阎松父、王闻影、齐含章、任曼逸等人的作品汇聚一堂，规格很高，声势浩大。何挺文哥哥何挺警自然作为主要成员，其书法篆刻作品也在其中展出。以后，研究会配合抗战经常举办展览义卖募捐活动，方济众也都在学习之余观看。因为何挺警是自己学校的老师，方济众自然就特别关注。方济众那时在学校画画得好，诗也写得好，也很让何挺警留意并经常给他绘画上提供便利。方济众依据《流亡三部曲》创作的连环画在当地报刊连续发表后，一时间在汉中市区大中专学校师生中广为传播，那会儿何挺文看到就对方济众这个名字留下了印象。

何家湾何氏家族同样也是在汉上负有声望的书香门第、教育世家。

何挺文之祖父何灝，字江亭，膝下两儿何象顺、何象直。何挺文的伯父何象顺（1880—1940，名秉汉，字根山），父亲乃何象直（名秉均，字新陆）。伯父何象顺1905年（清光绪三十一年）考取清末拔贡。辛亥革命爆发后，何象顺拥护孙中山，并在汉中组织同盟会，提出"儿女不再读四书五经；家里不敬鬼神、不设立祖宗牌位；不买田地"三个主张，在那时的周家坪乡野周边，被人们视为"离经叛道"。

何象顺生有三子。长子何挺颖，次子何挺杰，三子何挺毅。

何象顺的言行深深地影响了何氏家族几代人。儿女把父亲视为了不起的"新人物"，并逐渐接受了父亲的一些新思想。何象顺以后还担任他三舅创办的南郑大西区高等小学校长。

何挺文的堂哥何挺颖（1905—1929），英名响彻四方，彪炳共和国史册；而在故乡汉中更是家喻户晓、无人不知。家乡周家坪也因有此人物而自豪。

何挺颖参加过秋收起义和三湾改编，是圣地井冈山根据地的主要创建者之一、共和国军队初创时期的杰出领导者和先驱。1929年初何挺颖跟随红四军主力离开井冈山，转战赣南闽西途中遭敌袭击，身负重伤，不幸牺牲，年仅24岁。

人生自古谁无死，英灵长慰山河泣。他的英魂亦若静静汉江清流无声，润泽着故土山川的一草一木。

如今，秀润逶迤、竹林花海、梯田层叠、风光旖旎的汉山脚下、汉水之南的周家坪汉山镇城南，一条翠竹成荫的乡间小道尽头，历经200年的风雨沧桑、建于清末的何挺颖故居四合院老宅，经何挺颖烈士堂侄、原陕西理工大学校长何宁教授多方努力，由当地政府重新修葺一新，已作为陕西省人民政府公布的第五批省文物保护单位免费对外开放。

"沪上学子，投笔从戎登井冈，端为国人争民主；天汉才俊，洒血捐躯眠岭南，旨在中华建共和。"何挺颖侄子何辛敬献给堂伯的这副挽联，足以浓缩何挺颖短暂而又辉煌的一生。

二

连接方家与何家的，还有一件不为人知但却值得书写的事情。方济众堂叔方茂德膝下第五个儿子方济堃，出生于1906年（光绪三十二年），少年时期在第一高小学堂读完高小后，受五四新文化运动思想影响，倾向进步，年少便在家乡组织进步青年成立"尝试青年会"，宣传民主思想。1926年9月，方济众3岁多，他的父亲病逝的当年，方济堃迎着凛凛寒风一

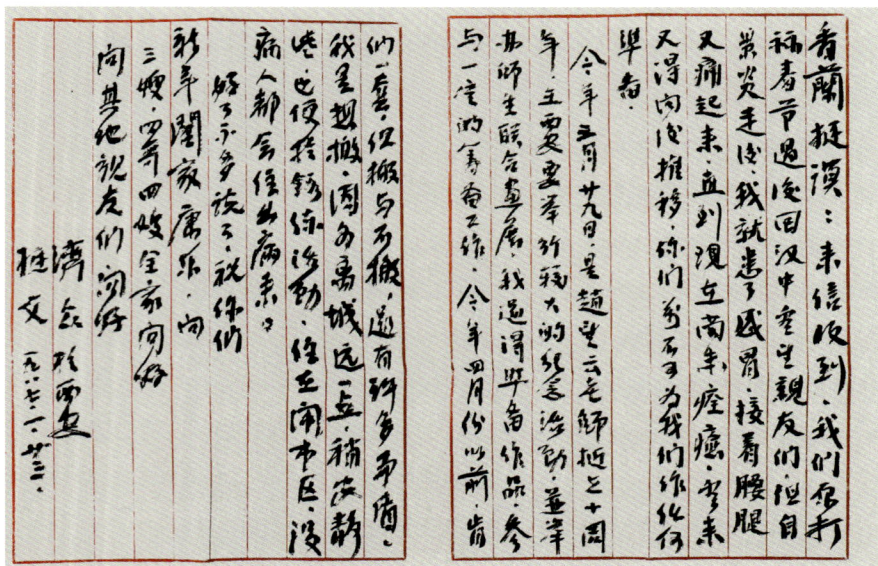

与挺谟香兰信札　1987年

80年代与何宁（陕西理工大学原校长）在南湖合影

路而上，赴武汉求学。有缘的是，在武汉就学期间认识了同乡何挺颖。二人怀有共同理想，又是同道家乡人，在外彼此照应，方济塱也跟随何挺颖经常参加进步青年活动。后经何挺颖介绍加入中国共产主义青年团。1927年在国共分裂中国共产党处于低潮之际，经何挺颖介绍，21岁的方济塱在武汉大学秘密加入中国共产党，并积极参加反分裂运动。不幸的是，同年在学潮运动中遇难。其尸骨后经在国民党军中担任营长的侄子方億长途转运回家乡，安葬在方家坝烟洞山下。

方济众与何挺文初次见面，似乎有说不完的话题。方济众告诉何挺文，1944年他刚高中毕业那年。因为家境所困，便经人引荐到周家坪小学教书，这是他步入社会的最初生涯。周家坪小学众多的老师里，唯有他是个外乡老师。他那会儿刚走上讲堂，缺乏教学经验。面对学校压给他的许多课程，心里有些拘束与慌乱。也就是在这种情况下，何挺警每次路过时都会来校与他见面，并力所能及地给他提供帮助与精神安慰。因为方济众喜欢画画，又在学校教授一到六年级的国画、音乐、体育和国语课，何挺警便把一本珍藏多年的孤本《苏联版画选集》送给了他。这本画册何挺警特别珍爱，因为画册的选编者还是那个时代让人心底无限崇敬的鲁迅，画册汇集了十月革命前后苏联著名文学作品的插图。所以，一般情况下不会轻易拿出来示人。方济众从这本画册里第一次接触到了列宁、斯大林、高尔基、普希金等人。这本画册开阔了方济众的眼界，令他爱不释手，如获至宝，他在反复翻阅之余，也如饥似渴地临摹。画册中收录的早期苏联造型素描形态作品，让他第一次感受到西式造型形式的新颖，也第一次感受到国外艺术的魅力。

方济众对何挺文说，就是她哥哥的这本画册，引导他此后练就扎实的绘画功底。何挺文说她从小受家庭环境陶冶，也喜欢书画，并兴致勃勃地给方济众说起了兄长何挺警与于右任来往的一段故事。

何挺文说，1936年上半年，由于北方时局不稳，何挺警想继续求学，就从北京到了南京，住在了二堂兄何挺杰家里。堂兄当时担任国民政府检察院书记官。一次因为检察院工作事宜，需要见于右任，二堂兄何挺杰就和内弟王观志约何挺警一起去，这样何挺警就认识了于右任，从此以后就常去于右任府上。于右任对何挺警说："写字是面子活，写得比一般人好一点，比较容易。字写好，对你一辈子都有好处。"从此以后，何挺警就开始学习章草和标准草书。何挺警在南京还认识了同乡李白瑜。李白瑜是篆刻家方介堪的弟子，在李白瑜引导与影响下，哥哥也喜欢上了篆刻。1941年秋，于右任由敦煌归川，途经汉中停留了六七天，都是哥哥全程作

何挺颖故居门楼

陪。于先生在汉中停留的第一天，由哥哥出面协调，邀请了当时汉中文化界60岁以上的许多老先生，有四五十人。于先生当时还给两位生活拮据的老先生各资助了500元。访汉期间于右任还写了不少字，光给何家就题写了大约10幅字。其中，给父母用楷书题写了墓碑，给哥哥题写了"天行健，君子以自强不息"……

何挺文还说到当时西北联大的黎锦熙教授，在西北联合大学当职员的、寿石工的入室弟子庞裕洲，以及从上海美专国画系毕业，师从潘天寿、方介堪的西乡李白瑜等。

两位年轻人的共同话题越来越多，自此，两颗情爱互悦之心在悄悄萌动。

情爱婚姻其实是人类文明长河中的浪花在时时飞扬流动起舞中的一个美妙的意味形态。古老的汉水滋养孕育成长起来的方、何两家子弟，共同的文化世家、书香门第基因气息，置身于同一个文化时代下精神趣味的相惜相投，青少年时期相同的家庭环境熏染陶冶，由此牵引出来的生活情趣，是方济众与何挺文情爱互动的基础。这大概就是文化精神作用下最有意味的"文化婚姻形态"。

方济众与何挺文恋爱了。

不久，方济众堂叔方锡德依照传统婚姻礼节程序，委托德高望重的董

井冈山烈士陵园的何挺颖烈士雕塑

仲傅——早年毕业于北京师大学堂、后来创办省立第一师范的文化元老，作为第二牵线人到何家湾提亲。于是，在1949年春节前后，方济众与何挺文在家乡举办了婚礼。

婚礼是在方家坝办的。据方济众的姐夫王兆民先生回忆，当时的婚房还是租的；女儿方黎回忆，母亲曾在与她一次闲聊中说，当年他们举办结婚仪式时，由于方家还处在比较清贫的状态，能给他们操办个婚礼便是不易；堂爷方锡德为侄儿亲自操办，堂叔方济傅具体负责了整个婚礼过程；举行婚礼时，方济众戴到何挺文手上的戒指，其实是临时向别人借的。

此后，方济众、何挺文夫妻恩爱，相伴终身。

三

1949年2月，方济众的老师赵望云被国民党特务逮捕入狱，其因是胡宗南部队占领延安时，发现在中共中央接待厅挂有赵望云的一幅画。于是，特务指控赵望云与共产党有联系，还怀疑他从新疆写生归来途中曾到过延安，负有联络西北文艺青年的任务等。赵望云在狱中刑讯关押三个月之久。后经地下党多方协调，并通过正在北平与中共谈判的张治中出面及陶峙岳来电营救，终于5月13日出狱。

1949年5月20日，解放军将红旗插上市中心钟楼，西安迎来解放。国民党的残酷迫害，给赵望云心中留下很深的伤痛与阴影，但这种伤痛很快便在迎接西安解放及兴庆自己新生的快乐心情中得以平复。21日这天，中国人民解放军举行西安入城式，几十万西安人民聚集街头，热烈欢迎解放军进城。黄胄、徐庶之也领着小振川、小季平夹在欢迎人群中。这天，解放军还指派时任陕甘宁边区绥德分区文工团团长、音乐家王元方来到粮道巷家中看望赵望云。几日后，陕甘宁边区解放军新四旅政治委员赵光远又携带面粉、布匹到家中慰问。

24日，西安市军管会宣告成立，贺龙兼任军管会主任。

赵望云是一个极富家国情怀、淳厚善良正直的艺术家，在中国文艺界具有巨大的影响与威望。7月5日，赵望云参加了由市军管会主任贺龙邀集的西安市各界代表和民主人士座谈。随后，他接受军管会文化接管委员会指派，领着弟子徐庶之一路到北平参加第一次中华全国文学艺术工作者代表大会，并当选为理事。赵望云回到西安后，随即主动联络军管会文化接管委员会，联络协调西安地区及延安过来的美术工作者，商量筹备设立西北美术工作者协会，并担任筹委会主任。冬季，陕甘宁边区西北美术工作委员会成立，赵望云又被任命为委员会副主任。

1949年11月，古城汉中也迎来解放。赵望云欣喜之余，在百忙中写信给方济众，希望弟子来西安参加工作。

1950年1月13日，西北局、陕甘宁边区人民政府从延安迁到西安，西北军政委员会成立，赵望云当选为军政委员会文化教育委员会委员。

1950年初，方济众偕新婚妻子何挺文翻越秦岭，顶着严寒，一路风尘来到了西安。赵望云安排方济众先在西北军政委员会文化协会工作，兼西北文化部美术科文员。1950年4月，西北军政委员会任命赵望云为军政委员会西北文化部文物处处长。9月21日，依靠西北军政委员会支持，西北文学艺术工作者代表大会在西安召开，大会期间，成立西北美术工作者协会，赵望云担任主席，石鲁、吕斯百担任副主席。不久，开始筹备国画研究会，并担任筹委会主任。在老师的协调下，一年以后，方济众又到新成立的西北画报社工作，社长是石鲁，方济众担任编辑室主任。《西北画报》是1934年由宋绮云主持笔政期间的《西北文化日报》同人集资创办的。西安解放后，便从国民政府手里接管过来。画报社最初位于西一路东头坐南朝北一个斜坡上的旧式大门内。那时，夫妻两人的住所就是画报社里面一个十几平方米的房子。

1950年10月，大女儿方黎降生。小生命的诞生，给夫妻俩带来了欢乐，但也使小家庭变得有些繁忙。

1951年11月，二女儿方禾也降临人世。两年时间里，小家庭喜添两个小千金，家里忙得不可开交。师母赵夫人不时过来帮衬料理；两个小师弟振川、季平也跟着母亲来二师兄这里串门。1952年画报社迁至北大街南口的钟楼西北角，门牌为15号的地方办公（今陕西省美术家协会所在地）。1953年5月27日，西北军政委员会改组为西北行政委员会，西安市隶属西北行政委员会直接领导。

1953年4月，小儿子方平出生，家庭事务一下子变得更加繁重起来。何挺文一直承担着大量的家庭事务。也是在这个时期，方济众依靠爱妻的支持，艺术创作已步入收获阶段。

这年5月，西北画报社撤销，石鲁、李梓盛、方济众等原报社美术编创人员关系转入西北美术工作者协会，方济众兼任协会秘书。方济众成为专职画家，编制在当时的中国画创作研究室。此后，他学习文艺理论，练习素描、临摹古代作品；外出写生；每周观摩一次作品。去宝成铁路沿线写生作画，创作山水画作品《最初的道路》并参加美展。

1953年9月23日至10月6日，赵望云参加了中华全国文学艺术工作者协会第二届会员代表大会，并当选为常务理事，石鲁当选为理事。

1954年10月，西北美协全体创作人员赴京参观学习"苏联造型艺术展览会"。当时正值苏联写实油画之风盛行，但美协画家们提出相反的艺术观点，认为我们必须坚定不移地走自己民族绘画推陈出新的道路。11月8日，西北行政委员会正式撤销。西北美术工作者协会也随后撤销，同时设立中国美术家协会西安分会，大会选举赵望云为中国美协西安分会主席，石鲁为副主席，方济众继续担任协会秘书。

方济众进入西安美协成为一个专职画家后，工作变得更加忙碌。同时，不断进行业务深造，广泛吸收中外艺术营养，经常与协会其他画家在关中、陕南等地区写生。短短几年努力，便迎来最初的艺术收获，1954年创作的《云横秦岭》入选第一届全国美术作品展，1955年《柳溪迎风》发表在《美术》期刊，后来被中国美术馆收藏；《黄河大桥》入选全国青年美展并获文化部三等奖。

大约在1956年，在爱妻何挺文的支持下，方济众还把母亲胡宝珍接到西安。家里三个儿女正是少儿成长期，母亲也需要精心照看，此时全家的重担，便压在了何挺文一个人的身上。她支持丈夫事业，教养子女，赡养

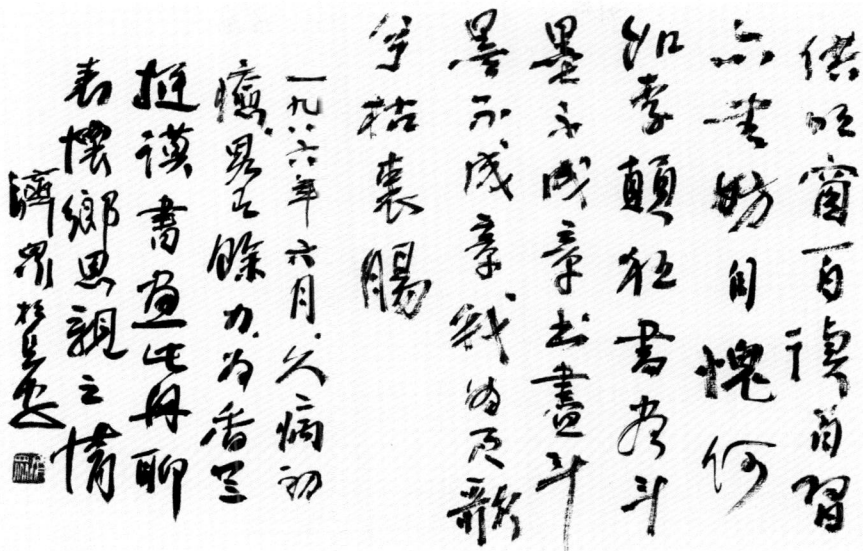

册页书法局部　1986年（何宁收藏）

老人，付出了巨大的心血劳累。

1961年10月初，西安美协中国画创作研究室的六位画家赵望云、石鲁、何海霞、方济众、康师尧、李梓盛携作品赴北京举办"西安美协国画研究室习作展"，在首都及全国产生了极大反响。随后在南京、上海、杭州等地巡回展出，反响热烈，长安画派由此唱响；方济众声名鹊起。1961年底至1962年，方济众与李可染应邀参与了水墨动画电影《牧笛》的背景设计，该片制作完成后不久，便获得丹麦电影艺术界安徒生童话金奖。

随后的几年里，西安美协画家们的创作实践生活进入一个相对稳定的探索研究时期，经常地深入生活已是常态。画家们走遍关中及陕北陕南，不断地创作写生淬炼各自的风格语言。

1961年，党和国家对国民经济作了全面调整，并且颁布了"科学十四条"，广大科学家为之振奋，中国科学界迎来了新气象。1962年周恩来总理在科学家和文艺家大会上《论知识分子问题》的讲话，让广大知识分子感受到了党的关怀。

1962年7月，赵望云在北京社会主义学院为期一年的学习结业后回到西安。这个月的23日，省委宣传部遵照广州会议精神，摘掉了无端压在他头上的"右派"帽子后，他的精神压力减轻了许多。其时，赵望云依然担任着省美协主席和省文化局副局长职务。赵望云在北京学习的时候，西北局统战部部长常黎夫代表西北局第一书记刘澜涛几次看望他，语重心长地希望他利用自己的声望与身份继续担当起陕西以及西北美术事业振兴的责任。让他振作精神，立足陕西，面向西北，到农村去，到西北去，也要到牧区去，把西北各省的文艺工作推向前进。8月的秋天，常黎夫与西北统战局要去甘肃、青海等地考察民族工作，于是便约请赵望云结伴同行考察写生。按照计划，他们到了兰州后要联系甘肃、宁夏、青海美协，一起商讨并组织画家赴祁连山等牧区进行写生，然后分步到西北各省展出。但到了兰州后了解到甘肃、宁夏美协已瘫痪。在这种情况下，甘肃省委亲自安排，专门提供一辆吉普车随同。出发当天，赵望云与赵振川坐着吉普车，随同常黎夫的专车，由兰州出发，向河西走廊行进。这次是赵望云深入西部的第五次壮游，故地重游，一路所见，荒漠秃岭、戈壁滩、劳动者、小毛驴、大骆驼、土屋、古柳，令他心情久久不能平静。赵振川是第一次陪同父亲西部之行，每到一处，辽阔壮美的景色都使他陶醉。这次深入祁连山、河西走廊等地考察，赵望云写生创作了大量作品，先后在西宁、兰州举办了展览，甘肃人民出版社还出版了画集。西部之行近三个月，是赵望云自反右以来外出写生精神状态最好的一次。回到西安后，方济众迫不及待地去家里看望老师，并连续几天帮着整理作品。方济众简直被画中壮观的西北风光陶醉了——西部各族人民生活和风情的场景，牧民的帐篷，有趣的养鹿场，巍峨的雪山下高大挺拔的冷杉林，静谧的山谷中流淌着融雪汇成的小溪，还有那千年古杨，戈壁绿洲，辽阔的牧场，奔腾的群马，举世闻名的佛教艺术圣地敦煌画境……方济众看到，老师的作品除了水墨写生，还有大量的钢笔速写，每一幅作品都饱含着浓浓的激情，充满了炽烈的感情。老师将感情融汇于笔墨，因而每一幅画面都透射出一种生机勃勃的活力，以及浑厚的泥土气息和壮阔的西北气概。

11月初，在西北局及社会各界的支持下，举办了"赵望云甘肃、青海写生画展"，展品250余幅。

1963年，省长李启明又邀请赵望云随同视察农田建设，到渭南、澄城农村写生创作。1964年3月，方济众与赵望云、李梓盛等人赴陕南安康、勉县、汉中等地写生长达半年。1965年3月至6月间，他们又一起赴安康山区朝天河养蚕之乡体验生活和写生创作，返西安后举办了小型写生展览。1966年春，美协分会画家在赵望云带领下，石鲁、修军、刘旷、何海霞、陈嘉咏等画家再到商洛专区丹凤县深山区体验生活、写生，随后还在当地举办展览。几年来，西安美协画家在赵望云的组织领导下，在持续不断的实践写生中，锤炼着笔墨语言，寻找着属于自己的语言图式，并在长安县常宁宫连续举办创作研讨。每年都举办规模较大的联展、多次小型写生展。美协大院到处呈现出一片灿烂的创作研究新气象。方济众后来深情地回忆说，他跟老师一起写生的时间最长，收益最大。

石鲁从1963年开始身体、生活与创作显得不是很畅顺。年初，患上肝炎住院治疗。1964年费尽心血创作的《东渡》，只因个性色彩太强烈及画面造像非正态，而被指责为"丑化领袖"，未能进京展出。特别是，创作的陈列于中国革命历史博物馆的最有代表性的作品《转战陕北》遭到非议被撤下；《石鲁作品选集》因《转战陕北》也被株连禁止发行。

这一时期，方济众与何挺文的家庭生活越来越和谐，三个孩子已经十几岁，老大、老二已进入中学学习，何挺文也已在美协院子前面的服务部上班。然而，1964年上半年，方济众被指派随省直机关社教工作队到渭南参加第二批点上农村社会主义教育运动，不得不暂时离开美协大院。当时，省直文化界不少艺术家都被派下去参与社教工作。方济众在下基层蹲点多半年的时间里，没有了创作环境与画画的心境，由于自己家庭成分的特殊性以及1957年的"反右"过程，方济众不断绷紧神经，并且时刻提醒自己，言行必须要与社教工作的指导思想及上级文件精神保持一致。好在下基层到乡下，随时能感受到老百姓的真实生活，特别是让他这个来自陕南山村的人感受到关中农村大地的风土人情及渭河流域秦岭山间的自然风光，这也算是一种体验生活吧。方济众在此期间创作了一些表现社教运动过程的"阶级教育展览"漫画。他只要稍微有休息时间，就深入山间、乡里画速写。半年时间里，方济众先后登上少华山、临潼骊山及到秦岭山下许多地方画速写。

好在渭南地区离西安并不太远，方济众每隔一两个月也会回到钟楼脚下的美协大院里。几个孩子也已经长大，母亲也能帮着何挺文做些家务。

"文革"开始后，方济众因为出生于民国时期的名望家族，解放后家庭成分被划为地主，而他自己又有过国民党"三青团"的短暂经历，也被划入思想改造对象进入"牛棚"被迫接受思想改造。"文革"开始后前后持续了四年。

这四年里，全家人要生活，孩子要吃饭、上学，老母亲要照顾，还要时常为丈夫担惊受怕，何挺文该要承受多大的精神与生活压力呀！但是，她始终相信丈夫是清白无辜的。没有因为一人承担繁重家务而有任何抱怨。

1968年底，国家掀起了知识青年上山下乡接受劳动锻炼的浪潮。孩子也陆续长大成人，大女儿方黎与二女儿方禾这时候作为西安市第一批知青，紧跟上山下乡队伍，到宝鸡千阳插队接受劳动。当时，方济众还被关在"牛棚"，无法亲自为两个女儿送行。虽身处逆境却还不忘激励女儿。临行前，两个女儿去看望父亲，方济众专门作诗一首：

> 廿年幸有养花天，
> 已是枝头红欲烂。
> 小院常感风雨寂，
> 大野倾看百卉鲜。
> 莫向温房争俊俏，
> 应如霜菊攀悬崖。
> 世上岁有难人事，
> 全在女儿志气长。

方黎、方禾上山下乡留念

四

1970年前后，地处省府文艺中心地带的钟楼脚下北大街15号美协大院里，之前那个充斥着纯净热闹、祥和浓烈艺术气息的院落，已经被铺天盖地的大字报所覆盖。院子里曾经的美术界名流，此时也显得失落无从，疲惫不堪。

这段时间里，美协机构被无端撤销，方济众的眼神里充满了迷茫，钟楼四周的街道，高高低低的建筑，似乎都被一种憋闷的空气笼罩着。

不久，上边下来一道指令，要求协会机关干部、知识分子到各地接受劳动锻炼，在这样的情况下，方济众与何挺文觉得留在大院里已经没有多少实际意义了。那么，回到家乡汉中农村接受劳动锻炼与思想改造，未必是一件坏事情。

何挺文支持并理解丈夫。

这样，1970年，方济众与何挺文带着小儿子方平，随一批文艺界干部被下放到了秦岭以南的陕南，回到了生他养他的家乡汉中。

离开了西安，方济众避开了"文化大革命"带来的精神束缚，避开了长安文化博大雄浑厚重的精神外力时时压抑带来的个体风格的抑弱和艺术追求的被动。于是，这样的下放便成了一次回归——回到生他养他的家乡，回到生命意义中根系所在的精神家园。

诚然，大动荡之冲击，对于志高远大的人，可能会带来身心之痛苦、折磨，然而也会使正直、坚强的人，人格得到净化，精神上得到升华。随着时间的推移，冲击会荡涤人之灵魂深处隐藏的凡俗杂念、尘腐名利，真正纾解现代人役于身心的烦琐，从而恢复人性之中原本的真实。

五

何挺文与方济众两人都来自汉上名望家族，共同的教育世家、书香门第背景，彼此相同的家族文化环境浸染，使得两人都秉承着共同的精神志趣与生活情趣。何家早年走出去投身革命的井冈山黄洋界保卫战指挥者何挺颖；武汉大革命失败前夜毅然加入中国共产党的方家五哥方济堃，都是汉中的荣耀。

何挺文大哥何挺警，一生都在从事金石书法艺术实践的研究；三弟何挺谟，1949年夏毕业于陕西师专陕南分校国文科。1952年4月，与汉中专署文教科干部王香兰结婚。何挺谟虽未直接从事书画艺术实践，但也十分喜爱书画收藏。

1952年至1956年，何挺警、何挺谟两人先后分别担任过中小学校长、教导主任等职。在那个以阶级斗争为纲的特殊年代，两家都不同程度地遭受了极左路线的冲击与迫害。1957年，何挺文三弟何挺谟被错划为"右派"，在凤县农场接受劳动改造多年。1958年，何挺警在洋县中学被错划为"历史反革命分子"。

然而，良好的家庭教养与家风传承，使得方、何两家无论在怎样艰苦的条件下，都能教养子女精读中国经典诗书，秉承中华厚德礼教，喜爱民族传统书画，并且代代传承，辈辈延续。

《红柳滩上好荷花》　册页　1986年（何宁收藏）

70年代方济众被下放汉中期间，虽彼此都遭受不公正待遇与打压，但两家却能互相协，同相勉，共相慰。因为方济众在全国的成就与影响，即使在"文革"特殊时期，作为何家女婿的方济众，何家人都会引以为自豪，尤其喜欢收藏方济众字画。

南郑何门何挺文一辈堂兄弟七个，单说何挺文三弟何挺谟夫妇及其子女，虽然后来何挺谟双目失明，但是，他们家庭与姐姐何挺文一家几十年的互相来往中，就先后收藏了姐夫方济众大小字画许多幅。何挺文侄儿、陕西理工大学原校长何宁教授回忆说，1972年姑父被借调到了汉中地区文化馆，居家生活在汉中师范校"滋卉园"期间，父亲何挺谟经常领着他到汉师看望姑姑和姑父。何挺谟有时一天都坐在方济众画案前，看着姐夫作画。何宁教授说，现在他家里收藏有姑父方济众的许多字画，都是父亲从姑父画案前众多习作练习画稿中"捡"来的。有时，父亲看着姑父要把觉得不很满意的画扔到纸篓时，心疼舍不得就要了过来。方济众重返西安以后，两家虽然不能像以往那样经常见面了。但是，何挺谟夫妇还是喜欢收藏方济众字画，而姐夫与姐姐也是乐之不倦地尽可能满足他们的收藏要求。80年代方济众身体多病期间，也不忘将画好的书画册从西安邮寄回来。1986年6月，方济众久病初愈，稍微有了精力，还专门为他们绘好书画册，书画册上写道："1986年6月久病初愈，略有余力，为香兰、挺谟书画此册，聊表怀乡思亲之情。"

何挺谟夫妇还希望姐姐能替他们索要姐夫师兄弟黄胄、徐庶之及韦江帆的字画。何挺文不忘弟弟托付，还真从徐庶之那里要了一幅。但是，因为黄胄本人长期工作在北京，绘画创作及社会活动又太忙，没法找机会索要。何挺文遂在1987年5月，将他们收藏的黄胄与方济众合作的两幅画中的一幅，以及方济众与韦江帆合作的一幅，忍痛割爱送给弟弟存念。

方济众百忙中，还专门给何宁教授及几个孩子每人画画一幅。

何宁教授每每回想起来，都是万分感慨，他觉得，20世纪80年代市场经济虽然还没有真正形成，但是书画作品已逐步进入了市场。但姑父方济众从来没有认为自己是一位在国内外声名远扬的画家，而把作品当作一种商品去

1987年2月初方济众与爱人何挺文最后一次回汉中老家探亲时的情景

交换钱财。他把自己的作品看作是一种维系友情、亲情链接的纽带，一种文化传承与交流的方式。这是一种多么纯粹的家庭文化传承情谊呀！

方济众女儿方禾回忆说："在改革开放大潮中，特别是80年代初，商业思潮冲击着每一个人，许多画家更是如鱼得水。过去计划经济时代，没有机会卖画，如今卖画没人干涉或诟病了，可是父亲在这潮流中，却无动于衷，在他有生之年从来没有主动将自己创作的画作送出去作价销售。那个时代，国内不少画家用画换日本友人的收录机、彩电，可是父亲从不做这种事。到80年代中期家里的一台18寸彩电还是小女儿从深圳买回来的。有人说他太迂了，他听了一笑了之，他自有自己的理念。亲朋好友索要画作，他几乎是有求必应。他曾任两届全国人大代表，就是到北京开会，也为不少代表作画相送。生病住院了，医生护士要画，只要身体允许，他也不会拒绝。父亲做事，公私极其分明，他在80年代两次到日本、一次到香港举办画展，接待方送给画院的东西从不进自家门。家属到机场接他，他总是交代哪些是画院的，哪些是自家的，验明自家的行包才允许进自家门。'人皆取实，我独取虚'，也许可作为父亲一生对待钱财态度的写照。父亲大概秉承了自庄子以来，中国传统知识分子的情愫，淡泊钱财物欲，崇尚自我修为，清纯，追求艺术的真、善、美。"

（《历久弥深的怀念——纪念方济众逝世二十周年》黎永钧、方黎）

《秋原放牧图》 册页 1986年（何宁收藏）

《好景无处不登临》　册页　1986年（何宁收藏）

回归家乡　落户白石

一

1970年，方济众被下放到了生他养他的家乡汉中。

"流放"再次使方济众回归到自然，精神灵魂与故乡山川的重逢，使先生重新追觅到失迷许久的精神基点。这恰合了老庄之道。时乖运蹇之际，先生不得不在这"道"的"见""藏"之中作自我调节，"无为而无所不为"。于是，主观上遁世完成个人价值的感悟从而实现精神失落后的再复位，通过复归自然实现精神上的自我调节和价值上的自我确认。复归自然最终导向追求自由创作精神和人之主体意识而进入"无所不为"的自由境界。

"流放"，成了方济众避世中的抗争，归隐中的用世。

方济众全家最初被安置在洋县白石乡。

洋县古称扬州，地理位置就在秦岭南坡，也是陕南汉中一个历史悠久的县府。古之丹青成语"成竹在胸"的典故就出自这里。

说来也巧，何挺文哥哥何挺警在1951年下半年就由汉中中学调到洋县中学教书。何挺警出生于1915年9月18日。何挺文是1923年5月出生，方济众是1923年7月出生。何挺警比妹妹何挺文、妹夫方济众年龄要大将近8岁，年轻时期便是汉中文化界资深书法篆刻家，在陕南汉中文艺界享有声誉。

何挺警在洋县任教的许多年里，有感于县城内的开明寺塔、智果寺藏

在白石山庄家门前的情景

经楼、蔡侯祠等古寺残破且无人管辖的情况，先后撰写了多篇文章投寄到省文物管理委员会，受到文物部门重视，为这些文物古迹被定为省级重点文物保护单位奠定了基础。1954年，39岁的何挺警被省文物部门聘为文物通信员。1955年以后，何挺警还在洋县中学初中班开办书法课，深受学生欢迎。

方济众与何挺文从省城下放到洋县后，最初他们二人与孩子先落脚在何挺警那里，随后，他们才到了白石乡二庄生产队。

白石乡是个旧名，一年前洋县已改为四新公社，但乡里坊间还是习惯于白石乡这个称呼。白石乡地处洋县县城以北，距离县城将近20里。这里说是山区，但地处秦岭南麓的丘陵地带，地势东高西低、北高南低。中间一条双龙河，由南而北流入汉江河。作为山区丘陵地带，这里是典型的江南山乡环境。高低不平的丘陵山坡上到处是层层梯田，春光明媚时节，漫山遍野都散发着油菜花的香味，一片片油菜花海好似灿灿金光，阳光映射之下美妙极了。

从二庄生产队队部前的一条羊肠小道往里延伸，再顺着坡穿梭行走，走到坡下一条小路往上望去，在几棵粗壮的柿树遮掩下，一座普通农家瓦房掩映其中，这便是方济众一家居住的房子了。这其实是几年前被生产队闲置的一个破旧仓库，已经很长时间没住过人了。墙上没有窗子，房间内光线昏暗，仅仅从墙上方二个小小的洞口里折射进来一丝微弱的光线。墙体破旧，墙面到处都是老鼠洞；发霉的米粒与破碎的枝叶夹裹着老鼠屎，凌乱地覆盖着室内地面。早年房主人是把室内前半面做客厅，后半面用来住人的。夫妻俩最初打扫的时候，实在是花费了几天的工夫。

一家人刚住进去的时候，因为室内光线灰暗，几乎分不出白天晚上。特别是一到晚上，大小老鼠穿梭其中，如入无人之境。老鼠吱吱呀呀的叫声、窸窸窣窣的跑动，搅得一家大小无法入睡。虽然他们用砖头石子将洞堵上，但到了半夜，老鼠还是爬了进来。实在没办法了，第三天天还未亮，方济众便起来，一早出门急匆匆地赶到几十里外的姐姐家抱了一只猫回来。无奈这猫儿还小，而老鼠又特别多，有些老鼠竟然比猫还大。让人哭笑不得的是，猫儿在抓老鼠时没抓到，却被一只大老鼠咬伤了鼻子。之后这只猫一连几天可怜兮兮地蜷缩在墙角流眼泪，不久便死了。看来唯一的办法，只有和泥砌墙堵老鼠洞了。

由此可见，最初来到白石乡，一家人的生活环境都成问题，更别谈基

白石山庄家门前的情景

本的生活保障，画画就别提了。但是既然落户到这里，唯以坚毅去面对。

首先要吃饭，就必须在室内打造灶台。生产队长安排队里的泥瓦匠给做。也许是泥瓦匠对灶台结构不熟悉，或者是泥瓦匠偷工减料了。开始生火做饭的时候，点着火，烧着柴，烟气却没法从烟囱口出去，而是倒流出来搞得满屋子都是烟，何挺文有些生气却没有吱声，看着手忙脚乱的、老实的丈夫不知该说什么。好在哥哥何挺警赶来，看到这样的情况，啥话也没说，就挽起袖子亲自动手搭灶台。姐夫用了半天的工夫这才砌了标准的灶台。房子内外经过一个星期天的修补收拾后才算能踏实住下了。

刚开始时，方济众每天与何挺文随着队部的钟声和生产队长的吆喝声，跟着社员们下地劳动。最初的时候，方济众在田野间劳动的时间很多，但也是规规矩矩地与社员们一起劳动。劳动之余，只能悄悄把速写本掏出来在乡间田野画些小速写。

搬到了二庄生产队，安家住顿平稳一个月之余，方济众才在起居室的墙角用简易的桌子撑起了个小画案，在文化馆与学生的帮衬下，一些画具才算陆续添置到位了。

此时方济众还不到50岁，中等个子，朴实、真诚、谦逊，每天只要出门劳动，头上就会戴个草帽，脚上也总是穿着一双半新不旧却实在耐用的解放胶鞋，有时候也会穿草鞋。他和社员们待在一起完全是农民打扮，人又长得敦实，笑起来和蔼可亲，乡亲们感觉他是个厚道人，不久就打成了一片。

那时候，那些县府乡镇干部及工作人员，但凡面对从上边下放到地方山区的"干部"，多少总觉得是有"问题"的人。但是，山庄老百姓不是这样。老乡看这个老方性情敦厚，干起活来也很地道，又时常看到过村里看望方济众的人络绎不绝，还对方济众很尊敬的样子，一打听才知道这个老方是从省上下放的大画家。这样，大画家方济众一下子便在乡里传开了。

以后，只要方济众跟大家一起劳动，社员看到哪里景色优美了，便吆喝着老方画画。劳动休息间隙，方济众画着速写，大家围着看，惊叹不已。

村里人知道了他们的实际情况后，心生怜悯与同情，队长也就没有专门刻意要求方济众随社里集体劳动了。但方济众心里觉得过意不去，还是坚持每天一起与社员们下地干活。

劳动之余，方济众有时白天也串门到山梁那高高低低分散居住在四周的老乡家里拉家常，随身带着小速写本，走到哪就即兴画到哪。乡民们也时常过来他家，何挺文就端出小凳，招呼大家在门前院子聊天、喝茶。

村子里没有理发店，以往老乡们要理发就要走好长的路到镇子那边的理发店去。于是，方济众就专门买了理发工具，时常义务为老乡们理发。

春节快到了，按山村传统习俗，每年的这时候堂前屋后都要清扫，家家户户门上贴春联。老百姓知道方济众是个画家，字写得好，就买来红纸，找老方求写春联。方济众索性搬了小方桌在自家门前，一连几天，放开书写。红纸裁开，把墨倒进小碗，拿起毛笔尽兴挥洒，激情运墨。这样的状态让他兴奋，也使他心情惬意、舒畅。方平在给他父亲的画册前言中这样描述当时的感人情景："穷乡僻壤，百姓吃饭都成问题，辛苦劳动之余，家父竟还有兴趣画画。当时他舍不得用旧藏宣纸（其实他藏纸很多，传到我手里仍有很多），改用素描纸作画，为了使画具有宣纸的效果，他先将纸淋上水，等纸吸饱了水分，再用墨用色作画。那种画还有些意思，既有中国画的用笔，仍不失水墨的韵味，只是觉得没有宣纸的淋漓与厚重，毕竟是洋纸。家父当时开玩笑说这是他的发明。画贴在那黑洞洞的土墙上，一家人坐着欣赏，给单调的乡村生活平添了许多乐趣。老乡串门看到了就讨了回去挂在自家堂屋里，从此传开，山庄来了个下放干部能写会画，见了我们家的每一个统称方家。""山庄春节最为热闹，由于知道方家能写会画，贴春联的旧习又复活了，众乡亲从几十里外赶来，手捧从县城买回的大红纸，求家父给他们写春联，看着那些衣着破烂不堪的老乡，一双粗大的手捧着鲜红的纸，家父能不诗情大发吗？英雄可算是有了用武之地。生产队唯一的条案支在家门口，一写就是好几天。我当时最有兴趣的是年初一清晨登高远眺，站在山顶向下看，整个山庄都贴满了家父写的春联，那红红的一条条春联贴在那破旧的房门前显得十分扎眼——那鲜红

下放汉中期间在山里写生时的情景

给本来就非常贫穷的山村增加了许多过年的喜庆……感觉眼前的阵势很壮观，对联虽不是我所为，我倒很奇怪地有了一种自豪的情怀，父亲的形象在我心中高大起来。"（《方济众艺术研究文集》）

二

　　1971年，在宝鸡上山下乡的两个女儿方黎、方禾以照顾父母的名义，申请从宝鸡千阳知青点调到了洋县插队，一家人终于在家乡汉中团圆了。儿子方平这时候得益于舅舅何挺警，就近安排到洋县中学上学。

　　方济众夫妇虽然落户在山区，可是一家人时常能团聚在一起，山村老百姓朴实亲切，还有那每日眼里能看到且画不尽的家乡好山好水与田园生活场景，方济众与何挺文的内心里感到了生活的踏实与日子的平静。

　　白石乡处于山区，庄里几乎没有平展舒坦的路。沟里坡下，山前屋后，阡陌纵横，丘壑连片。到处都是高高低低、弯弯曲曲的羊肠小道，即使有比较宽敞的山路，也是坎坎坷坷，高地不平。

　　那时候做饭烧水所用的干柴树枝都要到周边山坡上去砍去捡。

一次，方济众带着儿子方平拉了个架子车去华阳山里砍柴。回来的下山路上，由于坡路太陡，装的柴车又太重，在拐弯的下坡路上，车轱辘被树条缠住，致使车辕一下子猛然抬高摇摆撞到了方济众的腰上。还好车没有翻倒。父子二人勉强支撑着疲倦的身体，把柴车拉了回来。方济众腰被撞伤，回到家里方感觉疼痛难忍。山区医疗条件实在太差，镇上也没有专门的治疗腰伤的大夫。打这以后就落了腰疾，只要一遇到阴天，腰疾就会

发作，一直持续到晚年。

白石乡的山里往往太阳落山早，刮风下雨的日子又多，晚上也没有啥娱乐，家家一到天黑就早早关门睡觉了。

这样，一到晚上，周围一片漆黑，空旷的山野，显得格外宁静。方济众居住的房间，墙面简陋没有窗子，室内照明先是靠着最原始的油灯。他又不戴手表，所以，当他每天执笔绘事，总是不知时间长短。特别是每当画画进入状态的时候，小油灯下，人的整个精神都凝聚、充盈在咫尺大小的画境里。仿佛在咫尺小画中感受到了生命的永恒，在笔墨挥洒中领略到了超脱世事与凡尘的快乐。当画完出来，几个小时过去了。

这一时期，方济众每天布衣蔬食，躬履清俭，清心寡欲。劳动之余，方济众常常一人静静地在山间坡地畅怀行走。"居山林间，常危坐终日，纵目四顾，以求其趣。"（范宽《画跋》）致身于故乡山川林泉中，方济众的心境复归自然平淡了。"淡是文之真性灵"《庄子·刻言》，"淡然

70年代下放汉中期间与家人及亲朋的合影

068

无极，而众美从之。"劳动之余，方济众大量地画人物、山水速写，研习书法，精读诗词。

这期间真如过着卧居山林般的生活，方济众在绘画实践中，不断感悟笔墨，品味着属于自己的精神乐园与人生趣味，精神上得到了极大满足。诚如郭熙《山水训》所言："君子所以爱夫山水者，其旨安在？丘园养素，所常处也。泉石啸傲，所常乐也。渔樵隐逸，所常适也。猿鹤飞鸣，所常亲也。"

方济众每天与社员们一起，真切自然地感受到了普通劳动者的生活状态和他们的思想情感，并且以艺术家的情怀，不断地思索着自己的艺术人生，不知不觉中，他对自己有了更新的认识。

从1970年下放到洋县，到1972年7月离开白石乡王庄大队，方济众在白石乡待了将近三年。近三年里，白石乡的山山水水给他留下了深刻的印迹，与王庄老乡们一起劳动生活的日子，乡里百姓那勤劳、朴实、厚道、热情的朴素品格与纯然真情，深深地感染了他，让他领略了艺术生命的真谛，寻找到艺术创作的精神情感源泉。

方济众在自书《从滋卉园到三栖园》里，对他在白石乡生活与劳动情况有这样一段描述："1972年7月，我奉调自洋县王庄大队迁住洋县文化馆。临行之日，王庄社员以六辆架子车，热热闹闹、依依不舍地把我们送出了这个古老而美好的山村。为了给山村留下美好的印象，我抽出了两三天时间，在村前村后，上上下下，画了大小三十幅左右钢笔淡彩写生。人常说，眼过千遍，不如手过一遍，也确是真理。我住在王庄将近三年，天天都要从一棵大树下走来走去，但这棵老树到底暴露在地面上的主根是几条？它的主杆是几枝？它身上有多少树痕却弄不清楚。这仔细一画，都印在脑子里了，它虽然在那年夏收时的一个傍晚，被狂雷飓风所击倒，但它的形象，至今仍生气勃勃地屹立在我的脑海里。用老乡们带着无限深情的话来说，'这是一段妖风，几百上千年的大树，和我们祖祖辈辈一样，人老要死，树大要倒。好像这棵树到底和王庄人有感情。它长的有眼睛。它不倒西，也不倒北，偏偏倒在靠南的空地上，自己跌了个粉碎，却没有伤一户人家'，连它跟前的牛栏边也没有碰撞一点。那天晚上，有二十几个男女社员都在我家门口的场地上为新麦脱粒扬场。陡然北山一带阴云四起，狂风巨雷震天动地而来，大家赶忙把粮食收拢，覆盖了起来。社员们还来不及回家，暴雨狂风就劈头盖脸而来。多亏大家都到我家里躲雨。当时的印象，好像房柱都在摇晃。半小时过后，大家走到院场一看，巍然耸立在我家东西边的那棵古树却不见了。自然神的威力，似乎不费吹灰之力就拔掉遮盖在王庄上千年的数亩的绿荫，这不能不引起王庄社员的感叹怜爱之情。但大家所庆幸的是，如果倒在我家一边，不但三四间瓦房会倒塌，我们一家人和二三十位社员的性命，也将被压成齑粉。如果倒在东边，王荣贵一家完了，倒在西边，三队的十几头牛就成了肉酱。所以老乡说'树长的有眼睛，情愿自己跌得粉身碎骨，也不愿伤害王庄人。'也只有王庄的社员能说出这样朴实而又形象深沉而又真挚的语言来……"（方济众书信手稿）

方济众后来写过一副对联："农村是个广阔天地，白石是我第二故乡。"

1972年7月，何挺文的工作关系随调到了洋县文化馆，作为丈夫方济众也随之前往。这其实是县上文化部门有意要把方济众安排到县上的一个策略。在这之前，方黎与方禾也从白石乡转到了纸坊公社。也是在这一年，儿子方平高中毕业试报西安美院未被录取。方济众问了原因，说是他历史上有新问题，未作结论。方济众了解清楚后很是苦恼。

1972年秋，国家对上山下乡知青政策有了新规定。按照知青招工新政策，插队几年的两个女儿可以招工安排工作了。看到这个消息，大家都感到很高兴。可是看着身边以前先后同时下乡的知青都陆续返城安排了工作，可两个女儿的招工消息却还迟迟未等到。

女儿在身边伤心落泪，方济众心里很是愧疚，不是滋味。他以为还是因为他自己的政审不合格造成的。思前想后，为了孩子的出路，方济众打算专门去县上知青管理部门询问清楚。结果过去一问，让他啼笑皆非。

原来，西安铁路部门有一个与他同名同姓的人，解放前是国民党军统

汉水新歌　68cm×68cm　1972年

特务。知青部门在审核档案时，把他们两个的身份搞混了，当再到公安部门查档案时，才算彻底搞明白。但是，知青管理部门没有把这个事情及时澄清，致使两个女儿招工受阻。

查清原因后，才算洗清了冤屈。但是，两个女儿已经回不到城里，只能就近解决。因为方济众属于下放洋县干部，女儿也只能随父亲落户所在地招工。这样，方黎、方禾被招工到了洋县长青林业局。单位是在秦岭南麓的华阳古镇深山之中。

工作环境很差，生活非常艰辛。成天在山林里与伐木砍树工作打交道，两个女儿感觉很是痛苦，下乡这些年来颠沛流离的生活让她们感受到了人生的艰辛，眼前的工作状态也让姐妹俩时常觉得生活苦闷单调，没有快乐的动力。

而就在此时，"父亲身背画夹，手里拿着速写本风尘仆仆地来到我们身边。他的到来，给我们的帐篷带来了久违的笑声。父亲把妈妈带给我们的零食倒了一床，并请我们一同工作的同事一起分享，父亲在一旁乐滋滋地看着我们狼吞虎咽的窘态。饭后，他独自一人上山去了，回来时带了大把采来的野百合花，红色的、白色的……我不禁奇怪：'这种花山里有得是，采它干吗？'他意味深长地告诉我：'这样贫瘠的土地上能长出这样美丽的花儿，可见生命之顽强！'我领悟到父亲的良苦用心，让我们年轻的时候，如何面对苦难"（见《方济众艺术研究文集》）。

1970年赵望云之子赵振川结束了在宝鸡陇县山区八年的上山下乡生活，被安排招工到了当时的陕西火线文工团。1972年秋天方济众随爱人何挺文在洋县文化馆时，因为闲住，没有具体工作事务，想着也给县上文化单位做些事情。一次，赵振川随所在的文工团下乡演出来到了洋县，刚来便迫不及待地去文化馆看望方济众。师兄弟已经好几年未见，赵振川也没有提前告诉他。方济众那会正忙着给县剧团用国画形式画布景，赵振川悄悄从后边出其不意地把他眼睛蒙住了。松开手后，方济众一看是师弟，真是想不到地高兴。他们聊了许多。赵振川从师兄的言谈里，感觉到方济众境况的艰难，但还是感觉到师兄精神上的快乐与轻松。

"文革"期间，从省府下放到陕南汉中的文艺家有省文化厅办公室原主任景汉辉，作曲家、省音乐家协会邓怡如，诗人宋大海，还有文化学者肖云儒，故事大王周竞等。故而，人们私下开玩笑说，汉中地区文化口集中了一批从省城下放到汉中的"高干"。

培训画学子　足迹遍秦巴

一

1972年初，汉中地区文教局打算筹建文化馆（后来的群艺馆），作为群众文化事业单位，需要一批专业美术干部队伍充实其中参与筹建工作。

那个时候，省美协已被解散，机关内老画家被遣散下放到省城以外的各地，致使陕西美术人才青黄不接。全省的美术组织工作会上，当时的省革委会文化组下令由省工农兵艺术馆承担全省的群众文化艺术工作。文件下达后，各地市要响应并贯彻执行上级会议精神，那么，就需成立相应的组织管理平台机构，各个地区要设立群文性质的文化馆。

在这种背景下，地区文教局研究后，把毕业于西北师范学院美术系、当时还在城固师范工作的雍致昌先生先调到文化馆筹备组负责艺术工作。雍先生作为主要筹备者之一，他首先想到了已从白石乡随爱人到洋县文化馆的方济众。但是当时规定，下放干部不能调。这样就以借用的名义，希望方济众到地区文教局上班，工资关系也转入地区教研室。

这样，1972年11月份，方济众就被借调来到了汉中地区文教局。

文化馆筹建之初还没有专门的办公楼。文教局安排给他的办公室在汉中师范学校前边的地区教研室二楼，这是一个纯木式结构建筑的古老房舍。方济众最初画画的地方也是在这个木楼上。生活居室是在汉中师范里边的一排土坯刷的白墙、青砖柱子的平房里。

"文革"下放期间在汉中艺术馆与雍致昌一起工作

与下放到汉中的其他省管文艺家所不同的是，方济众是勉县人，又是从省城下来的很有名望的画家，地区领导都很尊重他。

地区文化局副局长杨培军喜欢书画，还经常过来看望方济众。当时的汉中文教局想办法筹集资金，专门让方济众去北京购置了一批画材，并给他划拨两间房子专用于作画室。画案是用会议桌拼成的，画室虽然不大，但相对于洋县白石乡的环境，已经很让他满足了。

方济众行政上没有任何职务，单位领导也没给他安排具体事情。

那个时候的群众艺术馆是国家设立在省、地、市一级的群众文化艺术事业机构。其主要任务是"研究和指导群众业余艺术活动，收集和整理民间艺术遗产，辅导群众业余艺术创作，培训文化馆的业务干部及群众文艺骨干"。也即是代表地市级政府宣传口，主要面向全地市群众进行艺术创作的示范指导、群众文化活动的组织辅导、文艺骨干的培训辅导，还有民族民间文化艺术遗产的挖掘、整理、保护、研究和开发利用等。工作涵盖文学、音乐、舞蹈、美术、摄影、书法、戏剧、曲艺等众多艺术门类。

"文革"时期设置的文化馆（群艺馆）只是围绕"农业学大寨""工业学大庆"做一些群众性的美术辅导与宣传工作，因而，举办美术学习班就是一种常态化的事情了。

令人意想不到的是，那个办公场所木头楼有一天晚上突然着火，陈旧干枯的木楼一旦烧着了，即使消防队赶去也根本救不了。群艺馆就临时借用了当时已经停办的陕西师范大学汉中分院的房子集中办公。

这期间，方济众又通过文教局，以群艺馆美术培训工作之由，把还在南郑文化馆工作的刘爱民借到地区群艺馆，协助他工作。刘爱民那时从西安美院附中毕业，是个富有朝气、在汉中美术青年群体里很有威望的一个帅气的小伙子。方济众又通过教研室，几次去城固，把当时还在城固竹器工艺厂上班的郭登岑也调到了群艺馆美术队伍中。郭登岑早年毕业于北平艺专，与王雪涛是同学。七七事变北平首先沦陷，那年，郭登岑一路流亡奔波落脚到了汉中。得益于当地画家龙文推举，在那时的城固师范学校教书。解放以后，再到新组建的汉中三中教书。1957年被打成"右派"后，没法教书就落脚到了城固，为了生存就在城固竹器工艺画些装饰性的花草杂事。

临时办公之地陕西师大汉中分院，是汉中唯一一所本科全日制大学，校址在老东关东面的临街尽头。方济众那会儿与刘爱民等美术工作人员要过去办公，就必须穿过老东关长长的、窄窄的巷子一条街。这条老街在老城东门外，西起东门桥，一路向东延伸而去，长约5里，直到小关子尽头。说起这个东关正街，那时汉中人形象地称它为小关子文化街，实乃这老街形象地展示着古老汉中的浓郁文化民俗。清代中叶，勤劳智慧的汉中人，依靠当时汉江商业水运的繁盛，逐渐在这个距离汉江不远的老城门外兴起了这条集商业、加工和家居为一体的集市。那时的小关子左右街面全是清一色的木式折叠门面构造：门面上方装点着富有陕南工艺民俗特点的雕花、纹理，还有那悬挂着的各色各样的陈旧、朴素、散发着艺术气息的老招牌。依偎在小巷子两边的几乎都是二层结构的青砖瓦房；黑瓦片铺就的屋顶上，幽静狭长的庭院里．阳光下依偎于靠背椅上还在酣睡的花猫，犹如庭院里的精灵；许多庭院各种形状的花盆里，生长着一年四季陪伴滋润院落主人的植物花草写满记忆的老树……最有意思的是，小巷子里的

在汉师范学校内家门前看书　　　"文革"下放期间在南郑强家湾水库划船

一处临街破败的老屋前，一面神秘的、孤独的照壁，茕茕孑立，上面雕刻着"群贤毕至"四个端庄工整、透着浓浓颜氏楷书气息的字迹，骄傲、倔强、坚毅地伫立，似乎在向来来往往的路人诉说着这个院落里曾经的辉煌与沧桑。与这个东关巷子相伴的，还有那明代建造的净明寺古塔——汉中古八景之"东塔西影"。

叹兮历史文化古城汉中，如同这条东关老街一般，浓缩着古老汉中的历史印迹的，还有那汉刘邦古汉台，那曾经十余里之长的古城墙；清末天主教堂、文庙、万寿寺、老君庙等，遗憾的是，这些种种历史印痕，大部分都在"文革"和破"四旧"中被毁。

方济众他们在汉中分院办公时，一同的刘爱民时常会蹬着单位的三轮车来往于小关子。那会儿，正是"文革"的时候，小关子没有了经商氛围，街面显得一片荒凉。方济众有时也坐着三轮车过去，但大部分时间他都喜欢一人行走在这小关子街面上。他不像刘爱民这样的年轻人，每当踏着小关子街面那不断延伸向前、高低不平的石板行走时，他的心情就感觉畅然、自在。走在路上，可以随处用速写勾勾画画，方济众陶醉于这样的感觉。来来往往于小关子街，他不知道画了多少速写……

<h1 style="text-align:center">二</h1>

1974年地区群艺馆正式设立，同时也建修了新的办公大楼。

这一时期，在汉中市区及周边厂地经常举办美术学习班，或者美术展活动，常常会看到方济众的身影。方济众他们先后在汉江机床厂、地区党校、北大街的文化馆办过学习班，也经常到山区县上开展美术活动，举办学习班，其中最大规模的学习班是面向全地区的、在南郑强家湾水库举办的那一次。

强家湾水库是在1954年兴建的，1982年改建为南湖公园。早些年的强家湾水库，地处汉中西南16公里的汉山南麓，俨然是一个纯山水自然景观互映的天然公园。整个强家湾水库湖区面积有5700亩。这里一年四季都是青山碧水，春暖秋爽，七沟八梁、崎岖秀美的山岭上，绿树成荫，松涛竹海。山间水绕之处，松涛掩映于烟云迷雾中，竹海飘拂在高高低低迂回曲折的山路旁，山坡、洼地处处生长的桂花、茶树，交织起伏，与碧绿的湖水相呼应，可谓"融碧水青山为一体，集天灵地秀于其内"，实乃大自然孕育的美景。

强家湾水库区所在的公社，在全国上下"农业学大寨"的热潮驱动下，到处都能见到热闹繁忙的劳动景象，也会经常看到生产队组织社员集体在水库捕鱼的欢乐场面。新建的宽阔水库路面车辆不断，路两旁的杨柳依依，微风习习。美术培训班选在这里举办绝对会激发大家的诗情画意。

那次参与培训指导的还有王炎林和石景昭。方济众与大家一起在美术培训过程中，自然是画遍了水库景区的山山水水、沟口坎坎。

爱人何挺文本身就是南郑人，特别喜欢那里的景色。在一次陪伴方济众坐船徜徉在水库景区的时候，眼前的山景实在是太美了。何挺文不由自主地给丈夫说，干吗不把这里的生活情景画些组画呢？兴致之中妻子的感想，却给了方济众美好的联想。于是，从1974年初方济众就立意构思，投入连续创作状态。于是就有了我们现在看到的"十到强家湾"系列国画组画。

借调在群艺馆工作的四五年时间里，方济众把家乡汉中的山水几乎走了个遍。那时，到周边县上举办学习班，交通非常不便，沿途山路环境比较复杂，许多路程曲折难行，还有较多地方车辆不通，只能依靠步行，去一趟山区县上开展一次辅导美术活动确实很不容易。但是，只要那里有需要，方济众总是充满热情地一路前往，山区各处的地方县上太需要美术培训辅导了。他们每到一个地方，举办培训班少则一两个星期，多则一个月有余。

培训期间，方济众还在当地美术青年的陪同下，深入山区县上的各处去写生。

宁强地处秦巴大山间，70年代经济文化比较落后，但这个边远山区县上的文化传承基因较好，文化生命也比较旺盛。现在的宁强老画家赵世钧，祖祖辈辈生活在这个山区县上。赵世钧青少年时期在汉中联立中学上学，在校期间得益于学校老师王大中、叶访樵的指教。毕业回乡以后，一直不忘绘画事业。先后在县文工团、县印刷厂工作。1968年以后，落脚到县文化馆成为一名专职美术干部。

方济众曾先后多次到宁强举办美术培训班。赵世钧作为文化馆接待人员，每次都是全程作陪，这样就有着比别人更多的机会接触。方济众引导他，使他真正懂得了该走怎样的艺术之路，唤醒了他少年时期立志终生要从事中国画创作的理想。赵世钧不是美术科班出身，但他为人踏实朴实，画起画来如醉如痴，特别是他对家乡浓厚热爱的朴素情结，恰恰是方济众最欣赏的。经过方济众多次指导之后，赵世钧的画意更浓，画画的兴致更高。经过几十年的艺术磨炼和岁月积淀，赵世钧老先生如今已成为汉中地区的书画名家。改革开放后宁强书画家在全市乃至省内外书画有成就者居多，梁新云、封海洪、杜正满等都在省内外具有影响。但大家认为，宁强艺术之饮水植树的人正是赵世钧。

50年代末就学于西安艺术师范的许自彬，毕业后回到家乡后，也曾担任过教师。最初学画的时候，主要以画水粉为主，对于如何用毛笔进行中国画创作，于他而言，还是一个陌生的世界。

许自彬和方济众为勉县同乡。早年在西安上学时，许自彬曾往来于北大街美协院子方济众的家里；方济众下放回到汉中后，他们之间也有往来；方济众借调到地区艺术馆后，许自彬时常过来看望。每当方济众回老家勉县时，许自彬便会全程作陪。70年代地区艺术馆开展美术培训业务，每次的培训业务，许自彬几乎是全程参与协助方济众，并力所能及地做些服务工作。因为能经常到滋卉园画案前近观老师作画，才让他知道了什么才算是中国画。在方济众的影响下，许自彬慢慢地了解并掌握了国画用笔的基本方法，也能独立地从事中国画创作了。那些年，许自彬也经常跟随方济众到山区乡野采风写生。1978年下半年方济众奉调回到省城工作后，他们的师生友情、书信往来也一直不断。许自彬90年病逝后，其家人整理遗物时，竟发现方济众写给许自彬的书信达十几封之多。信里他们谈工作、说书画、聊生活，每封信的字里行间，都流露并充满真挚的师生之

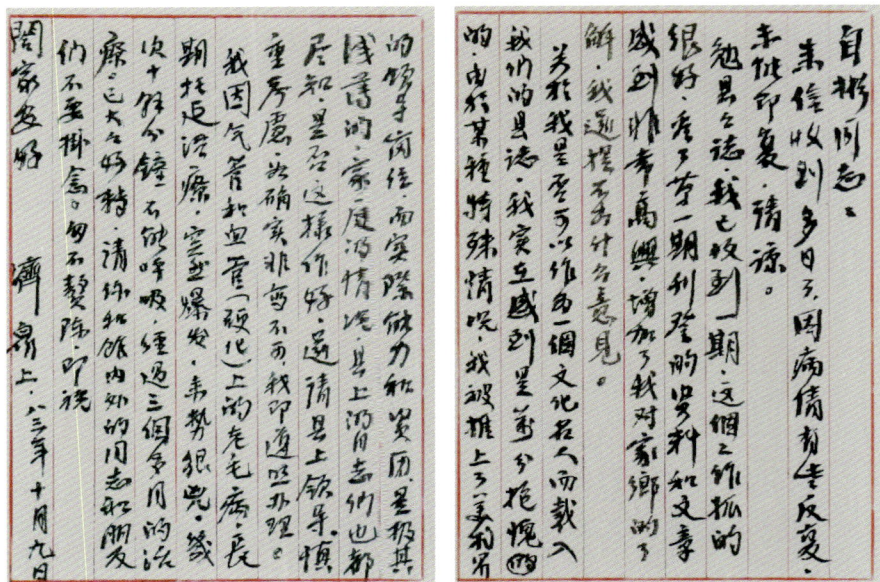

1983年方济众写给许自彬的书信

情，以及方济众对汉中书画建设的提携和期待。

80年代初期，武侯祠博物馆计划面向全省书画界征集一批名家字画，用于祠内书画展厅布设。武侯祠委托许自彬联络，并通过方济众的协调帮助，终于如愿征集到许多省城书画名家的作品，陈设其中供游人观赏。

现今在西安美院工作的张健群教授回忆说："一次由方济众亲自主持的青年美术会在群艺馆进行。会上主要是'说怎么样下去（下乡），辅导各县的文化生活；要跟各县的美术骨干、业余作者见面，要跟他们生活工作在一起'。那次开会我印象最深的是田庄在那说了一番话，方老师大加赞赏。田庄说'大家都是画画的，我们都有自己的业务，那我们的事就是要画画，就是要把画画好，有时间我们就要画画，我们不能够说天天只想过日子，不去画画，不去做事'。方老师听了特别赞赏，田庄的发言一下子把方老师心里藏的那些东西调出来了，他抓住'过日子'这个话足足说了有半个小时。方老师以身作则，坚持天天画画。但是当时画画实际上是没有出路的，那个年代大家都是在文化馆工作，上班挺舒服，单位没事了回家过日子，大量的时间都是用于家庭生活。当时下面画画的风气不是特别好，像山里边的文化馆有些时候就一个人。我们上学毕业分过来，也觉得画画没什么前途，所以基层的人基本上就不画画。想想方老师他自己整天画画，实际上他画画的目的就是让大家看，你们也得这么做。我这么大一个年龄了还在那儿画着，你们为什么不画？那一次是聆听方老师给大家最多的话，也是最真挚的话。当时基层文化馆的状况是基本上没事，说的是丰富群众业余文化生活，但是县上不给钱，就没法展开工作。"（《对话方济众走出长安画派》）

那次开会以后，美术青年们画画与工作的热情一下子就被激发出来了。大家经常自觉下基层，跋山涉水深入工厂、山野、农村写生；主动到县、乡进行美术培训，体验生活，指导创作。

方济众每到一处，除了必要的指导交流外，更多的时间是与地方文化馆青年画家及当地美术爱好者深入山间村子，踏步写生在村前屋后、门里门外。经常是吃住在老乡家里，与老乡拉家常聊生活。

汉中各个县区乡野山间，处处都能看到风景独特、朴实纯净、云雾缭绕的山际自然景观气象。行走于山林水边、农田溪畔、河流沟坎以及阡陌纵横、交错迂回的田间小路上；穿插在那竹林环绕、野花掩映的羊肠小道间，每每令人心旷神怡、情浓意畅。那些错落在山坡、丘陵，隐没于绿树、柏松之中的农舍村庄里，木栏与石板垒砌的庭院平地上，随处可以看到觅食的鸡鸭；而那烟云弥漫的山坡草地上、杂树丛林里不时窥见那吃草的牛羊……天地神恩赐的大自然人文风光，处处都是纯美，到处都令人陶醉……

山村百姓淳朴善良，也不失厚道热情，方济众与大家下乡到山里，村民都当作是从县上下来的人，一天交三毛钱，一斤粮票，由村上干部派到各家吃饭。有时下乡，乡亲看着大家画自己家门前风景，就感觉是在画他们自己，吃完饭了，老乡就是不收钱。

那时候，汉中美术队任格局大体上呈现这几个特点，其一，民国时毕业于艺术院校者，当时还健在的有郭登岑、潘德三等；其二，新中国成立后的20世纪五六十年代至70年代中期，先后就学于西安美院或者美院附中者，毕业以后回到汉中工作的一批美术人才。比如潘元华先生，早年曾与苗重安在西安美院是同班同学；60年代初期，王炎林、石景昭等从美院油画系毕业被分配至汉中；刘爱民、田庄、张建群等从美院附中毕业回到了汉中。潘晓东70年代从美院毕业分配在汉中市文工团工作，以画油画为主。另外，60年代从当时的西安艺术师范学校毕业回到汉中各地的一批人，这批人主要分散于汉中各个县区，比如许自彬、符友明、鹿鸣等。还有一批本职工作在其他领域，但也在书画艺术领域具有成就影响者，比如温鸿远、马怡、刘文昭、陈星焕、王瑞清、周吉山、张保庆等。张保庆后来当了汉中专员、省委副书记。

方济众未下放汉中之前，虽然也有这么一批人，或专业或业余从事书画，但缺少一个德高望重且在全国有名望影响、有号召力者，因而美术界缺乏凝聚力，基本上是一盘散沙。

真要说汉中美术气氛比较活跃的时期，还应该是1974年前后的汉中地区群众艺术馆设立、方济众被借调到群艺馆工作的这一时期。

由于方济众的人格魅力及影响，很快将一批年轻人吸引到身边。

方济众从省城美协下放回来，那个年代虽然没有专业性的艺术交流，但也经常有从省内外来汉中写生的画家，他们到汉上后，一般都会先与方济众取得联系。

因为方济众的威望与影响，和他自身所具有的坚毅执着的艺术精神与无私奉献的艺术品格以及纯正的人格魅力、真诚待人与乐观豁达的生活态度，特别是于逆境中始终如一勤勉创作的艺术境界，影响着汉中书画界的年青一代。

方济众就像汉中文艺界一面精神旗帜。那时的汉中书画界，几乎听不到什么是非曲直，年轻人在方济众影响下也都是踏实勤勉地画画。方济众喜欢那些爱画画的年轻人；爱画画的年轻人也越来越敬重方济众。若有哪个人在方济众面前说别人的不是，他要么就不爱听，要么听完了把他"训"一顿。所以那时候汉中的一帮年轻人经常聚在一起谈艺术，要不就是外出画画。

汉中乃汉文化的生发和壮大之地，汉水滋养，千年孕育，行政归属上依附关陕，其文化职能与关陕文化有着大文化归属的同一性，但其文化形态却与关陕文化有较大的差异。秦巴地域自然相映互融，故而汉水流域养育的画家兼有南北方画家的个性基因。方济众从小生活在汉中，青年时代又有拜赵望云学画的经历及在省府中心西安美协工作成长的过程，故而，方济众的绘画，在艺术审美与图式语言方面，兼有南北方画家的艺术个性，兼顾秦山汉水之艺术特点。回到了故乡汉中，说被下放，是当时政治与时代环境所迫。然而方济众却把这个下放过程视作一种不断探索自己的绘画风格和生活结合的过程。回归故乡的八年多时间，方济众更是用一种田园诗意般的心境经营自己的创作与生活。

九到强家湾　60cm×60cm　1974年

泥土香味　滋卉园长

一

　　1972年下半年，方济众离开洋县，初期被借调到地区教育局（教研室），参与筹备期的地区文化馆（群艺馆）工作。地区教研室在汉中第三中学和第二中学之间的一个院落里，方济众与爱人何挺文被安排住在一间有点像教室的大房子里，算是把家从山区落到了汉中城里。刚把家布置好，亲朋好友便闻风过来看望他们，美术爱好者更是要来感受一个大画家从省城回到家乡的家庭环境与创作气氛。大伙儿去他家里边，感觉他（家）的环境布置和地方画家的布置是不一样的，尽管家里没有豪华的家具，但是画案上画家必备的画具都摆设得体，擦洗得也干干净净。

　　在地区教研室院子住了不长时间后，方济众把家搬到了教研室后边的汉中师范学校校园里，住的房子是土坯白墙的普通平房。方济众把房前一片不算大的地开辟成耕地。到了春季，便在这块地里种植了许多他喜欢的植物花草。

　　秦岭、巴山环围着的汉中盆地，气候温润，植物花木很容易培育生长。春夏时节，这个不大的耕地里生长出了许多植物花草，俨然一个花卉园。

　　门前这个花卉园，既是自然花草园，更是方济众的精神花卉园。不大的一点地方，种植了许多花卉草木，还有些蔬菜瓜果；既是小菜园子，

"文革"下放期间与儿子方平在汉中师范学校家门前合影

又像小花园。但却不是一般的植物园。方济众完全按照中国画意境里花卉植物形象进行培育栽种，长在这个花卉园里的花木，也是他画中的花卉形象素材。黄花菜一样的黄花，山丹丹花般的红花，还有一些带有黑点的红花；里面种的蔬菜瓜果，比如陕南人常见的彩南瓜，不是那种菜瓜，而是我们俗称的金瓜。

门前这个花卉地，方济众总是小心翼翼修葺、装点、仔细地"艺术经营"；栽种、施肥、浇水，把这个小小的花木园打理得非常有情趣。通过平时仔细观察各种花木的生长姿态，与自然对话，与花卉心灵沟通，又是自然写生、精神写生、笔墨写生的一种途径与手段，直至变成诗性的艺术的一幅幅花鸟画。

丰年懒摘瓜，任它满架爬。
待到重阳时，还可赛菊花。

这首诗便是他对花卉园的形象写照。

在滋卉园修剪兰草

　　方济众把这个花圃命名为"滋卉园"。这个滋卉园也就成为他的画室雅称。

　　他女儿回忆说："记得在汉中时，家门口的一块地被父亲辟成花圃，美协设在省作协大院时，画室旁的小空地也被父亲辟成小花圃，这就成为他在两地的'滋卉园'。在花圃里，父亲种植各种名花贵草，其中总不忘侍弄兰花。父亲种兰，画兰，爱兰，这就是典型的中国知识分子的传统。'芝兰生于幽谷，不以无人而不芳，君子修道立德，不为困穷而改节。'这大概就是父亲的追求。"（《历久弥深的怀念——纪念方济众逝世二十周年》黎永钧、方黎）

二

　　方济众和蔼平和，仁厚谦让。他画画时也总是心平气和，寡言少语。那时候的汉中，因为方济众言传身教，一批年轻人的画风特别的好。

　　方济众的画室不是封闭的，儿子方平也有一把钥匙。方平高中毕业后试着考过一次美院，没有被录取，后来招工到汉中县棉织厂。

刘爱民、田庄他们几个经常去方济众家里。方济众不在的时候，一帮年轻人只要来到家里，都喜欢并且不由自主地想到"滋卉园"画室里溜达溜达。一天，刘爱民、田庄、张健群来到了老师家里，方平打开画室，他们几个就在里边海阔天空地闲聊。聊到兴致上，方平就铺一张宣纸在父亲的画案上，倒些墨、挤些颜料在盘里，学着父亲的方式画着，一边画一边给大家说：我爸怎么着？我爸没什么了不起的，我爸那一套我也会……不知不觉中，方济众站在了门口。方平没注意，还在那里画着、说着。方平画完了后，把画贴在墙上，指着画说："画得怎么样？"一副得意的样子。

直到这时，方济众才走进来，啥话也没说，走到墙根底下把画揭下来一扯，扭头就走了出去。

一帮年轻人喜欢画油画，方平也不例外，方济众也没有刻意阻拦。其实方济众平时也没怎么教儿子。刘爱民、张健群他们几个毕业于美院附中，喜欢画油画很正常，而方平喜欢画油画，大抵是年轻，又经常一起互相感染的因素居多。但是方平从小受父亲的耳濡目染，对于国画，还是显得见识比较广，眼界也比较高，并且还有些鉴赏力。方平和年轻人在一起画画、畅谈时，也经常会发表对国画独特的见解。

1978年以后，方平如愿考入了中央工艺美院。一帮年轻人也没有辜负老师的期望，刘爱民、张健群先后考上西安美院研究生，田庄考上了中央美院国画系。

那几年，滋卉园里，也经常会有同行、朋友过来看望他。滋卉园也见证了他们往来的友情岁月。

当代著名诗人沈奇，与方济众为勉县同乡。20世纪二三十年代，沈奇的父亲和伯父与方济众同在家乡小学上过学，他的父亲当时上小学比方济众低一级，抗战时期还在东北军设立的仁山中学有过同学的经历。那时候，三个小同学在一起玩得特别好。1973年，沈奇已经在汉中地区钢铁厂上班。这年春天，沈奇伯父知道方济众从省城下放回到了汉中，并且已经从洋县调到了地区群艺馆。一天，沈奇周末回家看望伯父时，伯父专门给他说："我现在被流放在秦岭深山里，我不能去，你爸身份也不太好，你看你现在是工人阶级，你就代表我们去看一下方济众伯伯。"于是，他便按照伯父说的地址，坐车到了汉中汽车站，然后一路行走到中学巷的汉中师范学校。进门打听了后直接就到了方济众家门前，在那个"滋卉园"的画室里，他第一次见到了长久以来令他仰望的方伯伯。沈奇清楚地记得，对方济众的第一印象是，先生坐在平房里面的一个躺椅上，手里拿着一本罗曼·罗兰的《约翰·克利斯朵夫》第二卷在看。沈奇是个文学青年，当时映入他的眼帘的、正在看书的方济众的这个镜头让他心里很是震动。许多年后，每每回忆起第一次见到方济众的情景，他都会心生无限感慨。他没想到的是，在那个年代，一个被下放的、画中国画的画家在看洋小说，而且这本书在当时还是"禁书"。多少年过去了，如今的沈奇已经从当年的钢厂工人身份转换成了大学教授、在省内外有影响的诗人与文艺评论家。学人的民族文化思维，驱动着他经常在思考一个学术问题：我们今天的学人，包括艺术家、文学家，有几个能像民国年间我们的老一辈那样，跨越东西两条文化大河来展开自己的学术翅膀，丰富自己的艺术生命和学术生命呢？改革开放几十年过去了，国家经济已经有了大飞跃，然而，国人在追求物质生活的同时，却忽略了自身精神文化的提升与凝固，这是我们今天所要面对的问题。

方济众的艺术生涯可以说是书画文道与躬耕读书相互共融的一生。他一生一心向学，把读书与绘画视为文化治学的一种方式与情怀。爱读书是方济众汲取文化学养的途径与不懈的追求，正是这种读书精神使方济众成为贯通古今、积学深厚、见解不俗的一位文人画家，抑或是一位现代文化学者，一位学高为师的和蔼长者，一位雄视当代书画界的书画大家。

罗平安也专门去汉中看望过老师方济众。那是个春光融融的季节，当他看到老师门前这一片"滋卉园"时，就会想到恩师题在画上的诗"丰年懒摘瓜，任它满架爬。待到重阳时，还可赛菊花"，那一刻，他真替老师高兴，离开了西安，避开了政治环境干扰；回到家乡汉中几年，能在门前有闲情逸致养花种草，看来老师的心情很舒畅。

那个时候，罗平安是带着一种很神奇、很崇敬的心境眼光看待老师画画的。

罗平安到汉中后，方济众专门让刘爱民他们几个陪着他，骑着自行车到强家湾转悠。

郭全忠从美院毕业分配到当时的陕西工农兵艺术馆。刚参加工作后，外出工作的第一站便是汉中。

郭全忠作为省上文化单位人员来到汉中，接待他的恰恰就是方济众。郭全忠很敬仰方济众。他们在一起好几天，方济众与郭全忠一起在汉中转悠，先后去了强家湾水库等许多地方。其中的一天，郭全忠就在方济众的滋卉园画室看着方济众画了一整天画。他们心情畅快，轻松自然地交流着。方济众画完了一幅四尺三开大小的画，送给了郭全忠。

三

1972年，当时的国务院文化组（后改为文化部）成立，每年都要举办一次全国性的美展。1973年10月间，北京举办全国连环画、国画及户县农民画展，全国各地美术工作者闻风而动，相继赴京参观展览。那时，一年能遇到这样大规模的、同时在首都举办的全国性几个大展实属不易，特别是三大展览中有陕西的户县农民画展。户县农民画诞生于20世纪50年代末，发展于六七十年代。1958年，县文化馆馆长谢志安利用数千农民兴修水库、大炼钢铁的机会，组织美术干部在工地举办美术训练班，半天参加劳动，半天学习绘画，培养了一支自觉为人民、为社会主义服务的农民美术队伍。那时，农民画家创作的作品不时在《陕西日报》《陕西农民报》发表，引起了省文化部门与省美协的重视。省群众艺术馆馆长高志桢和美术干部戴刚毅；西安美术学院陈士衡、刘文西；省美协赵望云、石鲁、修军、张建文、方济众、康师尧、陈嘉咏等人经常到户县，传授业务知识，进行具体指导。60年代初期，石鲁、方济众还曾陪同全国美协负责人蔡若虹、华君武、力群专程来户，指导农民画工作。由此，户县农民画得到文化部推崇而名声大噪，成为当时全国文艺界美术创作的准"样板"。农民画以朴实的、表现农村生产劳动生动的绘画语言，70年代一度风行一时，还曾数次出国展览。

方济众在汉中"滋卉园"艺术生活状态相对于西安的老师、同事们要自由宽松多了。他可以自由无限制地赴京参观交流。方济众旅行途中特意从西安下了火车，专门去看望老师赵望云以及战友石鲁。

1966年"文革"开始，当年6月赵望云被扣上"走资派""反动学术权

初到强家湾　68cm×68cm　1974年

威"的帽子，惨遭游街、批斗、抄家乃至劳动体罚，身心经受了常人难以想象的摧残与折磨。1968年5月，造反派又在批斗中毒打赵望云，致使他半身不遂，近乎瘫痪。

1970年春节前夕，赵望云的所谓一系列问题被定性为"人民内部矛盾"，他再次获得相对宽松的精神自由空间，又可以拿起毛笔继续他的创作了。

这时的赵望云，身体状况已大不如从前，不能如过去那样随处去写生，创作大幅山水，画画时间久了身体就会感到特别劳累，有时甚至会休克。

1971年林彪叛逃事件之后，国内政治气氛有所缓和，艺术创作环境也相对宽松。赵望云虽然身体健康状况很差，但是精神和心情轻松了不少。虽行动困难，起居不便，但是只要拿起笔来，瞬间他那不甚灵便的右手就会变得稳健自在，挥洒自如。1973年更是赵望云创作的高峰时期。虽然右腿瘫痪，但是赵望云每天坐在床上，伏案于一张旧三斗桌大小的小"画案"前，忘我地进行着创作。

方济众人虽在汉中，但心中时常牵挂着老师。这次来看老师与师母，赵望云心情都异常兴奋。师生面对，自是一番诉说，互慰衷肠。方济众看着老师面容憔悴、身体衰残的状态，心里有一种说不出的滋味。赵望云看着学生带来的几年里在"滋卉园"创作的一些充满着浓郁的、又清新生机的反映陕南自然生活气息的作品，也倍感欣慰。

那一天，赵望云心情格外舒畅，不觉劳累，伏案一天，专门为方济众夫妇作册页相赠。册页题记："是日小雪放晴，精神倍好，自中午至黄昏，作画十幅尚未觉困倦，写此数语供挺文济众存念。望云年来多病，近日稍感欣慰，写此数幅，略示阔别想念之情。"

方济众随后也去看望了石鲁。石鲁比方济众大4岁，这一年已经53岁。1973年元月，陕西省革委会斗批改专案组办公室宣布，将石鲁问题定为人民内部矛盾，并且给他落实政策，恢复原工资待遇，还拨款让石鲁把住房条件改善一下。悬在石鲁头上的那把剑似乎已经放下，石鲁的政治待遇又有了一些变化，他可以自由画画了。石鲁还专门购置了一个大画案，强烈的创作欲望令他情绪倍增，创作起来也一发不可收。省革委会文化组还专门聘请石鲁担任全国美展的美术顾问，指导革命历史题材绘画创作，并且传达了周恩来总理关于国家外贸出口美术作品的指示，希望他能给外贸和外交使馆作画。

方济众与石鲁，几十年一起工作、创作生活的岁月时光凝聚，亦使他们彼此互为战友，方济众特别敬重石鲁铮铮铁骨般的艺术气概，敬佩他那纯粹真挚的艺术胆识与侠义情怀。

方济众后来回忆："记得1973年秋天，我第一次从落户的山村来到西安，一面看望这位多灾多难的战友，一面也请他对我近年来所画的习作，多提意见。同时还请他画几开册页，作为别后留念。当时他的处境确实困难，身体也极为瘦弱，但他却很快连题带咏地书画了几幅送给了我。他在第一开册页上画了一幅全用朱砂写成的山茶花。山茶花的枝条上，停了一只焦墨细笔的怪虫。一眼看出，着铁挺挺的花枝，正遭受着毒虫的侵害。而另一幅画上，却画了两株兰花，一株在上角，一株在下角，看了画面上的题诗，不由使我的泪水夺眶而出。'兰兮，兰兮，天各一方'"……（方济众《开拓者的风格——忆石鲁同志》）

方济众在北京参观展览期间，又抽空拜见了一些故友，认识了一些新朋友。拜访吴作人先生时，吴作人赠送了方济众一幅小品，画上游动着三尾金鱼，自由自在，其乐无穷。方济众甚是喜欢。回到汉中滋卉园后，仿吴先生笔意又画了一幅。还在画卷左下方空白处写道："一九七三年十月中旬于北京，参观全国连环画、国画及户县农民画展，便中访问了画家吴作人先生，观摩学习了他的油画和国画近作。归来后，摹其笔趣，写此数尾。"

崔振宽美院毕业后先留校在师范系任教。"文化大革命"开始，美院精简遣散教师，崔振宽就到了西安特种工艺厂。特艺厂那会儿聚集了一批从美院毕业的人才，其中有江文湛、郭北平、王炎林、李群超、史永哲等。

1973年，美术界德高望重的老画家们响应周恩来总理关于外贸出口美术品的指示精神，在各地外贸部门的协调组织下，进行创作。然而，老画家们创作的这批美术作品，却被"四人帮"污蔑为"黑画"。1974年元月，全国上下掀起了一股批"黑画"运动。

2月份，中国美术馆和人民大会堂分别展出了18位老画家创作的215幅所谓"黑画"。批黑画运动主要在北京、上海展开，陕西也是重灾区，以石鲁为首，当时有20多位画家被扣上了"黑画家""反动画家"的帽子。石鲁经过批"黑画"事件后，精神遭受了巨大摧残与打击，健康状况进一步恶化。赵望云经历这次打击后，终日心神不宁，身体日渐衰弱，不再外出，沉默不语。

烂漫山花笑迎人　97cm×95cm　1979年

1974年，特艺厂崔振宽、江文湛一帮人到陕南去写生，他们到汉中后，就由王炎林陪同来到方济众家。他们知道方济众是长安画派里很重要的一员，虽然他被下放回到了汉中，但是依然对他很敬仰、很尊重。

大家过来看望方济众，他自然高兴。但刚开始聊天时言语里还是显得有些拘谨，精神也有些紧张。方济众家里墙上当时挂了一幅很小的黄宾虹的画，画得很精彩，是纯笔墨，一片墨色生机气象。崔振宽、江文湛他们特别喜欢黄宾虹，在那个时代，能看到黄宾虹的原作，怎能不让他们惊奇又高兴？方济众对大家很热情，当聊到尽兴的时候，他拿起笔开始画，画得虽不多，但却让他们大饱眼福。随后，方济众还领着他们到南沙河水库去写生。

"文革"后期，一次方济众来西安，住在东大街的关中旅社。崔振宽他们听说后便去关中旅社拜访。方济众除了办事之外就在旅社里画画，画的尺寸都不大，小画一张接一张地画。方济众还抽空专门到特艺厂看望崔振宽、江文湛他们。当然，他们几个也会抓住这难得的机会让他画画。那会儿，方济众几乎给他们每人都画过画。方济众与青年画家们在这样的来往中，艺术情谊不断地增进。

四

1977年是"文革"之后的第一个春天。秦岭以南的汉中，4月的山显得更加秀美，遍地油菜花开，到处春光明媚。悠然的汉江上空，欢乐的鸟儿展翅飞翔，清澈的水面上，自在的春鸭戏水游弋……人间芳菲四月天，方济众写生来到了江南安徽。登黄山天都峰，领悟了"海到尽头天作岸，山登绝顶我为峰"之美；观桃花潭，感受了自然景观和人文景观融为一体的清新秀丽的皖南风光；上仙桃峰，把北海景区那伟、奇、幻、险的天然景象尽收眼底。方济众还去了芜湖，再到泾县，感受传统宣纸造纸的魅力。每到一处，他不断地进行写生，反复画着速写，把沿途那生动景色尽情辑录其中。

游完安徽，又到了江西井冈山。

在井冈山纪念碑前，方济众终于看到了他心中一直十分敬慕的，妻子何挺文全家人多少年来一直期盼的、久久牵挂的、渴望见到的堂兄何挺颖的英雄形象。何挺颖年轻时期从汉中外出到上海求学，后来参加中国共产党，参加红军，一直到壮烈牺牲，家乡人一直得不到消息。方济众看着这个自己从未见过的妻兄何挺颖的红军形象，万分激动，一瞬间热泪盈眶。他仔仔细细地看着，追寻着当年妻兄何挺颖在黄洋界保卫战中的文字踪迹，仿佛看到了何挺颖的英灵在回荡。感怀之余，他用文字记录下了当时的心境："三十年生死离别杳无消息，白发望断南飞雁，素手功劳絮征衣。叹年年汉水又巴山，夜漫漫，花寂寂，一轮红日天下白，传来颖兄事迹。黄洋界上溢忠烈，翠岗碧血丹犀更光辉，一曲西江月，千古著丰碑。"

从1970年下放到陕南汉中，八年来，方济众用他自己亲手装订的速写本，或一尺见方居多的册页，以汉江为主题，山水、人物、花木、禽鸟为表现内容，画了数以千计的速写、册页小品，写了许多题画诗。踏遍汉江两岸，写出了歌颂汉江的长篇诗文《汉江行》。方济众的一首诗文形象地记录了他的心路历程"茫茫宇宙倚红球，日月星辰历春秋。纵观万物花烂漫，横览沧浪水奔流。宜将彩笔参气象，莫如屈子赋离愁。百缄不问长安事，碧波濑远一沙鸥"。

八年的春夏秋冬，应该说是方济众心情最舒畅、画画最放松的时光。他的情感精神已经完全沉静融入了故乡的山山水水，似乎已经忘却了想要回到大城市的想法。

祥和的气氛，相对良好的条件，充足的时间，平淡的生活，家乡人的热情坦诚，使他真正地感觉回到了家。巍巍秦岭、绵延巴山、清灵汉水、斜阳晚霞、油菜花海、林间牧归、江边晨雾、荷塘野趣、岩畔小鹿、山间放羊、红梅绽放，故乡朴秀自然的田园风光，清漪纯美的天籁幻境，每每激发起他那艺术生活速写的灵动，唤醒了他那情感深处的诗文吟唱。方济众画中的笔墨表现，开始从对社会形态的关注转向了对自然本我的美的本质的形象揭示，实现了对自我内在精神的感悟和人格境界的超越。

　　岁月轮回，几载春秋，他以独特的思维品味着故土山川的质朴、平淡、宁静。"汉水巴山乃旧乡，笔砚生涯忘愁肠，最是江村堪眺处，稻谷丛里鱼米香。"故乡汉中天时、地利、人和，真正地使先生心灵获得自由洒脱；时空的推移，故乡山水的灵秀滋润，让先生真正地完成了生命主体里精神家园的回归。笔的灵动所生发出来的画韵，已无昔日之霸气；墨的激情所抒发的已是质朴自然、清丽明快、充满机趣、灵性的新山水画风。先生由此完成了生活与艺术的自然融合，完成了艺术对生活真实和人性真实的价值回归。方济众之人格与画格已浑然一体。

　　方济众先生是位重自然性灵的画家，早年故乡的清风明月、巴山蜀水自然环境的滋养，造就了先生敦厚内秀的性格气质。"文革"期间下放故乡汉中期间的艰苦生活磨砺，让先生感悟到生命意义中根性所在的精神家园。方济众先生富有田园诗意的清新画风由此变革了传统山水模式的格局，开创出了以描绘时代生活自然形象为特征的纯美、朴素、亲切感人的田园风景模式，从而形成了先生自己独特的绘画语言特色，真正确立了他在近当代中国山水画中的地位。

汉江雪后　68cm×67cm　1987年

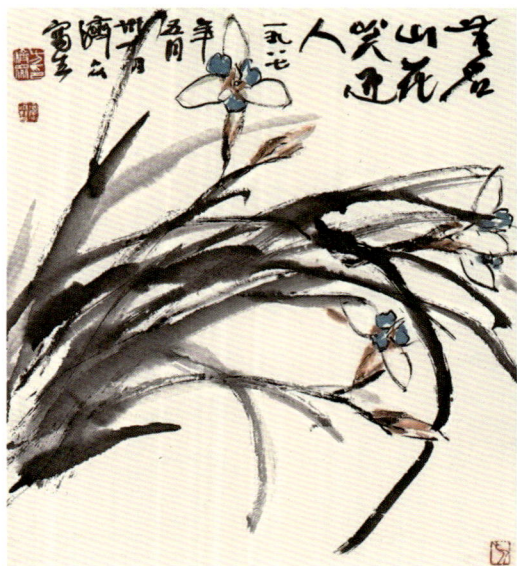

四幅册页

三至强家湾，一九五三年互助合作闹的欢 干劲冲破天 一九七四年元月十四 作 十到强家湾之三 济 渠

冬耕（十到强家湾）　67cm×67cm　1974年

雾后　68cm×68cm　1986年

白水江一角　毛笔写生　1978年

卷二 历史担当 铸就辉煌 方济众与长安画派

人们言说长安画派，并论起当下生存状态者，必先要从其奠基人、创始人之一赵望云说起。也一定要盛誉、惊叹那孕育并成就了众多艺术大家的赵氏家门，这是一个无法绕开的文化现象，也是一个富有传奇的生动话题。赵氏艺术谱系，从赵望云起始，延至黄胄、方济众、徐庶之、赵振霄；延至赵振川、赵季平等，他们都以个体的艺术生命律动，续写与展示着这个谱系主体生命火花的烂漫与艺术峰顶塔尖式闪光。在赵氏艺术谱系成长起来的方济众，以自己的个体融进赵氏家谱主体艺术生命意志的序列，并始终遵循其谱系的内在规律，又以自己的睿智卓越，不断丰富着长安画派的美学品质，并以自己的形式与风格阐释着生活艺术于长安画坛的当代意义。

萦绕这一系列话题之中心人物，则是赵望云。

20世纪40年代，一代大师赵望云定居西安。赵先生以其对劳苦大众的深切关注，描绘关山高原山川粗犷、雄浑质朴的独特画风，再次令沉寂了3000年的长安画坛酝酿着更大的辉煌。

仰之为碑　望之若云

一

中华民族实乃一个历尽苦难却奋进不屈的民族，上千年的封建帝制至清末几近腐朽衰落。落后就要挨打，要奋斗就会有牺牲。故而，处于20世纪的任何一个中国人，其命运都要与中华民族的屈辱苦难和奋斗历程联系在一起。

1906年9月，赵望云出生于河北束鹿一个兼营皮商的农家。在他6岁时，孙中山领导的辛亥革命推翻清王朝的统治，建立了中华民国，父亲遂给他取名"赵新国"，希望儿子承袭商道。14岁时父亲不幸病故，家道中落，赵望云失学，15岁时当过装烟、端饭、提夜壶、拉风箱式的学徒。母亲将家业兴旺寄予他这个八个姊妹中唯一的、年龄最小的男丁身上，然而，年少的赵望云对皮货生意没有一点兴趣，却嗜好绘画、音乐、戏剧，特别钟情于绘画。赵望云后来在自传中这样回忆："绘画、音乐、戏曲曾成为我废寝忘食的痴好，特别是绘画。记得我四五岁时，即用笔墨学习乱涂。入小学后，由于沉迷于这一课程，经常受老师斥责，但兴趣却并未稍减……"

19岁那年，母亲替他包办婚姻。是年冬，母亲病故。父母的先后逝去，使他成了无依无靠的孤儿。年轻的赵新国不甘沉沦，立志结束学徒生活并投身于绘画事业。

20岁，得益于家族表兄、本县富商王西渠的资助，赵新国怀揣艺术理想来到京华北平，进入京华美专学习绘画。赵望云在回忆录里这样描述当时的学校状态："它是一所依靠姚茫父支持的私立学校，费用是依靠学生的学费，教员水平很差，当时的实际主持人为邱石冥，把学校办得毫无生机。"赵新国在这所学校学习了一年多后，于1927年转入国立艺专选科（国画系二年级）。但是在这所学校待了一段时间后，他觉得这所所谓公立艺术美专并不比私立学校好多少。主要原因是，这所学校里面的好些教师只是挂个名，而实际上课的教师责任心太差，并且，许多学生是有钱人家的子弟，没有理想，只是想混个文凭而已。

　　那时的北平，受五四新文化运动的影响，到处洋溢着民主进步的气息。赵望云受此感召，产生了强烈的思想波动，并不断寻觅着未来事业的去向。赵望云在认真学习与绘画研究之余，还阅读了一些艺术创作理论方面的书，如托尔斯泰的《艺术论》、厨川百村的《出了象牙之塔》等。"打倒贵族的少数独享的艺术""打倒非人间的离开民众的艺术""打倒模仿的传统艺术""提倡民间的表现十字街头的艺术"的口号，让这个来自农村的年轻学子终于寻觅到了一条以新文化理想革新中国画艺术之路。然而对于年轻的赵望云而言，其时选择的却是一条从未有过的艰难之路。中国画至清末，其精神指向与审美定向、语言材质与笔墨表现，已经演绎成一种超稳定的符号图式，对技法的惯性依赖使艺术家在把玩陈旧的笔墨游戏中失去了自我，忘记了自然与时代。虽然美术界要求改革旧式中国画的呼声很高，然而许多画家依然沉溺"四王"摹古画风，沿袭旧式文人吟唱情调。

　　承载乡村苦难感情的年轻学子赵望云，在社会改良者立新图强的奋力呐喊中，此刻已经明辨出了自己要走的艺术之路。赵望云说："我是乡间人，画自己身历其境的景物，在我感到是一种生活上的责任，此后，我要以这种神圣的责任，作为终身生命之寄托。"

赵望云（右一）与冯玉祥（中）合影

二

1927年，赵望云脱离了枯燥的学校生活，进入了自我实践与学习锻炼时期。

这期间，他的作品《疲芳》《风雨下之民众》《雪地残生》等在进步报刊发表；他与李苦禅、侯子步等在北京中山公园举办展览；在《大公报》艺术周刊发表关于中国画改造问题的文章；这时候，他将自己姓名改为赵望云。1929年至1930年又与李苦禅合办"吼狮艺术社"。1932年上半年，赵望云将在家乡农村写生的数十幅作品汇集，在天津举办了展览，将在《大公报》发表的旅行写生作品结集出版为《田园集》。同时，以《大公报》特约旅行记者身份，从1923年底至1933年2月（民国22年），从家乡束鹿出发，游历冀南十余县，将平民生活，以写生日记形式的130幅作品发表于大公报报刊并结集出版《农村写生集》。赵望云在写生集自序中说："'到民间去'的口号，无须再喊，但希望我们生在乡间的人们，走入城市以后，不要忘掉乡间才是。戋是乡间人，画自己身历其境的景物，在我感到是一种生活上的责任，此后，我要以这种神圣的责任，作为终身生命之寄托"，"'写生日记'确不是闭门造车得来的，而是终日坐着大车奔波田野，夜宿小店中作成。"

赵望云27岁这年，夏天，又沿着陇海线，从连云港到陕西潼关旅行写生。赵望云一系列艺术行为，在社会上产生较强烈的反响，并因此得到了新闻界的普遍关注及民主进步人士的由衷赞叹。赵望云的名字很快出现在京华公众视野中。

赵望云作品中所透析出的家国情怀、平民情结与反映现实生活的清新气息，也引起了当时隐居在泰山的冯玉祥将军的极大共鸣，冯玉祥在写生集序中写道：《大公报》的第六版上陆续刊登着赵望云君的农村写生画，每天看报的时候，"最先耀在我的眼前的就是那朴素的、动人的图画，而且总要使我的视线在那里逗留很长时间"。冯先生将赵望云发表于报纸的作品剪报配诗，还派人与赵望云商议印行写生集的诗集本。同时邀请他到泰山见面，同住畅聊。冯玉祥对赵望云说：我们应该共同搞我们理想的事业。赵望云的艺术创作从此得到了冯将军的有力支持。

三

1934年春，赵望云应《大公报》之邀，开始了塞上旅行写生。他们从唐山出发，穿过日军占领区罗文峪、喜峰口，再经古北口到达八达岭，后走张家口张北县，最终经大同到达内蒙古草原。这次写生回来后，赵望云汇集画稿百余幅发表于《大公报》，并将冯玉祥画题诗本《塞上写生集》出版发行。冯玉祥在《塞上写生集》序中写道："'大众时代'"的艺术，已经不是少数有闲阶级或有钱阶级的消遣品了。现代艺术的价值已经不在于形态的美丽和雕刻的精致，而是在于深刻地、赤裸裸地描写社会的真相……""我相信，唯有描写劳苦大众实际的生活才是现代艺术的任务，也唯有唤醒他们的社会意识，奋起斗争，才能够复地雪耻……"《塞上写生集》（配诗集）五版竟售罄，发行量达几万本，其影响之大、传播之广可谓前所未有。赵望云用写生通讯方式，以现实主义表现手法，描写日本侵略下的中华民族社会与自然的真实现状，比蒋兆和1943年创作完成的《流民图》要早10年。

1935年秋，赵望云随冯玉祥到泰山，写生泰山山麓民间生活，后精选48幅画图由冯玉祥配诗刻石作永久留念。1936年在民国首府南京，由冯玉祥资助，徐悲鸿题签，《大公报》出版了《旅行印象画选集》，同时举办了展览。自此，赵望云真正地进入国统区艺术家序列。

抗战爆发之后，冯玉祥担任第六战区长官，赵望云随冯玉祥到武汉。此时的武汉已成为抗战后方重镇，一大批文艺家会聚于此。冯玉祥支持创办了两个刊物，《抗战底半月刊》和《抗战十月画刊》，赵望云担任主编。此时期编辑刊物就成了他的主要任务。《抗战画刊》先后辗转长沙、桂林后迁移到了重庆。《抗战画刊》前后编辑出版33集。刊物着眼现实，面向大众，深受大众喜爱。每出一期便销售一空，在全国抗战宣传领域产生了广泛的影响。通过刊物，赵望云团结了文化艺术界的朋友，丰富了阅历，积累了以后走向国画创作的技巧与经验。

赵望云此时期在重庆艺术界已经成为当之无愧的艺术人物。

之后，因冯玉祥受非挤，期刊无奈停办，赵望云从此走向了职业画家生涯。

四

大后方之重庆，文化艺术界人士响应当时国民政府"开发西北"的号召，掀起一股西北写生考察的热潮。张大千首先赴敦煌考察临摹写生，王子云随后组建西北文物考察团首次考察整个西北的文物遗存，董希文、吴作人也去西北写生……

1941年赵望云在成都得朋友帮忙，先后举办了两次展览，均获得成功。在成都期间他结识了张大千，并临案学习传统技法，同时认识了关山月、黎雄才等。

1945年初黄胄抱着赵振川

1931年春节前夕，赵望云与同乡杨素芳女士在老家结婚。1942年初，夫人携大儿子赵振霄一路辗转来到成都与赵望云团聚。

成都为盆地湿热潮闷气候，杨素芳待了半年多后，身体实在无法适应，而赵望云也萌发了去西北写生旅游的愿望，遂在这年7月，举家迁往古都西安。赵望云举家定居西安后，走上了艰辛的职业画家之路，但是他并没有迎合官场，媚俗市场，依然满怀平民情怀，遵循初衷，通过写生深入西北，深入民间，进行艺术教学创作活动。

这时候的赵望云，艺术坐标定格的已是以大西北自然山水风情为主体表现的视觉图式了。

到西安后，同乡贾若萍给刚到西安的赵望云提供了很多帮助。她是杨素芳的姐姐杨廷玉的同学，是个企业家，并且也喜欢书画，乐于结交书画家。贾之弟对甘肃少数民族生活的介绍使赵望云深受感染，于是首次到祁连山、河西走廊写生两个多月。1943年赵望云在重庆的西北写生展和关山月的西南旅行画展先后举办。其间，赵望云相约关山月夫妇、张振铎四人一起到大西北旅行写生，而这亦是赵望云的第二次西北写生。这次写生，为他后来的艺术成就奠定了坚实基础。他们从祁连山返回张掖，又西出嘉峪关到敦煌。探访了藏族、哈萨克族人民的生活，尤其在敦煌临摹写生月余，对历代壁画临摹研究，分析中国古代佛教壁画的造型特征与印度绘画风格的联系与区别，得出民族性特征很早就形成的结论。

1948年赵望云第三次旅行西北写生。先后深入西部腹地河西走廊、祁连山，促成了黄胄大西北人物风情艺术创作目标的抉择与艺术风向定格。同时赵先生还在西安组建"平明画会"，创办《雍华》刊物，开设青门美术社，组织徐悲鸿、张大千、黎雄才等著名画家开办画展，赵望云那时已无可置疑地成为西北画坛的核心人物。

赵望云于20世纪20年代开辟了直面现实、面向乡村写生的艺术之路，使其以后的艺术人生轨迹顺应了社会变革与艺术革新的潮流，创作出反映新时代、表现新生活、体现民族审美情怀和民众文化精神的艺术作品，开启了"开宗立派"式地走向变革、面向生活的中国画时代新风，以赵氏家门独特的师徒教育方式培养出数位艺术大家。

赵望云先生以其崇高的威望、质朴的品格，开辟了直面现实的艺术之

80年代初与赵望云之子、师弟赵振川合影

路，所产生的强大艺术效应和达到的艺术高峰已彪炳史册。

1943年，郭沫若参观画展后写诗赠赵望云：

画法无中西，法由心所造。慧者师自然，着手自成妙。
国画叹陵夷，儿戏殊可笑。江山万木新，人物恒释道。
独我望云子，别开生面貌。我手写我心，时代惟妙肖。
从兹画史中，长留束鹿赵。

三大弟子　拜师入门

一

赵望云在年轻时代接受了新文化思潮的洗礼，虽然他采用的是中国式的师徒教授方式，然而，他灌输给弟子与子女的却是尊重个性自由发展的人文进步思想。赵望云用他充满真挚的家国情怀与艺术人生理念引导弟子把握住了明确的艺术方向，以他浓郁的人文精神情感与纯正的民族风骨潜移默化地感染着学生。以他对传统与生活独特的感知与笔墨凝练，传递给弟子一些艺术规律与方法，但是对于艺术实践中个体的艺术创造，赵望云却让学生到自然、到生活中用勤奋、踏实、坚韧、诚挚去自由寻觅。

心理学认为，人之个性品格之形成乃先天遗传基因和后天环境教育因素相互作用之结果，而在个体生活中起决定作用的是家庭、学校和社会。

对照黄冑、方济众、徐庶之等的艺术轨迹，他们的人生抉择与艺术之路主要来源于家庭环境浸染和赵望云对他们的教诲与人格影响。在中华民族灾难深重的年代，老百姓处于水深火热之中，有志于学画的青年不容易得到学画机会，赵望云对这些与自己有相同命运和愿望，也具有艺术天分的青年，无私收留至自家学画。他敦厚、朴实、豁达的性格及尊才、惜才、育才的品德一直深刻地影响并引领着赵氏艺门众弟子的艺术人生。

1971年赵振川、赵季平与父亲赵望云、母亲杨素芳合影

二

1946年5月间，方济众作为出席民国陕西三民主义青年团大会的代表，与勉县另一个青年一起，从家乡出发，翻山越岭先到了宝鸡，又坐火车来到了西安。

抗战结束后的古城西安暂时恢复了往日的安宁。

小时候，方济众从父辈那里知道，西安是一座具有悠久历史和深厚文化底蕴的古都，整座城犹如一座博物馆，街内满是古朴敦厚的文化气息。

来火车站接他的，是在陕西师范专科学校上学的姐夫王兆民。

王兆民领着他漫步在西安街头，一边走一边告诉他，西安街道就如同一方棋盘格局，你怎么走也不会迷路。"九经九纬，经涂九轨，左祖右社，前朝后市"的布局，让方济众感觉这个城市规规矩矩，很有条理。

王兆民把方济众领到了他上学的陕西师范专科学校。他身上并没有带多少盘缠，晚上就和王兆民挤着睡在学生宿舍那张简单的床上。

这个学校当时设在西七路。从学校出来走不远就能到北大街。

三青团会议时间并不长，一天就开完了。

方济众这次借着参加会议来到西安，也没想着要回去，寻找并等待着一个美术学校在西安的招生机会。

方济众的三哥方济英这时候在离西安不远的三原县钱粮管理所工作。

三原县的县长姓陈，名瑄，是勉县人，毕业于上海公学，先在陕西省政府立法政学堂教书，还担任过省政府秘书。生活俭朴，廉洁自律，思想进步，与方济众堂叔方锡德关系很好。陈瑄担任县长期间，方锡德就推荐方济英投到了他的门下。方济众来西安之前，堂叔还专门给县长写了一封信，并叮嘱他到西安了一定要去三原县看看，其实也是希望县长能帮方济众安排个工作。

方济众到了三原后，与三哥一起拜见了县长，并把堂叔的信转交给了他。他俩在三原待了两天后就回到了西安。方济众和王兆民住在学校。当时学生食堂在饭前将饭菜摆在桌上，每八人一桌，到吃饭时间了就去吃饭，吃饭时互相不熟悉也没人过问。有时方济众出去了，姐夫就带些饭菜

1982年，方济众与师兄黄胄、师弟赵振川在一起的情景

回到宿舍，留着给方济众吃。课余，有时他们一起去街上转悠。方济众每走一处也是习惯于写写画画。

人生长河，岁月交织，围绕着每个人发生一些事，再由这些事生发出来的一些故事，总会于冥冥中自然地交错在一起。某些时候，当你不自觉把这些故事编织在一起的时候，却蓦然发现，原来人生其实很有趣。有些事有些人，命里注定他们一定会结缘，正是这缘起缘落，才会让这些故事回味起来意味无穷，美妙无比。

就像这个陈瑄县长，他有个女儿叫姚贺全，后来嫁给了赵望云的三儿子赵振川。她仁厚贤良，内慧勤俭，相夫教子，治家有方，一生与赵振川相伴相携，含辛茹苦地支撑着赵氏大家庭。如今她虽已70余岁高龄，然思维敏捷，思路清晰，说起赵氏家门艺事，论及长安画派历史，可谓如数家珍。赵氏家门贤妻慈母相携内助，互伴为之，也同样延续且验证着赵氏艺门之家国情怀与家门文化品格。

40年代的古城西安，被明代建造的城墙紧紧地环围；东南西北，依次有四座城门：长乐门、永宁门、安定门、安远门。巍然的城墙门楼以四层建筑撑起，城砖比普通砖大一倍，宽厚砖块砌成的城墙，雄伟庄严；城墙下的护城河，深而广且环抱延伸。

西安以钟楼为中心，钟楼的周围几乎都是比较古旧的建筑；街道两边楼房最高只有两层，而且多以木板楼为主；大街小巷到处能看到民国时期的四合院民居。南大街道路比较狭窄，到了晚上，仅有拳头大小的路灯散发着时有时无的红光，相互交织的电线低低地悬挂在路人的头顶上方；街上洋车、自行车往返如梭。东大街、西大街马路宽，各类大小车辆汇聚，让人眼花缭乱。尤其是东大街，战时新兴的商家、百货商店，兼营最多的却是衣料，以军装最多。

不愧是文化古城，街边书店也很多，北大街、南大街一带的报馆门市部里都能看到各类文具书籍。街道摊上摆着用土纸印刷的报纸，有《益世报》《西京日报》，还有《京平报》《西北文化日报》《华北新闻》等。

方济众最感兴趣的是南大街城墙下的碑林内景，走进去看，有许多

踏雪晚归
作家柳青旧居故屋
一九八三年 方济众上

柳青故居　69cm×49cm　1983年

在汉中从未见过的书法碑石，篆刻着王羲之、赵孟頫、怀素和尚的书法字迹，还有各类庄重严谨的魏碑。碑林里还能看到扬州八怪郑板桥的碑石字画。

　　紧挨碑林的是明、清时的西安府学堂和孔庙。孔庙西边的书院门，古朴的石板街面两边，出售各类碑帖拓片、名人字画，刻石印谱、文房四宝；从书院门中间拐进去便是全国四大书院之一的关中书院。"碑林藏国宝，书院育人杰。"书院门散发出来的文化底蕴，街内到处透出的古朴敦厚的文化气息，让这个从秦巴大山走出来的青年，第一次进入了不同于家乡汉中的文化艺术天地，方济众四处流连着，仿佛感受到了古长安的精神。

三

这天，方济众一人走在北大街上，偶尔看到街面上挂着一条横幅，上面用红色大字写的"赵望云画展"显得格外醒目。赵望云？方济众依稀记得在家乡见过赵望云主编的《抗战画刊》。他眼前为之一亮。

画展是在北大街的通济房举办。

方济众走进展厅，先匆匆地在展厅转了一圈，一幅幅朴实自然、清新生动的西北山川山水气息扑面而来，一下子吸引住了他；这么多的作品映入他的眼帘，令他激动万分。这是他第一次近距离感受一位大师的国画展，画中的笔墨气息似乎让他感受到了一种精神上的契合，于是，他急急地出去，在门口文具店买了铅笔和本子，又飞快走进来，仔细地看着，拿着铅笔的手不由自主地在本子上画着。他的神情是那么专注，一幅一幅地画，全然忘了时间。画到展厅就要关门了，他才依依不舍地走出去。

第二天一早，方济众早早来到展厅门口，开门了他第一个走进去，从昨天还没画的，接着一幅幅继续画着。

中午饿了，他从口袋里拿出干馍头一边啃着，一边继续画着，不知不觉又是一天过去了。

方济众在展厅的非常举动，一直吸引着一个人的注意。这个人看着这个年轻人竟然把画展中的画一张张地临，一幅幅地画，惊异之中也很是感动。画到第三天的时候，他主动走过来询问起了方济众。方济众以为他是赵望云，这个人说，我不是，我是田亚民。如果你想认识他，我可以给你介绍。方济众内心怦然一动，兴奋地说，我当然想认识赵先生了。

彼此简单寒暄了几句，方济众这才知道，原来赵望云先生的画展，就是这个田亚民先生具体操办的。

1942年6、7月间，赵望云全家来到西安。在陇海铁路当过秘书的岳松济和同乡魏瘦鹏给了他很大帮助。岳松济是山东邹县人。抗战时期，被冯玉祥将军委任为陇海铁路局秘书长及顾问，1938年随铁路局迁至西安。岳先生喜爱书画，也钟情收藏；因为赵望云与冯玉祥的关系，自然很早便互为相识，内心也非常敬仰赵望云。魏瘦鹏曾经担任过冯玉祥的秘书，钟情书画收藏，20年代末期便与赵望云相识。那时，赵望云与冯玉祥来往，他也曾协助做了较多具体工作。魏瘦鹏还撰文《赵望云与国民革命》发表在1928年10月26日的《大公报》，认为赵望云"提倡平民的人生的艺术，以推翻贵族的玩赏的艺术，在国画中实为革命"。

魏瘦鹏先把他们全家安顿在甜水井大有巷3号，随后赵望云在岳松济认识了田亚民。最让赵望云喜悦的是，他还认识了著名的豫剧演员樊粹庭。由于赵望云特别喜欢戏剧，拉一手好京胡，所以他与樊粹庭一见如故，很快成为朋友。

1943年春夏之交，赵望云与关山月、张振铎计划第二次西北旅行写生，为了筹措经费，在东大街青年会举办了三人作品联展。田亚民、陈之中等在办展具体事项上给予很大帮助。

田亚民生于1911年，是河南新野县樊集乡人，天资聪慧，酷爱书画。年轻时投身吉鸿昌门下担任内务官兼秘书。后来投奔陕西督军、辛亥革命元老张钫先生门下，为其收购古石碑、石刻、石雕、古墓碑等。深为张钫先生喜爱，遂拜张钫先生为义父。田亚民还在义父保荐下首任西安市税务总局主任。1937年，得张钫先生、伯父于右任先生资助，田亚民在西安南院门18号创办了"长安青门斋"（青门乃西安小南门），经营书画并兼装裱业务及开办书画培训班。

田亚民乐善好施，广交四方友人。1940年初也曾资助冯亚衡（石鲁），并引荐他认识董必武先生、李克农先生。石鲁加入西安八路军办事处三原县革命青年训练班后，不久便奔赴陕北延安参加革命。田亚民的青门斋还先后资助徐悲鸿、张大千、齐白石等在西安举办大型个人画展。后在徐悲鸿、张大千等人提议下，与赵望云协作将"长安青门斋"更名为"长安青门美术供应社"。当时，这里经常组织协作资助名家展览，并协

与徐庶之等一起交流画艺

助作品展销，在西北显得异常活跃和闻名。美术界学者誉其为"西北艺术文化交流之中心"，当时的影响堪比北京荣宝斋、上海朵云轩。

1949年5月20日西安解放，田亚民遂将南院门青门社、青门茶楼及东大街正大豫饭庄私产全部捐献给了国家。10月份，西北军政委员会文化部任命田亚民为文化部文化处处长。赵望云先生任文物处处长，石鲁任西北画报社社长。

青年方济众没有意识到，当他迈进通济房观看赵望云画展的那一刻，当他三天来用手里的铅笔在速写本上动情地临摹着、忘我地画着的非同常人的举动，已预示着一种艺术机缘正在向他悄悄地靠近。这个来自陕南山区、中等身材、一身素衣打扮的青年让田亚民为之惊奇，一种天然的爱才惜才心理，促使他上前主动与方济众交流。

第三天下午，田亚民陪同赵望云来到展厅，他指着方济众对赵望云说："这个年轻人在这里整整画了三天，把一百多幅展品都勾下来了。"赵望云遂把方济众的临摹本拿过来一幅一幅地翻看着，眼睛里闪烁出喜悦的光彩。初次以这样的方式相遇，有点羞涩的方济众听着赵望云说话，内心激动，却不知如何表达。

赵望云看完了之后，特意给方济众留下了他的住址，并说让方济众有空了到他家里去。方济众就这样走进了赵望云的艺术视野中，这是一种偶然，还是必然？方济众看着先生留下的家庭住址，心里高兴，目送着赵望云走出展厅大门。

这期间，方济众与王兆民相互陪伴又去了趟华山。

从华山回来后，方济众想着赵望云先生留给他的话，一个热爱绘画的青年第一次到老师那里去，唯一的方式就是赶快画些画。带着习作去敲老师的门，才是最好的见面礼。

于是，方济众就买了宣纸、毛笔等简单画具，根据对赵望云画作的印象，每天认真地画着。

陕西师范专科学校已快到放假时间了，姐夫王兆民希望方济众与他结伴，一起回汉中。但是方济众不想回，他从家里出来的时候也没想着回去。方济众想看看暑假期间，是否还能赶上美术学校在西安的招生机会。还有一个主要原因就是方济众特别珍惜这样一个难得的机会，也知道赵先生在全国美术界的威望与影响。他一定要去拜见赵望云先生。方济众期望着先生看了他的习作后，给他一个升学指导或者给他推荐一个美术学校。

进入秋季以来，古城不停地在下雨，连续的秋雨使原本的暖意被阴雨绵绵的冷气驱散。这天清晨，北大街上空被一片灰蒙蒙的云层笼罩着，雾气弥散的街道上，行走着匆匆忙忙的路人。方济众一早起来，带着他的一些习作小画，踩着路上的泥泞，一路忐忑着，往赵望云先生居住的粮道巷赶去。

门环敲过，一个中年人打开了门，问了情况后，便把他领进了赵望云的画室。"一进画室，我感到惊奇与不安，好像误撞了什么会场，觉得自己在这种场合出现，是多么格格不入。在一个不到三十平方米的房子里却挤满了十多位陌生的中年人，在烟雾缭绕中，他们正在高谈阔论。"《赵望云研究文集》下卷，《怀念画家赵望云老师》）

赵先生看到神情有些紧张的方济众，就过来拉着方济众的手，热情地把他介绍给大家，并说今天是交流国画的"平明画会"例行聚会观摩的日子。看到方济众手里拿着的一卷小画，赵望云便热情地要他打开让大家看看。方济众感觉不好意思，只好硬着头皮，紧张地一一把画展开在画案上，让大家品头论足。

画室热闹的气氛持续了一阵子后，大家陆续离去，赵望云让方济众留了下来。画室就剩下他们两人了，赵望云仔细地询问了方济众的家庭及学习生活情况。面对先生真挚慈爱的关切与问候，他就把自己来西安想升学深造学画的愿望表达了出来。

方济众一直以来梦想着通过美术专门学校深造，来实现自己的理想，说到动情处，他恳切请求赵先生能帮他报考北平艺专或者杭州艺专。但是意想不到的是，赵先生语气坚决地说："贫寒人家的子弟，是上不起这种洋学堂的，即使能上得起，也没有什么好处。到了杭州，还不是在西湖边游游荡荡，白费时间吗？我看你还是从生活中去找出路吧！"听了先生的话，方济众感觉懵懵懂懂，从生活中找出路？方济众内心有些惶恐不安，又有些莫名其妙，于是就带着疑惑的眼光，用怯怯的话语，希望老师说得再明白些。赵望云看着眼前这个脸上还带着稚气的小青年，接着说："真正的艺术家，不是产生在象牙之塔，而是产生在十字街头。为什么非上学不可呢？"方济众听着，内心本有的热情似乎被泼了一盆冰水。但仔细一想，是呀，即使现在有机会上杭州艺专，可是，自己家庭的实际状况，叔父辛劳操持家庭，母亲多病，这条路在当下是没法走得通的。而"从生活里寻找出路"就比较实际了。总之"不管走到哪里，生活的学校是敞开大门的。今后只要有决心，不论搞什么工作，挤出来时间画画还是可以的。"（《赵望云艺术研究文集》下卷）

姐夫王兆民已经回汉中去了。天已逐渐变得有些冷了。方济众期望着能遇到一个在西安招生的美术学校，但是却没有等到。

处于失业又没学可上的困境之中，方济众内心感觉到了迷茫。他现在唯一能做的，就是每天到赵先生家里看他画画，然后帮着家里做些事。日子一天天晃过，赵望云看到了方济众的苦恼，就帮他临时找了个中学美术教师的差事，方济众学画的心情才算安定了下来。

四

　　1946年9月初，在赵望云的要求下，方济众正式住进了粮道巷青瓦四合院里，真正地成为赵先生的入室弟子，也真诚地融入了赵家，成了赵家和睦大家庭的一员。

　　在这个四合院里，1944年1月26日，赵望云三子赵振川出生。1945年7月，四子赵季平出生。加上大女儿赵桂秋、三女儿赵振霄，这时期的院子里，大小孩子已经四个。方济众9月间住进来的时候，小振川还不到3岁，正是调皮捣蛋的时候，而他的弟弟季平还不到一岁半。

　　方济众就住在师兄黄胄的那间屋里。黄胄在1945年冬天去了河南开封，被老师朋友安排在《民报》工作。听老师说，当时他正在黄河灾区写生。

　　黄胄是1944年1月拜赵望云为师的，过程与方济众基本相同。

　　黄胄1925年3月31日生于河北省蠡县梁家庄。原名梁淦堂，字映斋，后来自己起笔名黄胄。自幼喜爱绘画。七七事变这年11月，随母、姐寻找父亲一路辗转逃难，经风陵渡、潼关到西安，至宝鸡。黄胄父亲一直追随冯玉祥，还担任西北军军需官。赵望云从1933年至1941年之间与冯玉祥联系紧密之时，此间很有可能与黄胄父亲相识乃至共事。1940年15岁的时候黄胄父亲病逝。因黄胄不愿到纱厂当职员，便离家出走到西安。

　　赵望云全家刚来到西安之时，先居住在同乡甜水井大有巷3号，不久迁至老官庙街。1943年夏，也就是赵望云、关山月、张振铎他们去敦煌前，在西安青年会举办的三人展览，在古城西安前所未有，影响很大。画家陈之中回忆说："从报上看到赵望云、关山月、张振铎联合在西安青年会举行画展的消息，这是西安首次举行的正规壁画展，影响很大，人称'赵、关、张画展'。"（《从学徒到大师》）

　　黄胄十分倾慕赵望云，展览之前就和青门社的田亚民认识。开幕式那天，黄胄来到展厅，第一次看见赵望云的作品，大开眼界，感觉作品里有一种说不出的亲近感在紧紧拽着他的心，感动之余，他拿出自己的速写请教赵望云。赵望云首次见到黄胄，黄胄速写中透射出的天分与艺术灵性给他留下深刻印象。由此，黄胄便与赵望云有了往来。1943年春夏之交第二次西北写生之际，赵望云还让黄胄到田亚民的青门画社工作。但因青门画社里事务繁杂，没时间画画，黄胄大概待了一个月后便离去，后经圣路中学美术教师马德馨介绍认识了韩乐然，韩乐然曾在上海美专和巴黎美术学院学习，对写实的造型规律有比较深入的把握，对黄胄来说，无疑是一个新的天地。

黄胄来到韩乐然家里居住了两个多月，随后他们从西安出发，赴华山写生一个月左右。

赵望云第二次西北旅行返回西安后，经田亚民搭桥引荐，黄胄在1944年1月（农历甲申之初）来到赵望云家里正式拜师并入住赵家。

黄胄19岁入住赵家。赵望云视他如子，黄胄尊赵望云若父。

黄胄天资聪颖，性情活泼，热情豪爽，言行幽默，记忆力特强，画画灵动自然，深为赵望云夫妇宠爱，并一直把黄胄当儿子一样呵护与教养。黄胄成为赵望云得意门生，家中大小事皆交于黄胄处理，每出远门必携之同行。家中子女亲切地称呼他为"黄胄哥"。

粮道巷是一个狭窄的民居小巷，就在西华门附近。巷子里的一处门牌15号的青砖四合院式瓦房，便是赵望云的家。

这个四合院，一进大门靠左紧贴巷外墙的两间房子是赵望云的画室，院子左边靠墙有个生活水井。大院中间是庭院，庭院西厢房分别是厨房与库房；东厢房前后是两间房子，一间平时是厨师与赵振霄、赵振川居住，后面一间是方济众他们弟子的居住与学习室，这间房子之前一直是黄胄住着，有时候小振川也过去挤在一起睡。

再从庭院房往进走，一排三间上房，上房中间是客厅，东厢房是赵望云夫妇居室，老三振川、老四季平因为太小也一同住着，后来还有老五也一起住；西厢房是大女儿赵桂敏的闺房。房子后边有一个后院，厕所紧靠后院墙。

方济众回忆说："当时赵先生家里，除了老师、师母，便是三个弟弟，加上我和做饭的老孙，总共是七口之家。这对经常处于物价飞涨的西安古城来说，光靠望云老师举办画展维持生活，也确实是一个很大的难题。从我到他家一年多来，几乎没有看到他一天停笔不画，即使朋友来了，他也还是边画边聊天。据我估计，他最少每天画一张画才能保证一年有两次展览。而如果没有两次展览，要维持一家人的生活就要遇到困难。因而我就愈来愈感到在他的家里增加一个像我这样可有可无的人，的确是一层额外的负担。但在这一年多的时间里，我却从来没有感到过他有任何另眼看待我的地方。他甚至还经常站在学生的一边，为我们奔波，为我们争取生活和学习条件。"（《赵望云研究文集》下卷）

师母杨素芳仁厚贤良、内慧勤俭，少女时代毕业于家乡中等师范，做过小学教师。从河北老家来到赵望云身边之后，就全身心投入相夫教子、料理家务了。赵母一直保持着老家乡下节俭持家的生活习惯，每日把一家人的衣食生活安排得井井有条。

青瓦四合院里，大儿子赵振霄将近10岁，还有个女儿赵桂敏；小振川不到3岁，四儿季平才1岁多。赵望云忙于画画事务，四个孩子身上穿的都是母亲杨素芳一针一线做成的。由于孩子多，平日里衣服也没法分清，谁能穿就是谁的。

赵望云夫妇都是河北人，可是赵家院子大人小孩说的却都是地道的河南话，这与一家大小哥们从小爱看河南梆子有直接关系。

赵望云自20世纪40年代初来到西安，就和著名豫剧家、沦落到西安的樊粹庭相识。共同的志趣、相同的艺术人生经历使他们很快成为挚友。赵望云虽然是个名震大江南北的画家，但是却特别喜爱戏曲，还拉得一手好京胡。樊粹庭的剧院名为"狮吼剧团"，喻为雄狮警醒怒吼之意。他创作并演出的《伉俪箭》《克敌荣归》等抗敌御侮、鼓舞士气的新剧，在西北产生了巨大影响。樊先生并将演出所得全部捐献到抗敌前线。1942年后，樊先生又创办了"狮吼儿童剧团"，同时编写新剧，并亲自率团演出。是一个带有慈善性质的儿童剧团，小团员多是河南难民的子女。赵望云经常

梅园新村　66cm×60cm　1982年

带着黄胄、方济众及一家大小看狮吼剧团的戏，小孩子从小耳濡目染，深受影响。赵望云还把大儿子振霄送进狮吼儿童剧团，同剧团的小演员一起吃住，一起练功，以此磨炼赵振霄吃苦耐劳的意志和集体主义精神。

赵季平回忆说："小时候我的家庭在我的印象中，是一个欢乐的大家庭。方济众他是1923年的，我是1945年的，我们年龄相差了二十几岁，但是我把他看成是我的哥哥，是家里的一员。因为我二姐是1932年，我大姐是一九二几年，严格讲与方济众年龄差不多，我们那时的家就是由这种不同的姓的人组成而延续下来的这么一个大家庭。我印象中那会儿家里就是热闹，我的父亲除了白天画画以外，到了晚上尤其是夏天晚上，因为房子里没有灯，全家大大小小就坐在院子中间，我爸拉京胡，大家围在我爸身

边说说笑笑的，我那会太小，脑里只有这个印象。"（《对话方济众》）

由于家里孩子多，又有几个弟子入住学画，念着妻子辛苦，赵望云就专门雇了个做饭的孙师傅。虽然如此，赵师母每天也是里里外外地忙碌着，日复一日，可谓含辛茹苦。方济众回忆说："为什么这些天南地北、无亲无故的青年人一来到老师身边，似乎比回到家里还要倍感亲切？"师母杨素芳慈母贤妻，老师赵望云宽厚善仁，夫妻二人互敬互爱，相携内助，共同支撑着这个温暖的大家庭。

五

这年10月初，黄胄从开封一路风风火火地回到了四合院家里，更让赵望云高兴的是他回来带了500幅黄泛区的速写，还有些木刻版画。

1938年5月19日，日军攻陷徐州，并沿陇海线西犯。郑州危急，武汉震动。蒋介石下令在郑州市区北郊17公里处的花园口附近炸毁黄河大堤，黄河滔滔，一泻千里，确实拖延了日军的行程，淹死了1000多日军。

花园口决堤，造成河南、江苏等省44县受灾，391万人外逃，89万人死亡。黄河决堤直接造成了中原地区的人间地狱——"黄泛区"。民间广为流传三首民谣："蒋介石扒开花园口，一担两筐往外走。人吃人，狗吃狗，老鼠饿得啃砖头。" '黄水恶，黄水黄，淹了俺的地，淹了俺的房。四处逃荒饿断肠。有的到陕西，有的到信阳。住车屋，住庙堂，卖儿换了俩烧饼，老婆换了二升糠，爹娘骨头扔外乡，提起两眼泪汪汪。""独轮小车走天下，风雪破庙就是家，沿街乞讨难糊口，残汤剩饭度生涯。"

1945年冬，赵望云介绍黄胄赴开封《河南民报》工作。赵望云曾于1944年和1946年在开封举办过展览，与报社副社长傅恒书（主持报社工作）是朋友。《河南民报》前身是创刊于1917年的《新中州报》，其文艺副刊内容丰富、独具特色。1927年冯玉祥担任河南省主席时接管《新中州报》，更名为《河南民报》，成为河南省政府的机关报。该报每日出对开一大张，附送双日刊《河南民众画报》，延续了其前身文艺副刊的特点，颇受欢迎。

黄胄在《河南民报》工作后，在那里认识了著名画家司徒乔等人。1946年3月，黄胄受画家司徒乔之邀，随卫生部门和联合国救济总署联合组织的"营养调查团"到黄泛区旅行写生。充满同情心和正义感的黄胄，在黄泛区满怀同情，用画笔生动地记录下那些衣不遮体的黄泛区难民的生活状态。他在《黄胄自述》中作了详细记录："……河南的这一段时间，包括两次去黄泛区，尽管只有八个多月，但对于我却非常重要。当时虽然还不知道为什么主义而奋斗，但对现实中到处都是贪官污吏是深恶痛绝的；也有了爱国爱民的思想，觉得自己身为一个画家，就必须反映老百姓的苦难生活，自己有责任向外报道这些东西。"

黄胄回来了，四合院里一下子热闹起来了。小振川高兴地喊着"黄胄哥"，兴奋地扑了上去，黄胄一下子把他抱起来搂在了怀里。

这是方济众第一次近距离地面对他的师兄。虽然之前听老师说了不少黄胄学画的故事，但是，当黄胄就在他跟前的时候，当看到他带回来那么多速写作品时，方济众为之惊叹、为之感动。眼前的黄胄，穿着土黄色的旧式军棉装上衣，魁梧壮实，一脸黝黑，说起话来眼里放着光彩。方济众看着黄胄，心里充满了敬佩。

看着老师、师母以及几个孩子与黄胄亲热自然的感人情景，方济众也感到了温暖。全家热闹地吃完饭之后，在赵望云画室，黄胄迫不及待地拿出画作——在画案上展开，一幅幅激情饱满、情节生动又手法娴熟的速写展示在老师与方济众眼前：《泡在水中的扶沟城》《逃难路上》《骨瘦如柴的黄泛区灾民》《流民图》《还家行》《逃难生活》《往事》等。方济众似乎看到了黄泛区遍地汹汹黄水，饿殍遍野；看到了灾民挖食草根度日，头胖目肿、面无人色的凄惨景象。赵望云与弟子面对黄胄的速写，听着黄胄的描述，不觉潸然泪下。赵望云内心悲切，但是看着弟子黄胄首次将黄河泛滥这一历史性灾难作为绘画的对象和主题，又替黄胄高兴，仿佛回到了当年他在陇海铁路沿线旅行写生的场景。此刻他意识到，他的大弟子思想已经成熟，绘画创作也已实现了对传统人物画创作的突破。

返回西安后，黄胄继续加工创作黄泛区题材绘画，随后，赵望云帮助黄胄举办"河南黄泛区速写画展"。这是黄胄第一次个人画展。

黄胄回来了，方济众就和大师兄睡在一起。那个屋子并不大，一张床、一张简易的小画桌。晚上睡觉前，师兄弟一起聊天，黄胄深情地讲述他在黄泛区的写生经历，与师弟分享并探讨着学画体会。

方济众不善言辞，在这个大院里，显得内秀敦厚。黄胄豪爽，聪敏过人，人又机灵。那时他的生活速写已画得活灵活现，相当出色；人又很活泼，画起画来充满活力与激情。

临案观摩是赵望云对弟子的基本要求。他们那时候每天早上起来会一起观看老师画画。

赵望云画画的时候不说话，弟子在一旁也是静静地看着。画完了，挂在墙上，有时会讲下画画的笔墨经营与用笔过程，但赵望云不允许弟子临摹他的画。赵望云作画是"白天在外面游观，晚上回住处作画，有时游观几天，作画几天"的方式以及"凝神观察，默记于心"的功夫。赵望云要求他们每天必须要出去画速写，回来后再凭速写印象用毛笔进行习作练习。怎样画？用什么步骤方法？赵望云从不过问。在他们画完习作拿到画室让他看的时候，或者挂在画室观摩的时候，赵望云更多时候是看着画，当他感觉画面精彩的时候。他那和蔼慈祥的脸上会流露出兴奋，就会操着河南腔给弟子说些鼓励的话。

方济众后来体会到，老师这样其实是在引导学生进入艺术领域，督促弟子每天出去画，然后用笔墨把自认为在生活中最感人的东西写出来。方济众感觉，老师是不在意学生摹仿他的笔墨创作过程的。先生也让他临摹古画，但老师告诫他们：'古人的绘画法则在初学入门期间深入钻研确属必要，但进到艺术创作阶段，更需以现实为师，以自然社会为摄取题材的源泉，勤于手脑并用，才能体现新型艺术的风格。"

赵望云年轻的时候曾经接受过一定的学院艺术教育，但他绝不是学院派艺术家。他一生走的是直面现实、面向生活的艺术写生创作之路；在现实和实践中自我探索是他一生遵循的艺术创作方法。同时通过不断地写生行动重塑着他的思想观念，也持续凝练完善着他的艺术语言。

中国画几千年历史演进至明延至清初，以王时敏、王原祁等为代表的"四王"，因循守旧、陈陈相因，"从画中倒腾画"之萎靡风气充斥着当时的中国画坛，这种缺乏生活生机与活力的中国画传承学习之法，赵望云是非常排斥的。他以自己的艺术生活之路引导弟子从生活中"淘腾"画。赵望云既不倡导学生一味临古，也不主张摹己。中国画之技，非画中之道，也非画理。他认为，技之术，是必须要在生活中过手实践才能掌握的。

黄胄说："我们的老师不主张他的学生学得完全像他，他那时就反对临摹，整天临摹别人的作品在创作上没有自己的特点是没有出息的。"

徐庶之说："笔墨方法都有诀窍，不直接看大画家画画的过程，单凭聪明，要走弯路，不如亲眼看老师怎么处理，茅塞顿开。"

方济众说："赵先生经常给我们分析作品，让我们鉴别好坏，哪儿好，哪儿不好，从方法到效果作非常具体的分析，有时还在我们的画上改一两笔。"再就是要求弟子必须用情感到生活中去体验去观察去画速写。把自己的情感气场融于生活之中，生活里那些感动你的东西，不论什么对象都得用自己的能力设法拿下来，在不断变换的现实里寻找到自己的观察点；在琢磨生活的典型形象中摸索与之适应的表现方式。而对于不同气质和秉性的学生都由其自然发挥。

如此之后，再回来把生活感受用笔墨反复倒腾"变"成国画。至于如何倒腾，赵望云不管，有时只是看着弟子画面中的笔墨意向予以启示，进而随着画面笔墨引导弟子实验画面上应该表达的形形色色的艺术对象。如此下去，弟子凭借自己抓扑、提炼生活的能力与感受去寻找自己相应的表现手法。久而久之，他们便自然练就并且养成了在观察对象的过程中就考虑处理方法，或提起毛笔"一开始考虑就是结合生活的"习惯和能力。

方济众对此深有体会，说："老师引导学生进入艺术轨道就行了。教他走路，会走就行了，而不是抱在怀里，代他走路。"

六

　　1946年下半年，赵望云有了创办图画杂志的愿望。毕竟在抗战时期，依靠冯玉祥的支持，由他主办的《抗战画刊》，在抗战前线宣传与后方起到精神鼓舞作用，而他也在主编刊物过程中提高了创作能力。更重要的是，通过创办刊物，团结联络并结交了许多文化艺术界的朋友，也让他积累了丰富的办刊经验。

　　而此时期的西安，文艺期刊市场一片萧条，彭古丁主编的《高原》期刊停办；代表专业文艺水平的丛书《大地诗丛》《骆驼文丛》也相继与读者告别。似乎在一夜之间，文化古都长安的文艺期刊由萧条而走向绝响。

　　在这种情况下，赵望云与同乡贾若萍商量，由贾出资，筹备刊物的地址及费用；由赵望云担任总编，黄胄主编；定刊名为《雍华》。12月1日，《雍华》图文杂志正式创刊。初期地址在东大街菊花园对面的539号，后来就直接搬到了粮道巷10号赵望云的四合院里。这样一来，黄胄与方济众事情就多了起来。刊物每月出一期，以贾若萍为法人注册登记，叶浅予作封面图，《救亡月刊》主编、电影剧作家、小说家、文艺理论家郑伯奇写了创刊号宗旨：

　　爱美是人类的天性。古代哲人把美与真与善等量齐观，绝非偏见。我们既然爱好艺术，对于美的崇拜与追求自然要高人一等。借着这小小图文杂志，我们想在这寂寞荒凉的古城里放出一点美的光焰来。同时我们也在这西北土地上产生出来的这个刊物能给中国艺坛上添上一点特异的色彩。

　　也许有人说："雍华大约取雍容华贵之意，顾名思义，你们是提倡贵族趣味的罢。"其实大大不然。此地古称雍州，是我中华文明发祥之地，雍华二字，只是表示纪念而已。

　　《雍华》刊由图画、文学两部分组成，内容为描写国内各地人文自然现象，主要是编辑刊登文艺创作、改造中国画理论文评及其各类绘画形式作品为主。或许因为《雍华》杂志面向大众，所以始终得到文艺界名流与进步人士的关注与支持，鲁迅、叶浅予、姚雪垠、皇苗子、吴作人、黎雄才、郑伯奇、谢冰莹、徐悲鸿、张大千、梁白波等都在期刊上发表过作品。黄胄在《河南民报》工作的那段时间，对报纸编辑事务可谓轻车熟路。作为主编，他在赵望云指导下，具体负责约稿组稿，编辑联系印刷，甚至发行。方济众也协助着黄胄承担些事务。师生三人也经常变化着角色为杂志写些短文，发表自己的绘画创作。这一年黄胄22岁。黄胄用笔名梁叶子撰文《画家与时代》刊登在杂志上，文中写道："要做一个新时代的画家，只是会追求与开创自己的美的道路，只是自己吃饱了饭便忘了那些没有吃饭的同胞是不够的，他是应当和别的艺术一样，永远站在时代的前端。"

赵振川回忆说："方济众文学修养厚重，诗写得相当好。记得他有一首诗说'水满池，藻满塘，谁家门前绿一汪'。水满池，藻满塘，意思是池子里边水已经满了，上面的水藻已经绿了；谁家门前绿一汪，就是春天来了，诗句真不错。关于他的诗文功夫，早期家父及师兄们办的刊物《雍华》杂志可见证他文学素养上的深厚功底……其时方济众笔名叫雪农，意为雪里边的农民，雪农写的什么诗？雪农写稿是朦胧诗。朦胧诗写得有意思，足见他那时思想活跃，视野宽广。那个时候他们工作生活非常苦也累，父亲又画画又带学生又编杂志。"（吉武昌：《对话方济众》，世界图书出版公司2016年版）

方济众在老师家里的一年零八个月里，也正是粮道巷赵家四合院最繁忙也最热闹的时期。

《雍华》刊物发行了十期。由于经费困难，最终在方济众离开之前被迫停刊。但是，办这个刊物，确实让方济众极大地开阔了眼界，丰富了阅历，增长了见识，认识了许多文艺界的名家与朋友。也是这个刊物，淬炼了方济众的诗文写作素养与水平。那时，这个活跃在西北的唯一一家进步文学艺术综合月刊，为提升与凝练西安文化艺术队伍与创作以及了解民众苦难生活提供了宝贵的资料。

七

黄胄喜欢画人物　师兄弟俩经常出去画速写。1947年这一年里，白天黄胄的主要精力都用于编辑刊物，方济众也协助师兄做些具体事情。到了下午晚些时候，黄胄就夹着画夹出门了。

熙熙攘攘的粮道巷就是个民俗小吃一条街；沿着巷子再往南走到社会路，是一个农贸集市场；再往北穿梭，便到了东大街的骡马市场一带。民国警察局设在西华门街口。

骡马市白天晚上人来熙往，街上到处都是商家门面，一派生意兴隆气象。街道两边随处栽着拴牲口的石马桩、木头桩；街面上人拉手牵的、桩上拴的、地下笼子圈的、盆子案板放的都是牛马猪羊鸡鸭兔。说是骡马市，其实什么动物都可见到。

更让人感兴趣的是，骡马市前大东木头市和广济街两个地方的文化气息还很浓。紧挨北广济街的那一片街面两旁，各类剧园子如三意社、尚友社、易俗社，戏院楼建筑古色古香，门面砖灰色红木质构造，地面青色地砖铺垫，显得古朴典雅；剧院里经常上演戏剧、曲艺、杂技、马戏，可谓人才荟萃、藏龙卧虎。

北广济街那边的吼狮剧团，是赵望云老友樊粹廷的剧院。他们经常去那里看戏，方济众和黄胄也经常到那里画画速写。黄胄和樊粹廷混得很熟，他们经常晚上到吼狮剧院帮忙，然后穿梭在剧场舞台上下前后，用手里的铅笔抓捕速写着舞后各式各样的演员的戏妆动作。黄胄有时在晚上12点左右回来，方济众便给他开门。

黄胄回来了，有些破烂的夹子里厚厚地夹着四五十张速写。方济众翻看着，觉得师兄真是厉害呀！那些画着各类人物和动物如毛驴的速写，线条流畅奔放，造型传神准确。老师说黄胄画的驴，能踢死人，看来一点不假。黄胄就是这样，外出画画喜欢到处跑，有时到吃饭时间还不回来，老师和师母就会念叨、惦念着他。黄胄回来晚了，做个鬼脸，说句俏皮话，逗大家一笑，就没事了。

方济众性情敦厚，踏实勤勉，除了学画外，还经常在家里兼做一些闲杂事情，比如家务劳动、打扫卫生、买东西等；另外还在画案旁替老师研墨拉纸，侍奉作画；赵望云每年都要举办个人画展，以展销画品养家，方济众就在展前帮老师准备，展览的时候分别在展厅值班，画展结束做些后续事务工作。

老师忙里忙外，家里孩子又多，师兄弟两人在家里就自然分工，小振川平时黄胄带着，小季平方济众抱得多些。

赵振川回忆黄胄说，"大概到了1947年，我3岁以后才能记一点事。最早印象里黄胄经常穿了一双三角头皮鞋，我那个时候调皮，老是地上趴着玩。人家在那儿画画，我好奇地趴在地上看人家的鞋，看他的鞋怎么是三截子鞋，前边一截子，中间一截子，后边一截子，鞋怎么还分三段子？我一个娃的好奇心理，就不懂这咋回事？还有记忆最深的一个印象，我家小院是一个青砖四合院式瓦房。黄胄住的那个东屋里边墙上，甩的全是墨印子"。"我就是1944年1月生的，那个时候刚生下来。我一两岁还是娃娃的时候，可能家里需要抱娃的事情他还得抱。有时候黄胄他出去逛去了，那个娃就喜欢紧跟着，他手里拉着怀里抱着个娃，这娃就是我。"（《赵振川艺术研究文集》）

一九四八年的冬天，我穿着老师送我的新棉衣，翻过大雪纷飞的秦岭，回到老家。从师学画，我已在西安生活了一年零八个月，一年多来，我至少看老师画了四百余幅作品，从构思到构图，从观察生活到艺术处理，从艺术见解到艺术生涯，总算比较了解了我的老师。而给我印象最深的，还是另外一些问题——"你为什么画画？"经过长期观察，我察觉到在望云老师的作品中有一个重要的特色：他画的人物从来没有游手好闲的老爷太太、少爷小姐，他画的风景，也从来没有亭台楼阁、园林小景；而经常看到的，不是牧女赶着羊群，就是农夫牵着牲畜，工农兵商，城镇乡村，牛马驴骡，塞北江南，在他的眼里，处处都成了画材。难怪他经常对我们说："在我的画里，永远不画不劳动者。"（方济众：《国画大师赵望云·怀念画家赵望云先生》，陕西人民出版社1994年版）

八

　　徐庶之是1947年3月拜赵望云为师的。方济众辞师返乡后，徐庶之便于1948年3月搬了进来，与黄胄同室同铺。徐庶之睡的床铺是方济众空下的。

　　徐庶之的艺术生命原发点与黄胄一样，也是长安，受益于赵望云。徐是1922年9月出生的，小时读过私塾，十五六岁时受家乡一位老画师影响开始自学画画。1939年因避兵役来到陕西，先后在洛南县、西乡县及宝鸡艰难谋生。1946年在宝鸡就结识了田亚民，又应田亚民的邀请来到西安青门美术社。看到赵望云的画后，心里引起强烈的共鸣，于是经田先生引荐，遂正式拜赵望云为师。

　　方济众离开西安回到老家之后的1948年，赵望云携黄胄、徐庶之赴西北旅行，开始了他的第三次西北旅行写生。到了兰州后，师母来信讲家中需人料理，庶之依依不舍地返回。黄胄陪同老师继续西行，先后在青海等地，以祁连山和当地的少数民族生活为写生题材创作了许多作品。在兰州举办展览后，当时的西北行辕主任张治中友好协助，并委派新疆日报社社长一路陪同。赵望云与黄胄第一次进入新疆旅行写生3个月，完成50幅反映新疆少数民族生活的作品，并交付"天山学会"出版。也就是这次的大西北写生之行，奠定了黄胄以新疆丝绸之路为主要表现题材的中国当代人物画的革新与创新之路。可以说，以后的丝绸之路风情及新疆题材创作伴随了黄胄的一生。

　　徐庶之对未能跟随老师和师兄到新疆写生一直心存遗憾，他说："我记得是夏天从兰州回来的，因为我给师母带回家一口袋华莱士瓜。冬天，赵先生和黄胄从新疆回来了，他们画了很多速写。赵先生的画有人有景，黄胄画的主要是人和动物，画得很好。我的心动了，暗下决心，将来一定也要到新疆去。"后来，徐庶之果然辞去了在西北画报社的工作，1953年从西安来到新疆，一住就是40年。

　　由于赵望云纯粹平民情怀以及纯正朴厚的品行，宁愿卖画，也不愿同流合污，不巴结依附权贵的刚直态度，又对民主进步富有同情，时常于行动和言谈上有所流露；特别是胡宗南军队占领延安时，当时的中央办公厅撤离时未能及时取下挂在墙上的赵望云作品，特务就怀疑他与北京的中共文化界有关系，遂于1949年春（约为2月26日）突然闯入家门将他逮捕。

那会儿黄胄也被列入黑名单。特务闯入家中时，黄胄刚走到家门外，一只脚还未踏进来，几个特务就将他围住了。黄胄脑子机灵得很，面部没有一点惊慌神色。特务问他是干吗的，他回答说是"收酱油钱的"，特务看黄胄一脸平静不像说谎的样子，才让他离开。躲过这恐怖的一关后，黄胄就一直躲藏在北门内他二姐家。

这时候的赵家院子，除了一帮子小孩子外，大人只有师母杨素芳和徐庶之了。

赵季平那会儿很小，但对父亲被国民党特务抓捕这件事留下了很深的印象。他回忆说："西安解放前夕，那时候方济众已不在家里，我爸叫国民党抓了。那次我大姐，还有徐庶之带着我们到太阳庙门的国民党监狱去探监，振川那次没去。印象中那是一个有月亮的夜晚。记得到了监狱门口，看到国民党士兵站岗，月亮交错辉映下那士兵头戴的钢盔还有手握枪上的刺刀，都闪着阴森寒光。我们进到监狱里面以后，昏暗的灯光有点发黄，隔着铁窗，我爸看见我们来了就笑。我那时候小，才4岁，那次探监是1948年底、1949年初的时候，这个情境在我脑里有印象。"（吉武昌：《对话方济众》，世界图书出版公司2016年版）

赵望云在太阳庙门监狱里被拘押刑训了76天，因为是秘密抓捕，国民党警察局严密封锁了消息，社会各阶层根本无法知晓。但是，消息还是传到了上海的媒体《新民晚报》，一则《画家赵望云被抓失踪》的短小新闻，很快在文艺界引发了极大关注。这期间，岳松济、田亚民与亲友四处求救，中共地下党人（汪锋）、国民党张治中以及时任西北军政长官公署副长官陶峙岳等也极力营救，赵望云才于5月13日获释出狱。

1949年西北野战军强渡渭河，兵分三路，于5月20日一举解放了西安。那天，人民解放军隆重地举办了入城仪式，小振川也由三师兄徐庶之拉着走上街头，夹在市民队伍中，观看着人们欢庆古城西安解放的热闹情景。

　　这天，刚从国民党监狱出来的赵望云，满怀喜悦之情，在家里迎来了中共西北局和来自边区文艺界同人的关心慰问；军政委员会还派人送来面粉与布匹。西安解放的第二天，赵望云就向前来看望他的解放军推荐了黄胄，一个星期后亲自送黄胄参了军。黄胄随十九兵团参军以后就到了兰州，在兰州军区政治部做宣传工作。参军还没出发之前他回来了一趟，穿了一身军装，还拿了一杆枪。他坐在院子里拆枪，小振川就趴到黄胄腿上看拆枪，感觉非常好奇和高兴。

　　西安迎来解放，赵望云全家沉浸在欢乐和喜悦中。5月25日，当时由陕甘宁边区所辖的西安市人民政府在北院门159号挂牌宣告成立。当时赵望云身边就只有徐庶之一直跟着。西北军政委员会文化部指派赵望云到北京参加第一届中华全国文学艺术工作者代表大会，徐庶之遂陪着老师到了北京。西北地区参加这次文代会的还有从延安来的只有30岁的石鲁和张明坦。这次文代会是在新中国成立前夕，由来自解放区与国统区各个战线的文学艺术工作者的首次代表大会，也是民主进步文艺家的一次大欢聚。赵望云在会上与许多老朋友重逢，大家心情分外高兴。参会人员中，也有的来自还被国民党统治的国统区，他们只能悄悄到北京参加会议。第一次中华全国文学艺术工作者代表大会的胜利召开，是新中国文艺发展的里程碑。出席代表达650人，其中美术工作者代表88人，既有从解放区来的王朝闻、王式廓、江丰、胡一川、彦涵、罗工柳、石鲁等，也有民主人士王临乙、徐悲鸿、齐白石、吴作人、艾中信、董希文、叶浅予、赵望云等。毛泽东、周恩来等党和国家领导人出席了大会。这次文代会上，赵望云当选为中华全国美术工作者协会理事；石鲁当选为执行委员。会后，赵望云随代表团赴东北解放区参观。

　　10月1日，中华人民共和国成立。这天西安下着雨，钟楼四边的东西南北大街上，锣鼓喧天，无数面红旗挺立在风雨中飘扬；欢快热烈又排列整齐的解放军，还有从四面八方汇聚在一起充满喜悦的老百姓自发地在大街上集会游行，庆祝中华人民共和国成立。赵望云也出来站在家门口的大街上，看着集会队伍从眼前穿梭而过，小孩子手里拿着五星红旗挥舞着，心里别提有多高兴了。

西安解放5个月后，陕甘宁边区文化协会一批文艺干部随同军政委员会机构迁驻西安，办公地点在东木头市。边区文协是1937年11月14日为了适应抗战需要在延安成立的。1942年1月5日，陕甘宁边区文化工作委员会成立后，文协作为文化管理机构归边区文委领导，文协秘书长是张寒晖。下设大众化工作委员会、新文字报社、群众报社、戏剧工作委员会、组织部、出版部、卫生工作委员会、会刊委员会。石鲁最先在西北文工团美术组担任组长，后来也调到陕甘宁边区文化协会，协会机关还有美术干部李梓盛。1948年4月，石鲁又调到群众日报社担任主编。1949年初，石鲁再调到延安大学文艺系美术班担任班主任。美术班教员里还有刘旷。1949年7月，石鲁、刘旷从延安大学文艺系调到边区文协创研部工作，他们一并随文协迁往西安。

1949年5月，晋绥边区的西北人民艺术学院第二部随贺龙领导的部队迁至西安，先后改名为西北军政大学艺术学院、西北艺术专科学校，1954年再改为西北美术专科学校，1960年定名为西安美术学院。贺龙元帅为首任校长，这是西北地区唯一的专业高等美术学府。

赵望云随代表团从东北解放区考察完回到西安后，很快就与边区来的张明坦、石鲁等商量筹备西北美术工作者协会。进入秋季，10月12日，陕甘宁边区文协西北美术工作者委员会成立，主要成员有赵望云、汪占非、张明坦、石鲁、李梓盛、刘旷、杨青、袁白涛等人，张明坦任主任，赵望云、石鲁被任命为副主任。美术工作者委员会的办公地点设在东大街中苏友好协会的办公楼，也就是后来的省美术家画廊所在地。主要任务是：一、团结西北美术工作者，促成西北美术工作的领导机构的建立。二、组织创作，通过职业的创作活动，一面改造旧艺人，一面发动群众创作。三、组织美术供应社，使社会美术供应工作与美术创作得以严格分工，以全面满足社会需要。

1950年1月，西北军政委员会成立。彭德怀为主任，习仲勋、张治中为副主任，常黎夫任秘书长，谈维熙任副秘书长。在成立大会上，委员会指派赵望云作为在全国具有巨大影响与声望的西北地区美术代表发言，并任命他为文化教育委员会委员。4月，赵望云再被任命为西北文化文物处处长，从延安来的张明担任副处长。这年秋天，赵望云筹建"国画研究会"，并担任主任。

50年代在外写生留影

1950年9月，第一届西北文学艺术工作者代表大会在西安召开。会议期间召开"西北美术工作者办会"成立大会。赵望云当选"西北文学艺术界联合会"常务委员、西北美术工作者协会主席。石鲁、吕斯百等当选为常务委员、协会副主席。协会委员有赵望云、哈力克（维吾尔族）、刘蒙天、袁白涛、石鲁、常书鸿、张明坦、杨尧龙、周军、张体仁、张之刚、汪占非、李梓盛、马膝白（回族）等。

从1930年前后，赵望云在新文化思潮影响下，坚守着为人生而艺术的理念，并始终保持着纯正独立的人格和主体创新的民主意识，以普罗米修斯的胆略与牺牲精神，立志要改造旧式的、古典模式的中国画。此后他勇于探索，不断实践，开辟出了一条直面现实、面向人生的艺术之路。西安解放前夕无端的国民党牢狱之灾，使他身心遭受了极大的侮辱，新中国对爱国民主人士的关爱，让他内心充满感激与喜悦，共产党给予他的生活关怀与政治待遇，让他觉得有了扬眉吐气的机会，有了真正的施展并发挥自己才能为平民大众艺术服务的心境。边区文协委任他为西北美术工作者委员会副主任，新政府尊敬并正视他的人格、威望与影响，又当选为西北美术工作者协会主席，这一切于他而言，意味着肩上承担着一种崇高的责任与新的艺术使命。赵望云怎能不为之激动、感动？炽热精神的情怀促使着他，必须以极大的热情与自觉的文化意识组织协调好西北美协工作。

长安汇聚　孕育辉煌

一

清末至近代，随着中国社会体制的变异，传统的、古典式的中国绘画艺术逐渐衰落。五四运动至抗战前，现代的中国精英艺术应运兴起。高剑父、徐悲鸿、林风眠、刘海粟等西学归来，以开放的姿态，采取"以西润中"的艺术之路，超越封闭式的封建文人古典模式艺术，遂开启一代艺术新风。吴昌硕、陈师曾、齐白石、黄宾虹、潘天寿、张大千、傅抱石等，以"借古开今"姿态，彰显民族自信精神情怀，不断从传统自身寻求发展与创造的现代中国民族绘画基因；赵望云以平民意识、人本精神以及对家国命运的深切关注，力求让旧式精英艺术"走出象牙之塔"，闯出一条直面现实、面向民间平民生活的艺术之路。回顾与反思20世纪三四十年代处于社会文化转型期兴起的中国现代文化艺术形态与样式，虽然艺术家在行进探索中语言风格显得有些不成熟，但是，他们的种种艺术行为给20世纪的中国艺术注入了新的活力；他们以独立的人格、民主科学精神，借鉴古今中外艺术，使中国美术形态样式走向多样。这些画家身上所具有的自觉的文化意识与艺术信念，发愤改造旧的中国美术所担当的责任与使命，集中彰显了中国知识分子民主意识的觉醒，也体现着五四运动"为人生而艺术"的方向。

1937年七七卢沟桥事件，亢战全面爆发。11月20日国民政府宣告迁都

1973年下放汉中期间在山区写生的情景

重庆。抗战全面爆发以后，短短的三个月时间里，大片国土相继丢失、沦陷；时局日益动荡不安，民族战争的残酷，使得东北、东南、华北一批批机关、工厂、学校以及各种社会文化团体纷纷向西部迁移；一批批文艺家随迁移队伍来到了西部。

抗战唤起了有良知、有民族血性的文艺家精神深层的社会革命意识的觉醒。文化精英领域关于形而上探索与争论以及主体个性中的人本情怀体验让位并服从于抗战需要。

忆往昔，曾经的西部热土，伴随着中国历史的延续，宋以后的朝代变迁及政治经济文化中心的东移，似乎已经被历史遗忘。随着战时政治文化中心的转移，特别是中华民族奋起的抗战热潮，使社会重新发现了西部，并且在西部寻觅到了抵御日本侵略的民族根性与精神魂魄。满怀着家国情怀的艺术家在这里也找到了艺术精神动力的契合点。他们用画笔描写西部气壮山河的雄浑；以平民的态度去抒写我们民族的团结；描写他们居住的山林，描写少数民族生活。"大漠孤烟直，长河落日圆"，西部大地的壮美辽阔、雄浑苍凉与自然朴茂尽显艺术家笔底。张大千、叶浅予、吴作

142

人、董希文等一批一批的西画家、国画家用画笔探索西部绘画语言图式。1945年抗日胜利以后，流落到西北的一群艺术"候鸟"回去了，但还有一些"候鸟"继续扎根于西部大地，继续坚韧地开发、挖掘、奠基。

有着周、秦、汉、唐辉煌的古都长安，是中华文明的摇篮。长安文化中那种雄强、壮阔的积极进取精神，代表着大中华蓬勃向上、开拓进取的主体文化精神。古之长安画坛，可谓名家荟萃，大师云集。"吴带当风"之吴道子、诗画俱佳的摩诘王维、开创雄厚画风之华原范宽……八百里秦川处处蕴藏着中华文明历史冗厚的积淀，每每闪耀着中国文化辽阔无尽的灿烂。

40年代初期定居西安后，赵望云继续拓展其面向现实的艺术之路，前后几次的大西北写生寻源，开创了西部绘画新风向。赵望云以拓荒者精神及对西部劳苦大众的深切关注，特别是描绘西北、关陕高原山川粗犷、雄浑质朴的独特画风，令沉寂了近千年的长安画坛创造出更大的辉煌。赵望云在进行西部写生寻源之路的同时，还组织平明画会，经常邀请一批志同道合的同道与艺术青年，在他的画室进行中国画创作与实践的学术交流与作品观摩；协作开办青门美术社，委托田亚民通过这个平台组织、承办展览，承接作品装裱及作品展览销售等事务；创建《雍华》杂志，让大弟子黄胄具体负责编辑统稿事务。在古城长安乃至全国产生了巨大效应。1944年以后，赵望云爱才惜才育才，自觉吸纳青年黄胄、方济众、徐庶之入室拜师，无私地传授画艺。赵望云勇于拓荒的精神以及中国画审美风向深刻地影响着西北画坛，并且凭借自身艺术威望坐镇西北画坛，进而在艺术环境营造与艺术审美奠基方面孕育着一个宏大的铺垫。

1942年，毛泽东发表了《在延安文艺座谈会上的讲话》，强调战时文化艺术要面向大众、服务于人民的政治路线与创作方向。

1949年10月，新中国成立，新体制迎来了国家政治、经济、文化领域的大变革。毛泽东《在延安文艺座谈会上的讲话》，被确立为新中国文艺的发展方向，成为社会主义革命与建设时期的文艺总方针。"社会主义需要在更高层次上展现自己的文化成就，时代迫切需求着把发扬民族传统风格，具有中国气魄的形式与社会主义的革命理念、情感内容有机结合在一起的作品。"（王宁宇：《论"长安画派"》，《长安画坛中国画论集·上卷》，陕西人民美术出版社1997年版）

社会主义建设的需求，对共产主义理想的向往，令置身其中的艺术家骨子里充斥着一种浪漫主义的情调，笔底下生发出清新的感觉。从50年代起，身为长安画坛风云人物的赵望云，以其崇高的威望、宽厚朴素的人格，加上身兼陕西文化界行政职务，团结新老美术志士，并得以沟通和融合；另外，以石鲁为首的来自延安的借昔日圣地理想延伸到灵魂栖地的信念崇拜，对弘扬延安精神所表现出的炙热、眷恋、赞美，以及凭借雄壮奔腾的"怒吼吧，黄河"式的革命英雄气概的支撑，从而由于两股力量的交融而使当时的长安画坛充满无限生机。以赵望云开拓性创造的反映西部沉雄、苍厚、浑朴并孕育着浓烈的长安文化精神的画风作为基奠，有石鲁那寄托雄强崇高的革命理想并充满"阳刚之气"的精神来张扬，终于使长安画坛迎来了新时期明媚的春天。

这年的11月，还在老家勉县二中教书的方济众兴奋地接到了老师赵望云从西安寄过来的一封信。信中说："全国即将全面解放，西北野战军正向新疆胜利进军。黄胄已经参军了。目前各项革命工作，正以新的规模在我们的面前展开。我希望你能来西安参加工作。"

12月6日，陕南汉中也迎来解放。

二

1950年大年过后，天气逐渐变暖，汉中大地已是暖春时分了。满怀期望的方济众带着新婚妻子何挺文，翻山越岭，一路风尘来到了西安。

夫妻俩出了车站，就往粮道巷的老师家里赶。

古城长安街上到处张贴着欢庆解放与配合形势宣传的标语，大街小巷人来人往，百姓的脸上已经多了些祥和的神气。

济众夫妻走进粮道巷，一路走着，明显地感觉到街面上大小门店、摆摊做生意的气氛比以前更浓了。

小振川那会儿已经5岁多了，正在门外与一帮小朋友玩，老远看见了方济众，高兴地跑了过去。赵振川回忆说："清楚记得那一天下午，天阴阴的，下着一点小雨，我在街口转着玩，师兄方济众来了，手里拎了条汉江的鱼——破开的干鱼，后边跟了一个女子，那跟着的女人是他老婆。学生老远过来见先生提了半条干鱼来，足见他那会家境可怜。此后他们夫妻就在西安工作并安家生儿育女，后来就一大家子人，两个女儿一个儿子都陆续落地生根了。"

新中国成立初期的西安，封建顽疾较深，一贯道邪风盛行，土匪、特务活动猖獗，社会治安不稳定；城乡推行禁烟、禁毒、禁娼，推行新婚姻法，实行土地改革，大力发展生产，保障城乡百姓生活水平，改善社会风气，树立社会新风尚，创建城乡新秩序，是当时新政权面临的迫切任务。

刚成立的文艺宣传机构、文艺团体当时主要任务也是配合形势，做些宣传及社会性调研工作。

赵望云安排方济众夫妇先在陕甘宁边区文协西北美术工作者委员会工作，方济众身份是文协美术科文员。一同在这个新单位工作的还有师弟徐庶之。

方济众夫妇从此就在西安安家落户、生活工作了。何挺文感觉新鲜又高兴。夫妻俩自此以后始终并肩未曾离开。因为老师的照顾，他们工作在文化部门，方济众和何挺文每天上班也都感觉到了充实与愉悦。

西北军政委员会在新中国成立初期是全国六大行政大区之一，管辖西北的陕西、甘肃、宁夏、青海与新疆。赵望云被任命为委员会文化部文物处处长，职务调整，意味着工作性质发生了大的变化，他这时候的心情与工作状态已非以往那样只是专心画画了。

1949年5月20日西安解放后，赵望云被新政府邀请参加文艺工作。按照当时的干部管理政策要求，属于参加党的民主工作的老革命。

这期间，赵望云充分利用专业所长，配合斗争形势，行政工作之余还画了些年画和宣传性的样片。

草原骑手　1957年

40年代赵望云在大西北写生，所到之处，真切地感受到西部地区地域宽广，民族众多，各民族文明交相更迭，相映生辉；璀璨而丰富的文化遗产和人文精神给中华民族提供了不竭的动力和源泉。

西北地区是中华民族文化的根源，陕西是十三都朝之地，更是以其厚重的文化积淀、渊源的血脉流传承载着中华历史文明的光辉，陕西的皇陵更是中华人文始祖的诞生地之一。这个广袤无边的西北苍凉古朴的艰生地，从新石器时期至今，地下地上到处是文物宝藏，遍布着祖先文明的灿烂足迹。

20世纪外强入侵，政权更迭，战争连年不断，国家一直处于动荡之中。西部虽然没有遭受太大的战争摧残，但是，许多文物宝藏也都不同程度地遭受了西方殖民者的掠夺与破坏。民族的贫瘠与落后，使我们没有能力对文物进行有效的开掘与保护，许许多多有形和无形的文化遗存也无法得到诠释和考证。

作为刚上任的西北文博部门的领导，又是文化艺术工作者，赵望云感觉到肩负着一种从未有过的责任与使命，他必须认真思考和面对。要管理好，就要先熟悉。工作的第一阶段，得要调研、考察乃至熟悉西北文物遗存。方济众与徐庶之此时就一直跟着老师调查西安周边的汉唐帝陵、宗教寺院及建筑雕刻艺术等文物遗存之地。他们走遍了咸阳周边的茂陵、乾陵，昭陵；还有渭河两岸的渭华地区。

给赵望云、方济众他们留下深刻印象的是茂陵。

民国时期，赵望云曾到此一游，留下了深刻印象。然而这次，赵望云率方济众、徐庶之及其文物考察团成员来考察，让他们深感古代先人艺术力量的伟大，为此深感肩上责任的重大。

方济众这个来自汉中的秦巴汉子，第一次被茂陵的群雕兽像、人兽相搏雄浑朴茂的艺术造型所震撼。霍去病墓石刻，以"马踏匈奴、卧马、跃马、卧虎"等最为引人注目。这些石雕全部用花岗岩雕成，循石造型，依石拟形，顺势而凿，简练大方，圆朴沉雄，浑厚自然。有趣的是，先人巧妙融圆雕、浮雕、线刻表现手法于一体，整体刻画恰到好处，堪称"汉人石刻，气魄深沉雄大"的典范，达到了思想性与艺术性的完美统一，对以后中国历代陵墓石刻有深远影响。

唐代李商隐有诗赞誉："汉家天马出蒲梢，苜蓿榴花遍近郊。内苑只知含凤嘴，属车无复插鸡翘。玉桃偷得怜方朔，金屋修成贮阿娇。谁料苏卿老归国，茂陵松柏雨萧萧。"

1956年3月8日，在赵望云他们的关注与支持下，茂陵文管所得以成立。所址位于茂陵东侧1千米处霍去病墓前。那会儿还修建了3间瓦房，将这些有代表性的石雕放置其中，从此结束了石雕上千年遭受风吹雨淋的历史。

三

1950年上半年，方济众配合石鲁参与筹备西北画报社。12月10日，西北画报社成立。石鲁担任社长，李梓盛担任副社长，方济众担任编辑部主任。画报社汇集了一批随延安迁移过来的以及来自市内外的文艺工作者队伍，如齐星明、徐庶之、张建文、杨志印、戈沙、茹遂初、陈箫咏、杨维功、耿汉、列阳、高尚德、宋怀林等。

3月15日，西北画报创刊。

《西北画报》作为西北军政委员会文化部创办的综合性文化艺术刊物，图文并茂，以作品、图片展示为主，集中反映当时西北地区的军事、政治、文化与经济领域在新时期建设中呈现出的新气象。方济众他们紧张地编辑了创刊号，编辑到位，方济众还专门到北京印刷了首期彩色创刊号。

初期的工作任务是配合形势需要，组稿编辑通俗的连环画及新闻摄影图片。作为编辑部主任，编辑工作更加具体，事务也很繁忙。

报社人员除了做好正常的编辑事务外，还要按照上级政府指示精神，深入全省各地参加"三反五反""互助合作"和土改运动，宣传党的方针。石鲁、方济众、徐庶之也是文艺工作者，在做好报社编辑工作的同时，还必须发挥所长创作出反映新社会各项工作新面貌的作品来。方济众在这年回到了汉中，参加了城固的土改运动，并画了许多速写新农村建设与面貌的创作。

在汉中参与土改期间，方济众忙里偷闲还回到了老家，看望了叔父方

50年代后期与西安美院师生

锡德、母亲及其家人；到南郑看望了岳父及其家人。从汉中回来后，创作了第一套反映土改与抗美援朝的作品，这是方济众参加工作以来创作的第一套绘画作品。这套作品还被选送参加了抗美援朝慰问团美展。

中华人民共和国成立之初，国家赋予美术家的职责主要是以新年画、连环画、招贴画形式向广大人民群众作政策宣传，鼓舞百姓建设国家的热情与斗志。

方济众在1952年画了第二套连环画《打通天堂路的最后一天》，编辑部同人看了后感觉不错，石鲁也非常欣赏，随后就刊载在《西北画报》上。刊发后社会反响不错，方济众创作积极性也得到了鼓舞。不久，单位又指派他到渭北的大荔、朝邑等地，一方面调研刊物在农村的发行反响情况，另外也深入渭北高原一带的农业社的一些模范村庄画些速写，收集创作素材。

1953年这年，农村供销社这一新的农贸销售形式在地方开始实行，为了了解供销社送货上门服务情况，单位安排方济众与徐庶之专门到宝鸡一带去作调研采访，他们也借这个机会到太白林区写生。

这是方济众与徐庶之第一次到秦岭深山地区写生活动。当时国家第一个五年规划西北项目宝成铁路建设正在那一带如火如荼地进行；深山老林的铁路建设沿线，到处是热火朝天的劳动场面。这样的情景令方济众很激动。作为从秦巴山区走出来的文化工作者，方济众知道这条铁路的打通意味着什么，于是，他们深入建设工地画了很多写生。

回到西安后，方济众根据素材构思，创作了第一幅山水作品《最初的道路》当年参加了美展。同年，还创作了《开山劈路》《宝城路运输上》等作品。

这一年里，方济众与徐庶之除了做好画报社编辑工作之外，还积极参与到西北美协的具体业务工作中来，并协助老师做些协会之初的日常事务性工作与培训。

新中国成立初期，国家日新月异的变化及文艺新政策新理论不断出现，西北美协及西北画报社的文艺家们，也要在工作中不断地学习领会。

50年代期间方济众（右一）与石鲁等人的合影

创作思维要顺应时代新变化与新要求。

青年方济众明白，此时自身所从事的工作，意味着自己的艺术事业已迈入一个新起点，进入一个新格局；他的眼前展开的是一个艺术新视野，已非当初在老师身边学画时的状态，也非在旧时中学教书艰难生存之困苦情境。方济众与徐庶之作为赵望云的学生，虽然还在老师身边工作，但他们已是独立的艺术工作者，更是中国画创作实践者。因此，强化自身人文素养，加强创作基本功，吸取古代传统之精华，到生活中体验写生，参与协会经常性观摩学习与学术研讨，对他们而言，就显得格外重要与迫切。

专职艺事　相协成长

一

1953年1月27日，西北军政委员会改为西北行政委员会，下辖西安市、陕西省、甘肃省、宁夏省、青海省、新疆省。赵望云与鱼讯被任命为西北文化局副局长。

9月下旬，赵望云与石鲁赴京参加全国文代会和全国美协代表大会。23日，中国文学艺术工作者第二次代表大会在北京举行，中央美术学院院长、中华全国美术工作者协会主席徐悲鸿抱病参加会议期间，在欢迎波兰代表团的宴会上突发脑出血，送到北京医院抢救。9月25日，中华全国美术工作者协会全国委员会扩大会议召开；9月26日深夜2点52分，徐悲鸿的心脏停止了跳动。噩耗传来，赵望云与参加文代会的代表为之悲痛；周恩来、郭沫若、茅盾、周扬等前往吊唁。28日下午3时30分，文代会及出席全国美协的代表800余人参加了公祭。10月4日，全国美协全委扩大会闭幕，通过工作报告和章程决议，同时中华全国美术工作者协会改称中国美术家协会（简称中国美协），选出中国美协理事会理事62人，常务理事25人，推选齐白石为主席，江丰、刘开渠、叶浅予、吴作人、蔡若虹为副主席，华君武任秘书长。赵望云当选为常务理事、中国美协西北分会主席；石鲁当选为理事、中国美协西北分会副主席。

1949年，第一兵团司令员王震率领西北人民解放军进军新疆。1953

年，新疆形势基本稳定了下来。

为了加快边疆建设，巩固边防，需要补充各类年轻有为的专业人才作为新鲜血液。于是，国家号召内地富有活力有专长的内地青年支边，扎根西部搞建设。在这种形势下，这年7月，徐庶之作为文艺人才，主动报名支边新疆，调到新疆画报社工作。这实际上是圆了他曾经的一个梦想。

徐庶之到新疆后，很快适应了那里的气候环境，工作之便深入喀什、和田与乌恰县等地写生。随后很快便有连环画和国画《张亘古》、国画《幸福一代》《帕米尔集市图》完成，并参加了在西安举办的西北美展。1954年创作的第一幅国画《保畜》参加了全国第一届美展。

最初西北美协机关设在原边区文协所在地东木头市办公。

赵望云在繁忙的工作之余，协调联络并争取西安文化局支持，加拨了筹备之中的国画研究会专款。11月8日，由赵望云主持，袁伯涛具体联系，团结了一批老国画家，由西北美协召集在西安的国画家30多人，成立国画研究会。方济众也在其中。

此时期，延安文艺模式与苏联文艺模式已成为全国文艺的总模式。赵望云作为这一领域的管理者，发挥表率作用，忠实贯彻党的文艺路线方针，领导新老画家在艺术实践中不断领悟、体验、吸收。

来自延安的艺术家，具有崇高的政治信念与坚定的政治态度，然而他们其中的大部分不熟悉国画审美创作方法，对笔墨的认识带有明显的偏见；来自国统区的艺术家，诸如何海霞、康师尧等，具有古典的、传统的笔墨功力，然而，他们的作品图式缺乏生活新意，无法适应新时代大众审美需求。凡此种种，都需要以赵望云为首的领导班子，去协调、引领，甚至改造。

二

1953年5月，西北画报社撤销后，石鲁、李梓盛、方济众等原报社美术编创人员业务关系随即编入西北美协。协会机关最初成员为石鲁、李梓盛、刘旷、方济众、陈筱永、修军。方济众担任创研部副主任。而原画报社办公所在地的钟楼西北角北大街15号院子自然地变成西北美协机关院子了。随着美协院子房舍布局与环境的完善，美协干部的家属也陆续搬进了机关大院。

青年方济众此后便成为美协机关内一名专业的、专职的画家了。

身份与职位的再次转换，预示着方济众的明媚春天已经到来，他怎能不激动与高兴呢？这个来自陕南秦巴山区的汉子，此后有了实现自己艺术理想的平台与阵地了，而且是专门从事艺术创作与研究的省美术核心平台。

这个专业的艺术平台，由老师赵望云挂帅，集中了一批优秀的、朝气蓬勃的书画艺术工作者。这里还有老师设立的国画研究会。当年那个入住老师家里的青年学子，此后就以一个专业绘画工作者身份，满怀激情、踏实执着地践行艺术生活之路了。

1954年12月10日，西北行政委员会宣布撤销，原属陕西、甘肃、宁夏、青海、新疆五省区直接改为中央直辖，西安市则改为陕西省辖市。赵望云被任命为陕西文化局副局长。

1954年西北大区撤销后，陕甘宁边区西北美术工作者委员会也被撤销。随后，西北美协召开换届大会，德高望重的赵望云作为中国美协常务理事，继续担任中国美术家协会西安分会主席、石鲁、张寒杉为副主席，修军负责党务工作，初期业务二部五人，石鲁、李梓盛、刘旷、方济众等。

1949年7月，贺龙所在部队的西北人民艺术学院二分部，由山西临汾迁至西安南郊长安县兴国寺，成立西北军政大学艺术学院，贺龙元帅为首任校长。不久，西北军政大学艺术学院更名为西北人民艺术学院。1953年7月，再更名为西北艺术专科学校。早期的西安美院院长陈启南与国画系教授孙宜生即为第一批学员。1957年4月，艺术专科学校分为西安美术专科学校、西安音乐专科学校。

1958年，西安美术专科学校成立国画系，冯友石为首任系主任。这时候，西安美协郑乃珖、叶访樵、陈瑶生等调到了西北艺专。

解放以后，那些曾经在边区接受过延安文艺革命教育的文艺战士，从延安分配到全国各地，新时代意识形态机制的需要，又有延安革命身份的标签，他们自然成为掌控各级

1955年方济众在秦岭少华山采风期间的情景

文艺行政部门的党务首长或骨干；政治身份的优越，使得他们在文艺功能及行政职能支配方面具有强大的话语权。

1955年，赵望云的业务关系调入西安美协，随后全家也从碑林博物馆搬进了北大街美协15号大院。赵望云的工作职能发生大变化，由之前的文化行政干部的身份转换为专业绘画工作者，并且真正地成为驻会专职从事中国画创作实践的领导。虽然他依然还身兼陕西省文化厅副厅长职务，但实际上已基本摆脱了之前天天坐班、开会批文件的行政藩篱。

国画研究会是一个纯粹的学术专业团体，以传承研究创作实践国画为主要任务。新中国成立以后，社会性质发生较大变化，原来的书画市场走向萧条，旧时以卖画为生的一些具有深厚传统功力的、在社会具有影响的自由职业国画家生存处于非常艰难的状态。

老画家陈半丁通过李济深把这种情况反映到毛泽东那里，主席了解情况后，作出了"琴、棋、书、画无产阶级不去占领，资产阶级必然去占

154

领"的批示。按照这一批示精神，也为团结老国画家，研究和发展传统绘画，文化部遂在1953年成立了中国绘画研究所。

这也是西安美协成立国画研究会的大背景。1954年，为更好地传承和弘扬民族艺术遗产，中国绘画研究所更名为民族美术研究所。西安美协为了顺应形势，随后也将国画研究会改为民族美术研究会。

1956年，在赵望云的主导下，将原国画研究会画家陈瑶生、袁伯涛、郑乃光、康师尧、何海霞、叶访樵以及油画家蔡亮、张自疑，版画家张建文等相继调至美协。

自此，新中国成立初期新成立的西安美协机体里，孕育现代艺术流派的艺术群体、艺术框架已基本形成，并初步彰显出绘画实力。

首要人物当然是赵望云。

赵望云已有的艺术成就与广泛影响，坐镇西北地区的艺术威望，使其于40年代前后便享誉现代中国画坛。定居西安后，赵望云依然以平民视角面向大众，多次深入西部山川荒原写生创作，以拓荒者精神，开创出表现大西北山川人文风情的、新的中国画笔墨视觉图式与笔墨写生表现手法，为新中国成立以后的长安画坛艺术群体奠定了坚实的实践基础，并始终引导并确立着长安画坛的艺术创作方向。

石鲁原名冯亚珩，因为崇拜石涛，便改名为石鲁。小赵望云13岁，富有朝气，周身充斥着无限的张力与艺术激情和浪漫主义情怀。但因其精神境界的纯粹与思维意识的敏锐，又有诗书家风的传承，文化积养深厚，人文品格纯正，故而其骨体气格里具有一般人无法超越的格调高度。特别是石鲁从1939年6月至1949年6月在延安革命阵营十年的经历，浓烈的革命情怀与绝对忠诚的政治信念，使其具有一种意识形态的号召力。

张大千高徒何海霞解放之前滞留西安。由于张大千与赵望云的深厚友情，何海霞与恩师分别之际，大千特意叮嘱弟子，若到西安了，一定要找赵望云。作为大千的高足，何海霞的绘画图式里表达的是一种古典式的传统笔墨精神，故而他在长安画坛阵营里成为一个独特的传统笔墨体系参照。

秋山行踪　68cm×68cm　1987年

简单而言，新中国成立初期西安美协中国画阵营创作队伍里，笔墨表现时代生活的高度是赵望云，表现精神文化的高度是石鲁，传统绘画技术水平的精到是何海霞。加上陈瑶生、袁伯涛、郑乃光等一批传统派画家的介入，使这个创作阵营汇聚了一批富有成就与影响的学者画家。

但是，这支队伍却是不同社会背景与不同阶级身份的画家群体综合。赵望云虽然在西安解放前夕的1949年5月便积极投身于陕甘宁边区文协西北美术工作者委员会，但他的身份是民主人士。

随边区文协从延安迁至西安的石鲁、李梓盛、刘旷等的思想意识世界里，首先是政治信念与革命者的情怀，以及圣地延安熏陶下的政治文化观念。这样的观念意识引导他们在辨析文化艺术功能意义时，总会自觉不自觉地以政治阶级立场界定艺术界的人与事，是与非；这实际上已为以后的反右运动埋下了伏笔。

长安是中国历史文化的高地。当汉唐文化的千年淀积，固存于斑驳城墙厚土之中的历史文化符号，遭遇新的强大政治体制碰撞变化时，不得不接受新的政体机器对它的编绘与重构；不得不迎接新的政治文化对它的洗礼与教化。

从圣地延安一路走来的石鲁、李梓盛等人，凭借自身革命的、政治的思想观念主导，在特定的气氛环境下形成压倒一切的态势。以政治思维与手段去推行文艺总路线与方针，规范与要求艺术家的创作思维与方法，故而，歌颂是唯一，艺术的个性、人格的独立与创作的自由则居其次。对此，赵望云需适应，何海霞、方济众等新老画家都要适应。

故而，西安美协群体形成之初的这种时代的、革命的、历史的地域的文化身份汇集，其实是同一地域环境下的多重文化身份综合体，而这种文化身份综合体中，政治文化身份是主导。

方济众从小接受的是传统文化的教育，青少年时又遭遇到了时代的变迁，弱冠之年入室赵望云家里学画，老师的精神情怀与人格品德深深地影响着他，从生活里寻找适合自己国画创作的艺术之路，让他在叠取新时代新生活映像时显得从容与自如。虽然他在这个阵营里显得年轻，但是，跟着老师练就的生活笔墨能力与观察生活方式，让他在这个阵营里还有些自信的资历。相对之下，旧时以传统题材为创作对象的何海霞，与来自延安、以木刻版画语言为创作主体的石鲁，则要面对一个中国画语言更新与转换的过程。何海霞先生回忆说："……记得一次准备参加西北画展时，我创作了一幅以山区勘探为内容的作品，当时对人物形象非常陌生，只好请方济众帮助画个人……过一段时间，画工人修路，人物非常重要，又乞求这位方济众先生画工人……""我深深感到和我同年的画家还有和我相差十几岁的方济众他们都掌握人物形象的画法，为什么？难道要有什么诀窍高招？我再想赵望云曾对其他人说：'画画就要多画速写……'后又和老方到陕南生活，在陕南有人喜欢打鸭子，有人下河洗澡，我就抓住机会，观察人的活动。再一次下乡回来，石鲁要看看大家的收获，说，老何的小人过关了，我说不攻关不行。不用眼睛不用脑子不行，这是对老方的感谢。"（《我的艺术生涯》，《何海霞艺术文集》第119–121页）

三

1950年2月14日，《中苏友好同盟互助条约》签订，苏联的先进技术经验成为新中国成立之初我国学习的榜样。随后几年，社会主义现实主义创作方法作为唯一的创作途径与手段，成为官方美术号召学习的对象。

当时，文化艺术界有一股盲目崇拜苏联文艺模式倾向，否定中国画优良传统的民族虚无主义之风比较流行。美术界个别领导在这场再度发生的中国画的论争中，其意识里也出现了否定或者轻视、无视民族传统文化的"左"倾思想，认为国画不科学，缺乏现实感，不能为政治服务；无法反映新时代与新生活。当时的中国美协副主席、中央美术学院院长江丰甚至认为中国画是封建阶级的玩意儿，水墨笔法是旧式形式主义的玩意儿，想把民族文化优良传统一概否定、抛弃，企图全盘"苏化"。中央美院已经把中国画系改为"彩墨画系"。对此种认识，一直以来直面人生、坚守艺术生活信念的赵望云以自己的从容与不屑一顾予以回答。赵望云认为，

黄河远上图　69cm×50cm　1980年

"一个民族应在自己传统的基础上发展自己的文化艺术"，强调"只有坚持写生才能更好地理解传统技，才能有所发展，有所创造"。"他反对在对待民族绘画传统问题上的虚无主义态度，也反对那种一味模仿、拘泥成法的做法。"石鲁也凭自己对艺术真理的炽热真诚，以及建立在对民族文化美学情怀上的睿智思考与高度自信，对此进行反驳与批判。赵望云和石鲁都认为"在对待传统的民族形式上，主张以批判的态度去继承与发扬……在继承与发扬民族传统上，既重视民间艺术，也重视古典艺术，而主要从吸取其人民进步性、现实性、艺术性的精华，而取其相反的糟粕"（《石鲁艺术文集》）。

方济众经过对新中国文艺路线的领悟学习，也认为"艺术这种意识形态的东西，它总是带着传统的民族心理和乡土的自然特色而出现的"。"艺术是人类生活中的精神结晶。它伴随一个民族的发展而发展，也伴随着一个民族的消亡而消亡，因而它的诞生从一开始就不可避免地具有民族特色。"（《方济众谈艺录》）

1954年10月2日，首都北京苏联展览馆开馆，"苏联经济及文化建设成就展览"开幕。文化部要求各地美协组织美术家到京参观展览。方济众随美协全体创作人员赴京参观。青少年时代方济众就学习并临摹过苏联的《星火》杂志及一些画册上的作品。这次是与大家赴京参观苏联美术作品原作，故而他对此次北京之行投入了较大热情。

在首都，方济众近距离看到了许多在画册上被奉为圣典的苏联艺术家的油画作品。苏联油画中那些表现苏联战争与国内人民生活场面奇特的构思、丰富的地域民族油画语汇、沉雄粗狂、磅礴大气的色彩最吸引方济众，特别是对那些表现田园生活题材的作品，他反复欣赏、领悟和感受。从北京回来后，协会召开参观座谈会，就苏联美术如何观察和研究生活、如何选择和处理题材以及如何创造艺术形象等问题进行了研究和讨论。有意思的是，大家的参观体会竟然出奇的一致。石鲁说的一句话"看来我们中国人只能搞自己的东西"，代表了大家的心声。

在当时普遍崇尚苏联写实造型艺术，对我们自己民族的中国画艺术能否表现时代新气象缺乏信念的形势下，以赵望云、石鲁为首的西安美协画家，却在逆向思维中提出要继承民族艺术传统，在继承中探索创新中国画艺术、表现新生活的艺术观点。凭着对中国画的自信与理性批判，大家转换了思维，对传统笔墨有了新的认知与明确的态度。

赵望云开掘的大西北新画风形成的鲜明笔墨语言与精神气格，为西安美协画家艺术创作奠定了踏实务实的艺术行进方向与行走方法。作为赵望云的学生，方济众在表现新生活、适应新时期文化建设新环境方面也显示出了从容与自信。

钟楼脚下　西安美协

一

西安于西周时称"丰镐"，秦时曰"咸阳"，汉至北周谓之"长安"；隋朝称"大兴"，唐朝又改为"长安"。长安，长治久安，尽显中华文化祥和意义。千年古都之历史如同朴厚沧桑之古城墙；古城墙的灰砖斑痕印证了这座千年古城的岁月变迁。

建于明代洪武十七年（1384）的钟楼位于西安城内中心。残破斑驳的青砖基座，重檐斗拱，攒顶高耸的顶尖，似乎支撑着古城长安的历史风骨，见证着这座城市的古朴沧桑。50年代初期钟楼周围几乎都是古朴陈旧的民居。

钟楼西北角北大街边，几排杂树遮掩着一个由几十间错落的土瓦房簇起的、有些残旧斑驳的院落，就是西安美协分会的机关大院。这是一个典型的北方中式民居大杂院。如今，华丽庄严、金碧辉煌的钟楼四周，过去低矮的土坯民居早已被林立的形态各异的现代化大楼取代。可是，这个院子如今还在，现在是陕西美术家协会机关大院。

如今，若不是低矮、陈旧的外墙上"陕西省美术家协会"的牌子，过往匆匆的人们恐怕不会留意到这个院子。站在街面一眼望进去，院门两边是并列的办公平房与两层简易楼房，再往里走，北排是80年代建起的一栋五层生活楼房。也许太老旧，原先在楼里居住的美协人员及其家属子弟，

162

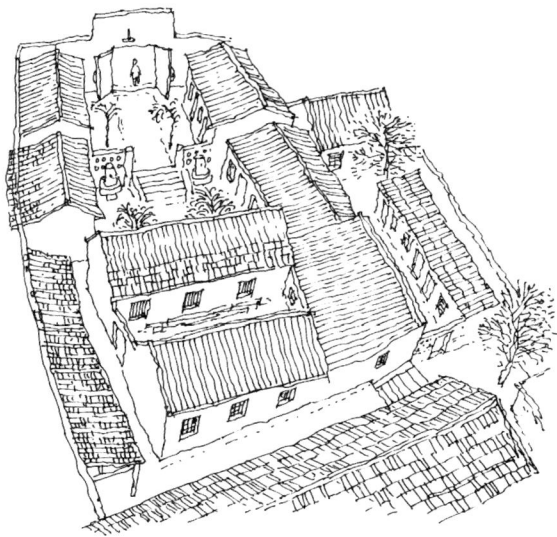

早年西安美协大院插图（李秦隆 绘）

这些年陆续搬迁了出去。从50年代到现在，这个老院子随着时代变迁，几波风雨侵袭、几多世事折腾，早已变得面目全非。但任凭周边怎样变化，这个老院子却依然不改初衷。时代变迁，让人们越来越感觉到神秘。

是呀，这个院子确实不简单。从50年代初陆续住进这个院子的人，随着那个风起云涌时代的潮起朝落，几乎尽成时代风流人物。这些风流人物，几乎每个人的身上都有许多不简单的故事。

1955年，赵望云全家从碑林博物馆迁至这个院子。西北画报社停办后，这里便转换成了西安美协大院。原先随画报社搬进来的石鲁、李梓盛、方济众、刘旷、陈笳咏，还有程士铭等，已在这里生活工作了几年。

二

这个晚清民国时期形成的关中院落，不同于一般关中四合院的中规中矩，它占地近6亩，几十间大大小小的房子汇聚在东西狭长、南北狭窄，环绕多变的空间里，若置身其中，会感觉到一种家庭院落的亲近、曲径通幽的神秘。

大院的黄土坯墙体显得斑驳残破，地面青砖垫铺有些坑坑洼洼、高低不平。灰瓦房顶上边，到处可见从瓦缝里钻挤出来的杂草。院门残留着过去的拱形式样。大门右边是个美术服务部，是50年代初期西安唯一一个带有官方色彩的美术用品经营部，方济众妻子何挺文和陈嘉咏爱人在里面上班。那会儿服务社里还经常代销一些名家字画。进门右首一间房子是个美术讲习室，每逢周末都会有书画讲座。有趣的是，要进这个讲习室得收费，里面讲课的名家示范作品还可以自由出售。

顺着一个斜坡下去，便是前院，院里生长着几棵碗口粗的杏树、苹果树。每到春暖花开时节，树上遍开杏花、苹果花，那杏花花苞初显纯红色，花开又呈浅粉色，落地时却变成一片白色；苹果花瓣似梅花，花白带晕，粉里透红，惹来蝴蝶飞舞。到了5、6月份果子成熟时候，满院飘香，清气润人。

方济众的办公室兼画室就在前院右边平房的西房，东房是陈瑶生的画室。

从前院中间一个拱门台阶走下去便是会议室。

从会议室前右拐，一条青砖铺就的狭窄走廊，迂回曲折，把里边的土坯房舍一一相连。

古朴陈旧的院落里，处处都弥散着炊烟气息。让人难以想象的是，这个几十间大大小小的房子竟然囊括了西安美协机关办公、会议室；美术展览交流室、美术学习资料室、阅览室以及美协机关的生活家居所有。

从前院右边转弯往西，是长长的展廊，展廊尽头与院落中间正屋的展览厅相接。展廊用不规则歪斜木柱支撑房顶，青瓦半面盖着。廊檐下简单粉刷的墙面上，经常挂有名家字画，赵望云、石鲁、何海霞、方济众、康师尧的国画，刘旷、张建文的版画，还有外边名家的字画。那时的展览条件全凭自然天光，土坯墙面上除了书画装裱镜框外，其他展览所需的条件简陋无比。

164

赵振川回忆说，在那时生活在里边的孩子眼里，大院简直就是一个

方济众简历

美术学校。每天上学边走边看的是画，放学回来跳到展廊、钻到展厅里左右环顾的还是画。小时候展览特别多，展多少天就能看多少天。平时小孩子在院子里玩，钻到资料室、阅览室随意翻阅是常事。赵振川动情地说："没有这个院子，就没有现在的我，就没有我的弟弟赵季平现在的成就。"

由展厅前面通道尽头转弯处一个小拱门进去，是一座小独院，那是赵望云家，前边是石鲁家。两家中间只有一个2米多宽的东西狭长通道，通道左边是住房，右边是两家的厨房和杂物间。

早年西安美协石鲁故居前门

石家门口有一棵高大的皂角树，遮天蔽日。夏季，皂角树下，石鲁坐在一把藤椅上，石家人搬来饭桌，拿来各种形状的小板凳，和朋友围成一圈。摆上饭菜和啤酒，菜香、酒香，再加上杂谈趣闻、说笑声，热闹不尽。

赵望云家门前有一块小圆平地，院墙地上长着两棵高大的梧桐树，墙下还有一口生活小井。

那会儿美协大院里，就数这个小独院热闹。

方济众不管是工作还是业余，都经常过来串门。老师家里孩子多，方济众过来帮帮忙。入夏了，梧桐树茂盛的枝叶像一把撑开的大伞，树底下时不时地总有外面的人来畅聊工作上的事。赵望云也一直保持着傍晚闲下来坐在树下拉京胡的习惯。每当这时候，院子里的人们，便从各处聚拢过来听赵望云拉京胡，那悠扬动听的声音，总是从墙里飘到大墙外的钟楼上空。

有一年夏天，赵望云的大儿子赵振霄从中央音乐学院专家班一毕业就回到了大院。晚上，小独院的梧桐树下，一家人又欢快地坐在一起，这次是赵振霄用大提琴给大家作展示汇报。

166

方济众吆喝石鲁、仵海霞、李梓盛等邻居过来听赵振霄演奏。

赵振霄先演奏了《匈牙利狂想曲》，他熟练地拉着，尽情尽兴。每拉完一首，大人孩子都高兴地鼓掌。

可是赵望云从大家的表情里，分明感觉到他们其实听不懂。他先鼓励了一番儿子，然后稍感遗憾地说：如果今天晚上你拉的是中国民族的曲目，大家会更满意。

等到大家都散去，赵望云对儿子说："你拉的都是外国曲子，那为什么不可以用大提琴演奏一些中国的民间音乐呢？咱们陕西的秦腔就很好听嘛！"赵望云其实是希望儿子创作一些表现民族艺术的大提琴曲目。看似随意的一句话，赵振霄却记在心里。后来果然创作了《秦腔随想曲》，响彻三秦大地。

黄胄在兰州西北师范学院兼职上课期间，与来自陕西汉中城固的学生郑闻慧谈恋爱。1954年8月，黄胄与郑闻慧专门从兰州回到西安结婚。

结婚仪式是在碑林博物馆办公院举行的，石鲁担任主持人，赵望云是证婚人。结婚的新房临时设在美协后院子南面紧靠资料室的一间房子里。婚后，黄胄还在大院子画了《洪峰荒漠》这幅画。

1955年黄胄30岁那年，调到解放军总政治部文化部创作室任创作员。

徐庶之1955年从新疆回到院子，前后待了有一年时间，一边学习一边跟着老师搞创作。赵季平他们几个小孩子，那会儿都让他哄着跨在床头上学着骑马的样子当模特。

徐庶之那时跟黄胄比起来，创作能力还是较差些。

这期间，赵振川的姐姐赵桂敏把她的同班同学贾绍珍介绍给了徐庶之。徐庶之与贾绍珍谈了半年后，也在这院子里结了婚。

徐庶之在美协大院待了一段时间后，创作了《刁羊》《傍晚》，就回到了新疆。一直到老师赵望云1977年病逝才回来。

这个大院的中院，李梓盛家与石鲁家仅一墙之隔。石鲁和李梓盛在延安时就是边区文协战友，石鲁的入党介绍人是李梓盛。

顺着展厅外墙往后走就是后院。后院比较大，中间一排屋子是赵望云、李梓盛、程士铭三人的办公室兼画室。后院的南边是刘旷家，刘旷家对面是美协阅览室。再沿着赵望云办公室外墙往里走，一个小花园左边住着程士铭家，右边一排几间屋子分别是蔡亮家，还有何海霞和方济众几家孩子的小居室。最后是石鲁的办公室。

顺着石鲁办公室兼画室往进走拐弯，又是一个狭长的院子，院子里边东西一排房，分别是石鲁、何海霞、方济众、陈笳咏与康师尧的家居。

这一排东边还有一个简易木式二层小楼。小楼后边是机关厨房、烧水房。

艺术家的思维意识常常是右脑主导，故而他们处于创作研究状态时表现出来的言行，往往与其他领域，特别是与大众的言行不一致，所以人们总会觉得艺术家是怪人。

1986年在美协院内家里

三

　　五六十年代北大街西北角大院里居住了这样的一个大画家群，这样的院落生活工作布局古往今来都很少有。

　　工作生活在这个院落的画家及家属们来自四面八方，赵望云出生于河北辛集，石鲁来自四川仁寿；何海霞还是从北京流落到古城西安；李梓盛出生于陕北，方济众老家在汉中勉县；康师尧来自河南博爱县。

　　他们的社会成分与政治身份也有着较大的差异。鉴于赵望云在中国文化界的巨大影响与威望，特别是其崇高的人格魅力，新中国成立初期出于统战需要，官方要求他留在党外便于团结党外民主人士，做好统战工作。

　　方济众是解放初期参加工作的，作为赵望云的学生，他的艺术思想与创作观念与老师基本等同。但是，何海霞、康师尧等一些画家就不一样了。何海霞30年代投师张大千，上追宋元明清，具有很强的山水画传统表现力。1950年流落到西安后，书画市场冷清萧瑟，为了生存不得不在卫生局里挂图。毕业于武昌美专、画风清润秀逸的康师尧落脚于火柴厂做着与艺术无关的会计工作。新的艺术事业召唤他们华丽转身，蜕变进入新的艺术工作阵营。

　　在圣地延安从事文艺解放事业，一路迁移过来的石鲁、李梓盛、刘旷、程士铭等人，其思维首先是革命的，长期在革命阵营形成的斗争觉悟与阶级敏感，使得他们在与来自国统区的艺术家一起工作时，总会有一种优越感和一种由政治思维引发的敏感度。故而，这个艺术大家庭那时候的成分有些复杂。

　　最初这里一起工作生活的人们，面对50年代初期新的环境，共同的艺术理想追求，使得大家团结和谐、积极上进。体现在他们身上的，首先是对新中国社会主义建设的纯正情怀和对革命艺术的炽热。尽管艺术家有个性成分，但行政建制上的同一性，集体意识还是第一位。

　　院子里艺术家，从50年代中期以后就经常集体外出写生采风、交流，

卷二　历史担当　铸就辉煌　方济众与长安画派

169

或三五人结伴，或五六人为群，或一二人互协，足迹遍布关陕大地、渭北高原、秦岭河谷、江汉平原、商洛山地。当他们回到院子，一起研讨绘画艺术，观摩写生习作，展览汇报总结，交流创作经验，演示笔墨经营，往往没有时间概念，没有创作空间隔离。他们那会真的是把艺术创作研究视为一种崇高的事业与艺术理想。

四

方济众在这个艺术阵营里，满怀热情更充满激情，当时他的行政身份是协会秘书。

方济众比石鲁小3岁，年龄上的相近，石鲁天生的艺术狂狷耿介与洒脱跌宕的精神气质，还有圣地延安养成的激情浪漫的革命情怀，让方济众每每心生感怀与敬佩。石鲁的笔墨创造胆识与独特经营灵性，以及理性思考与独特艺术判断，也时常引导着敦厚内向并喜欢思考的方济众的艺术思维境界的开拓与提升。

何海霞在传统中国画技法表现上的优势与笔墨经营上的精湛，也给大家提供了传统学习上的讨教和直觉上的技术参照。在这个群体里，大家真挚祥和谦虚。赵望云虽然已经在笔墨经营上具有独特的语言表现，但他还是认为，论中国画根底和绘画技术熟练程度，何海霞是第一。

赵望云与张大千是好朋友，他们在40年代的成都有过一段难忘的岁月友情。他告诫方济众与其他人"大千先生得意弟子就是何海霞"，让方济众要好好地跟何海霞学习传统。何海霞后来给人说："石鲁最早是接受望云的笔墨，石鲁早期的书法又得到望云的影响，绘画初期写实的还是多些。什么时候石鲁从写实到写意，那是在1960年以前吧！"

1956年8月，赵望云与石鲁途经莫斯科到开罗参加国际艺术会议时，在开罗等地访问写生三个月。

写生回来后他们分别在北京与西安举办了写生展。赵望云的艺术笔墨情境里依然是埃及的自然人文生活。这次海外写生经历，影响并改变了石鲁的山水笔墨形式表现。

那时候，石鲁的生活与工作不规律。最初在院子搞了个素描学习室，方济众他们还去素描室里画过一段素描。石鲁常常学习创作到凌晨3点也许到5点。完了就一觉睡到第二天早上12点。赵望云和何海霞年龄大些。何海霞生活作息很规律，不管入冬立夏，一般晚上10点以前就睡了。

有时候已经晚上10点多钟了，石鲁还在外边叫"海霞，海霞"，而且声音还很大。石鲁把赵望云、康师尧、方济众都喊起来，大家集中到观摩室，石鲁让大家一起看稿子。有时候，为了商量艺术活动或者展览创作，他们往往一集中就是几个小时。

那个年代的学术研究气氛真好，纯粹、自然、亲切、真诚。

1956年，方济众第一次去上海参观展览，随后还去江苏南京、杭州及武汉旅行写生。

1957年4月29日至5月4日，内蒙古自治区举行自治区成立十周年庆祝活动。方济众作为陕西文艺代表，随大西北代表团赴内蒙古呼和浩特出席盛大的庆典活动。庆典活动后，自治区安排各地代表团参观了活佛府、成吉思汗陵等名胜古迹。随后，自治区美协又特意组织方济众等画家到希拉穆仁草原、敕勒川草原、响沙湾等草原地区写生。

在家中画室场景

敕勒川草原一望无际，远处天野相接，无比壮阔，处处翻滚着绿色的波澜，牧民居住的圆顶大帐篷，多彩多姿，春风吹动，草浪起伏，一群群牛羊时隐时现。

方济众想到了儿时背过的民歌："敕勒川，阴山下，天似穹庐，笼盖四野。天苍苍，野茫茫，风吹草低见牛羊。"眼前的辽阔大草原美景，让他心情无比喜悦。

每到一处，他用铅笔或者毛笔不停地写生记录着具有浓郁民族风情的生活场景——蒙古包里的牧民生活、挤奶的老人、激烈的摔跤场面、飞腾激扬的赛马表演以及骑着马在草地牧羊的场景。方济众体验到蒙古族人民的热情与豪放。

途中翻越阴山山脉，天堂草原希拉穆仁草原自东向西绵延数百公里，东边与冀北山地衔接，西与贺兰山、北大山、马鬃山相通，大青山抗日根据地也在其中。这里的自然风景十分独特，沟沟相连、溪泉缠绕，峰峦入云，万木峥嵘，险山雄岭，相互辉映。

方济众很珍惜这样难得的机会，每天都在激动忘我的情致状态中写生。从小在山区生长的他，第一次感受到了祖国大草原的独特风情和自然人文风光。

十几天下来，他画了大量的草原人物风情速写。这是他第一次以人物风情为主体的写生。以前只是看老师赵望云笔下的人物风情场面，尽管有时也画，但并非常有。这次草原新鲜独特的生活风情景致，让他用画笔体验到了写生人物风情时的感觉状态。

愉快充实的写生很快就要结束了。

五

方济众带着行李，背着收获满满作品的画夹，一路风尘仆仆回到了西安。

那天傍晚，当他刚踏进美协大院的时候，碰到了石鲁。他们彼此都很高兴，寒暄了几句后，石鲁帮他拿着行李，拽着他回到了赵、石两家小独

林间　48cm×44cm　1984年

院。石鲁闪身进门便喊老师赵望云过来，一起观赏方济众的速写。

石家门前大树下的石头凳上，石鲁迫不及待地一幅幅翻看着，嘴里不停地赞赏着。赵望云也仔细地欣赏着一幅幅草原风情写生画，眼神里流露出喜悦，却一直没有说话。倒是石鲁很激动，也很惊奇，他第一次看到方济众这样娴熟的人物风情写生。他一边翻看着，一边询问方济众出去写生的情况。

赵望云始终没多说话。方济众无意间看到老师那浓眉下一双闪动的眼睛里隐约间透射出忧郁。石鲁还在看速写，赵望云匆匆翻看完了就转身要回去，方济众随着老师去看师母。

可是走到门前，赵望云进了门，师母站在门口问候了他几句后，并没有让他踏进门，而是让他赶快回去。

方济众出了小独院，在后院通道上，碰见了何海霞。何海霞看见他就说，济众回来了，也再没多说话，便默默无语地走了过去。

方济众感觉到大院里空气有点压抑，气氛有些沉闷。

方济众进了家门，妻子顾不得说话便给他热饭。几个孩子看见爸爸回来了高兴地叫喊着，小方平扑到了他的怀里。

方济众抱着孩子走到何挺文身边。妻子一边热着饭菜，一边小声对方济众说："这几天在院子里，见了大家最好少说话。"方济众问到底发生什么事情了，何挺文"唉"了一声说："他们把老师作为反右斗争主要对象了，要给老师定右派……"

以后的几天里，方济众确实感觉到院子里气氛不对，风向直接指向老师赵望云。

1949年5月西安解放后，刚从国民党监狱走出来的赵望云重见天日，深受鼓舞，并在1950年被推举为西北美术工作者委员会副主任。从此以后，赵望云与党肝胆相照，荣辱与共。加入革命阵营的赵望云也曾多次提出希望加入中国共产党，但当时因为统战工作需要，他遵循组织要求，1952年成为民盟成员并担任民盟西安支部文艺部主任。

1957年春夏的"反右"事件，使国家的工作重心由经济建设转向阶级斗争。1978年12月党的十一届三中全会，把党的工作中心确定为经济建设。

国画人物习作　54.5cm×68cm　1975年

非常遭遇　君子品行

一

1957年4月27日，中共中央发出《关于整风运动的指示》。由于对阶级斗争的形势作了过于严重的估计，反右派斗争被严重地扩大化了。

方济众的老师赵望云是民主党派民盟会员，还是民盟西安市文艺支部主任，自然成了主要斗争对象。

方济众刚回来，支部书记便把他叫过去谈话，让他看清形势，提高觉悟，端正立场，勇于揭发与赵望云过去的师徒关系。

方济众很为难。老师谦谦君子，醇厚艺德，在中国美术界享有崇高威望。老师怎么会成为斗争对象呢？迷惑不解的方济众，在夜晚私下里与老师面对面时，无法抑制自己动情的热泪。老师也知道他善良内秀的心性，安慰他说，你就如实写出来交给他们就行了。

院子里的机关协会支部把赵望云作为特殊运动主要斗争对象，赵望云实在想不通，他反复回忆参加工作以来的言行，内心感到委屈。自己从未做过对不起党的事情，怎么成了被批斗的对象？他找组织倾诉痛苦，得到的回答是："一要相信党，二要相信群众，要经得起考验。"

赵望云作为党外人士、机关主要负责人，还要引领并保证协会的正常业务工作，画家外出写生按照年初计划，还得正常进行。

1973年下放汉中劳动期间，回西安看望老师赵望云时合影

二

1957年冬天，方济众与老师赵望云和刘旷等协会画家到商洛地区的商县等山区采风写生。他们住在行署大院灰砖平房的招待所。商县的美术爱好者听说赵望云来了，都跑过去要一睹让他们仰慕已久的赵望云的风采。商县是距离西安100多公里的山区小县。山里的民风淳朴，百姓厚道，当他们写生的时候，群众就从家里搬来凳子让他们坐着，然后站在一旁静静地看着。这中间石鲁在电话里听到他们写生的情况，一下子来了兴趣，不顾协会支部的"好意"劝阻，急匆匆地坐着院子里的旧式美国吉普，一路驱车赶了过去。

石鲁到了商县，问了赵望云写生的地方，便让司机老张直接开到了那里。车还未停稳当，石鲁就拉开车门急急下来走到正在写生的赵望云跟前，赵望云放下画笔站起来与石鲁握手，微笑着说："我现在这样子，你还敢往我跟前来？"石鲁爽朗一笑："望云同志，我赶过来是要向你学习呀！"然后紧握着赵望云的双手说，"我很敬佩你呀！"两人双目对视，会心地笑了。

石鲁在跟前转了一圈后，选了一个角度，就展开他的自制画具开始画了。随后的时间里，他们两位一起写生。写生之余，还热情接待和辅导当地的美术爱好者。

这年底，他们还在商县与当地美术家举办了"山区写生展"。

1958年初夏的一天，宝成铁路的火车上，坐着要去陕南汉中写生的赵望云、石鲁和方济众他们。这是老师第一次来到自己的家乡采风写生。作为汉中人，自然要做向导，并且每天全程作陪。他们从阳平关下车后，倒车往汉中赶。

5月的汉中，处处呈现出江南景色的秀润。淡蓝、晴朗的天空下，欢喜的鸟儿在自由飞翔；波光粼粼的汉江水面上，习习飘散着丝丝鱼草香味；阳光照射下的山间丘陵，层层梯田，到处是茶园绿树；遍布沟里坡前的油菜花，清香扑鼻。忽隐忽现、余烟袅袅的农舍门前田间，到处呈现着劳动的场景。山间烟雾里，环绕交织的小河上，群鸭戏水、自由游弋……

赵望云许多年未感受过这样的田园生活了，他的脸上尽是喜悦之情。能让老师及石鲁一起来自己的家乡采风写生，一直以来也是方济众的心愿。

这段日子里，美协大院里的气氛总是让大家心情不畅快。赵望云也不想在院子里待着，他只要坐在办公室里，就感觉到压抑与不快。方济众觉得消解老师郁闷的唯一方法是让老师外出写生，于是他就给石鲁建议到自己的家乡汉中写生，石鲁立马表示同意。石鲁是四川人，早些年从家里悄悄跑出来途经汉中时在此稍作停留，所以对到汉中写生怀有很大的兴趣。

汉中虽属陕西领地，可是自然地域却与关陕风情截然不同。赵望云因为在省文化局还分管着文史文物，自然也想对汉中的文物古迹作些调研与了解。

刚到汉中，方济众便带老师及石鲁去了褒河，考察了石门洞内的历代摩崖石刻。他们对石门洞里的石刻《石门铭》《石门颂》等，表现出浓厚的兴趣。陪同的何挺警存有拓片，热情地表示会拿出来送给赵望云和石鲁。

方济众借着这次机会也回了趟老家勉县。他们一同去了方家坝，游转了老县城，随后在当地领导的陪同下参观了武侯寺、武侯墓。

紧接着，他们去西乡县山间进行写生。

对于用毛笔写生家乡汉中的秀山绿水，方济众以前不得法。这次他近距离地观看老师对家乡自然山水的写生过程，还是第一次。但见老师沉稳的笔自然挥洒着，还是用传统的披麻皴法，顷刻间便写出画面中的山势营构，层层梯田、竹林茅舍、青山绿水，墨色浑厚又秀润。尽管老师是第一次表现不同于关陕地域的汉中秀美山水，也能运用得如此娴熟生动。方济众眼界大开，深受启发。

他们还去了镇巴写生。一直到6月份才回去。

在他们刚来到汉中后的5月9日，美协整风专案小组将赵望云"定为极右分子"，并给予"撤销西安美协主席""撤销省文化局副局长"职务，行政降一级等处分。极具讽刺意味的是，这段时间赵望云却当选为陕西省第二届人民代表大会代表、陕西省政协委员。

秋天，赵望云与石鲁、方济众等协会画家又到陕北写生。

写生回来后，赵望云与石鲁商量，将今年外出写生的作品集中起来，搞一个写生习作汇报展。方济众将他于夏秋两季在汉中及在陕北的写生作品《杨河上好风光》《山居》《秋之夜》等整理后，参加了写生汇报展。

不料，赵望云在陕北延安的写生作品却被协会支部一些人上纲上线地进行了曲解。他们说，赵望云的延安革命圣地写生作品里对宝塔山的刻画有意淡化；有意避开延安圣地领袖曾经生活工作的场景；作品色调灰暗，反映赵望云创作内心的阴暗，对歌颂表现延安革命的红色历史题材的热情性不高，创作动机不纯，主动生不强；等等。

三

1958年下半年，全国范围的运动斗争已经结束。

省委知道赵望云的分量，很是为难；陕西省专案领导小组也无法确定，就一直拖到12月5日，最后由省委书记赵守一亲自拍板："定为'右派'，但不以'右派'论处，待遇不变，职务不变。"

赵望云心里即使万般委屈，也不能言说，更没法申诉。

方济众那阵子情绪一直处于低潮，他不能多说话，心里却在不断地反思。他想不通，老师一直对党忠心耿耿，是国内第一流的画家，为陕西和西北美术事业开拓与奠基鞠躬尽瘁，无私奉献。现在却突然给老师戴上这么一个帽子，他怎么能接受得了？

那个特殊年代，遭此厄运的岂止是老师赵望云一人？许多从事文艺创作、人文社会科学研究的知识分子几乎都被剥夺了工作权利，失去了创作自由、人身自由。

赵望云去世多年后，当时的支部主要成员李梓盛在他的《西北美术工作的领导者赵望云同志》里这样写道：

解放初期，我们从延安来的美术工作者除石鲁同志曾学过国画以外，其他同志大多是到延安才开始学素描、木刻、漫画、年画、宣传画的，因限于条件对国画很少接触，也不够了解。因此有些同志在认识上带有很大的片面性，认为国画难于为革命服务而持轻视态度。出于这样的认识，对国画家就很难有一个全面的和正确的看法和态度。赵望云同志正好弥补了我们在这方面的缺点。他是国画家，又是熟悉西安的国画家，大家都愿意与他接近，他有很方便的条件做好团结国画家的工作。他还利用在军政委员会文化部工作之便向文化部请求了一笔补助费，为国画家解决绘画器材和生活困难，帮助做了不少工作，得到了国画家的拥护。

在西北文代会期间，经过各省代表的充分协商，选举产生了西北美术工作者协会。大会推选赵望云同志任主席，石鲁等同志为副主席。前美术工作委员会随后改为"国画研究会"，直属西北美术工作者协会领导。后来随着协会工作的发展，在协会领导下成立了许多画种或画风相近、志同道合的人志愿组成的画会。开展国画与其他画种的学术活动，举办展览，更广泛地调动广大画家的积极性，协会工作更加活泼多彩，国画与其他画种蓬勃发展。美术展览由几年一次到一年一次，后来发展到一年多次，各画会都搞美术创作展览，出现了百花争艳的繁荣景象。

在反右运动中，把不是右派的赵望云同志定成了右派，这事当然是复杂的，但我们几个在美协工作的党员也是起了作用的，所以至今想起这件事总觉得内疚，对不起这位可敬的老人。

水乡初夏　96cm×89cm　1983年

在呼伦贝尔草原上　26cm×22cm　1957年

村边小景　69cm×46cm　1958年

西安美协　中国画室

一

　　20世纪，中国美术在风雷激荡的社会变革与历史起伏中，直面中西文化的碰撞，在中国画领域，东方与西方、传统与现代的矛盾远比从前来得激烈，进行得深刻，持续得长久。中国画创作、研究在不同时期所面对的问题与情境，在很大程度上影响与改变着绘画的功能与地位，左右着艺术家的观念、思想与生活。

　　五四运动时期，先有"文学革命"，之后是"美术革命"。当时美术革命者倡导的是拿来"西方写实主义"革封建的古典的绘画的命。在这样的革新浪潮中，产生了以徐悲鸿、林风眠、蒋兆和为代表的中西融合派，以吴昌硕、齐白石、黄宾虹为代表的传统革新派，还有赵望云所坚韧执守的直面现实的艺术生活派。凡此种种，中国画新发展流派皆以其革新意识的强势与艺术图示语汇的新颖，引领着20世纪中国画不断发展变换的进程。

　　梳理近现代中国美术发展历史，岭南画派早在20世纪前期，就有以高剑父、高奇峰、陈述人等为旗帜代表的华南地区画家群体；那时的上海、南京、杭州之华东地域的画家群体海上画派，以金陵画派著称。还有以北京、天津为中心的华北地域之京津画家群体，在近代美术历史变迁中，已经居于绘画流派兴起之主流地位，在近现代中国美术革新与发展中产生了广泛的影响。相对言之，那时候的西北长安地域，还处于美术的荒寂清冷状态。

1956年，《人民日报》发表了社论《发展国画艺术》，在全国文化界引起强烈反响。此后作为传统的中国画艺术不再受到社会的轻视，让那些从旧时代走过来的老国画家们顿觉扬眉吐气。这年2月，著名画家叶恭绰和陈半丁共同提出《拟请专设研究中国画机构》的提案，受到了党和国家领导人重视，在文艺界艺术家里产生了较大共鸣。

这年6月1日，周恩来总理主持国务院会议，通过了文化部"北京与上海各成立一所中国画院"的报告和实施方案。在周总理的关心与支持下，文化部中国画院筹备委员会经过一年时间筹备，陆续成立了北京中国画院、上海中国画院。周恩来在成立会上作了讲话，希望新成立的画院努力作为，将画院办成创作、研究、培养人才、发展我国美术事业、加强对外文化交流的学术机构。

北京中国画院首批画家由文化部直接聘任。画家阵容庞大，有齐白石、叶恭绰、陈半丁、于非闇、徐燕孙、王雪涛、胡佩衡、吴镜汀、秦仲文、汪慎生、关松房、惠孝同、吴光宇等。齐白石任名誉院长，叶恭绰任院长，陈半丁、于非闇、徐燕孙任副院长。同时，中宣部和文化部在全国掀起传承中化民族文化的挖掘、抢救、搜集行动。希望通过传统的师徒教学方式，把能代表民族传统经典书画艺术通过师带徒方式传承下来，以此改变美术学院西式的教学方法。一系列国家行为与举动，为当时的各大美术学院培养了一批具有传统优良能力与水平的中国画师资。

1957年《美术》第3期发表了董义方的文章《试论国画的特点》，此后《美术》对这一问题组织了讨论，前后发表了邓以蛰、秦仲文、刘海粟的文章以及读者来信的综述，体现了百家争鸣的特色。此后的"反右"运动使一部分画家受到了批判，国画创作也因此受到很大的影响。然而在这种形势下，中央美院以及华东分院改彩墨画系为国画系，还恢复了山水画和花鸟画的教学；这一年《中国画》季刊在北京创刊。这一年黄胄的《洪荒风雪》获第六届世界青年联欢节国际造型和实用艺术展览会金奖。

北京中国画院与上海中国画院的相继成立，对赵望云、石鲁的心理触动很大。美协是一个群众性的艺术团体，其职能是组织、指导、联络、协调、服务工作，构建和谐向上的美术之家，促进美术的繁荣和发展。在当时的情况下，在西安设立独立的国画院是不可能的。虽然此时西安国画研究会有许多优秀的画家，但研究会只是接受美协业务领导的一个群众性社会组织。

1956年，在省委的重视与支持下，赵望云与美协其他同志多方奔走，将何海霞、康师尧等从国画研究会正式调入美协以"充实创作力量"；编制入美协，职能是中国画创作与研究。这个举动非同寻常。1958年，协会内部进行了结构性整顿，取消了原来挂靠在协会里的百花、金箍棒、红蓼、梨花、工艺美术、舞台美术、水彩、水粉等十多个团体画会组织，专门成立了中国画、版画、油画三个创作研究室。

西安美协中国画创作研究室成员有美协主席赵望云，副主席石鲁、何海霞，秘书长李梓盛，画家方济众、康师尧等。在一个省级美协机关里成立

1981年赵振川与方济众到医院探望石鲁先生

中国画创作研究室，调进了一帮人，组建了一个小而精的中国画专业创作群体，意味着已经是一个"准画院"性质的中国画创作研究机构了。

石鲁作为美协副主席兼国画创作研究室主任，方济众随后兼创作研究室副主任。

1958年，江苏中国画院在北京举办"江苏中国画展览"，展出60余位画家的161幅作品，把表现与展示新中国建设题材的新国画形式推到了社会前沿。傅抱石作为核心人物与带头人，总结出江苏中国画"三结合"的创作方法：党的领导、画家、群众，是保证创作成功的关键。这个展览会上，钱松嵒的《运料》《南泥湾》，宋文治的《采石工地》，张文俊的《积肥》，以及江苏省中国画院集体创作的《人民公社食堂》《为钢铁而战》，金若水、陈大羽、罗叔子、谢海燕、诸如樵合作的《南京》，都在山水画的题材范围内实现了明确的意识形态主题思想突破，既反映了江苏国画界"大跃进"的成果，也体现了江苏中国画走向现代形态的印迹。虽然江苏"新国画"的创作比北京起步晚，但其后来居上的国画演进气势，不仅在全国产生了很大的影响，还为现代绘画史上"江苏画派"的确立奠定了基础。

面对北京、江浙一带的中国画发展迅猛态势，地处西北的赵望云与石鲁已有了强烈的紧迫感。

二

方济众曾说："从近代美术发展史来看，如果说长安确已形成了一个画派的话，从40年代到50年代来说，它的代表人物是赵望云；但从60年代到70年代来说，它的代表人物是石鲁。这可能是不会有什么争议的。"方济众这句话折射出了在长安画派的孕育过程中，西安美协画家群体主体人员结构的微妙变化。现在看来，方济众的这句话，是对长安画派演变的一种主观性叙说，并不是一种纯粹客观的学术意义的分析。

石鲁是四川仁寿人，延安时期，怀着对石涛和鲁迅的推崇，将原名冯亚珩改为"石鲁",以此从精神上标识"诗人"和"战士"象征符号。西安美院博导教授、当代著名美术理论家程征先生说:"石鲁几乎都在对政治信念与艺术真谛的双重真诚与现实的冲突中,展现一位大师的洞见和所向披靡的探索精神。为此,他度过了颇具悲壮感的艺术人生。"

在美协院子里,石鲁作为从延安过来的党员干部,党的组织纪律与信念要求时刻驱使他,必须与支部保持一致。他的家庭出身也时刻提醒他,唯有坚定跟党走,才会在政治立场上与家庭出身划清界限,才会站稳阶级立场。然而石鲁在精神情感与创作理念上,对中国民族文化精粹的中国画独特认知,却保持着不同于一般人的自信与清醒。在创作思想与审美要求上,石鲁对传统中国画的理性反思与理论思考,赵望云是赞同的;特别是他在创作中迸发出的纯粹的激情勇力与气魄胆识以及周身弥漫着的浪漫主义活力等,让赵望云这个小他十几岁的搭档心生敬佩。方济众作为赵望云的学生,在当时环境下,与老师怀有同样的心情,觉得唯有政治的艺术的石鲁主导国画创作研究室,才是最合适的。

1954年,中央美院将国画系改为彩墨系。1957年地处西北地区刚成立的西安美专要取消国画系并停止当年招生,赵望云、石鲁坚决抵制,不同意取消国画系。经石鲁他们努力,1957年国画系招生。那一届学生有崔振宽、马西光、刘保申等。为了加强国画系师资力量,赵望云协调美院把郑乃珖、叶访樵调到了国画系。1958年罗铭又从中央美院调过来,刘文西也在这一年大学毕业后直接分配到了西安美院。赵望云、石鲁、方济众也经常到美院讲课交流。

1958年12月5日赵望云被"定为右派,不以右派论处",职务、工资都未发生变化。秋季,还当选为陕西省第二届人大代表与省政协委员。

然而,美协支部主要负责人并没有及时向院子里的人们宣读省委的批示。这时候在院子里的人看来,赵望云已经是一个被专政的右派了。尽管职务未发生变化,然而从此以后,西安美协行政工作格局事实上已产生了微妙的变化,协会日常管理也有了角色的转换,赵望云的学术身份与行政待遇在那几年被无奈边缘化,赵望云也变得沉默少行了。

美协支部的一些人利用手中的职权，以劳动改造的方式让赵望云下乡锻炼。但赵望云并没有因此而颓废，消沉。他把这样的劳动看作直面生活、走向民众、感受社会变化的最直接的艺术体验、最好的艺术写生途径与方式。不管劳动的环境与条件有多么艰苦，他总是以忠厚朴实仁善的品格、纯真平和的人生态度融入劳动中去。

三

美协副主席兼创作研究室主任石鲁，在50年代末至60年代初的那几年里，由于他的政治身份标签，在长安画家群体中事实上具有充分的支配地位。这一时期西安美协中国画创作研究室的画家已经是编制内、专职从事中国画创作研究的人员了。这是一个官方专业研究机构，这个机构的画家不仅享受正式待遇，而且享受省级画院专业画家的荣誉。

这个中国画创作研究群体，在当时全国美术界普遍崇尚苏联现实写实主义风潮的形势下，从成立之初，便在赵望云的学术引领下、石鲁的强势带动下，不断地研究探讨中国画适应新时代的创新方法与形式。但赵望云开创的直面现实的艺术之路西部中国画新风依然是这个研究群体的创作方向。

石鲁是一个纯粹的、周身充斥着浪漫情怀的艺术家。研究室成员此时期充满着激情与活力，创作研究气氛异常活跃，理论探讨活动不断。他们在不断摸索中逐渐明确了自身的创作方向。

西安美协处于具有十三朝古都历史的西安，支撑美协中国画创作研究室画家群体的文化底蕴，首先是作为中国文化主流根系的长安文化。西安美协中国画研究在长期创作积累过程中同时维系着三种文化根脉，重叠交织根植于长安文化土壤中，孕育、发芽、生长。其一是深受"五四"新文化思想影响，是由坚持"艺术走向民间""直面现实"面向大众的艺术生活之路的开拓者，最坚决、彻底的实行者赵望云带来的。其二是以石鲁为主导的来自延安以革命文化主导的艺术观念脉系。其三是根植于深厚的中国山水画传统的张大千的高足何海霞带来的。

何海霞，生于1908年10月7日，北京人，满族。何海霞家族原属赫舍里氏，母亲是和珅的侄孙女。自幼习画，11岁入琉璃厂悦古斋学徒，从临习《芥子园》入手，继学吴门画派。16岁入选中国画学研究会，大量摩习五代、宋代院体画名迹，功力日深，凡水墨、青绿、浅绛等各类画法，所仿各家，以至乱真。1935年，28岁的何海霞在北京拜张大千为师，成为大风堂的弟子，画艺随之大进，深得导师器重。

抗日战争结束，张大千携弟子入川。1949年张大千离川，何海霞返京途中滞留西安，与赵望云、石鲁结识。1956年，何海霞调入美协后，在研究室发挥着"活传统"的古典传承作用，同时，何海霞也在努力地自我"改造"。他说："赵望云、石鲁领导美协工作，为繁荣传统文化，国画要发展，才把我从卫生辰调到美协，归队画画。赵望云是民主人士，石鲁是革命同志，机遇难得。我到美协工作后，通过学习理论知识，艺术上有了方向，懂得了生活与艺术的关系。""赵望云是西北国画事业发展决定

70年代在汉中的速写

性的人物，他打破传统的形式主义，而面向生活，那时反映农村生活他是带头性的画家。""深入生活，到大自然里。美协强调创作上以西北为主要题材，当时陕南、陕北差不多跑遍了，作为年过半百的人，学得一套模仿技术，现在叫我到生活中去，但是由于自己对现实的激情，因此面对生活并不觉得陌生。当时产生一种强烈美感和激情，忘掉了艰苦的环境。"

四

毛泽东主席1956年8月24日在《人民日报》发表的《和音乐工作者的谈话》中明确指出："中国人还是要以自己的东西"为主"，"应该越搞越中国化，而不是越搞越西洋化。"故而，赵望云、石鲁在贯彻"古为今用、洋为中用"的文艺方针中，并非教条地、机械地，而是理性深挖民族文化的精粹与中国文化的本质，从中国画艺术本体血脉中梳理民族绘画的精华。

也许方济众与石鲁有着来自书香门第家庭的成长经历（这时期，他们两人的家庭成分是地主），故而，他们两个气质骨体里散发出传统文化的诗性素养，因为年龄上相近，因而便具有精神表达上的相同。方济众十分倾慕石鲁那扑面而来的、文人式的艺术浪漫情怀与艺术创作实践上的勇力胆识。特别是石鲁逆向思维意识里时时透析出的对中国画艺术探究的独特与理性思考的深刻，也让方济众深为敬佩。方济众与石鲁一样，有着青春的激情与时代的朝气，老师的生活写生之路，已给予他写生创作的坦怀与自信。他善于思考，以开阔的艺术视角，广泛吸收着民族的、外来的艺术的精华。置身于这个群体中，他自然成为支持老师赵望云与石鲁艺术观念主张的综合体验者和组织践行者。方济众从小练就的人文书法实践的功力，也为他插上艺术诗情写意的翅膀。他做事认真，有很好的文字书写表达能力，平和低调，他研究室里无论是日常事务处理，还是外出写生准备、联系场地、画作装裱装运、文件起草、展览标签序言设计、展厅陈列布置、种种杂事跑腿、会议记录，他都井井有条地做好，毫无怨言。他又是一个性情温和、忠厚朴实、善良真诚的人，故而也常常充当老师与石鲁，以及研究室其他画家之间沟通与协调的传话人。

石鲁作为中国画创作研究室主任，是发挥主导性作用的。石鲁以政治信念忠贞与艺术纯粹的双重品格，充分展示着他独特的洞见和所向披靡的探索精神。他采用了一种近似行政指令式的集体精神性实验性的新笔墨图示性开拓方式，专门制订创作室的阶段研究规划，经常与赵望云及研究室成员的协商讨论，得到了大家的热情支持与充分响应。曾经在协会担任秘书的陈笛咏回忆道："那时的创作研究与理论探讨是异常活跃的，没有吹嘘与奉承，只要是好的、新的创作都是一番鼓励，不成熟的则是三番五次修改，甚至否定了它，也没有人抱怨。""石鲁把创作研究室称为'试验田'，意即用自己的实践，来带动美术事业的发展。"那会大家的情绪非常高涨。方济众作为创研室副主任，心情也大家一样，希望通过几年努力，实现晋京展览的愿望。

五

长安画坛核心人物赵望云从五四运动以来，一直坚守着的中国画创作直面大众、面向平民的艺术生活之路，开启了借古开今、以西润中之外的第三条中国画实践之路。西安美协中国画创作研究室传扬古典国画精神，挖掘民族绘画精髓，探索用传统笔墨，以题材的清新与生活真情，表现新时代新生活，创作出只有独特笔墨气象与鲜明语言图式作品。

"一手伸向传统，一手伸向生活"，虽然这个口号在现在看来并不新颖，但是，研究室把它作为一种学术主张，在当时的形势下却非同小可。创作研究室画家身体力行地贯彻着，比如他们经常有计划地外出写生，写生回来就搞创作；搞了创作就举办展览，展览过程中都要观摩研讨。

当时西安的展览非常多　国画展览经常是在美协大院里。孕育、遴选、酝酿，北京展览其实是系列展览的一个高潮。

如何深入传统，赵望云从40年代就有了明确的认识。石鲁从50年代到西安以后，在中国文人画理论研究中不断感受中国画真谛和传统的光芒。西安美协成立后，身为主席的赵望云，非常重视传统学习环境的布置。大院子里设有资料室、会议室、展览室甚至把狭窄的曲折幽长的通道走廊也利用上，建为露天展廊。民房环境虽然朴素简陋，但尽可能地给每个画家都安排画室。大杂院虽杂，可是创作研究、展览观摩、研讨交流、协会办公、业务开展都兼顾上了。有了资料室、展览室，赵望云和石鲁在协会成立初期特别注意收购古画。那时西安美协的资料室里收藏的中国古典字画在全国美协里边是最多的。

那会，美协及国画创研室在有关创作研究和工作业务方面并不是刻意于教条的工作制度，但是在解放思想、交流读书和业务练习上，他们都是极其认真的，抓得很紧。

协会里收藏的许多古画，不能只是观摩欣赏，更是要临摹。他们在临摹古画时，不自觉地齐步走。不同的好画，大家都先后临摹，临完了挂在展厅里集中观摩汇看。

方济众性情踏实，临摹过程中善于用心琢磨。石鲁更是拿着个放大镜，感受古画里那微妙的笔墨细节。一次石鲁用整幅六尺宣纸临摹宋人的《踏雪寻梅图》，方济众站在跟前看到，石鲁很认真地先用细铅笔起稿，再用放大镜对着印刷作品细部反复推敲。当他把下半部分画完后，对方济众说："笔道粗些好。这么小的画要放到六尺之大，这笔道就要粗些。"

每当何海霞在临摹时，大家都情不自禁地过来观看。赵望云常给大家说，在协会里要论传统根底，论学习传统时间，何海霞是第一。赵望云告诫方济众说："大千先生的得意弟子就是何海霞，你与大家要好好跟着海霞学习传统。"

那会儿研究室里研究风气异常活跃。他们在临摹写生中互相学习，取长补短。何海霞晚年深情地回忆说，因为自新中国成立以来，国画处在从封建文化走向社会主义文化的一个过渡时期，国画演变成为现代国画，要有新的创造、新的探索，尽管还不够成熟，不能够使很多的人去理解，但从根本上，走在了时代行列里，起到了重要的带头作用。这是老同志石鲁、赵望云指导下的成长。他俩在政治上与业务上结合得很好，同时也团结了协会内外的美术工作者，把国画创作向前推进了一大步。

李琦有一篇短文，生动地描述了他去西安时感受到的西安美协的情况："美协西安分会的学术气氛很浓厚，他们钻研传统的劲头很大，除了临摹古画，还设有资料室，玻璃柜中放着许多画册，常有人去翻阅。不久前还从北京借出一些古今名画观摩。他们的展览会很多，除了较大型的展览，还有各画会或几个人合开的展览，最近又有夫妇画展。""他们很注意各方面的修养，什么都钻。书法、诗词、金石什么都谈论，石鲁同志就写了不少诗，有时还请人开一个讲座，自由评论，很活跃。这真是'画外求画'。总之，他们注意基础功夫，面铺得较广。另一方面，他们经常下去，这从绘画工具上也能看出。他们每人都有一套完备的写生工具，自己设计，自己制作，很考究。"（张毅《石鲁画传》，陕西人民美术出版社，第226页）

外出写生对他们而言是常态，赵望云就是他们的引领者与榜样。秦岭山中，终南山下，秦巴盆地；宝成铁路工地火热修路架桥场面、兰新铁路工地热闹劳动场景；陕北高原，黄河岸边那雄浑苍茫的西北大自然景观，到处都有他们写生的足迹。

六

处于大杂院的美协创作研究室的画家，工作、生活、画画与学习，交流与研讨，似乎因同一个时空，他们的工作状态、创作规律与生活节奏变得有些太随性，或者说有些分不清、理不顺了。

院子里的私下交流、晚间聚会，聊得最多的是学术研究、构思创作之类的话题。这大概是艺术家思维空间的最大时空延伸。那真诚、单纯、自然、亲切的气氛，就像一大家子拉家常。正是这样的日常举动，每每让他们沉淀着艺术最真的收获。

方济众清楚地记得，一次，大家都拿了各自的新近画作到展厅观摩。

李梓盛拿过来一张四尺大小的画，他们仔细观摩研讨。轮到石鲁说话的时候，他站起来把画取下来，在手中七折八叠，最后硬是裁成了一幅六开小画。方济众看了后说好，何海霞觉得把一张六尺大画折成小册页有些可惜。石鲁说，这么大的篇幅其实只是说明一点，有的大画只是小画，有的小画其容量是大画。最后石鲁说，就这么样了，这就可以了。这张画后来也印在六老的画集里了。

总之，那会儿经常会有这种情况，会持续到晚上8点、9点、10点、甚至还要晚些。大家一起观摩习作，彼此互相改动是常有的事。研讨气氛相当好。

研究室里，何海霞的传统功底让大家叹服，但他最初走向生活，与大家一起外出写生时，过去跟大千先生学的"画里讨画"的方法就不怎么灵验了。何海霞年龄大，传统深。让他转变传统的艺术观念，实践新的笔墨表现方法，相对于赵望云，甚至比他年轻的方济众，就有些让他作难了。

1958年春天，为了表现革命圣地延安的人文风光，在石鲁带领下，何海霞、方济众等去陕北采风写生。写生回来后，大家围绕延安宝塔山题材，各自画出满意的画。何海霞画了十几幅表现延安题材的画，在一起观摩的时候，大家感觉都不是很满意。何海霞还真是能拿着性子，平和地面对大家的意见。后来采用象征手法，改变了画面构思场景，用很多白杨树为主景，树底下几个牛，云雾弥漫的远处是宝塔山，宝塔山前面是联合大桥。画到最后，大家才觉得好。

1959年冬天，他们再去秦岭，山里下着大雪，阴冷。除了国画研究室，其他研究室里的画家也去了。油画家蔡亮进山还背着一支双筒猎枪。加上石鲁、刘旷、方济众，四人四支双筒猎枪，写生之余，就地打猎解决生活问题。石鲁进山，除了自备一套由他设计的写生画具、德国造望远镜外，随身还背着打气的照明炉子、煤油气炉和简单的碗罐，还带了盐和辣椒面。他们在山里若遇到山鸡，就打下来拔了毛在冰窟窿里洗净，用煤油气炉煮熟，吃完后回来了。

方济众背个大枪，身体好，比他们都年轻，走起路来都在最前面。有一天傍晚方济众打了一个大的东西回来，急急地剥了皮，把肉切成小块，在锅里放些黄豆、盐。最后把米饭往上一盖，焖在一起，煮熟后那味道就像羊肉一样。大家正吃得美呢，老乡找来了，说你把我们的猫打死了。最后给人家赔了点钱。

方济众曾回忆自己与石鲁在延安发生"斑鸠事件"的过程："一个晴朗的下午，我和石鲁同志一起到枣园去，由于闵力生同志患胃下垂病，石鲁到枣园老乡家里买了半麻袋洋芋。据说生洋芋汁喝了之后可以治病。我俩在枣园画了几幅速写后，太阳已经落山了。喜鹊、斑鸠也纷纷归巢，寂静的枣园顿时感到热闹起来，我不禁脱口而出：'好多的斑鸠！'石鲁同志听到后立即问：'你怎么只看到了斑鸠？这里是毛主席和党的许多领导人住了多年的地方，我们为什么不想到十三年中国共产党率领中国人民进行的艰苦卓绝的伟大斗争呢？……'我感到这个'斑鸠事件'肯定又得上生活检讨会，就把在延安所写的六首诗和一首词抄送给石鲁同志，希望得到他的指正，同时也可以解除他在'斑鸠事件'上的误解。"（《方济众手稿》）

石鲁作为红色圣地岁月的亲历者、见证者，延安时期的陶冶沉淀，使他具备了一个革命者的政治素养和革命情感。方济众与石鲁朝夕相处的日子里，一言一行，都时时感受到石鲁身上坚定的革命浪漫主义情怀与革命理想主义精神气息。这也是石鲁经常会以自己带有时代特色的标准来衡量人与事的原因所在。然而，石鲁的可爱之处在于纯真、自然、热情、直率。他坚信革命理想，但在面对协会同志间的人是人非，却不一概而论。"斑鸠事件"几个月后，石鲁说："不能按延安的老同志标准那样来要求新同志（指解放后参加革命的同志），老同志去延安，处处都能引起许多往事的回忆，自己住过的窑洞，走过的小路，都会感到格外亲切，但对没有来过延安的同志，就很难了，需要重新培养这种感情。"（《方济众手稿》）

西安美协中国画创作研究室的画家群，接受着来自时代的、革命的、历史的、地域的文化孕育，"一手伸向传统，一手伸向生活"，一路走过

江村待渡图　68cm×68cm　1987年

来，作品中技术含量、学术含量、审美标准已经跨越了时代局限。

这几年，方济众不断有作品问世。1956年，创作的《秦川一角》参加了全国美展，《青杉河上》参加了西北五省美展。

1957年，方济众应邀为人民大会堂创作了巨幅国画《西岳华山》。

1958年，与老师及石鲁到陕南家乡写生，回来创作了《扬河坝上好风光》

《山居》《秋之夜》等作品；同年7月与美协赴黄河沿案写生，回来创作了《九曲一泻赴龙门》《黄河畔上》《夜读》等大量作品。同年，《夜渡》在《美术》杂志上发表；作品《黄宾虹故居》《呼伦贝尔草原》赴苏联、蒙古等国展出。

1959年，作品《幽林》参加中国首届维也纳国际博览会展，《初冬的山谷》发表于解放军画报封底；创作了《山林秋色》《林海新村》。

自打将母亲接到西安后，方济众与何挺文尽心照料。1959年母亲患病，医院检查为食道癌。这时期，孩子都还小，又都在上学期。只要方济众在家里，母亲的近床卧杌他都亲自照管。家里大人小孩6人，有时生活真的是特别困难，老人孩子都需要加强营养，可是营养品和菜物都缺乏，方济众更要为全家生活到处奔波。有时候即使拿着钱，跑遍周围大小街道也还买不着东西，方济众只好利用周末匆匆跑到长安县去猎捕一些鸽子、斑鸠，或者到农民家高价买点鸡子回来补充家人的营养。这年夏天，母亲食道癌到了晚期，方济众尽了最大努力，也没能挽救老人的生命。方济众后来回忆说，总算在极端困难的情况下，作为最小的儿子，完全在自力更生的情况下，尽到了自己力所能及的义务。

长安画派　名震京华

　　1958年夏，全国整风运动与反右运动基本结束，美协院子气氛稍显平静。

　　1960年9月，以傅抱石为团长、亚明为副团长的"江苏国画写生团"一行13人来到了西安。随团画家有钱松嵒、余彤甫、丁士青、张晋、宋文治、魏紫熙、朱修立等。江苏写生团在西安受到高规格接待，陕西省副省长亲自接见，省府安排他们在西安人民大厦下榻，还安排专车随团赴延安。方济众与石鲁、康师尧、修军、蔡亮及西安美院罗铭、陈光健等人一

石鲁作画的情景

路陪同到铜川、黄陵及延安参观访问，并一起写生8天。9月11日下午，西安美协和江苏国画写生团全体成员在北大街美协院内召开了座谈会，双方畅谈艺术心得，探讨国画革新。江苏写生团在整个两万三千里写生活动中，"西安居留时间最长，看的东西最多，收益最丰富，互补性最强的交流"。方济众认为，"这次两地画家间的密切交流，在新中国成立后尚属首次，为中国美术史上不可忽视的史迹。西安美协画家们视江苏老一辈国画家们为上宾，对这次交流高度重视，创作中也多受江苏老画家们革新的精神启发和促进"。

1961年5月中国美协与江苏美协主办的"山河新貌——江苏国画家写生作品展"在北京展出，受到充分肯定与好评。

一

美协西安分会赴京展览已有明确的规划与具体的实施步骤，除了深入生活、创作、读书、研究，"第一次展览定于1962年元旦在西安举行。展出后，结合生活安排，携带作品进行全国巡回展览"。

1961年3月初，中国美协总会副主席王朝闻与秘书长郁风由四川返京途中，在西安停留了几天。两人由石鲁、方济众陪同专门到户县参观指导农民画。户县是个农民画之乡，那会儿是省美协主抓的典型。由户县回到西安后，他们自然要到西安美协大院观看赵望云、石鲁他们的国画研究室习作展。

展厅里展出的中国画研究室画家的众多作品生活气息浓郁，笔墨清新，意境深邃，引起了王朝闻、郁风的极大兴趣，也让他们为之惊叹："这是标志着新国画崛起的信号。"《方济众手记》记叙："当时习作展展出作品约260件，石鲁约90件，赵望云、何海霞各40件左右，康师尧30件、李梓盛10余件，方济众16开小画约60幅。"

石鲁与王朝闻一起观赏方济众的60幅写生小品时，王朝闻说，黄宾虹的作品能够肯定，济众同志的作品也应该肯定，重要的是在反映我们的现实生活，在用墨、用色、用笔上有新的突破。当时，展厅展出的方济众的60幅作品都是小品，与其他同志的"大气派，大篇幅"相比，方济众显得有些信心不足，还觉得有些寒碜，但没想到得到了王朝闻的积极评价。他为什么要提到黄宾虹先生呢？因为他从方济众作品笔墨上发现了黄宾虹的痕迹。由此，方济众在内心感叹，作为一个大理论家，王朝闻在看画时不仅注意内容，还十分注意风格、形式、技法等方面。

王朝闻和郁风在赞誉的同时，也希望他们能将作品内容加以充实，争取1961年国庆节能在北京展出。这次偶然的机会，是促成晋京习作展提前举办的一个主要因素。

春天，方济众与赵望云、何海霞、李梓盛、康师尧等人沿西万公路深入秦岭，在安康宁陕县火地塘林区写生。每次写生回来后，研究室都要集中汇展、座谈研讨。

7月，方济众、何海霞、康师尧、李梓盛以及张建文、刘旷等在石鲁率领下赴延安写生创作。这次延安写生活动，是听取了王朝闻他们的建议来延安体验生活，写生补充展览新画。他们顺路搭乘八一电影制片厂到延安拍外景的专车；导演与石鲁是战友。专车从西安出发，开到茶房之后，导演心血来潮，代替司机开车。也许想显示自己开车技术的熟练，他将车速加快，不料途中遇到急转弯，车撞在左边的土坡上，差一点把车上的人甩出去。幸而这是一个两边都有很高堆土的夹道，车子没有翻倒，更没有跌下崖去。好在车子没出大毛病，大家下车帮着把车推上路面之后，又安全地前进了。

这次延安之行收获很大，石鲁创作了《种瓜得瓜》《东方欲晓》等具有强烈陕北风味和革命激情的作品，方济众也创作了《延河畔上》《秋冬的山谷》《枣园》《宝塔晨辉》《岩畔》。

赵望云的作品并不多。这年8月，省委统战部安排赵望云赴北京社会主义学院学习。

陕北风光、秦岭林区、黄河两岸、汉水巴山是习作画展的主要题材内容。

方济众1961年11月发表在《陕西日报》上报道"长安画派"的文章

8月上旬，协会及研究室成员对进京的全部作品再进行了认真的精选。石鲁从他的近200幅习作中精选出120幅。赵望云因为人在北京，遂由方济众从研究室留下他的以往习作展览作品里选出了30幅。何海霞、康师尧各选30余幅，李梓盛十几幅，方济众20多幅，共计250幅。由康师尧送往北京，接受美协总会的检阅与审定。

进京筹展工作是由方济众与康师尧具体负责完成的。9月中旬，方济众、康师尧赴北京，住在文化部东四招待所，先期进行画展的筹备事宜。他们每日步行到美术馆具体开展展览工作，他们两个也基本分了工，康师尧布置展览，作品陈列次序是石鲁说的按人排的；方济众做请帖并联系展览媒体《北京日报》《人民日报》等，并通过展览部给《光明日报》《北京晚报》发了消息。到了23日下午预展日期，方济众通过中国美协总会发了近2000份请帖，包括中央各院部委领导，中央及北京市文艺界人员和美协会员；并预留了100份，由省政府驻京办事处代发。

从1961年8月中旬送250多幅作品到北京接受美协总会审阅到展览开幕，历时一个半月。方济众还按照石鲁安排写了展览前言（约200字）。

画展布局按风景、花鸟、人物三大块进行。在西安一直以习作展形式展览，布置展览时作品大多都没有标题。那天华君武他们内部观摩后对方济众说："标题是作品内容的重要组成部分，它会起到'点火'的作用。"华君武的建议是对的，方济众与康师尧随后花了两天时间，给没有题目的作品一一拟定了画名，又认真地做了标签。

一切准备就绪。"美协西安分会国画研究室成员进京习作展"已经是一个完整的展览呈现。

展览筹备期间，赵望云在北京学习，未能实际参与，石鲁也没有参与具体的布展工作，北京美协总会给予了很多具体的指导与建议。

二

1961年10月1日，"西安分会国画研究室习作展"正式开展。没有开幕式。

开展首日，方济众在美术馆出入口摆了张桌子。桌子上，除了笔、墨、纸用于签名之外，还放了一个意见本。展览的第一周，参观者人数稀少，反响平平。

一周以后，石鲁、何海霞、李梓盛来到北京。石鲁邀请美协总会领导及协调北京画界同行，并上门送邀请函，等等，一系列走访工作之后，展览气氛大为改观，首都文化艺术界特别是中国美协、北京美协、北京画院及中央美院领导与画家，美术理论家蔡若虹、华君武、王朝闻、华夏、郁风、李琦、张仃、丁井文、艾中信、邱石冥、叶浅予、吴作人、李苦禅、秦仲文、张正宇等及首都主流媒体先后参观了展览。展览局面顿时改观，反响十分强烈。

展览会展出的六位画家作品的风格有所不同，也都有各自不同的艺术特色。石鲁的《东方欲晓》《南泥湾途中》、赵望云的《深入秦岭》《秋林归牧》、何海霞的《西坡烟雨》《沙河月色》、方济众的《溪柳迎风》《江村雪后》、李梓盛的《延安风景》《漫山水田如镜》，生活气息浓烈，意境清新，富于诗意；康师尧的花卉如《迎春》，很清秀，如描绘西北黄土高原，用色不多，但色感很强，这是创新。在广泛吸收传统的同时，通过生活写生实现了在传统基础上的创新表现。

但展览过程中，观众中也存在反面的情绪批评和消极谩骂。有观众在意见本上署名写道："……这一伙人远没有荆关董巨，近没有八家四王，全是一派野怪乱黑的胡涂乱抹。"指名道姓地批评、攻击石鲁。

方济众后来回忆说："看来北京的守旧派还是很凶的，以石鲁为首的这帮人，简直像毒蛇猛兽窜进了皇帝老爷的御花园，顷刻之间，中国的民族文化就要因此而毁了。实际上这一反面的意见正好从另一面看出了这次展出的威力……石鲁的作品，已经以摧枯拉朽之势，触动了某些人的神经。"（《方济众手稿》）

10月7日，中国美协在美术馆小会议室，举行了约有20人参加的"西安美协中国画研习室习作展座谈会"。中国美协的主要领导蔡若虹、华君武、王朝闻、华夏、郁风、李琦、张仃、丁井文、叶浅予等同志参加了座谈，对展览作了全面的积极评价，肯定它是一次成功的展出。会上蔡若虹、华君武、王朝闻、郁风等同志都作了热情而有见地的发言。《美术》杂志对这次座谈会作了详细的报道。

叶浅予说，听到一些人，特别是中国画家的反映，大家觉得这些作品很新鲜，反映生活有独到之处，很满意，很喜欢。我认为这些同志很大胆，画得很有气魄，将西北的自然环境表现得显著而强烈。

过去的山水用墨皴，他们现在用色皴，用赭石或朱膘皴黄土和勾水纹，这种方法有助于强烈地表现黄土高原和黄河浊流的独特效果……我认为，这样的创造，是丰富了皴法的表现力，它来自生活，也来自传统。有些被人说"野"的地方，也可说是由于有些新技法还不够成熟。石鲁以乱柴皴点杂树野花，给人感受很好，但是乱得还缺少点条理，如果在乱中见出条理，会更耐看些。

郁风评价，我认为这次展出在国画新技法的发展上，可说是一个炸弹，炸开了山，就可开辟新道路。

展览从9月23日预展开始，到10月8日结束。

此次西安美协中国画创作研究室六位画家作品的集体亮相，在首都北京产生了强烈的反响。展出作品整体风格"气魄雄伟"且"充满时代新情新意"，因而很快享誉京华，令中国画坛震撼。《人民日报》以《长安新画》为题刊发了他们的作品并发表了评论文章。《光明日报》《中国青年报》都整版介绍了画展并发表短评，叶浅予、王朝闻等撰文对展览给予了很高评价。

王朝闻先生高度赞誉道："这个展览集中表现了一种新气象，在我国绘画创作中有种看来还不太普遍但却很重要的特色……"他认为"西安在中国画方面的成就很显著"（《新意新情——西安美协中国画研究室习作展座谈会记录》，载《美术》双月刊1961年第6期）。

此次展览的成功促成了"长安画派"。

北京展览期间，西安美协的画家也接到一些省市美协的展览邀请，中国美协总会随后通过协助、联络，并提出意见，希望他们的作品到上海、南京、杭州、广州、江西、广西等地巡回展出，这当然让石鲁、方济众他们欢欣鼓舞。

中国美协遂以总会名义发文并协调展览事宜。

三

1961年11月下旬，巡展工作拉开了序幕。

第一站之前确定到南京展览。但因傅抱石正在扬州作画，不能及时返回，遂将巡回展的第一站改为上海。

石鲁与方济众沟通后决定应邀前往。南巡展览期间的交通、展出等费用由美协负担，食宿则由各自自费。南巡展览按顺序依次是上海、杭州、南昌、武汉。

上海展览开展之后，参观者多，反响平淡，既没有讽刺谩骂，也没有北京那边热情强烈的赞扬。

开展第一天，刘海粟来了，他只是在展厅中匆匆走了一圈，没说一句话，也未留一个字，转身就走出去了。石鲁、何海霞、康师尧、方济众、李梓盛五人在展出期间拜访了上海画院。

随后的展览座谈会在上海画院召开，上海画界及画院老先生邵洛羊、张聿光、程十发、黄幻吾、张充仁、吴永青、顾炳鑫、张雪义、孙克刚、贺天健、钱君匋等参加。会场气氛比较冷淡，报刊上也只是例行新闻报道，没有什么特别反响。

这是"西安分会国画创作研究室习作展"正式开展之后遭遇最冷的一次。

上海展出后，"南巡展"随后于11月初前往杭州。民国时期的"国立艺专"就涌现出一批国画大家，此时更有浙江美院院长潘天寿先生坐镇，浙江的中国画实力确实不俗。展览在杭州南山路222号浙江美院陈列馆举办。

他们住在杭州饭店时，饭店经理叶勃新希望五位画家给饭店画一些布置画，食宿费用一笔免掉。在杭州饭店，他们与上海的贺天健夫妇、钱君匋夫妇和北京的叶浅予、张正宇、朱屺瞻、钱瘦铁等人相遇。

《方济众手记》中回忆："叶先生是早已熟悉的了，由于他和望云老师的关系，我一直视为老师尊敬着，但贺老、钱老还是初遇，他们都是蜚声全国的老画家和篆刻大师，这是我难得的学习机会，有时看他们画画，有时也请他们给我的画指出毛病，确实很有收获。记得有一天我到贺老房里看画，正好墙上挂了他的两幅新作，一幅是严子陵钓台，一幅是富春风帆小景。贺老问我这两幅画什么地方画得好，我仔细比较了两幅画的处理，感到贺老的传统笔墨功夫的形式感和意趣变化方面很熟练，笔力也十分挺健，但从他的画里看不到今天的生活气息和新时代的感情，我就从自己平日感到最难处理的地方指示贺老的画中有两处处理得非常好。贺老一听便特别兴奋起来，告

高原引水图　72cm×49cm　1959年　拟黄宾虹笔意写山林之景　69cm×59cm　1961年

208

诉我说得很对，画山水画，就是这些地方最难'归结'，最难'圆转'。山石作为一个立体，从它的正面转向背面时，这两个侧面是最难画的，贺老说的要能够圆转过去，这既包括笔触结构的参错交接，也涉及浓淡虚实的墨色处理，搞不好，一条死线框下来，必然陷于平板，山石与水含接也最容易接死，这是两种不同的东西，水是液体，沉重而流动，穿山越岭、飞流奔泻、气势磅礴、溪石错陈、迂回婉转、如泣如诉、澄潭净波、鳞波荡漾、光洁晶莹，时而水涌石出，时而石逼水流、于参差掩映之中，笔墨之功始能在此微妙变化之中，极尽其山水之神态与契合。我体会到贺老这个简练的归结，渗透着他艺术实践的重要体会，此后，我就特别着重从'水石关系'上去注意解决问题。"（《方济众手稿》）

方济众还和叶浅予、张正宇互赠作品。二老各选了方济众小画4幅；方济众也从他们的作品中选了叶老的一幅维吾尔族舞女，张老的一幅石头睡猫。杭州饭店经理安排他们访问了新安江和天目溪水电站，游览了桐庐胜境和严子陵钓台。在游览的船上，大家兴致很高，石鲁、钱君匋和方济众凑出一首七绝：

秋风江上拂衣凉（石鲁）
夜游不觉已苍茫（钱君匋）
扁舟一叶归何晚（方济众）
为爱富春明月光（方济众）

画展结束前，11月16日下午，浙江省美协在浙江美院举办了作品观摩座谈会。参加座谈的同行前辈倪贻德、朱恒、王伯敏、叶尚青等在发言中给予不少热情赞扬的话语。

潘天寿因故未出席。方济众他们五个跟随石鲁等五六位西安同人，专门到荷花池头42号（现在的潘天寿纪念馆）潘天寿住处登门求教。潘老当时已看过画展，对他们的作品非常肯定，后在石鲁的再三恳求下，也真诚地谈了看法并提出了中肯的建议。

杭州展结束后，应傅抱石之邀再赴南京展览。1960年傅抱石、亚明等人两万三千里写生活动途经西安时，西安美协石鲁与方济众等人热情接待，建立了友好情谊。西安画家南京之行，傅抱石委托亚明全程负责接待工作。亚明热情邀请他们参观了中山陵、玄武湖之后，又来到了苏州。

在苏州间隙，由石鲁主持西安美协国画研究室成员召开了南巡画展小结会，大家畅谈了一路巡展的体会与感想，对方济众也在会上做了很认真的总结发言。石鲁最后总结时对方济众的意见表示肯定，希望大家像方济众一样，以实事求是的态度进行总结，不能有任何虚荣、浮躁情绪。

苏州总结会后，石鲁去广东新会参加中国美协的年度理事会，方济众受邀参加水墨动画片《牧笛》的背景绘制工作。

1962年春节，西安美协国画研究室习作展返回西安，举办了汇报展出。

关于西安美协中国画南巡系列展，方济众在晚年的回忆录里这样写道：“这是古城西安美术战线的一次创纪录的远征，是震动中国国画界的一次盛行，是对近二十年来中国画发展繁荣带来了深远影响的一次试航！我们被誉为炸开了一条国画新路的原子弹的投掷者。直到今天，国画界人士还在以怀念和景仰的心情，追述着这次巡展所留念给他们美好印象，这是多么难得和值得花费一些笔墨把最好的行迹如实地记录下来啊！写到这里，我也不能不感谢石鲁同志，他给予了我一个极好的学习机会，使我在和全国著名画家的接触中真正的发现了自己。”（《方济众手稿》）

四

1962年，《美术》杂志从第4期“大家谈”栏目开始，针对“西安美协国画创作研究室习作展”观众留言及读者来信等反馈的信息综述，围绕中国画界所面临的传统继承与保守革新等命题，以赵望云、石鲁、何海霞、方济众、康师尧、李梓盛的作品为切入点，从1962年第二期到1963年第六期，持续两年时间，相继刊出18篇论文，在全国范围内展开学术问题大讨论。

在1963年第6期发表了王朝闻的文章《探索再探索——石鲁画集序》，结束了这场讨论。这次大讨论，是1953年"关于国画创作接受遗产问题"讨论之后的又一次大规模的学术论争，在现代绘画史上具有重要的意义。

起初，观众对西安画家的艺术探索毁誉不一，批评"野、怪、乱、黑"者有之，赞扬"独树一帜""异军突起"者亦有之。后来，肯定的意见占了上风。中国美协副主席叶浅予认为，西安画家的山水画表现开辟了又一个新天地。美术界普遍评价展出的作品面貌新颖，具有新鲜的生活气息和强烈的西北风格。

有意思的是1961年10月15日《人民日报》刊登了一则消息：

> 西安美协国画研究室，努力贯彻"百花齐放，推陈出新"的方针，画家们经常到生活里去，在创作实践中，他们重视传统而又破格创新。近年来，他们画了不少意境优美和风格新颖的国画。
>
> 最近，他们在北京举行了一次展览，展出作品150余件，这里选刊的就是其中的一部分。
>
> 刊登作品如下：
>
> 石鲁三幅：《东方欲晓》《芙蓉》《丰收》；
>
> 方济众两幅《山村傍晚》《家在汉水边》；
>
> 李梓盛一幅《逆流过禹门》；
>
> 康师尧一幅《三门峡工地》；
>
> 何海霞两幅《沙河月色》《迎春》。

《人民日报》刊登的西安美协国画研究室画家作品中，唯独没有赵望云的作品。

另外，方济众1984年回忆，老师的作品未能参加南巡画展的主要原因，是他们携画离开北京的前夕，华君武以中国美协名义私下与方济众进行了一次谈话。谈话的主要内容是围绕赵望云的所谓"右派"问题进行的。

北京展览期间，方济众与几个朋友到北京社会主义学院看望了老师赵望云。方济众给赵望云说了展览的一些情况，赵望云很高兴地给方济众说："我的心情很好，不少老朋友常来看望，聚在一起，谈心论艺，学习和讨论建设社会主义的一些理论问题。"赵望云还让方济众看了他最近画的多幅西山一带的小风景画。方济众也将华君武对他的谈话内容转告给赵望云。

　　这次北京展览，赵望云8月已在北京学习，故而他的作品未能全程参与遴选。

　　方济众认为："望云老师在国画创新上代表作是30年代到50年代的作品，是以艺术必须干预生活这一历史使命而劳动的，受过写意山水画和敦煌壁画的影响，在中国画的发展历史上达到了一个高峰，填补了一段艺术必须反映人民生活的一页空白。"不过，由于华君武那次谈话的影响，方济众主动提出南巡展时不再展出赵望云的作品。石鲁勉强同意了方济众的意见。于是在上海、杭州、南京等地的展览，就只有石鲁、何海霞、康师尧、方济众、李梓盛五位画家的作品。

　　现在看来，正是因为赵望云倔强地"以艺术必须干预生活"的历史使命践行艺术创作。几十年来，赵望云始终保持着朴素的家国情怀、平民意识、独立人格；坚守着五四新文化运动"艺术为人生的"人本理念；直面现实，面向生活，遵循着中国画自身艺术规律顽强地进行艺术耕耘创作。他不盲目跟风，不盲从自我，不被动接受，即使在极端的政治环境中，他也能深怀着对中国画本体的自信，并以从容自主的心态去接受、面对。

　　赵望云开创了直面现实、面向人生的艺术之路，开拓了西北中国画新风，奠基、创始了长安画派，在20世纪中国画发展过程中，达到并树立起了现代中国画领域的一个艺术高峰。

　　对于石鲁，这个来自延安圣地的文艺战士，五六十年始终坚守着阶级的、政治的艺术观念，艺术创作中充满革命的浪漫主义创作激情与社会主义现实主义精神情怀。作为西安美协中国画创作研究室晋京习作展与巡回展的具体实施者、长安画派的旗帜引领者，在"文革"期间却一直处于残酷的、政治斗争中，身心遭遇了极大的摧残。

深入秦岭（赵望云）　　167cm×87cm　　1958年

大约到了"文革"后期，石鲁骨子里倔强逆反的性格，驱使其人格主体精神复归导向于传统的人文君子情怀，作品再现文人品节古典式的"诗、书、画、印"基调，梅、兰、竹、石题材成了他晚年创作的主要精神寄托。"一种对当时现实看不惯的力量，追求真、善、美的力量"驱使着他"在感触冲动中一道都来……我画完了，什么也不怕了，你抓多少，我再画多少，无所顾忌，不计后果……过去的画，受命的有，遵命的有。现在我不管那些了。总是要抒发自己的感情吧"。（《石鲁艺术文集》，陕西人民美术出版社2003年版）

长安画派诞生于近代艰生、荒凉之西部陕西，古长安虽有昔时十三朝古都之辉煌，然而随后近千年艺术领地却是一片沉寂。长安画派的诞生，把陕西近千年的艺术衰落与默默无闻再次唱响，由此也真正地掀开并续写了中国绘画传统古典形态向现代样式转型的新篇章。而这个"以西安画家群体为核心力量，以大西北为艺术创造的基地，奠基于四十年代，成型于五十年代，成熟于六十年代"（"长安画派精品暨藏全国著名画家作品展"前言）的长安画派，其奠基者并创始者之核心人物便是赵望云，旗帜引领者是石鲁。

美术评论家王鲁湘曾在《精神家园的慷慨浩歌——赵望云简论》中这样评价："长安画派并不是一个20世纪50年代破空而出的东西，它的生命胚胎早在20世纪40年代就已形成雏形。准确理解'长安画派'，理应作时间和空间上的延伸。这种延伸，有助于对赵望云的客观、公正的评价。"

长安画派的产生，是在当时新的国家体制内力激活状态下、伴随着新生政权意识形态变革时期，由强大的外力磁场作用引发艺术机体内源发酵而催生出的一个新流派；是个体意识自觉地融入群体意识并依靠集体智慧精神驱使实现其个体精神动力所寄寓的社会理想之外化结果，因而艺术家的个体风格是隐性的并处于从属地位。也即是说，长安画派于当时形势支配下，注重开掘时代生活之客体特质，在笔墨趣味上强调服务于客体、服务于内容，强调功能对形式的决定性，因而不自然地忽视了艺术之本体、艺术家之主体精神。诚如王宁宇先生所言："面临革新探索中为解决共同面对的难点协力摸索，他们主要出于石鲁的主张甚至搞过些'齐步走'式的补习和实验作业。这些当然具有为战役性的突破而肃整队伍作集体冲锋的意味——这也就相应地造成六十年代初长安画派集体风貌比较强烈鲜明而个人风格相对受抑制的情形。"（王宁宇：《论长安画派》，《长安中国画坛论集·上卷》，陕西人民美术出版社1997年版）

但长安画派"一手伸向传统，一手伸向生活"的艺术主张，以及站在艺术革新前列的超前逆向取值意识和探寻"野、怪、乱、黑"生辣独标风骨的胆识，却永远地给后来者以跨越时空的有益启示。

长安画派于当代中国画坛的贡献无疑是巨大的。由此当代长安画坛，成为与京津、海上和金陵并举的中国画坛之重镇。

长安画派这个新的形态一经产生便激荡出生机勃勃的激情与活力。长安画派诞生的意义在于，其一，使沉寂近千年的、具有十三朝古都历史的故都长安再次迎来了艺术的辉煌，使汉唐艺术博大沉厚、雄浑朴茂之风借此得以延续；其二，在大西北开创了具有划时代历史意义的中国画坛图新求变新格局，开拓了中国绘画由传统走向现代转型的新形态；其三，造就出反映大西北精神与气派的独特的地域的文化的审美的新的绘画语汇体系；其四，诞生了赵望云、石鲁、方济众、何海霞等领标当代的艺术家。

方济众是幸运的，当他有幸成为赵望云弟子那时刻起，命运注定了其艺术血缘历史机遇与人生历程都将与长安画坛发生千丝万缕的关系。而伴随着长安画派这面旗帜在中国美术界高高举起，也奠定了方济众在陕西画坛的显著地位。

伊敏河畔　80cm×70cm　1981年

最初的道路　92cm×58cm　1953年

大师会聚　时代春风

一

　　1974年2月，"四人帮"在全国上下掀起了"批黑画"事件。全国许多画家被卷入其中，陕西的赵望云、石鲁、方济众、何海霞等也一同遭受批判。

　　1976年毛泽东逝世后，党和国家决定修建永久性的纪念建筑"毛主席纪念堂"。为此成立了一个纪念堂工程美工组，由华君武担任组长，出面邀请一批老画家为修建中的纪念堂作画。

　　方济众也在被邀请之列。

　　1977年4月初，受邀画家先到北京集中。方济众与李可染等大家会聚，老朋友许久未见面，互诉衷肠，分外激动。

　　1962年长安画派巡回展结束后，方济众应邀赴上海电影制片厂担任动画片《牧笛》的背景设计，李可染在这个动画片中担任人物造型设计。他们两个人在那次合作中建立了深厚的友谊。在绘制背景时，方济众与李可染尝试着第一次把传统的水墨绘画融入现代的传媒动漫艺术中，实现了作为文化载体的两种艺术语言的转化。这个动画片制作出来后在全国放映产生了很大反响，还获得丹麦安徒生童话片国际金质奖。

　　受邀的这些画家其时或者正遭受极左迫害，或者被下放，以此情景相聚在一起，他们怀着对领袖的无限深情，都希望创作出最好的作品寄托对

220

主席的哀思。也是在这时候，井冈山也要修建井冈山纪念馆，馆内也需要创作表现革命摇篮井冈山的国画。在这种情况下，这一批老画家就到了江西井冈山和安徽黄山进行采风写生，同去的画家还有陆俨少等。

位于江西省西南部的"中国革命摇篮"井冈山，地处湘赣两省交界的罗霄山脉中段，山高水险，地势险要，森林茂密，古有"郴衡湘赣之交，千里罗霄之腹"之称。方济众在井冈山革命根据地画了《荼山风情》《芜湖铁山宾馆——毛主席巡视江南住过的地方》《水库工地写生》《屯溪大桥一角》等一批写生作品。

李可染、陆俨少、方济众等画家写生回来，创作了一批楼堂馆所的陈列画。国家领导人李先念、叶剑英、谷牧等过来观看。座谈交流时，几位国家领导人感叹：能把这样一批代表国内当时中国画最高水平的、还在"牛棚"或者被下放的老画家集中起来创作不容易。于是，最早解放出来的华君武等人，出于抢救文化遗产、保护老艺术家的目的，借此向文化部建议，希望把那些被打倒或关到"牛棚"十多年的老艺术家以文化部中国画创作组的名义从全国各地集中到北京进行中国画创作。

二

中央领导委托华君武作为纪念堂工程美工组组长筹备一个中国画创作组。华君武当时在文化部艺术局美术处担任处长。

这年底，根据新的形势变化，中国驻外领使馆、国家机关办公场所急需布置一批能代表中国文化艺术特色的国画作品美化室内环境。

1977年冬季，方济众坐上了北上的列车赴北京作画。这次是应外交部之邀，给外交部驻外使馆创作布置画。

依照外交部指令，邀请方济众、李可染、吴作人、陆俨少、唐云、黄永玉等画家奉命借调赴京，在东交民巷台基厂一座院落里作画3个多月。

这样一个大型的高规格活动，预示着美术界的寒冷冬天即将过去，艺术春天已经到来。从全国各地汇集到这里的老画家有李可染、陆俨少、谢稚柳、唐云、陈佩秋、吴作人，黄永玉、陈大羽等。方济众先到了北京后，还专门到火车站去接了从上海来的陆俨少一行人员。劫后余生，大家欢聚一堂，似乎只有尽情作画，才能释放心中压抑了许多年的郁闷。老画家个个以极大的热情，方济众更是尽情用笔挥洒；胸中的冰雪如春融化，创作激流汹涌澎湃；富有音乐节奏般的书写韵律，墨与色的融动交织，笔的线条畅想流动，让其他画家惊叹不已。方济众在这里连续创作了十几幅丈二匹大画。画面清新自然，笔墨精彩纷呈，线彩自由流动，生活意味尽显其中。现今流传在世的《黄山颂》《昆仑颂》等都是创作于那时的代表作。与大家一起创作过程中，方济众随时留意磋磨前辈画家笔墨表现方法，虚心讨教，相互切磋，一起探讨，真诚交流。他充分利用这次难得的机会，深切感受，多种积蓄，不断吸收，以此充实、丰富他的艺术学养。

方济众他们在台基厂路3号画了一个月，完成了外交部布置的创作任务。而后又为北京饭店作画。

安排他们在这个台基厂路3号挺有意思。这里的房舍，几乎都是西式豪华建筑。说起这个地方，还有很深的历史渊源。明成祖朱棣定都北京的时候要修建紫禁城，就在北京城内城外建了许多加工宫殿基座石料原材料加工厂。紫禁城建造完成，工厂没有了，但是，因为这里曾经是加工宫殿基

222

1977年外交部作画期间与李可染、谢稚柳等人合影

1977年与陆俨少合影

座的地方，老百姓就以"台基厂"一直称呼下去。北京城类似的地名还有"琉璃厂""神木厂""大木厂"等。

清代时候，台基厂一条街就汇集了廉亲王府、裕亲王府以及安郡王府等诸多王府宅院。至清末，八国联军攻破京城，1901年清政府被迫签订了《辛丑条约》，随后台基厂和东交民巷一起，沦为列强的使馆、兵营、跑马场。当时法国除扩大使馆用地外，还在台基厂三条胡同路的北边民宅废址处修建了兵营。现在的台基厂大街北起东长安街，南至前门东大街，与名气极盛的东交民巷相交。抚摸着冰凉的建筑墙面，依稀透出的阴森的气息，方济众仿佛感受到了列强横行、耀武扬威的情景。

当时在陕西日报社担任编辑的叶坚借着看展览的机会来到北京，他私下还肩负着一个任务。叶坚下了火车后就直奔方济众那里，要与方济众商量替石鲁申诉平反的事。如何联系中央组织部、宣传部？找什么样的人联系并协调？"文革"寒潮还未消散的首都，文艺界还处于萧散状态，做这个事还不能公开进行。

与方济众碰头之后，叶坚拜见了文化部国画创研组组长华君武，专门给华君武讲了石鲁的身体近况，并听取了华君武给石鲁平反的意见。随后华君武让司机用车把叶坚送到了方济众那里。一起吃饭的时候，方济众席间介绍大家互相认识。看着对面坐着一个长长白头发、面容慈祥、脖子上围着一个围巾的老人，叶坚有点奇怪，感觉模样像一个老太太，悄声问："老方，你怎么跟一个老太太在一起？"方济众笑着悄悄说："他是陆俨少，那是男的，老汉。"方济众说，陆俨少先生从上海到北京，他们去车站接时，看着一行人从车站走过来，老远也觉得奇怪，明明说的接陆俨少先生，怎么来了个老太太？

　　还有一个故事。一次，西安的江文湛去北京出差，顺便也去台基厂路3号看望方济众。当时西安画界流行一种年轻人用羽毛制作毛笔的现象，江文湛也让做了几支；笔的锋很长，蘸着墨以后笔挺不起来就耷拉着。江文湛特意带了一支，见面后给了方济众，说："方老，你看这个笔怎么样？"方济众顺手，拽过来一张小纸，拿笔在画案上甩甩拉拉地画着。画着画着陆俨少就走过来，方济众笑着说："陆老，你来看文湛这个现代武器。"陆老感觉这笔稀奇，也想试试。于是他俩用一张小纸开始画，画的是八角叶，一个小土坡，最后添上一只鸟。画画完了，陆俨少题款之后就把画给了江文湛。江文湛手里拿着两位国画大家用自己赠送的笔画的画，内心高兴极了。

　　在北京出差的间隙，江文湛总是忍不住到台基厂那里转转。是呀，这里汇聚的许多画家都是自己一直很敬仰的中国画大家，他们能在一起激情洋溢地搞创作，是多么好的学习机会呀。老画家们各自在专心致志地画画，江文湛就转着不停地看着。间隙间，方济众停下笔，突然拿出一份报纸说："文湛，你看看。"方济众手指着报纸上面的一条新闻，原来是文化部恢复研究生招生之类的消息。

　　1978年，从大学到研究生都在恢复招生。当时规定，研究生招生年龄限制在35岁，但江文湛那个时候已经过了35岁，快40岁了。报纸上文化部的研究生通知消息写道，因为"文革"许多年没有招生，积压了一批人才，他们的年龄都已超过。国家考虑实际情况，就把报考年龄放宽到40岁。方济众说："文湛，你看看，机会来了吧。"江文湛一看非常高兴，告别了方老，拿着报纸就急匆匆地回到了西安。回来以后就按要求，通过所在单位西安特艺厂写了介绍信，到招办去领准考证。谁料领了准考证以后，单位上级工艺公司领导怕这样一来，公司下边人才流失，就说你们在职的不管什么原因都不能考研。急坏了他们，赶忙拿着准考证到招办咨询，招办说你们别理他，准备好了就考。这样江文湛和马云、杨国杰，几

224

个人利用业余时间复习功课，最后他们都考上了西安美院的研究生班。

方济众与陆俨少他们完成了外交部布置的创作任务后，一部分画家回去了。方济众本来打算离开北京，这时候接到了时任文化部艺术局处长华君武打来的电话。电话里华君武很激动，"你就别回去了，先安心住下。还有一项重要的任务需要你们去做……"

1977年，一首欢快流畅悦耳的歌曲唱遍大江南北，歌的开始两句是"打倒四人帮，人民喜洋洋"。这一年，中国美术界也有一件"喜洋洋"的大事，就是国务院与文化部正式成立中国画创作组。漫画家华君武任组长，黄胄、丁井文任副组长。创作筹备组最先设在友谊宾馆。黄胄态度很明确，他认为，中国文化要延续，中国画是非常值得研究的优秀传统文化之一，应当得到发扬；应当应把"文革"造成的文化断层弥补起来。首先要做的，就是尽快要把全国各地的那些还在受批判、正在遭受迫害或者下放、闲置的优秀画家集结起来，以国家名义和手段为画家们创造一个良好的创作条件。

三

1977年12月12日这天，北京友谊宾馆，国务院与文化部正式批准成立中国画创作组。

黄胄在1977年4月间为轻工业部大礼堂作《库尔班·吐鲁木大叔》（即《日夜想念毛主席》）后，脊椎综合征急性发作，导致四肢轻瘫，手指麻木，无奈只好住院接受治疗。平时就住在北京友谊医院，前后断断续续住院两年零八个月。

1978年在现代中国历史上是很重要的一年。"文化大革命"刚结束，人们刚刚从动荡的岁月中走出来，改革开放正在酝酿的阶段。大家有很多明白的、不明白的问题都在酝酿当中。这个时候对全国美术界来讲，犹如冬天寒流刚过，初春伊始，一股春风扑面而来，万物刚刚开始萌芽。但以前旧的、习惯的东西还存在，严冬的余寒还有。

第一届院委李可染、刘海粟、陆俨少、方济众等在中国画研究院建设工地

中国画创作组的设立，是中国国画界复兴的开始、繁荣的准备。如今，风停雨霁，国家进入改革开放新时期。以国家名义邀请这些名画家汇聚一堂，来头大，档次高。受邀来创作组的画家，经费包干，任务完成后，还要各回各单位。

当时这个以国家名义设立的中国画创作组，有些类似清代的"征调供奉"。其时"文革"刚结束，中国画坛的宿将遗老、名师大家还多在世，许多老画家还在遭受诘难，人身还不自由。

邀请这些人过来，对这些画家而言，其释放出来的意义，更多的是一种身份象征与政治荣誉。等于说是政治上为他们进行了平反，他们的艺术水平和社会价值得到了确认，创作获得了自由。大家都有一种拨开云雾见青天、被解放的兴奋感觉，恰若一度陷入绝境、筋疲力尽的跋涉者，终于看到了明媚的阳光，一股新的力量正在积蓄和升腾。

226

国务院与文化部这个举动，标志着中国美术界领域中国画艺术全面复兴。

之前方济众在台基厂路3号作画，另外还有几拨画家被安排在北京饭店以及东城区正义路4号等处作画。到了中国画创作组后，由于住地分散，不便管理，便统一集中到了友谊宾馆。

被邀请到国画创作组的很多人都是中国当代名家。方济众是华君武亲自叫去的，算是里面一个重要的骨干。

这应该是第一批国画创作组的画家。本来受邀借调的第一批陕西画家中，石鲁作为国画创作组顾问身份名义是要借调的。

但是陕西省关于石鲁最后的政治结论还没有出来。石鲁精神再次受到了刺激，1977年元月第三次住进了医院。许多关心石鲁的战友、同事、朋友与学生都在多方奔走、呼吁。有关石鲁冤案的申诉材料已经转到了文化部部长黄镇的办公桌上。1978年元月，文化部很快派了专人赴西安调查石鲁在"文革"中受迫害情况，又从司法部请了一个人来给石鲁恢复名誉。早春二月，乍暖还寒。有关部门依然设置障碍，极力阻止给石鲁平反。

在这种情况下，方济众先到了北京。东城区台基厂大街3号的北京市委院内，方济众与陆俨少被安排住在同一个房子。

那时，这个中国画创作组是国务院文化部专门设立的创作班子，任务特殊，对外不公开。画家们集中创作的很多画还有一个鲜为人知的用途，就是为国家换取宝贵的外汇。当任务布置下来，所有画家都不讲任何条件。也给些稿酬，但是给得很低，李可染那时一方尺按15块钱给。

友谊宾馆门庭清幽，院内花不扶疏。清代末期，从北京西直门到颐和园有一条古道叫西颐公路，这条路是清代帝后"避喧听政"必走的御道。沿途路上，古柳垂荫，西山在望，清幽寂静，美不胜收。

20世纪50年代初，国家为了方便招待苏联专家，便在这条古道旁边建造了这个著名的北京友谊宾馆。宾馆建筑外围采用大屋顶中国传统形式，美轮美奂，在萧疏的郊原上格外醒目。西颐路上的友谊宾馆，在30多年前，是当时京城里最豪华的宾馆之一。宾馆对内称"国务院西郊招待所"。

70年代末，宾馆周边还是一派郊野风光，友谊宾馆是西郊海淀一带最宏伟的建筑。经常出入宾馆大门来创作组的画家，多是耳熟能详的大师级人物。文化部设立这个国画创作组的这个举动简直是中国美术界里的一声春雷。全国上百位的知名画家集聚一堂，堪称我国历史上，从没有过的国画家创作阵营队伍的大交流、大检阅。

首都北京著名的友谊宾馆南工字楼，俨然成了一处临时的艺术殿堂。北京城里的许多书画家听到了这个宾馆汇集了来自全国各地的著名画家的消息后，心情振奋，似乎闻到了文艺界春风扑面的温暖气息。一时间，中央美院师生，市内画家、爱好者私下通过不同方式与渠道，都想过来观看老画家画画。躬逢其盛，神情一往。

青年画家邓林，因为身份特殊，自然来去条件最优越，几乎每个周末都要过来。环绕友谊宾馆南工字楼的一个走廊都是画家的工作室。邓林每次都是看完了这个画家作画，又兴奋地从这个房子串到那个屋子，她喜欢看画家作画，看着心里也琢磨着。有时候走到一个房子，老先生们已经不画了，她就陪他们聊天。邓林感觉许多画家全身都是艺术范儿。大家喜欢唱戏，方济众也喜欢拉京胡。画画闲歇之余，免不了听着京剧，也兴致勃勃地悠然拉起了京胡。来自各地的老画家长久的压抑在这里得到了释放，心情是多么舒畅。

经历了"文革"的劫难，置身于这样的环境里，获得新生的画家们爆发出了前所未有的创作激情，大家好像要把十年流逝的光阴全部弥补回来。

此时的方济众，体会到作为一名艺术家，一名民族文化艺术工作者的豪情，感受到了作为一名中国画画家的文化价值。

与方济众前后被邀请的有李可染、刘海粟、朱屺瞻、叶浅予、吴作人、关良、蒋兆和、谢稚柳、陆俨少、亚明、黄永玉、黎雄才、李苦禅、吴冠中、何海霞、关山月、程十发、宋文治、王雪涛、梁树年等名家大师，可谓盛极一时。

如今，在"文革"中被批得灰头土脸的老画家们，又被国家尊为国宝，请入殿堂，心情是何等舒畅愉快呀！他们创作的作品会被悬挂在中南

春风杨柳万千条　　78cm×45cm　　1981年

海、人民大会堂、国宾馆、中国驻外使馆等，还作为国礼赠送给外国元首。"春光如梦忽如烟"，可谓此一时，彼一时也。

黄胄已是中国画界威望与影响力巨大的人物。方济众也因自己的成就及长安画派名震四方了，"文革"被下放到家乡汉中八年多，虽然远离大都市，但他的处境相比老师赵望云及黄胄要好得多。家乡自然风情滋润了他，秦巴天然屏障也保护了他。此时期，方济众笔下生发出来的画韵，已无昔日之霸气，质朴自然、清丽明快，他的作品语言已经转化为一种充满机趣、灵性的新山水画风。方济众由此完成了生活与艺术的自然融合，人格与画格已浑然一体。彰显出的更是一种自信与从容。他的新作品画风得到中国画界的充分赞誉。

四

文化部设立这个中国画创作组还有一层意义，就是千方百计地给这些被邀请过来的、还在遭受劫难的画家平反，落实政策、恢复名誉。创作组的领导在当时虽然顶着很大的阻力，但华君武、黄胄、叶浅予他们在为画家落实政策方面态度与行动非常坚决。

石鲁就是创作组受文化部王镇部长委托，冒着很大风险抢救的。文化部指派工作组在西安工作十余天，对石鲁在"文革"中深受迫害仍未得到解脱的情况已经了解清楚，两人很快回京述命。1978年1月21日起草了《关于石鲁同志问题的调查报告》呈送华君武，华君武1月24日批了"很清楚"三个字，嘱"誊写上报"。1978年2月，病重中的石鲁被担架抬着护送到西安火车站到北京治病。石鲁到北京后，他和家属被安排住进了友谊宾馆。当时还有陕西过来的两个人跟着，说是护送，其实有些"看押"的意思，这两人告诉石鲁"只许到北京治病，不许乱说乱动"。故而石鲁到北京与这些借调到创作组的画家还不是一回事儿。

经诊断，石鲁患有严重的肺病，住进了通县结核病医院。在大家眼里，实际上是抢救了中国画界一个划时代的人物。

在这样的高手如云、群雄并举的创作环境里，方济众的笔下释放出的清丽多彩墨韵，让大家感觉很神奇。看他画画，一笔下去，开始什么都不是，画着画着形象就出来了。他笔下有两个特点，一是快。自然自在地挥洒着，写意自如，那状态如同书写一幅行草书法。二是能力强。作画几笔就画出来了。陆俨少他们看方济众作画气息，有些说是像印象派，有些又说像表现主义。不管他怎么画，画什么，下笔都充满写意趣味，画面都充满生机活力。方济众也吸收了石鲁的拖泥带水笔法，自由随意的运笔状态下，把笔锋、笔肚的运用发挥到了一个极限。方济众笔下充满了性灵活力，自由表达是他的最大所长。

1978年3月，法国19世纪农村风景画展览在中国美术馆展出。这是"文革"结束后首个国外大型展览，全国画画的都跑到北京看这个展了。

方济众的师弟赵振川和徐庶之也赶到北京看画展。

看完展览后，两人就到友谊宾馆见了方济众。方济众告诉他们，大师兄黄胄正在住院。随后，他们两个人一起跑到友谊医院。

黄胄那会病情已向好转。

两人走进病房时看见黄胄已经能慢慢地走动，身体基本已经恢复正常。师兄弟见面，分外高兴。黄胄是一个特别重感情的人，看着师弟振川，仿佛感觉是老师赵望云来到了面前。他问着老师不幸离世时的情景，内心充满了伤感，也为未在老师去世前再见一面而感到非常内疚，说着说着眼圈都红了。振川看着师兄黄胄此时的表情，想着师兄还在住院，赶忙把话题引到了友谊宾馆的中国画创作组。是呀，赵振川心里也感叹，若父亲还在，一定会在这样的场合与过去的同道老友欢聚一堂的。

那时候，"四人帮"刚粉碎，虽然极左风潮还残留，但毕竟春暖寒消的微风已在温暖着大地了。可是，赵望云却没能等到这一天的来临。赵振川是把黄胄视为亲兄一般的。同门师兄弟中，黄胄最大。父亲已不在了，长兄为父呀！黄胄此刻看着师弟递给他的最近的画作，心里暗暗想，一定要给他创造条件，让师弟把老师的艺术之路传续下去。

方济众他们这一批画家在友谊宾馆一直画到了4月底。当他们在创作时，国家领导人、国务院领导同志会时常过来慰问看望。

时任文化部部长黄镇，早年也学过画，先后入上海美术专科学校、上海新华艺术大学；还曾当过美术教员，并且画得也不错，红军长征路上他画了一些鼓舞斗志的漫画。国务院副总理谷牧，不但喜欢画，还喜欢收藏并对收藏有研究。方毅副总理字写得好，每当他过来看望大家，画家们送他画，他便会当场写一幅书法回赠。总后的李真政委平时去得最多。李真政委特别喜欢画，也收藏了不少。方毅、谷牧等国家领导人对创作组很关心，也从不同角度提供了很多帮助。李先念总理也非常关心创作组，第一

春满校园　　68cm×68cm　　1978年

届中国画创作组汇报展的最后一天晚上，李先念还去了美术馆观看展览；陪同他看展览的还有耿飚。

　　方济众与陆俨少等一些从外地来京的画家，除愉快地创作工作之外，创作组还安排了他们去故宫、上长城、参观十三陵地下宫殿，遍览北京的名胜古迹。北京书画界的同行也经常过来与他们认识，切磋交流画艺。

五

　　1978年5月初，北京的天空已逐渐进入炙热的夏天。方济众与陆俨少等先生，在这个艺术圣殿里度过了紧张又愉快的创作交流时光。他们每个人都给国家创作了几十幅大大小小的中国画精品。

这天，当他们临走与大家依依不舍告别的时候，创研组给了他们每个人一些润笔费。当华君武把600块钱给站在方济众身边的陆俨少的时候，老先生眼里一热竟然流出了泪花，可就是不敢收。陆俨少头上此刻还戴着一顶地主的帽子，从被迫害到被邀请来这里画画，临别还给一笔稿费，方济众、陆俨少感慨万千，真是天壤之别呀。

看来文艺的春天确实已经来到了。

当时许多在"文革"期间有所谓"历史遗留问题"的画家，受邀借调到创作组完成任务后再回到原单位，其政治待遇与所谓的"遗留问题"都很快得到了解决。过去在单位受排挤被人瞧不起的，这时候也被另眼相看了。能被国务院文化部邀请并借调到中国画创作组的画家，意味着是国家级人才。当时陕西受邀的还有当年靠边站的何海霞、康师尧、刘文西、王子武等，回来以后很快都恢复了职务，得到了重视。

这年夏天，黄胄带病在医院为国家领导人访问南斯拉夫创作国礼作品《松鹰图》。为邓小平访问日本创作《百驴图》，作为国礼赠给裕仁天皇。

1979年初，师弟赵振川作为青年画家被邀请来到藻鉴堂作画。

三师弟徐庶之前被邀请来这里作画已经有一阵子了。中国画创研组主要创作中心这时已经移到颐和园的藻鉴堂了。

华君武、黄胄与叶浅予他们出于提携培养年轻画家、延续传承传统的中国画的动机目的，遂在全国范围内邀请并借调了一批有实力有潜力的青年画家，如王明明、崔如琢等，走进颐和园中的藻鉴堂边学习边作画。

这时候的藻鉴堂，黄胄已在其中发挥并充分施展出了他独有的"社会活动家"的组织与协调能力。黄胄以他善于交际的天性，成为这个中国画创作组日常工作的实际组织者。他热情豪爽，做事大气仗义，为人诚挚，又在京华具有巨大威望与影响，此时在中国画创研组已经有了充足的话语权。

藻鉴堂在黄胄的协调组织下可谓风生水起、名声大震。文化部部长黄镇说黄胄是一个能力强、肯办实事的人。

卷三 ■ 不辱使命 薪火传续 方济众与长安画坛

233

文化部已经在设想着，要把中国画创作组职能提升为国家级的创作研究机构——中国画研究院。

方济众因为在"文革"期间没有参与任何派系斗争，又因为其艺术成就及人品，华君武、叶浅予及师兄黄胄就有意想通过文化部把他调到国画创作组参与中国画研究院筹办工作。

方济众专门到北京去了一趟。这时候的中国画创作组所在地藻鉴堂的创作环境，与之前台基厂路3号及友谊宾馆相比已有较大的不同了。藻鉴堂在北京颐和园昆明湖中的一个岛上，四周环水，连接藻鉴堂与外界及颐和园内其他地方的唯一通道，是一条长堤。岛内建筑始建于清乾隆时期，是清漪园时期重要的景点。藻鉴堂与昆明湖上的冶镜阁、南湖岛鼎足而三，象征神话中的蓬莱、方丈、瀛洲三座仙山。乾隆皇帝有"昆明湖泛舟至藻鉴堂"诗："视事馀清暇，昆明一泛舟。棹穿锦绣浦，堂据凤麟洲。到此暑何有，于焉兴每留。"但乾隆时期的藻鉴堂老建筑早已毁于英法联军之役。启先生不久前也曾应创作组之邀来藻鉴堂小住了几日，有感于藻鉴堂历史变迁与静雅幽深的人文环境，作了一组《藻鉴堂即事十二首》。在诗前序文简要介绍了藻鉴堂的历史："颐和园西南角有藻鉴堂，前有石凿方池，殆堂所由名也。堂构已拆，改建小楼，妖姬曾居之，蹄远可辨。今改招待所。一九七九年酷暑，余借寓数日，苦蚊不寐，口占短咏。"序文中所谓"石凿方池"，所指乾隆时期藻鉴堂的遗迹。文中"妖姬"者，直指江青。而"蹄远可辨"四字，是指江青居住过的地方。江青被捕那年的夏天，曾到藻鉴堂避暑疗养（见《启功韵语》）。新中国成立后，藻鉴堂一直是化外之地，从不对游人开放。实际上，当时画家们所在的这个藻鉴堂，是岛内的一栋古旧的二层楼，外围大屋顶式的古老建筑，灰砖壁瓦掩映于古柏苍松之中。湖水中间的岛屿建筑，绿水环绕，微波漾漾，在碧蓝天空映衬下显得十分安静。建筑内有许多房间，每室配有餐厅及日常办公生活设施。客房比较宽大，内部配有床、卫生间、浴室等。岛上植被茂盛，绿树成荫，名花异草，园林盆景，梅兰竹菊争奇斗艳。特别是春季，湖上云雾朦胧，恍如琼瑶仙境。岛中藻鉴堂与万寿山一湖之隔，从远处相

藻鉴堂主楼风貌

望，一处风景优美的湖山庄园美境。确实是一处休闲静养之地。

方济众在藻鉴堂待了大约一个星期后就回到了西安。据师弟赵振川回忆，师兄私下给他说，若他答应华君武他们，先借调到藻鉴堂中国画创作组参与中国画研究院成立之前的筹备工作，研究院成立之日，那给他的身份与师兄黄胄一样，是中国画研究院副院长。

六

"文革"年代，黄胄参与荣宝斋的一个"画家之家"，经常邀请各地书画家相聚一起笔会雅集，也帮荣宝斋搞些外销画件。邓拓是党内少见的具有文人气质的高级干部，喜爱书画文物鉴藏，交游广泛。邓拓和黄胄趣味相投，互相欣赏，自然亦非泛泛之交。邓拓社会兼职中华全国新闻工作者协会主席；1960年兼任华北局书记处候补书记，并主编《前线》杂志。1961年3月，他与吴晗、廖沫沙合写杂文《三家村札记》，撰写过大量社论、杂文，具有较高的思想性和艺术性。"文革"开始便惨遭劫难，与吴晗、廖沫沙一起被诬为"三家村"成员；1966年5月18日含冤而死。1966年7月28日，《解放军报》以醒目的通栏标题，发表了《彻底揭露"三家村"

黑画家黄胄的反革命嘴脸》一文；随后中央人民广播电台摘要广播了文章内容，《人民日报》也转发了这篇文章。黄胄成了全国美术界第一个被公开点名批判的画家，首先被揪出批斗。

黄胄一生与新疆结缘。

1948年，赵望云携弟子黄胄第三次西北旅行，先后在青海等地，以祁连山和那里的少数民族生活为写生题材创作了许多作品。兰州举办展览后，经张治中协助，第一次进入新疆旅行写生。也就是这次新疆写生之行，奠定了黄胄以丝绸之路沿线为主要表现题材的中国当代人物画的革新之路。可以说，以后的丝绸之路风情、新疆题材创作伴随了黄胄的一生。

50年代中期，黄胄调到北京以后，便以鲜明独特的新疆风情人物画在首都产生了巨大的影响。

黄胄是20世纪中后期影响最大的大师级画家之一，现代中国绘画史的重要开拓者，其中国人物画在现代中国人物画发展史上具有里程碑作用。60年代邓拓先生曾评价黄胄的绘画："人物新、意境新、手法新。"

1980年，藻鉴堂的中国画创作组搭班子成立中国画研究院筹备组，黄胄实际上承担筹备组的主要业务工作。方济众左思右想之后，婉言谢绝了华君武的盛情。因为方济众在北京待了多半年时间，深感北京国画界帮派复杂，事情难做。

方济众还真说中了。

当时主要负责藻鉴堂中国画研究院筹备工作的黄胄，后来确实遭遇了大麻烦。

黄胄在藻鉴堂筹备期间，为研究院建设，从新院址的规划布局、建筑施工，到室内装修，可谓呕心沥血。那个时候，黄胄还是半个病身，拄着拐杖、拖着麻木的病腿，跑设计、订购；亲自到京郊延庆、怀柔去选太湖石。共同设计了大画室中电动升降大画板。跑广州、天津等地为建院选购其他材料。

然而，"落花有意，流水无情"。研究院初建时期，发生在藻鉴堂、轰动美术界的黄胄、黄迥的"二黄相争"，最终导致黄胄去职，中国画研究院成为他的伤心之地。此后，直到黄胄去世，都没有再踏入中国画研究院一步。黄胄也从未在方济众他们几个师弟面前提说过研究院。据说，每当他坐车经过中国画研究院时，头总是扭向另一边，并吩咐司机快点开过去。

1980年，赵振川已调到刚恢复的陕西美协。北京中国画创作组来了几个借调令，邀请陕西美协的王子武、赵振川去报到。当时还有王明明，另外还有山东画院的张登堂，还有崔宝堂等。事实上，当时去中国画创作组画画的这几个人现在都取得了较大成就。师兄黄胄就是给师弟创造条件，有意培养他。

赵振川和徐庶之在藻鉴堂画画期间，特别珍惜这样的机会。每天早晨6点起来，一直画到晚上11点。在那儿待了将近10天。对赵振川而言，这是非常重要的一个学习过程。所以他那会儿拼命画画，站着画画腿都站肿了。

1978年中国画创作组的一份《工作简报》中说："中国画创作组自1977年12月12日成立以来，一共组织了17个省市老、中青画家来组进行国画创作。完成了国家需要的任务画620幅左右（其中为外交部给国家领导人出国访问的礼品画35幅，钓鱼台国宾馆陈列41幅，火车站14幅，北京饭店430余幅，飞机场100幅）；完成了外贸部门需要的出口画4000余幅，组内收入人民币8万余元（国家出口的外汇收入未计在内）；另外，到目前为止，为国家收藏画家的精品和库存画500余幅。总计完成（即交给公家的）作品5120余幅。"这还只是方济众他们前面的画家集中创作的成就。

1977年12月12日，以文化部名义成立的中国画创作组，华君武、蔡若虹、丁井文、黄胄、黄永玉等主要负责成员，依据国家领导指示，借调了一大批在中国画界具有影响的画家汇集首都进行创作，到1981年11月中国画研究院成立，其间的中国画创作组代表国家名义，主要完成三大任务：其一，为国家提供收藏保存的作品；其二，完成国家重点创作任务；其三，为外贸机构提供一定数量的作品，增加外汇收入。

中国画创作研究组是现代中国历史上中国美术领域最强大画家阵容的集体亮相；是中国现代美术史变迁的一次有力的历史见证。中国画创作组集中

清江待渡图　103cm×68cm　1886年

了全国众多重量级和实力派画家，他们不仅为国家重要机构单位完成了创作的任务，无私地提供给了国家收藏保存；还在国家经济和军事复苏发展急需外汇时，无偿为国家外贸机构提供了大量的作品，增加了外汇收入；同时创作了大量作品作为中国驻外使馆及国家领导人出访的礼品。堪称中国美术史上特殊却有着重大文化艺术意义的阶段。

　　创作组编辑出版的画集，其中一本是联合国教科文组织委托中国编辑发行的，由华君武、张安治主编，另一本是外文出版社出版的对外推介的画册《中国的99位画家》，画册中收录的画家此后便是中国美术界最具代表性的大师，以此向世界宣传推介，弘扬了中国民族文化精神，彰显了中国绘画的形象。

中国画创作组更为中国画研究院的创立做了充分的准备，比如组织上、思想上、工作上的准备。创作组的成绩非常明显，影响极大，为此引起中央的高度重视，才有了三年后中国画研究院的成立。1981年11月，中国画研究院在北京饭店举行了成立大会。文化部宣布李可染担任院长，蔡若虹、叶浅予、黄胄任副院长。

中央有了这个样板以后，各地美协就开始慢慢恢复正常工作。提携了一大批中青年画家，培养了一大批新人，有王晋元、王子武、霍春阳、刘宝纯、张登堂、卢沉、姚有多，东北的王绪阳，北京的张步、徐希、石虎，陕西的王子武、刘文西、赵振川、王西京，山东的刘宝纯、张登堂等。

方济众与石鲁同时被聘为首届中国画研究院院委会委员。

从1977年秋冬，以赵氏艺门赵望云艺术生活之路为核心引领走出的三个弟子黄胄、方济众、徐庶之，以及他们的小师弟赵振川，都先后被邀请借调到台基厂路3号、友谊宾馆、颐和园藻鉴堂，为外交部对外使馆创作，特别是参与到中国画创作组的一系列创作活动，进一步见证了赵望云所开拓的"直面现实的艺术之路的正确与艺术成就的辉煌"。赵氏艺门弟子以其各自的艺术人生轨迹，演绎并谱写出他们在现代中国美术进程中的中国画传续与创新印痕，他们也凭着自己的艺术影响奠定了各自的艺术地位，并且寻找到了各自的人生艺术基点与坐标。此后，他们又以其为艺术坐标，并以实践的榜样，继续行进至传承与创造现代中国画事业的艺术洪流中。

捕鲸图　42cm×42cm　1986年

重返长安　铸就辉煌

一

艺术学博士、画家、理论家刘星先生认为："从1961年长安画派诞生到1987年7月方济众去世，他的画风在陕西乃至全国画坛都产生了深远的影响，如果说20世纪70年代之前陕西画坛主要是赵望云、石鲁发生着影响并塑造着长安画派的笔墨性格的话，那么赵、石二位大师谢世之后，陕西画坛则是方济众在发挥着影响，并继续塑造着第二代长安画派画家的笔墨性格。"（《方济众艺术研究文集》）

1976年在中国历史上是不平常的一年。地崩鬼神泣，天降陨石雨。7月28日，唐山大地震；1月8日，周恩来逝世。7月6日，朱德逝世；9月9日，毛泽东逝世。10月6日，"四人帮"被逮捕。

"文化大革命"十年内乱至此结束。

进入70年代以后，赵望云几次遭受造反派毒打致残的身体已经瘫痪，行动很不方便。这个时期，他凭着坚忍的意志和毅力，先是给子女画了册页，又给亲朋好友画了一批画。到了后期，他已经不能走路了，每天由老伴陪着在一个小黑屋里，偶尔也画一点小画。一次，赵望云看着眼前的老伴，眼睛湿润，情深意长地对老伴说：我这几十年也给别人画了不少画了，却没有专门给你画过。你要不要我画？要多少？老伴看着他病残的身体，花白的头发，听着他的话，心里充满了忧伤。也许她是为了让丈夫点

1979年创作《古城雪霁图》时的情景

燃起延续生命的希望，也让他始终保持艺术精神的炽热。于是就脱口说100张吧。赵望云望着慈爱的老伴说：好！那我就画100张。

赵望云此后就在床上用小方桌支撑起一个小画案，用病残瘫痪的身体，每天画一张。画完以后在不到半个月的时间里就病倒了。病中的一天，他在给一个从四川远道而来的青年画完一幅小画后，病情加重卧床不起了。1977年，"四人帮"已经粉碎，但是极"左"路线寒流依然盛行。赵望云病情严重，单位无人过问，医院不敢收留。后经家属反复求情，才勉强住院在重病观察室里。3月29日，住院的第八天凌晨5点，赵望云深陷的眼窝里流出泪水，没过片刻，就停止了呼吸。

一代中国画大师赵望云含冤病逝。家属子女忍痛含泪，将父亲草草火葬，骨灰盒放在家里。

远在新疆的徐庶之听到恩师赵望云去世的消息以后，强忍着悲痛，从喀什坐汽车，七天后到乌鲁木齐倒车，再坐三天三夜火车回到了西安。十几天日夜不间断的行程，当他到了西安两条腿都已肿了。徐庶之拖着疲惫的身体，踉踉跄跄地踏进灵堂，一下子就扑倒在了老师的灵前，哭得死去活来。

242

大师兄黄胄与方济众此刻还未能赶回来……

两年后的1979年，古城长安的上空，阴云已散，春天已经来临。经过调查核实，陕西省为赵望云平反昭雪，并落实政策。

3月，正式举行骨灰安放仪式和追悼会。

叹兮！哀兮！十年浩劫，有多少个画家被冠以莫须有的罪名，受到冲击，身陷厄运。中国传统绘画也遭遇到前所未有的打击，黯然地走入困境。

1977年，艺术之春已经再现。1978年元月，文化部派专人来陕调查，并护送石鲁赴京，进行抢救治疗。11月21日，党的十一届三中全会召开之际，陕西省委派人专程赴京到通县石鲁住院病房，宣读陕西省审干领导小组对石鲁的平反决定：石鲁予以"彻底平反，恢复名誉"。

<h1 style="text-align:center">二</h1>

1978年8月，方济众携全家重返西安，调回西安美协工作。

其时先生已过知天命之年，真可谓"十载先劳目在前，重来须鬓已苍然"。回归故乡汉中生活八年多，虽为下放，却徜徉于家乡山川的怀里，艺术本体的纵深拓展，实现了心灵物我之洞然了悟。先生人格愈显纯正崇高，画风已见清新成熟。

而此时陕西美术界可谓满目疮痍，昔日那种锐意进取、蓬勃向上、充满生机的精神已淡然消尽。长安画派"那种豪放酣畅的笔致与雄壮奔腾的气魄"，则只能成为一种无法唤回的历史印痕与精神象征了，而画坛主将的先后离开也已使陕西画界丧失了核心凝聚力。

作为"长安画派"主将的方济众，由于其在画坛的威望以及人们所敬仰的人格魅力，为了"使过早夭折的'长安画派'的艺术精神继续，面对人去楼空的严峻形势"（王宁宇《论"长安画派"》《长安画坛中国画论集·上卷》1997年版），强烈的责任感使他不得不承担起重振长安画坛昔日雄风的历史使命。

与崔振宽、赵振川、罗平安切磋画艺

　　1978年10月的一天，为了给全国美展选送作品，省上先搞了一个面向全省的草图观摩展，以此方式把创作者集中在一起观摩交流，指导草图怎么修改……

　　草图观摩评审活动的间隙，组织者特意邀请方济众给大家进行中国画创作示范；也有意想让这些来自全省各地的草图作者，现场观摩长安画派宿将方济众的一次完整的画画过程。来参加草图观摩的，几乎都是毕业于西安美院且来自全省各地的作者，大部分人也没有机会亲眼感受过长安画派主要代表画家的风采。一听说方济众要示范画画过程，大家一时都提起神来，很快围拢了上来。

　　工作组在台前一个撑起的画架上斜着放置了块黑板，黑板上钉了块画毡，钉上一张4尺宣纸。方济众从台前走到跟前，拿起毛笔，稍加思索后，蘸着墨在盘子上扭动了一下笔锋，便在上面画起来。

　　大家凝神静气地看着他自由挥洒着毛笔。只听见画笔与纸摩擦的沙沙声，随着笔锋在纸上行走，不到20分钟的工夫，纸上的笔墨意境轮廓便清晰地显露出来，画面上激情饱满的书写性线条，韵味十足的笔线墨象，山里一条小溪蜿蜒流向一条小河，河岸上杨柳枝条迎风飞舞……许多人都是第一次亲眼见方济众画画，随着方济众运笔在画面上飞快行走，大家的思维也跟着兴奋起来了，悄悄地小声议论着。

当时，西安美院院长刘蒙天先生也在场，"文革"结束他才重新恢复组织工作。老院长看着激动不已，小声地给站在他旁边的程征及几个作者说："你看西安美院这么多人，还没有一个人有这么'两把刷子'，拿起笔哗一下，一个景就出来了，笔墨、构图全都出来了……"这个场面看似一个随意安排的中国画创作示范状态，方济众画画的情景和刘蒙天院长说的几句话却给程征留下了很深的印象，至今不忘。

那个时候，从全省各地聚集一起的作者，几乎都是西安美院"文革"前毕业及恢复招生才进校的学生，围绕草图观摩与现场示范过程这个事情，联系刘蒙天院长的话语中释放出的微妙的气息，本身含有的意思比较多。刘蒙天院长说给程征及其他人的话，实际上可看作是对方济众的赞誉与评价。老院长一方面是在赞扬方济众，另一方面他的"西安美院这么多人，还没有一个人有这么'两把刷子'"话里，也彰显出了美院和"长安画派"在中国画创作艺术路线及审美取向方法上的不同。

但凡从美院出来的学生，其学画过程一般都离不开现场面对教室模特写生，而方济众及赵望云、石鲁等早些年西安美协画家的艺术之路，特别是后来形成的"长安画派"画家的一些创作理念，包括写生实践生活到创作绘画的方式，跟学院派的中国画教学路径是完全不一样的。方济众是过去老美协西安分会的画家、长安画派主将，在现场示范牵出来的刘蒙天院长的话语，看似是一件小事情，其实后面牵扯的东西不小。程征早些年毕业于西安美院，后来被作为理论家调到了方济众担任首任院长的陕西国画院，这个现象本身也引起了程征后来很长时间的思考。

这是"文革"结束后方济众刚回到西安在大家面前的第一次亮相。这次现场示范过程也给许多人留下了难忘的印象。大家也是第一次直面感受长安画派代表性画家方济众的艺术气息。

三

1978年5月开始，在全国范围内围绕"实践是检验真理的唯一标准"这一问题展开了一场大讨论，并很快在全国思想文化领域和学术界掀起了一场思想解放运动。

这年5月，中国文联恢复工作，随之文联所属各文艺家协会筹备组陆续成立。

6月5日，历时10天的中国文联第三届全国委员会第三次扩大会议在北京召开。这次会议是粉碎"四人帮"以来，中国文艺界的第一次全国性会议。

这年8月中国美术家协会筹备组成立，组长为蔡若红，负责筹划恢复协会活动的工作，副组长为朱丹、华君武。

1978年12月13日，党的十一届三中全会召开，中国进入了新的历史时期。党和国家的工作重点转移到了经济建设；实行改革开放。

清风徐来，大江南北如春的暖流消解着残冬的寒气，山河冰川已经在消融和断裂，饱经磨难风霜、惨遭十年文化劫难的文艺界艺术家，已经闻到了春的微暖气息，仿佛经历了一夜寒冬，枯枝已显嫩芽，含苞待放……在这样的气候滋润下，文艺界各协会陆续开展了恢复筹备工作。

还在北京通县肺结核医院治病的石鲁，到了8月份病情有所好转。这时陕西电视台的一个采访组专程来京采访，此举向人们传达出石鲁即将复出的信号。病情刚有好转他就有些闲不住了。电视台采访后，他躺在病床上，思绪却已飞向了西安美协大院。心潮澎湃的石鲁，脑子里开始规划陕西美术发展方向了。

为此他专门把李梓盛和程士铭从西安呼唤了过来，一起商量美协筹备工作，规划陕西美术的未来。他们在病房商量了几天，设想着筹备一个国画研究院，一套班子两块牌子，最后还确定了一个方案。

随着全国美协总会筹备工作进入议事议程，西安美协也进入了紧张的筹备恢复期。方济众与秘书长李梓盛、程士铭等几人8月间先后返回美协。

何海霞、刘旷和陈嘉咏等也已回来，其他的协会干部和驻会画家也回来了。

这年，儿子方平不负众望如愿考进中央工艺美术学院。大女儿方黎、二女儿方禾从洋县长青林业局调入西安，分别被安排到西安交大和西安电影制片厂上班。爱人何挺文也进入了美协上班。

北大街钟楼西北角曾经的美协机关院子，还被其他部门占据着。院子墙壁上还残留着那刺人眼目的纷乱的白色标语。

十年动乱，久别重逢，别有一番滋味在心头。十年分离，原本在钟楼大院子凝结形成的一个充满激情活力的艺术创作研究群体，随着长久以来各自不同的生存境遇以及环境磨砺，他们的身心机体与精神思维原有的成分已发生了变化，曾经的学术思想阵地也已消失殆尽；长安画派成员各奔东西，被迫下放疏散各地，将近十年接受劳动锻炼与思想改造的漫长生活，已使他们饱经风霜的脸上尽显沧桑。大家相拥言欢，几多感慨。

恢复了，人的尊严；恢复了，笑的自由。大家坐在一起，商量如何重新开始。

省美协筹备办公地点设在建国路83号省作协办公楼。

这个办公大楼曾经是高桂滋将军的公馆，高桂滋在中华人民共和国成立后，曾任第二届西北军政委员会委员、农林部副部长、西北行政委员会委员、中国人民政协陕西省委员会副主席。前身高公馆是一色西式建筑，格局为前院、中院和后院。前院是主楼，院子中间有一个水池；中院是花园；后院由三个四合院组成．青砖碧瓦，古色古香。每个四合院都生长着不同的名贵树种，院落之间都有偏门相连，院中铺满方形青砖，院中央栽着海棠树。

西安事变前夕，叶剑英来西安会晤张学良，曾在四合院的二号院北房中住了近一个月。从院子的中门前回身南眺，对面金家巷便是张学良公馆。

因为张学良公馆和省作协坐落于此，让建国路充满了神秘色彩和文化气息。方济众创作的《古城雪霁》便是以此为生活原型。

公馆内西式小洋楼的前半部分曾经是中苏友好协会的办公室，石鲁当

草地黎明　67cm×57cm　1981年

年兼着秘书长，方济众与美协同事也经常来这里。当年东大街案板街口也有一个中苏友好协会的大礼堂，解放前是金城电影院。20世纪60年代中苏关系破裂，友协解散，这块地方便被当年兼任中苏友协秘书长的石鲁先生带到美协作展览厅使用。

1979年2月7日，经过一年的治病疗养，石鲁参加完人民大会堂春节联欢晚会后，满面春风地坐飞机返回西安。

四

很快，以西安美协中国画创作研究室为组织骨架的美协恢复工作开始。2月底，省美协要召开恢复西安美协的第一次协会工作会议。考虑到石鲁的身体状况，不允许他投入实际工作，方济众与李梓盛他们几个就打算不让石鲁参加会议。但是，开会的消息传到了石鲁的耳朵里，石鲁就让李梓盛陪他，一定要参加会议。

开会那天，方济众、李梓盛几个专门坐车过去，把石鲁从家里接到建国路美协办公院子。

恢复协会工作的第一次会议，从1970年协会解散，已经跨越了快十年的时光。原协会驻会画家何海霞、康师尧、陈嘉咏、刘旷、张建文还有程士铭等，都已经早早来到会议室等着石鲁的到来。十几分钟后，门外传来了汽车的喇叭声。大家相拥着出来，把石鲁迎了进来。

会议开始了。秘书长李梓盛主持会议，简单几句开场白后，就说："现在请大家用热烈的掌声欢迎主席石鲁同志讲话。"石鲁从会议前台站了起来，用他瘦得皮包骨头的右手将了将下巴挑起来的胡须，嘿嘿一笑："同志们好……还好，我总算没死，这把老骨头还能动，所以就赶过来和大家见见面，叙叙旧了……嘿嘿。"一句话把大家逗笑了，刚开始还有些沉闷的气氛一下子变得轻松起来了。石鲁稳了稳情绪，就像打开了话匣子一般，清瘦的面庞上嘴唇嚅动着，却分明让大家感觉到他那两只发亮的眼睛在说话。

他的话还是那么的热情洋溢。

会议最后确定，第一，尽快充实美协组织机构与工作人员队伍。第二，在省文代会及美协还未换届之前，临时确定协会人员组织程序，石鲁全面负责协会工作。鉴于他的身体状态，不适宜投入具体工作，由李梓盛代管。第三，方济众主抓筹备期协会业务工作。

会后，依照石鲁提议，省美协筹备组分别将在西安园林局工作的王子武和远在东北的王金岭调进美协。已故美协主席赵望云的儿子赵振川等人的工作关系在程序上也进行了明确。

1979年3月8日至11日，刚回到西安一月之余的石鲁，在身体还未全面恢复的状态下，依然去北京参加了中国美术家协会第二届常务理事会扩大会议，这次会议是"文革"之后第一次美代会的准备工作会。

碧玉香　51cm×45cm　1982年

与会艺术家久别重逢，显得异常兴奋，大家欢聚一堂，直抒情怀。

3月9日召开讨论会，石鲁显得异常亢奋，终于有了说话的机会，他越说越激动。石鲁讲了一大段话，看似有些神经质的话语中却饱含着哲学的思考。他说："美术家必须是美的，对于美术家的称号，即使不叫灵魂工程师，起码也是美化人民生活的人。……美术家是靠他自己的研究、经历、业绩自然形成的，选举选不出美术家。美术家、科学家都不能妄自尊大，也不应妄自菲薄。美术家不能搞丑术、骗术。……美术家是创造家，不次于科学家，但常常被绑在人家的马车上。我们是精神劳动者，美术是与人的品格联系在一起的。"石鲁滔滔不绝地讲着，激昂慷慨，针砭美术界时弊"我赞成中国美术家办会恢复活动，新时期应当有新姿态、新任务。美术家一言以蔽之，不美就应当抛掉，不能各据一方一直扯皮。"石鲁的话语恰如用生命的血泪放射出的艺术真理，让大家激动万分，全场爆发出了雷鸣般的掌声，为这位直面人生的艺术斗士致礼。

会议最后作出决议：

一、中国美协正式恢复工作；二、在第四次文代会期间，召开美协第三次会员代表大会；三、30年来美协及各分会成绩是主要的；四、林彪、"四人帮"强加在美术家头上的"黑画家""反动学术权威"等一切污蔑不实之词都应推倒，并公开平反昭雪，恢复名誉；五、1957年12月12日所作"中国美术家协会第十二次常务理事会关于右派分子处理的几项决定"应予撤销，并为江丰和遭受所谓"江丰反党集团"牵连的同志恢复政治名誉；等等。

自此，"文革"被迫解散的中国美协正式恢复工作。

然而，石鲁在参加完会议回到西安后，衰弱的身体与亢奋的精神互相交织，病魔在机体里不断纠缠，他的脾气变得越来越坏，不吃饭不喝水。他再次被强制性地送进了黄雁村的陕西省人民医院。

石鲁是多么希望自己的身体状态像以前那样呀，他迫不及待地想要重整陕西美术事业旗鼓，然而他现在的身躯却无法摆脱重病的缠绕。叹兮！一代大师，每天只能在病榻上度过了。

美协行政与业务上的很多事情便落在了李梓盛与方济众、修军等几个人身上。

　　十年劫难，初期恢复工作启动艰难，办公与创作条件也很艰苦。虽然现在的美协暂时放在建国路的高公馆院内办公，但这里一直是省作协机关办公用地。经过省委与文联协调，硬是从作协办公之地挤出来一块空间，用于美协办公。办公场地空间很小，创作研究所需条件就更谈不上了。

自在水云乡　68.5cm×68cm　1987年

建国路83号省美协临时办公场所，方济众一家五口借住在省作协的一套位于五楼的两居室里，工作室在作协大院一隅的平房内。小师弟赵振川跟方济众在一个办公室工作，一直待到1983年。

办公室桌子既是办公桌还兼着画案，白天工作完了晚上才能画画，师弟赵振川年轻，办公室里有一张床，晚上画画累了就在这张床上休息。虽然条件较艰苦，但美协恢复初期大家对工作与创作都抱有很大的热情。好不容易重操旧业又能画画了，大家都有一种紧迫感和责任感。

秦川雪后　67.5cm×66cm　1983年

止园雅集　墨彩飞扬

　　1979年9月的一天，陕西省革委会办公厅给美协紧急下达了一项创作任务，希望在三个月内，给北京人民大会堂陕西厅、陕西省委及政府机关主要场所创作一批布置作品。办公厅主任直接传达省委领导的指示，希望方济众牵头具体组织实施。方济众回来后很快拟定了创作小组名单，组长自然是他了。参与创作人员由他提议，确定了何海霞、罗铭、康师尧、王子武、方鄂秦、江文湛和崔振宽。9月3日，陕西省革委会办公厅召集会议，讨论为北京人民大会堂陕西厅作画事宜，与会画家经过商议确定了各自的

1980年在芷园

古城雪霁图　104cm×179cm　1979年

创作题材。

　　"文革"十年文化荒漠，省府机关墙体办公、客厅及主要活动场所，到处悬挂着的是说教式的宣传画，已无法适应新时期国家机关办公与活动的环境需要，因此要换掉重新布设。

　　这个任务很重要，特别是人民大会堂陕西厅代表着陕西形象，更是陕西对外的窗口，陈列布置作品必须要能体现陕西文化意义，凝结陕西文化元素，彰显陕西地域文化的标识。作为陕西机关办公与活动的窗口，当然要悬挂陕西本土画家作品了。

　　方济众在北京参与外交部对外使馆创作布置画及文化部创作组创作绘画，省政府一直关注，对此过程也很了解。

由省政府办公厅安排，画家们集中在西安市青年路的止园饭店进行创作。

止园饭店，又称陕西省人民政府招待所，西侧紧挨杨虎城公馆。止园原是爱国将领杨虎城将军的别墅。西安事变期间，周恩来同志曾率领中共代表团下榻止园，促成了西安事变的和平解决。这里亭台楼阁，古色古香，芳草如茵，曲径通幽，使人犹入仙境。省府办公厅安排大家在这里创作，创作环境是最合适不过了。

将近三个月创作时间充足但任务艰巨。

省政府办公厅很重视这次活动，正式创作之前采纳了方济众提议，专门组织大家到北京人民大会堂参观，并参观了一些中央机关墙体环境布置。回来后大家依据自身特点很快接受了创作任务。方济众创作题材内容为西安事变。张学良与杨虎城发动了震惊中外的西安事变，促成了国共两党的第二次合作，初步形成了抗日民族统一战线，奠定了全民族抗战的基础。

用国画形式反映这一重大历史事件，这对方济众而言还是第一次。是以人物为主还是用他最熟悉的山水形式来表现？经过反复思考，方济众借鉴石鲁《东方欲晓》艺术表现特点，采用文学象征拟人手法，通过强化环境渲染气氛，以西安事变事件的标志性建筑物"张学良公馆"作为原素材进行创作。张学良公馆内东西三座三层砖木结构西式楼房，四周筑砌青砖围墙。西安事变的酝酿、策划、发生到后来的和平解决亦均在此进行。经过反复推敲，几易其稿后，方济众创作完成了《古城霁雪图》这幅作品。作品尺寸104cm×180cm。

画面中，黎明时分，大地一片雪霁苍茫，深沉肃穆；一栋小楼东北侧房的几个窗内灯火如昼。夜幕下依稀可见远处云雾中的古城墙影；烟云笼罩下的树丛里，一群被惊动的鸟儿划破万籁俱寂的夜空惊慌地冲出云雾。楼上窗内灯光闪烁，楼下雪花飞舞，迎着寒风摇曳舞动的蜡梅，香气扑鼻，冷峻清幽，在灯光映衬下闪烁着点点金光；蜡梅花与白雪交融，似晃动着的金色小铃铛，恰如黎明前奏曲。

画中主体建筑与公馆原址建筑如出一辙。

方济众创作时，用墨彩渲染尽情烘托画面中的气氛，巧妙地处理了远景天色暗淡、近景树木交错，空间蜡梅、雪花交织的水墨交融效果。墨与色相互碰撞又互为包容，干湿浓淡应允相生。"隆冬到来时，百花迹已绝。红梅不屈服，树树立风雪。"小楼上面闪亮的灯光，画面没有具体人物形象出现。以蜡梅不畏寒雪傲然开放，烘托气氛环境，象征西安兵谏中的张学良、杨虎城二人彻夜未眠的情景，预示着胜利曙光即将来临。方济众创作的这幅画实属匠心独运之作。

这次为人民大会堂陕西厅创作布置画，是改革开放初期的首次政府行为。王子武创作了《黄陵古柏》；江文湛画了一个斗方的白描花卉；崔振宽创作的是一幅表现秦岭的山水；何海霞创作的《延安宝塔》是表现延安的山水；罗铭画的是华山风光。从创作效果及社会反响看，能代表彼时最好状态与最好水平，得到了省委及政府领导的认可。

起航风帆　文艺春天

一

　　美协筹备班子确立后，百废待兴，一切都要从头抓起，意想不到的困难无处不在。禁锢了太久的思维观念需要解放，需要党和国家新的文艺路线方针来指引。

　　对方济众而言，他需要一种不同于过去的、全新的思维观念与坚韧实干精神来面对。

　　1979年10月25日，方济众将赴京参加中国文学艺术工作者第四次代表大会和中国美协第三次代表大会。

　　早上6点多起来，整理好了衣物行装，又拿起笔给人画了幅扇面。刚放下手中的毛笔，就听见了敲门声。何挺文打开门，原来是从家乡汉中来西安的两个画界朋友，大家相谈甚欢，颇感欣慰。这期间他的学生、在西安幻灯制片厂工作的罗平安送来了一套幻灯片，方济众和在座的几个人看了，感觉制作效果不错。只是家里没有放映机，还不能看到真正的放映效果。

　　何挺文已经做好了午饭，几个家乡客人及罗平安便留下来一起吃了午饭。

　　下午4时多，罗平安送方济众与李梓盛等几个协会领导到火车站，5时25分列车正式启动。

自长安至渭南，八百里秦川的东部正是农忙时节，飞速行进的车窗外处处展现着一片秋收秋播的繁忙景象。这是方济众第一次作为陕西文代会代表参加第四届文学艺术联合会代表大会。出席这次文代会的陕西美术界代表还有西安美院的刘文西。方济众想着自己现在不仅仅是一个画家，也是省美协机关的管理干部。身份的变化，预示着肩上的责任重了。他坐在车窗边，望着窗外飞驰而过的一道道风景，心情久久不能平静。

火车一路行进。第二天下午4时许，火车正点到达首都后，下榻在地安门的中办招待所。

离正式开会还有几天时间。北京是全国政治文化中心，开放的和煦春风迎来了许多久违了的作品展览。来一趟首都也不易，除了开会，还是一次难得的参观学习交流机会。

26号早上8点，方济众便赶到了人民大会堂。文代会即将在这里召开，全国各地协会提前带过来的作品要在这里分点陈列。方济众与一同过来的几个协会人员见面碰头研究了一下这几天的工作。正要分开，却意外地遇见了广西的杨太阳、涂克等几个画家。老朋友多年未见，彼此交流了各自分会恢复初期的工作近况，杨太阳还让方济众专门看了他们的陈列品。南方的作品与北方语言风格有些差异，方济众感觉挺有新鲜感。下午两点多，方济众到中央工艺美院听中央美院教授、油画大家周令钊先生作报告。报告主要介绍了西德美术展览现状与美术院校机制情况。多年未听纯学术的介绍西方美术的报告了，方济众从中感受了中西油画的现状。

接下来要去见儿子方平了。方平考上工艺美院来北京学习，一晃多半年了，这次来北京一定要看看他。

下午3时许，见到了方平。儿子领着他来到了他们的专业教室。教室四周墙面上贴满了他们刚画的写生作业和一些课堂习作。方平领着父亲先一一观看了其他同学的作品，走到他的习作跟前，方济众仔细地一张张看着，毕竟是学院教学基础性学习阶段的习作。儿子看着父亲的眼神，非要他点评一下。方济众微微一笑说，"有一些进步，但并不显著"。方平听了也觉得释怀，心里说，我才来半年多，怎么可能显著呢？

27日是个星期六，还是晴天。今天要去中央美院转转，吃了早餐后就直奔过去。还没进门却看见学生一群群地往出走，一问才知道是要去首都机场观看袁运生的大型壁画。他就随便在校园里走走，却意外地遇见了中央美院院长江丰。江丰要他去办公室坐坐，方济众想着都很忙，就站在那里聊了一会。江丰关心地问起西安美协恢复情况，他便给江丰略作了介绍。江丰听了后说："对于那些认错的美术界画家，就应该给人以出路"，方济众说"同意江院长的主张"。随后，他们互道"文代会见"就匆匆分手。

28日这天上午，他一早为杨太阳等几个广西画家作了六张册页及小幅画。下午电话联系了开会场地。5点多便乘车赶到京西宾馆。他与李梓盛被安排住同一间房。

随后的一两天，方济众与李梓盛他们几个去了中国美术馆，参观了正在展出一个油画展、一个摄影展。方济众觉得油画展上的作品风格语言有较大的突破，形式、内容、风格、题材、技法都有了新的特色；摄影作品也有一些可喜的变化。从中可以看出一年来美术界思想解放的成果。是呀，探索并不是一条平坦而笔直的路，总会有人成功，也总会有人失败。但人类的历史和文化，却总是要在探索中前进，并留下一代一代美的成果，使人类受惠。

与李梓盛一同到北海公园，参观了北京地区画家在那里的一个油画展后，方济众深有感触，与李梓盛交流着参观感想，方济众感叹地说："看来北京油画界的将军们，十多年来也并没有睡觉，只是黑暗的闸门封锁压榨得太严重了，一旦冲开了这个闸门，那波涛汹涌的洪流就自然出现了。"同时他也认为，西方在受到了东方的冲击之后，出现了新派。今天我们又从西方古典主义的泥潭里爬出来，去追求西方派的衣钵，这也是历史上一个有趣的现象。无论怎么说，冲开闸门的波涛，总比一潭死水好。

二

文代会开幕确定在30号下午。早上10点，陕西省委第一书记李尔重利用在北京开会的间隙，专门过来看望来京参加第四届文代会的陕西代表。

李书记为官清正，同时还是一个富有才华与文采的作家。毛主席曾誉他为"我们的作家与才子"。李书记刚出国考察回来，他在讲话中，语重心长地强调了安定团结向前看等问题，特别与大家分享了他们出国考察的观后感。

李书记的一番讲话触动了代表们积压在心里的情绪，大家议论纷纷。方济众只是默默地听着大家的议论，思绪把他带回到了1950年初老师赵望云召唤他到西安参加文艺工作的情景；想着三十年来西安美协的建设发展过程，想着他与美协中国画创作研究室的画家一起创作研究，直至长安画派产生的经历；想着老师无辜被迫害的悲惨状况，想着石鲁与极左思潮的不屈抗争；等等。他沉重地在笔记本上写下了这样一段话："三十年我们在与别人的竞赛中，是落后了。过去只知道'斗'，斗来斗去，既伤害了自己，也伤害了朋友，使自己吃了大亏！"

下午3时整，随着庄严的中华人民共和国国歌在人民大会堂奏响，中国文学艺术界第四届代表大会正式开幕了。党和国家领导人邓小平、叶剑英等参加了开幕式。茅盾致开幕词；邓小平副主席代表中共中央、国务院致祝词并发表了热情洋溢的讲话，他说，要继续坚持毛泽东同志提出的文艺要为广大人民群众服务，坚持百花齐放，推陈出新，洋为中用，古为今用的方针。他特意谈到了在文艺创作中要反对教条主义，他说，在艺术创作上提倡不同形式和风格的自由发展，在艺术理论上提倡不同观点和学派的自由讨论。文艺的路子要越走越宽，文艺创作思想、文艺题材和表现手法要日益丰富多彩，敢于创新。要防止和克服单调刻板、机械划一的公式化概念化倾向。小平同志的讲话非常振奋人心，全场爆发出经久不息的热烈掌声，把埋藏于老中青几代美术家心中的情绪一下子激发了出来。邓小平主席的讲话让方济众感到亲切又深刻，他由衷地感觉到讲话就是今后文艺工作的总纲领。邓小平最后寄予大家殷切的希望，代表们更加感觉到自己肩上责任的重大。

下午，中国文联主席、党组书记、中国作家协会副主席，中共中央宣传部副部长，满头银发的周扬神采奕奕地走上了主席台，全场霎时间报以暴风雨般的掌声，代表们显得无比激动。周扬是无产阶级革命家和文艺理论家，延安时期担任延安大学校长兼延安大学鲁迅文艺学院院长，为中国革命培养一批高级文艺干部。1957年反右派斗争最高潮时期，周扬出面婉转地制止了当时美术界极左派无限扩大的反右斗争，无形中保护了一大批人。"文化大革命"爆发，周扬即被打倒。1967年1月，又被投入秦城监狱。从此长达九年多失去人身自由，并被迫与家人断绝音信。人们都以为他已离开人世，连他在北京的户口也被注销了。

很多过去与他同为战友的边远地区的代表，此刻悲喜交加，热泪盈眶。一阵热烈的掌声中，周扬开始讲话。他哽咽着、充满深情地说："今天我们在这里聚会，可惜文艺界的不少老朋友、老同志都不在人世了。有的是由于自然规律，有的却是被'四人帮'迫害致死。我们今天想起他们就觉得难过，我们将永远怀念他们。他们所没有走完的路，我们将接过他们的接力棒继续往前走。"他调整了一下情绪，"请同志们起立，默哀三分钟，沉重悼念那些被林彪、'四人帮'迫害致死的著名的文学家艺术家……"

也是在这一刻，方济众内心万般沉重，他仿佛看到了老师赵望云和蔼慈祥的面容，他深情默哀，心里说：赵望云老师，您的灵魂可以安息了……

周扬以《继往开来，繁荣社会主义新时期的文艺》为题的报告，总结了几十年来文艺的历史经验，提出了新时期的文艺任务。他同时诚恳地总结了个人工作中的失误教训，对遭受不公正批评和待遇的同志，一再表示歉意，赢得了广大代表们的敬重。

由于文代会与各协会代表大会是时隔近20年召开的盛会。故而，文代会与各专业协会会议交织进行。

这一天，方济众在笔记本上情不自禁地拟写了一首诗：

百花枝头百花鲜，
今年花开胜去年。
但愿明年花更好，
万紫千红春满园。

雪地牧羊　69cm×51cm　1987年

方济众参加了两天的文代会后，又按文联各专业分会时间和地点，参加中国美协代表大会。

三

11月3日至10日，中国美协第三次会员代表大会在中国历史博物馆礼堂开幕。

屈指算起，距1960年7月30日在北京召开的中国美协第二次会员代表大会，时间已经跨越了将近18年之久。

乘着改革开放的春风，又有邓主席在四届文联会议上的讲话精神鼓舞，参加这次中国美协第三届代表换届大会的代表满怀着憧憬和深切希望。然而毕竟是时隔将近18年之久的换届，文艺代表们精神与思想意识里不可避免地还会夹杂些"文革"的极左残留。

第二天分组讨论。在人民大会堂陕西厅里，来自西北的代表汇集一堂，小组讨论由西安美院的刘蒙天院长主持。刘院长说："很高兴，大家作为西北各省代表汇聚到这里，也不容易。真是久违了。昨天蔡若虹同志代表总会作了十七年中国美术的总结报告，时隔多少年了，思想解放要落到实际言行上，还有一个过程。目前情况下能形成这样的一份报告也不容易，大家讨论可以畅所欲言。"刘院长说完，很快就有代表发言了，话语里明显有不满情绪。随后，大家就开始议论起来了，方济众也明显感到大家对蔡若虹报告的情绪，而他也对大会主席团名单及报告里的做法与提法感觉莫名其妙。

来自新疆的代表哈孜·买买提直言道：蔡若虹的报告，开场白就令人费解，好像他很忙，忙到连征求意见的时间都没有了。怎么对民族美术一字不提？

刘文西说，南京一些老画家画的延安枣园，本不像延安；周昌谷发表在《美术》上的人物画也无生活气息。而真正有创作性的、有分量的作品与画家，却没有机会。这情况让人感觉到有"近水楼台先得月"之嫌。

方济众听着大家的发言，思维随着代表们的发言不停地飞转着，手中的笔不停地在笔记本上记录着心声："现在的美术界，要面对历史的、现状的以及未来的；我们自身封闭得太久了。一旦放开思维这个闸门，东方、西方的创新观念就会像冲开闸门的波涛涌现出来了。我觉得这种现象总比一潭死水要好；我们创作的作品总是要和观众见面的。各式各样的观众和各式各样的艺术，我觉得还是亲切一点好；生活、艺术，永远和人民同呼吸共命运。人们总是以自己的亲好来欣赏要求的。生活是丰富广阔多样别致的。生活也是百花齐放的。艺术更应该是百花齐放的；发展和变化都是不可逆转的。我觉得历史的高峰不是以官位、金钱、职称来判断的。艺术属于人民，艺术家的作品和历史将纠正偏见；学阀式的武断，看来将被人嗤之以鼻。极端自私，极端个人主义，在任何社会，都不是一种美德；'真善美'的评述应该是：真，就是实事求是，按规矩办事；善，就是广大人民群众衷心拥护；美，就是广大人民群众喜闻乐见。"

……

过去在西安美协，特别是在中国画创作研究室里，赵望云、石鲁还有研究室其他成员经常一起观摩作品，真诚交流，互相探讨。有时，为了一幅作品的构思到创作，甚至还会有争执，可是，那是学术探讨，是一种纯粹的艺术争鸣。正因为如此，才有了1961年10月那次在北京的习作展览。随后的全国各地巡回展，每到一处，都会有真挚的学术交流与碰撞。长安画派之所以在全国产生了社会影响与效应，更多的是在一种纯粹的学术交流甚至争鸣论辩中，才逐步把作品呈现在社会与观众面前。十年"文革"，正常的学术交流研讨被极左思潮遏制，学术创作上的探讨与主张都被视为资产阶级的自由主义。

方济众是第一次参加这样的大会。在座的代表都是美术界的精英，方济众认真听着大家的发言，自己也感到了一种释怀。

会议到最后通过了新的《中国美术家协会章程》。石鲁缺席当选为常务理事；方济众与李梓盛、刘蒙天、刘文西当选为理事。

中国美协第三次会员代表大会顺利召开，随后三天，方济众他们几个还要参加在人民大会堂召开的全国文代会。

四

    11月13日这天，全国文代会邀请了一位稀客——"中国原子弹之父"钱学森来给大家作报告；钱学森的妻子蒋英也参加了文代会。钱学森是一位功勋卓著的科学家，蒋英是一位桃李满天下的艺术家，两人的结合堪称艺术与科学的完美联姻。听着钱学森的报告，方济众异常兴奋。钱学森的报告一点也不死板，他那抽象的自然科学思维语言如同是在演奏动听的交响乐，话语里处处充满哲理色彩。钱学森说："客观世界是不以人的意志为转移的。把客观规律上升为理论，则为科学。而人们再用它去改造世界就是技术。自然科学的高能物理学的发展，相应地将巨大地影响到社会科学的改造。"关于文艺科学，钱学森讲道："科学昌明和文艺的发展，

胜似江南鱼米乡　68cm×68cm　1984年

如电影、音乐，甚至文学艺术、建筑艺术和工艺美术的、绘画的纸张、颜色、工具的改造是不可避免地能动地使现代科学更好地为文艺发展服务，甚至可能更增加新的唯一品种……科研工作中经常碰到难题，经常在难题前徘徊。偶尔困难在反复的实践中得到了解决。解决这些困难，有人们的心酸。但就是不能写。这是什么原因？创作和创见科学艺术，似乎是一对难兄难弟。因为创作是新的东西，故往往不为大多数人所接受，往往被多数人所反对，也往往遭到涂抹，这就是科技、艺术的一个难题……"

钱学森的讲话牵动着这些文艺家的思绪，好似给这些一直用形象思维的人们的大脑里吹来一阵清新的风，大家不时用热烈的掌声表示感激，表达对这位科学家的无限敬意。

方济众不停地记录着，科学家富有哲理的言语给了他思维与精神的动力。

11月16日是大会闭幕日。国家领导人华国锋与胡耀邦也来了。大会胜利闭幕，华国锋与其他中央领导接见了全体与会代表，随后举行了茶话会，国家领导人在茶话会上讲话。

这是一次高规格的文代会，大会让这些全国文学艺术界的精英们，在经历多年的极左思潮禁锢与精神压抑后，终于迎来了扬眉吐气的春光；党和国家领导人华国锋、邓小平、叶剑英等出席会议，给了这些曾经遭受劫难的文学艺术家极大的温暖和安慰；邓主席的重要讲话，如春风雨露，滋润了大家久已干涸的心田；若春潮涌动，唤醒了封冻已久的艺术律动，给文学艺术届代表指明了前进的方向。

使命担当　躬亲劳忙

一

70年代末，方济众在全国已经具有很大的影响与较高的艺术成就，作品语言风格也已明晰与清朗。如今，当他重返长安画坛时，老师赵望云的艺术魂魄还在古都长安上空浮游，老师创立的艺术生活之路需要他来延续；长安画派未走完的路还需要他和石鲁、何海霞几个同伴继续走下去。如今，岁月的磨砺与年轮的递增，使他已经具备了这样的声望与资历。振兴陕西美术事业，传承长安画派精神，还需要他与其他协会同人一起完成。

美协工作恢复初期，面临三大主要任务：恢复美协组织与陕西美术创作人才队伍问题；筹备设立陕西国画院问题；恢复重建西安（陕西）美术展览馆与东大街地基收回问题。另外还有美协大院家属楼的建设问题。

可以说，从1978年8月间回到省城后，在省美协恢复初期的1979年至1981年这三年，是方济众有生以来最繁忙也是最劳累的时期。因为要做的事情实在是太多了。

1979年12月，方济众连续当选为第五届陕西省人民代表大会代表与中国人民政治协商会议陕西省常委会委员。

陕西美术事业需要尽快恢复，长安画派需继承与发展，方济众分明已强烈地感受到了肩上的责任。50年代后期，赵望云与石鲁就有设立国画院的迫切心愿。今天，创立国画院的时机已经来临，只有留待方济众来完成了。

方济众很快拟定了《关于设立陕西国画院》与《恢复重建西安美术展览馆》两个提案：

提案一：关于设立陕西国画院提案

为改变我省民族绘画（国画）书法青黄不接、力量分散、后继乏人现状，应迅速成立陕西国画院。

提案人：方济众

理由：

西安是我国文化古都；延安是中国革命的重要圣地，从古到今一直吸引着全国和全世界的关心与注视。解放后在党中央和毛主席的领导下，政治、经济、文化都有了很大的发展。以石鲁、赵望云为代表的书画家，在党的"百花齐放，百家争鸣""古为今用，洋为中用，

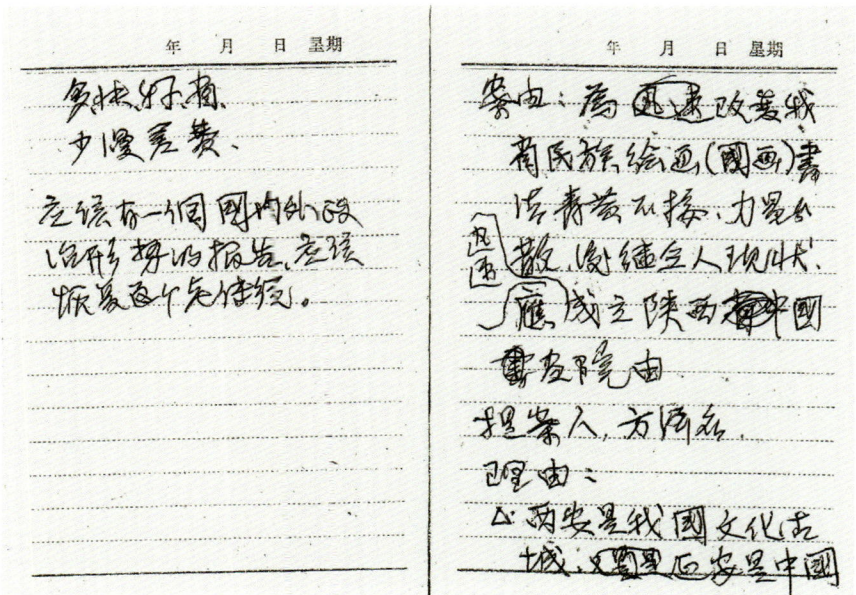

提案国画院草稿文件

百花齐放，推陈出新"的文艺方针指引下，在原陕西省委的直接关怀下，带动了一批书画家，曾做出了突出的成绩，受到了全国美术界的重视。但在"文化大革命"期间，由于林彪、"四人帮"对陕西美术事业的恣意破坏，十年中，有成就有影响的老画家丧失了80%，美协主席副主席赵望云、张寒杉，美协理事蔡鹤汀、蔡鹤洲，老画家叶访谯、陈瑶生、田登五、杨清等相继去世。郑乃珖、韩秋岩相继退休离陕。石鲁严重致病致残，而现在60岁以上的老画家只有何海霞、康师尧二人。50岁以上的极少，40岁左右的有一些，但不集中。缺乏经常性的有组织有条件的研究活动。从今年美协为人民大会堂陕西厅组织几十幅国画创作的情况来看，我省国画创作力量已处于严重不足的情况。老画家缺乏敢闯敢干的青壮年画家推进，新画家缺乏老画家辅导引带。在当前大好形势下，国内外文化交流频繁，旅游事业空前发展。粉碎"四人帮"后短短三年间，京沪惠等地的美术业已若雨后春笋，发展极为迅猛，相形之下，我省已处保守寂寥状态，若不急起直追，再过十年八年，将造成难以挽回的后果。为此，在征求了各方面的意见后，我们希望尽快成立我省中国画院。

办法：

第一步，目前我省经济力量尚有困难，在三两年之内，不增加编制、不投资基建的情况下，首先采取措施把工作开展起来。在美协陕西分会领导之下，明确成立中国画院，聘请院内外画师和院外研究员，由美协专业画家负责，经常性地组织书法、国画（山水人物花鸟）、壁画、民间美术等项目，分别进行研究和整理、创作、展览、陈列、学习交流等活动，使西安现有的书法、国画家在业务上经常有深入生活，学习参观，交流经验，进行写作的时间和条件。

第二步，争取在两年之内正式成立机构，由专人进行管理，调入一部分画师，招收15至20名研究员，从事有计划的创作研究工作，希

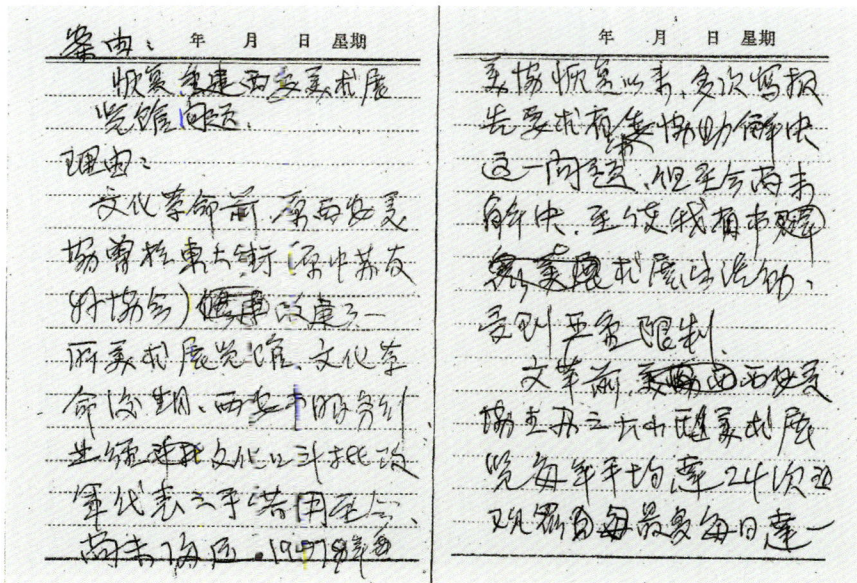

恢复重建西安美术展览馆提案草稿文件

望各级领导在经费、住房、调人等方面给予适当的安排。

提案二：

恢复重建西安美术展览馆问题提案

理由："文化大革命"前，原西安美协曾于东大街（原中苏友好协会）改建了一所美术展览馆，"文化大革命"后期，西安市服务行业经文化口斗批改军代表之手借用至今，尚未归还。1978年美协恢复以来，多次写报告要求省委协助这一问题，但至今尚未解决，致使我省市美术展出活动，受到严重限制。

"文革"前，西安美协主办之大小型美术展览每年平均达24次，观众最多每日达一万多人次，每年接待观众达百万人以上，对开展国内外文化交流，活跃我省市群众文化生活，促进我省市创作繁荣，培养新生一代美术爱好者曾起过重大的作用。目前美协恢复以来，十余个画会纷纷恢复活动，仅今年一年，在自筹经费情况下（美协予以协助）举办了十余次展览。但展览地方有限，有些场所收租金过高，致使群众性美术展览受到严重阻碍。特别是我省没有像样的展览馆，每

卷三 不辱使命 薪火传续 方济众与长安画坛

逢国际性美术展览活动或全国性较大展览活动……

    1978年12月，在中共中央党校主持日常工作的马文瑞调至陕西，担任中共陕西省委第一书记兼省军区第一政委、省人大常委会主任。马文瑞是从陕北走出去的，是地地道道的老陕。走马上任离京之前，他专门到通县医院看望了石鲁。与石鲁交谈中，了解到"文革"十年陕西文艺界遭遇的种种情况。同是延安走出去的革命者，作为陕北人，又曾经在新中国成立初期担任过西北局的组织部部长，奉命主政陕西，自然对陕西有特殊情怀。马文瑞对石鲁在"文革"中的遭遇深表同情，对他与"四人帮"的不屈斗争深为感动。他感受到了石鲁渴望筹办设立画院、兴建美术馆的迫切愿望。马文瑞到陕西后，古城西安百废待兴，特别是作为文化古都的基础文化设施极其薄弱。广泛听取各界意见及调研之后，从1979年起，马文瑞主政主要做了几件大事：其一，坚决贯彻中央方针，大刀阔斧，拨乱反正。他亲自过问文艺界冤假错案，为杜鹏程、石鲁、赵望云、王子云等一大批长期蒙冤挨整的文化名人平反昭雪；其二，培养选拔德才兼备的中青年干部尽快充实到文艺部门；其三，尽快实施与文化古都西安作为历史文化名城相匹配的重大文化设施建设。

    也是在这个时候，方济众亲自拟定《关于设立陕西国画院的提案》与《恢复重建西安美术展览馆的提案》，并以他与罗铭的名义，在陕西省政协大会上提案。后经陕西省人民政府批准，从1980年起，设立陕西国画院，保护整修西安古城墙、陕西历史博物馆、"易俗社大剧院"、西安美术学院教学大楼等一大批文化设施工程很快得到批复，并投入紧张有序的实际建设中。

    提案二中所说的西安美术展览馆的馆址是东大街案板街口。

    案板街位于东大街西段北侧，与骡马市隔街相望，元代时，案板街叫作南巷。明末清初，商品经济萌芽出现，这条街因卖案板而改名为案板街。民国时候，因为案板街矗立的易俗大剧院，使商业和文化的浓厚气息在这里交织，案板街空气中流淌着秦风秦韵，保留着西安文化的肌理，是老西安人常常流连回味的一块宝地。

80年代初期在建国路接见外国友人时的合影

1949年前，案板街上有一家金城电影院，新中国成立后成为当时的中苏友好协会礼堂地址。那会石鲁兼任中苏友协秘书长，掌管着这个地方。60年代中苏关系破裂，中苏友协自然解散，石鲁便将这个大礼堂并入西安美协，并在此基础上改建成西安美术展览馆。这个展览馆在当时发挥了巨大的作用，美协西安分会经常在这里举办展览、研讨与学术交流活动。1964年在这里举办了全国美展草图观摩会，石鲁的中国画《东渡》、蔡亮的《贫农的儿子》草图等，都在这次会上展出。当时主持中国美协的蔡若虹与华君武、力群等亲临现场，面对《东渡》，蔡若虹在肯定石鲁大胆创新的同时，就一些具体细节与石鲁展开争论，认为石鲁把黄河船夫画得像剥了皮，把船板画得像烧焦了的炭木。当时争论得很激烈，但都是围绕学术之争。

1966年"文革"开始，美协解散，北大街西北角的美协院子被冲击得七零八落，案板街这块美协用于展览的地方也被西安市商业局收走，改建成了"跃进旅社"。如今方济众《关于恢复重建西安美术展览馆的提案》得到批准，这块地方又重新回到美协。

依靠省委、省政府的大力支持，方济众与其他协会领导在多次与西安市商业局协商后，决定拆掉原来属于美协的东大街案板街口西安市商业局下属的"红霞商店"和相邻的"跃进旅社"，由市设计院设计，省三建司施工，统一盖唐城百货大厦。盖成之后，原属美协产权地盘继续归美协。

1980年至1984年，兴建展览馆、美协家属院，筹备成立国画院，几件大事交织在一起。这段时间，方济众白天大部分时间都跑行政。早上起床匆匆吃了早点便出门，经常是下午或者傍晚才回家。这几年行政事务实在是很多，方济众与美协其他领导都要具体落实，分步实施，力求按期完成。

岁月的更迭，时代的变迁，北大街西北角的美协院子在"文革"结束后重新回到了美协手里。这个曾经孕育出众多艺术大家、孵化出名震当代中国的长安画派的美协机关院落，历经近20年的风霜雪雨侵袭后，已经没有了昔日那扑面而来的温馨朴实和谐气氛，也失去了过去那种置身其中的神秘气息。又因为北大街街面扩修，"文革"期间人为蚕食侵占，院落面积已没有从前那么大了。

二

1980年3月，停滞解散了18年多的原西安美协正式迎来换届。换届会上，省委宣布恢复原西安美协机构组织，将中国美协西安分会更名为"中国美术家协会陕西分会"。依照中国美协总会精神与提议，选举石鲁任中国美协陕西分会主席，李梓盛、方济众、修军、王子云、刘蒙天、杨青为副主席。程士铭任副秘书长。

美协虽然换届，但是驻会干部与画家并没有多少。主席石鲁在任的几年里，卧病在床，无法担当实际工作职责，协会里只有李梓盛、方济众、何海霞、修军、程士铭、陈嘉咏几个过去的美协干部了。

后来又先后调进了王子武、王金岭等，充实了美协中国画创作室的画家队伍。美协已经报请省政府，计划重新规划院落并兴建美协机关家属楼。

作为省美协常务副主席，方济众在观照陕西美术发展现状时，一种强烈的责任感驱使他，必须宏远思考与规划新时期全省美术的发展远景。唯有踏实实干，才能重振长安画坛的辉煌，承续长安画派文脉精神，扭转陕西美协一片萧条状态。"主持陕西省美术家协会的一段工作过程中，已经予示了作为新一代美术界掌舵人，经过数十年的磨砺，对艺术的探索，在老一代美术家逐步淡出领导层的时候，他已然是最好的，也是唯一的合适人选。"（王蒙：《方济众艺术研究文集》）

1982年8月25日，石鲁不幸病逝。李梓盛代主席主持协会工作。1984年底，省委补充任命李梓盛同志为主席，方鄂秦、李立斌、西丁、靳之林为副主席。

方济众这时候还是常务副主席。

美协机关在建国路的这几年，白天方济众都在紧张地工作，八小时以内几乎没有专心画画的心境和时间。尽管如此，他手中的画笔也是绝对不能停下的。他只要忙完工作一进家门，趁着何挺文给他热饭的时间，就到画案边提笔画一幅小品画。何挺文心疼埋怨丈夫，方济众只是笑笑，也不言语。

只要在家，方济众每天早晨5点起床就开始画画。画完了一张，何挺文也把早点做好了，他急急吃完早点就出了门。傍晚回来，休息之前一定会再画一张。这样的状态已经成了他的习惯。每次所画篇幅都不大，尤其以四尺三开左右尺寸为多。画中题材也多以描绘家乡山水风情及一些印象中的生活为主。方济众具有深厚的文化素养，汉水两岸的自然风光、汉中本地的风土人情，在他笔下信手拈来，一幅幅陕南小景，构思奇妙，朴实自然，笔墨收放自如，豪放中见细腻，细腻中又不失豪放。画面经营简洁明快，墨色交融，墨韵清雅，充满了田园诗意，简直就像一首首小诗。

方济众这样的笔墨语言和意象表现也深深地影响了小师弟赵振川。两人在建国路的办公室兼画室一起相处了近五年的时间。方济众每每有新的作品出来，第一个欣赏到的就是赵振川。看得多了，小师弟的创作思维也导向了汉江两岸山水表现。所不同的是，方济众的画幅几乎都小，赵振川画幅尺寸大，赵振川在感受师兄笔下的陕南诗情田园美清韵的同时，把笔

在广东与著名画家刘书民（右一）、长安画派代表画家李梓盛（右三）及著名国画家杨之光、关山月、刘文西、郭全忠等合影

墨视觉放大了。

　　1983年，因为工作劳累奔波，早些年在白石乡拉下的腰伤，使得他经常腰酸背痛，加上以前的气管和血管（硬化）的老毛病一直拖着，有几次突然暴发，来势汹汹，以致十几分钟呼吸急促，此种情景简直吓坏了何挺文。她劝丈夫住院，可是方济众太忙，实在抽不出时间，只好一边工作，一边中医治疗。三个月后，才大有好转。

　　人们见他每天走来走去几乎都是低着头，若有所思的样子。方济众那会儿要把方方面面的工作协调好，真的很不容易。

　　协会以外的业内人士、朋友每每说起省美协工作运行状态，认为在赵望云、石鲁之后，能够把省美协撑起来的，也只有方济众了。

　　东大街的展览馆，从1980年开始修建，建设过程中，因缺乏资金，工程盖盖停停，直至1984年才建成。属于美协的产权用楼居大厦东边，共有六层，5000多平方米。展览厅由石鲁题写"中国美术家协会陕西分会—美术家画廊"，用铝合金铸字置放楼上，很是耀眼。

在与改革开放同行的岁月中，方济众与美协其他领导同志一道革弊鼎新，使省美协工作焕发出了前所未有的朝气和能量，还还给全省美术界一个清新、凝聚和抖擞的精神状态。

处于西安最繁华地段东大街的、当时西北最大的美术馆，一经建起，便以新的姿态，发挥了它展览与交流的功能，充分展示了陕西美术事业空前大发展、大繁荣的喜人局面，一时间形成了全国美术界看陕西、陕西美术界看美协的良好局面。

振奋人心的具有全国影响力的展览第六届全国美术作品展，苏联油画展，波兰、瑞典的现代绘画展以及于右任书法展，华君武漫画展，黄秋园山水画展，关山月画展和长安画派创始人赵望云、石鲁、方济众、康师尧等名家画展，一个接一个地在古城西安展出和交流，于右任、黄秋园、沈柔坚、关山月、赵望云等大牌名家之作纷纷汇集西安，活跃和带动了陕西美术界，让陕西美术界的影响力在全国得到了进一步提升。

东大街美术家画廊，作为80年代古城西安唯一一座现代化的专业美术馆，因为持续不断地举办大型展览，曾经号称全国十大美术馆之一。

三

1983年，美协大院崭新的家属楼与办公区已建好。省美协机关从建国路搬回来了。

原来的老美协成员及其家属都住进了新建的家属楼；刚调进美协时间不长的人员也分到房子。从新中国成立初期西安美协机关入住这个院落，经过几代人繁衍生息，省美协这个机关群体增加了许多人丁。虽然盖了新楼，然而面对协会内人员的不断增加，依然解决不了房子紧张问题。师母一家搬进了一楼；石鲁家在二楼，何海霞、王子武住在一楼，方济众住在三楼，赵振川住在六楼。无论如何，在美协这个院子里，总算有了一栋属于协会自己的生活工作居住空间。

在东大街美术家画廊展览会上交流

　　那几年，为了争取上级领导对基层艺术工作者生活条件的理解与支持，方济众费尽心血。这个在大家眼里从来不爱与人打交道的老实人却与官商界许多人交了朋友。大家知道他是国画名家，都喜欢收藏他的画，方济众也从来不计较。他画了不少画，为协会家属楼、展览馆及国画院建设也做了很多工作。后来总算争取到了资金，但是等到家属楼真正盖好了，方济众又严于律己，把面积大的房让给了大家，自己住了小房。

行端表正　尊老扶良

一

1981年春天，举国上下一派欣欣向荣的气象。中国共产党十一届六中全会通过的《关于建国以来党的若干历史问题的决议》，标志着党在指导思想上的拨乱反正胜利完成。

沐浴在改革开放春凤里的中国，就像一个充满着朝气轻装上阵的年轻人，开始踏上新的征程。然而，这一年摆在人们面前的问题一点也不少。

1982年1月20日，一则标题为《诚恳接受批评改进服务工作》的消息刊登在《人民日报》上，在陕西省内外产生了极大的反响，更是引起陕西文艺界的极大关注。仔细浏览消息内容，原来是与方济众有关。报上说，"陕西省政协常委委员、画家方济众对我店在服务态度与服务质量提出的批评意见是正确的，我们诚恳接受。听到方济众同志批评意见后，我店负责人同主管我们的旅游服务公司负责人立即找方济众征求意见，赔礼道歉之后，店领导向全体员工传达了方济众同志的批评意见，并组织大家就如何改善服务态度和提高服务质量进行讨论……"这事一下子在圈内引起了热议，陕西文艺界特别是绘画界一片赞誉声，美协院子里的大家为方济众能有此大义举动而喝彩。

事情源于1981年。这年，西安市到处兴建城市基础设施，街道上尘土飞扬，市区内到处都可见到堆积如山的垃圾。一次，方济众带着外宾参观

1982年4月，蔡若虹、黄胄、方济众、赵振川、叶坚看望正在住院的石鲁

大雁塔，由于沿途交通堵塞，赶过去却快到下班时间。方济众他们与门口工作人员协调，讲明原因，但工作人员不听解释，服务态度生硬，坚持要关大门，结果他们吃了个闭门羹；接着领着外宾到五一饭店吃饭，服务员心不在焉，冷脸相迎，爱搭不理的，又让他生了一肚子气。这件事情给他的工作带来较大被动，也产生了负面影响。方济众心想，若是他自己，也就忍了咽下这口气，可是他带来的是外国客人。西安作为文化古都，如此现状延续下去，那还了得？如何体现与古都千年文明相匹配的精神面貌与市容风貌？于是，在这年的省政协会议上，作为常务委员的他在会上发言，对此现状提出了严厉的批评，并语重心长地发出质问，这种服务态度，与全国的形势，以及西安作为历史名城的国际声誉相称吗？

媒体也在发声。10月间的《陕西日报》专门刊登了批评市容脏乱差的报道。不几日，北京一家主流报纸刊登了一封由北京中南海转交的群众来信，直言西安"卫生不好，古迹毁坏严重"。不久，作为陕西乡党的中共中央书记处书记习仲勋也对此作出批示。

一系列针对市容卫生现象的批评之声的连锁反应还在发酵。

1982年2月22日的《陕西日报》刊登了一封外宾来信："你们把这么一个古老的城市管理成这个样子，简直不可思议！"

很快，有关中共中央书记处书记习仲勋的批示、省内外媒体的报道；政协陕西省第四届会议部分委员对西安市环境卫生、交通秩序、服务态度提出的批评，引起了省委的高度关注与重视。西安市委、市政府听到批评意见后，及时开会研究措施；刚上任的代市长张铁民很快对改变城市脏乱差作了具体部署。全市掀起了春节前大搞卫生、首先从改变市容抓起的活动高潮。此后，西安市容百貌得到了很大改观。

二

1983年5月9日，方济众当选为第六届全国人民代表大会代表。

1978年以后，伴随着改革开放浪潮，中华民族文化艺术也进入了一个全面振兴与复兴的时代。经历过反右与十年"文革"劫难的老艺术家，特别珍惜改革开放时代和诸安宁的大好时光。然而，这时候他们大多已是70岁左右的耄耋老人了。西安美院教授王子云就是这样的一个人。王子云称得上是现代中国美术运动的先驱、中国美术考古的拓荒者，致力于中国民族美术的早期雕塑、艺术考古、美术史论等领域的研究，可谓成就卓著。现代中国美术界的王朝闻、刘开渠、艾青、李可染、吴冠中等重量级人物，早年在杭州艺专就学期间亦都承蒙王子云先生的教诲，足见他在文化艺术界地位之高标。然而王子云在1957年被打成"右派"，从西安美院教学岗位消失许多年。

方济众在省美协领导岗位上，特别用心地推崇在现代美术界享有崇高威望的、对美术事业卓有贡献的老艺术家。"文革"以后，王子云复出，但已是已近九旬的老人。方济众不管工作多么繁忙，都会时常到王子云家里看望两位老艺术家；王子云先生与夫人何正璜在世时，也常常感念方济众为人做事的真诚。

一次方济众参加全国美协召开的常务理事会。会上决定，要对中国现

方济众与文博学者王子云夫人何正璜合影

代美术事业有重大贡献的老艺术家冠以"顾问"头衔，并表彰其对国家和民族的奉献。

当时常委会推举人选的名单上有七八个人，方济众看了以后就问，怎么没有王老呢？他们问是哪个王老？方济众就提出：陕西省美协副主席王子云先生有这个资格。随后他历数王子云的事迹，坚持认为王子云不逊于名单上的任何人。然后理事会里其他人也推举，又增加了七八个人，经常委会委员反复讨论后，遂从全国美术界耄耋之年的老先生中遴选出了"刘海粟、王子云、朱屺瞻、张乐平"几位泰斗级人物，作为本届全国美协顾问，常委会全体委员欣然鼓掌一致通过。1983年由方济众主导，陕西省美协隆重举办了"王子云先生从艺66周年纪念"活动；陕西省文联换届，方济众也以省美协的名义推荐王子云为本届文联顾问；1985年陕西省美协换届，再推选王子云为名誉主席。方济众是一个画家，更像是一个具有浓烈民族文化情怀的文人，那会儿，陕西文化艺术界的许多老一辈作家、学者与艺术家，他都会以拳拳之心、仁厚之情、敬仰之心面对，并尽可能地给他们提供艺术创作与研究的方便。他的这种尊才之心，尊重文化、尊重贡献的美德，已向社会还原了他们的真实历史地位和应有的文化价值意义，更在美术界的价值取向方面起到了导向作用。

三

现在陕西美术界稍微年长的人，都知道国画大家罗平安是方济众的学生。

罗平安是我国著名国画家，当代长安画坛代表性画家。1981年陕西国画院成立后担任创研室副主任，后调入陕西省美术家协会担任书记处书记，曾兼任陕西省榆林地区文化局副局长。现为中国美术家协会会员，西安美术学院客座教授，国家一级美术师，国务院授予的"突出贡献专家"。

罗平安承继了长安画派"一手伸向传统，一手伸向生活"的精神，并超越了长安画派的写生抒情传统，由描绘关中风情转而描绘榆林的沙丘荒岭，突出了把西北自然与现代艺术表现手法结合起来。他的绘画更贴近自然、远离尘嚣，唤起人们与大自然的亲切感。代表作品有《雪霁》《樊川

1979年方济众与弟子罗平安在《古城雪霁》前留影

五月》《高原暮秋》《冬韵》《残躯》《高原的动律》等。先后有40多件作品被中国美术馆、中国画研究院、江苏省美术馆、上海刘海粟美术馆、美国哈佛大学东方艺术博物馆等收藏。

罗平安以前并不喜欢国画，能进入国画领域纯属方济众的感染、提携与引领，可以说没有方济众就没有现在的罗平安。罗平安跟方老学国画时都三十五六岁了。1966年，罗平安从美院附中毕业赶上"文革"刚开始，本已考上了中央美院油画系，通知书已经拿到却赶上美院停办；全国艺术院校也停止了招生。"文革"开始，造反派批斗迫害老画家赵望云、石鲁等，但罗平安从不参与其中。那个时候美协院子除了造反派出入外，一般人都不敢去。罗平安经常趁着美协院子没人时到里边溜达，与那些造反派不同的是，他是以一种仰慕的心情去的，为此赢得了院子里落魄老画家的好感。那会儿院子里的画家已经不能画画了，所以看见罗平安去了就拉他聊天。一次聊着打磕睡了，蔡亮抽根烟把他熏一下，还硬让他抽上两口，后来罗平安也就慢慢地学会了抽烟。那时，罗平安刚从美院附中毕业，年龄小，接受了学院西画观念影响，满脑子都是崇洋媚外。在这样的心理主导下，又受极左思潮影响，心里也看不上国画。

罗平安有时到方济众画室看看转转，方济众那时也就40多岁。一来二往，方济众就喜欢上了这个看起来瘦弱腼腆的青年。后来不长时间罗平安被分到了西安幻灯制片厂工作。在单位里，与四个人同住在一间12平方米的老房子里。方济众被下放汉中的那些年，常与罗平安书信来往，偶尔想来西安了就先给罗平安写信。到跟前了罗平安就骑着从单位借的自行车赶到火车站把他接到单位。那时候，罗平安家里孩子多，家庭条件不是很好，到晚上了就把方济众安顿在幻灯厂不足20平方米的、既是他的办公室也是工作室的地方。方济众不爱说话，也不喜欢走动，白天办完事回来了，晚上就想画画，这是方济众的习惯。罗平安就在办公桌上铺上画毡，方济众画着，他就在旁边看，觉得很有意思，也渐渐感觉到了兴趣，这时候他便带着一种神奇的眼光看方济众画画。而方济众是个内向性格的人，罗平安看他画画，两个小时过去了也没有一句话。

方济众与赵振川、崔振宽、苗重安、谢振瓯在新落成的陕西省美术家画廊"方济众国画小品展"上

1972年，省外贸局需要一批字画，方济众与赵望云、石鲁、何海霞、康师尧等都被邀请安排在省人民大厦创作，完成上面布置的任务。那时候，老先生们大多都已下放到省内各地，能聚在一起画画不容易。

那段时间里，罗平安没事了便过去看方济众他们画画。最让罗平安难忘的是，在人民大厦，因为方济众的鼓励，他平生第一次拿起了毛笔，画了一张国画。一天，罗平安站在方济众跟前看他画画，画着画着，方济众突然说"平安，你也来画一下"，罗平安从来未拿毛笔画过画，更何况是在这些让他敬仰的老先生跟前，连忙说"我画不了"。方济众再没说话，继续画着。画完一幅后，方济众说"我去上个卫生间"，可半天也不回来。看老师不在，罗平安就斗胆拿起了毛笔，大胆模仿着方济众的画，几乎跟临摹差不多。快画完了方济众才回来。他一看罗平安画的画，夸奖说："好着呢"，罗平安有些不好意思地说："学你的。"方济众还是说："好着呢。"随后他拿走毛笔在上边改起来。有意思的是，最后方济众还在画上落了款。这张画他现在还保存着。事后罗平安猜想老师半天不出来，估计是有意识的，目的是用这种方式促使他拿起毛笔。从这以后，罗平安就对国画有了浓厚的兴趣。

方济众内秀性善，凡事本分低调，从来不事张扬。1978年8月方济众回到西安后，美协还没彻底恢复。当时的陕西人民美术出版社计划给方济众出

287

版画册，方济众便委托罗平安具体编辑。作品选好之后，让叶朗写前言。前言写好后，罗平安拿过去让方济众看，方济众看着里面的一句大意说他是"长安画派的一员大将"，就给罗平安说，这句话不行，要改，然后专门写了一封短信让罗平安带过去。后来就把这句话删掉了。

刘骁纯1966年从中央美术学院美术史系毕业后来到西安，一直在省群艺馆工作至1979年考上中国艺术研究院研究生。刘骁纯刚分到陕西艺术馆时，美协还没恢复，罗平安就与刘骁纯熟悉了。方济众出第二本画册时，罗平安就说让他写前言，方济众也熟悉刘骁纯，就说行。刘骁纯写好以后让方济众看，当方济众看到开头几句"著名画家方济众先生"的话，就说"不行，我不能称'著名'，赵先生是著名的。把我前面'著名'两个字去掉"。

罗平安回忆说，80年代的一次，他的一个朋友特别喜欢方老师的画，希望罗平安能帮着求方老师画一幅画。罗平安给方济众说了，方济众就给画了一幅。这个朋友拿到画后，对罗平安说："我怎么感谢方老师？方老师又不抽烟又不喝酒，我不知道买什么，就给100块钱吧。"罗平安过去给方济众送钱，不料却被方济众说了一顿："你拿人家钱干什么？赶紧给人家送去。"

方济众去世这些年了，罗平安一直谨记方济众的教诲。他感恩方济众对他们这一代的教诲和引领，并始终继承和发扬着老师的品格与精神。

1980年罗平安调到了筹备中的陕西国画院。国画院成立以后，罗平安便成了一名专职国画家。

四

现在陕西师范大学美术学院任教的刘星，如今已是长安画坛第三代国画家群体阵营中一位具有代表性的画家了。

刘星自幼受家庭影响爱好书画。1983年，他还是陕西师范大学数学系二年级学生时，便经常求教于校内外老一辈书画名家与学者专家，诸如卫俊秀、霍松林、曹伯庸等先生，并经常参与组织学校的一些大学生书画活动。这年，李道熙陪伴妻子来西安看病，时任陕西省社会科学院院长、党委书记的好友郭琦先生就安排他们住在了西安外国语学院的一个专家楼，道熙先生经常在住所的二楼画画。李道熙先生与陈子庄、冯建吴、李琼久为巴蜀画派代表性画家，还与黄胄有较深往来。刘星听说四川著名画家李道熙先生客居在学校一墙之隔的外国语学院，便不失时机地去外院专家楼请教李道熙，观看先生画画。

有一天，道熙先生对他说："你能不能陪我去拜访一下方济众先生？"李道熙虽然客居长安有一段时间，久闻方济众大名，但还从未与方济众谋面来往过。于是第二天两人乘坐公交车到钟楼，下车后在门卫处打听到方济众的楼层，便走了进去。方济众他们那会儿搬到美协老院子新盖的家属楼才不长时间，他家住在二单元三楼。他们走上去，刘星轻轻地敲门，方济众打开门，先问他们两个是谁，来干什么。刘星就指着李道熙介绍说："方老师，这位是李道熙老师，因久仰先生大名，今天特地来拜访您。"方济众早些年从石鲁及冯建吴那里就知道李道熙，于是就礼貌而热情地让他俩进了门。招呼坐下后，先是李道熙用四川话问："方老今年有多大年龄？"方济众说："60。"李道熙哈哈笑着说："哟！您还小我3岁呢，我今年63岁哦。"方济众也笑着风趣地说："同样的年龄，我们北方人一般看起来都比较老，而南方人看起来总要年轻10岁。你看，你感觉比我还年轻多了。"自然地寒暄后，他们两个又聊了很多，方济众也问了四川美术界恢复的情况。大约聊到10分钟的时候，何挺文敲门提醒他们说，谈话不要超过10分钟。刘星看了李道熙一眼，示意着站起来打算要走，结果被方济众用手挡住了，并且对何挺文说："今天你就不管了。"言下之意，他们可以破例再多聊一会儿。这就是刘星第一次认识方济众的经过。

后来有一次，刘星带着自己临摹李可染和方济众的几幅画，再去钟楼美协院子拜访。方济众仔细地浏览了一遍之后，先抽出临摹他自己的一幅摆在画案上说："学画首先当从临摹古代的经典作品开始，当代人的画，平时多看就可以了，不要临。因为当代人的作品还没有经过历史的沉淀，究竟哪些是好的，哪些是不好的，现在都不好说。但是古代的经典作品，都是经过千百代人筛选留下来的好作品，所以要好好研究。"稍停片刻，方济众指着画面上的墨线与落款接着说："画国画最重要的是书法修养，如果书法基础不好，笔墨的很多东西都是无法体会的。所以你要想学国画，首先要在书法上下功夫。还有诗词修养，因为好的中国画要讲究诗的意境，要画中有诗。所以，除了书法，你还要在诗词上下点功夫。"随后，方济众又把临摹李可染的画展开，再仔细地看了看后，又对刘星讲："中国画的笔墨要追求浑厚，但不是说把墨画得黑黑的就厚重了。笔墨的厚重，主要是气韵上的浑厚；气韵厚了，就是淡墨画出来的画也是浑厚的。"听了方济众的话，刘星再看看自己的画，突然明白了许多。

从美协院子出来，刘星还回味着方济众的话，是呀，这段话意味太深奥了，得好好体会理解。多少年过去了，刘星每每说起方济众时都很动情，他觉得自己在学画之初，能得到方济众指点迷津，对他启发影响实在是太大了。方济众的话在他脑海里留下了很深的印象，使他第一次理解了"浑厚"这个由笔墨生发的中国画美学概念，并知道了气韵与笔墨之间的关系。

方济众示范指导时的情景

卷三 不辱使命 薪火传续 方济众与长安画坛

登高图 132cm×50cm 1986年

山东行　45cm×45cm　1980年

山丹丹开花红艳艳 一九七六年 济众作于长安

山丹丹花开　68cm×40cm　1978年

美协换届　埋下暗伤

一

　　1980年，陕西美术界普遍感受到一种欣欣向荣的气息。美协恢复重建之时，大家普遍都有一种抱负，也都怀有一股恢复重建时期的热情。

　　这年3月，停滞解散了18年多的原西安美协正式迎来换届。石鲁任协会主席，方济众为常务副主席。

　　美术家协会这样的文化机体，作为政治意识形态的从属，必然会随着政治的风浪激荡颠簸。

　　西安美协首任主席赵望云，德高望重，纯粹人本思想，朴素家国情怀，而其学术度、专业厚度与社会影响力，担当协会主席是当之无愧、实至名归。但他在20世纪50年代的反右政治风雨中，也不得不无奈地靠边站。石鲁具有坚定的革命意志，艺术政治观念清晰明确；他用战斗的画笔，充满着艺术浪漫激情的情怀，延续着赵望云开拓的西北画风，与协会同人一起，披荆斩棘地打开了长安画派形成初期的新局面；然而终因他坚守艺术精神的纯粹，对民族文化中国画现代形态的语言本体的超前探求，让他成了艺术政治的牺牲品。

　　"文革"结束，长安画派的的奠基者、大西北新国画图式的开拓者赵望云没来得及呼吸到改革开放的温暖祥气便撒手人寰；长安画派的旗帜领袖石鲁虽迎来春风拂面，然而"文革"中被折磨的病体终让他不得不离开了为之终生奋斗的长安画坛。西安美协第一代领导人相继离世。

80年代初期，社会在经济运行大潮中变化、发展，人的思想、观念也在不断地调整变革中。但是长安这块内陆故土，观念与思想的转换总是显得迟缓。

二

改革开放以后，以经济建设为中心的时代新风，让大家普遍感受到了整个社会春天的来临，但残留下来的一种"文革"思维，还带给人们思想上的压抑与言行上的羁绊。

80年代初的陕西美代会选举，虽然方济众被推举为常务副主席，但是，长安画派两位元老何海霞、康师尧，却连协会理事也未能选上。

选举结束后，当选为理事、常务理事的人留下继续开会，没有当选的人离场。

何海霞、康师尧两位老先生往出走的时候，所有在场的人都感觉到尴

80年代与王子武、罗平安、方鄂秦的合影

80年代中期在钟楼美协家中画室作画时的情景

尬；而他们离开时的表情，也给大家留下了很深的印象。

好在1981年陕西国画院成立时，由方济众提议，报请上级研究，聘任两位老先生为国画院副院长。国画院的这一举动，是对何海霞与康师尧两位老画家一直以来为长安画坛做出贡献的肯定与对他们艺术地位、身份的确认。方济众以他的崇高品德与人格魅力发挥了承上启下的作用，深得陕西国画院上下同人的爱戴与敬仰。

1982年8月25日，石鲁不幸病逝。李梓盛代主席主持协会工作。

1984年底，省委宣传部以行政任命李梓盛为主席，补充方鄂秦、李立斌、西丁、靳之林为副主席。

美协换届会未召开，却由官方直接任命，在陕西应该是首次；这也给以后的艺术团体换届走向行政化埋下了伏笔。

石鲁病逝以后，省美协机关里，方济众、李梓盛、修军三人都是驻会美协副主席，他们早期追随西安美协工作，已是几十年的资深艺术干部。

正式换届之前，省委宣传部对方鄂秦、李立斌、西丁、靳之林的行政任命，很快在钟楼西北角院子中引起了较大的震动。

296　　　1941年7月出生于西安的某副主席，60年代后期毕业于西安美术学院工艺系，先后在西安玻璃厂、西安半坡博物馆进行设计陶瓷与文物复制品、仿制品研究，业余画些彩墨画。1983年被任命为陕西省文化文物厅博物馆处处长。空降美协之前，可谓业绩平平。靳子林早些年从中央美院毕业，后来落户延安，是著名油画家。省委任命了以后，还给他分了一套房子，就在美协家属楼的一楼，但是靳子林1986年就调回了中央美院。

省府任命的副主席只有一人是个纯粹的行政干部，曾在延安洛川县担任过县长。一次在画廊会议室开会，轮到大家发言的时候，王玲玲当时发言最激烈，说怎么能让一个不懂美术的人到这里当副主席？王玲玲的发言立马引起了大家的议论，有些话说得很难听，搞得这位副主席很尴尬。这件事之后，他就调到省委组织部去了。

三

1985年，距离1980年的上届美协换届已经满五年了。方济众兼任省美协常务副主席五年、担任陕西国画院首任院长也已经四年了。

石鲁去世后，虽然李梓盛主持美协工作，但因为石鲁身体常年积弱多病，故而美协改选前业务工作基本上是方济众一个人在主持。

1985年6月，省美协召开换届大会。美协换届，对于陕西美术发展而言，是一件大事情。方济众凭着勤勉与务实，在担任常务副主席的这些年，做出了很大贡献。比外方济众他们为了筹备换届，做了大量保障性的组织与预备工作。

美协换届大会是在陕西国画院内进行的。选举是用无记名投票方式，在常务理事之间选举主席、副主席。9个常务理事背靠背划票；选举主席，下边10个地区的10个会员代表只能在常务理事名单中选一个。一切程序与过程，看似符合选举程序。

投票完毕，结果很快就出来了，省行政任命的某副主席得票数最多；方济众是第二名，30多票。

1984年从陕西省文化文物厅博物馆处处长位置上空降到省美协院子的某副主席，意想不到地当选陕西美协主席，当选副主席的依次是方济众、邹宗绪、修军、刘文西。

这年刚当选的主席43岁，而方济众61岁，邹宗绪52岁，修军60岁，刘文西52岁。很明显，当选的几个副主席，论成就影响都比这个主席大许多，论资格都比他要老。

换届以后的一阵子，每当这个年轻的主席走进大院子的时候，大家私下议论说，美协换了一批新的"少壮派"。院子里年老者心里觉得不平顺。很多人由衷感叹，那些在社会上有广泛影响和崇高威望的画家、真正为协会努力工作过的人名落孙山，隐没于角落业内普遍认为这是对陕西美术界"老一辈的一次颠覆"。

从那以后不到两年时间，64岁的常务副主席方济众因病去世。李梓盛于1987年11月病故。自此以后，陕西美协内部创伤不断。

未几年，年轻主席经过几次工作上的不顺后，索性撂了挑子，一纸辞呈递上去，赴海南创业。几年后回陕也再未参与美协事务。

自此以后，陕西省美协出现了群龙无首的真空状态。至今陕西美术界

1985年与国画院美协同人合影

许多老画家想起那次换届造成陕西美协事业几十年来的被动局面，都感觉痛心疾首。

当时，方济众对陕西美术发展有一些全面的战略上的考虑，然而已无法去实施。美协选举的结果也是他万万没有想到的。大家都觉得那次换届对方济众实在是太不公平了。

此后陕西美协20多年没换届，业内圈子里每每说起来，心里都感觉很压抑。20多年的时间，如果将陕西美协置于历史长河中，其实也没有受到太大的反弹。但是，如果将它置于一个时代的100年或者50年，它受的损伤就很大。陕西是美术重镇，在这样一种反复折腾的状态中，美术事业只能无奈地处于低潮。

秋尽江南草木凋　45cm×45cm　1986年

承续文脉　创建画院

一

　　"四人帮"粉碎以后，处于恢复期的省美协，要办的事情很多。现实迫切要求陕西成立一个延续长安画派艺术精神的专业画院。病重的省美协主席石鲁也有关于设立陕西专业画院的谋划与具体设想。

　　省政府很早就着手落实恢复美协和成立画院的准备。

　　1979年全国文化工作会议在北京召开。按照这次会议精神与政策指向，在全国范围内，凡有条件的省市都可以成立画院。也就在同时，省政协五届会议上，方济众与罗铭提交了一份"关于设立陕西国画院"专题性提案报告。省政协很快将这个提案以指令任务形式下达到省文化厅。

　　省上希望方济众就恢复美协与筹备画院之事外出考察，学习外地经验。但方济众忙不过来，省上就委派西安美院的刘蒙天院长挂帅，和李梓盛、苗重安远赴广东、四川先期考察。

　　苗重安当时是省文化厅美术专干。考察回来后，在方济众与罗铭提案的基础上，以文化厅的名义，拟定了一份关于设立陕西国画院的专题报告呈交上级。

　　苗重安从西安美院毕业后先留校任教。"文革"结束后，省文化厅需要一个美术专业干部，这样就把苗重安从美院调过去，当时也是省文化厅唯一的美术专干。苗重安调任不久后就参与了美协的恢复与筹建省国画

院的前期准备工作。但苗重安总想着回母校任教，从事专业创作与教学工作。

1964年苗重安还在美院上学时，一次深入生活从延安回来，创作了《红日照延安》。那时西安美院还在长安县的兴国寺，距离市区较远。50年代末期，西安美协的赵望云、石鲁、何海霞等和作家王汶石、杜鹏程经常来美院讲课，吃住都在学校。赵望云、石鲁讲课的时候，方济众以秘书身份在做记录。

令苗重安印象最深的是，那天方济众走到他的画案前，看到他正在画《红日照宝塔山》，当场给他示范了一平尺的小品。方济众当时是即兴发挥，用笔挥洒自如，画面色墨结合，而且还带有没骨的方法，很有情趣。

这次与方济众的短暂接触给苗重安留下了特殊的印象。还是学生的他，觉得眼前这个老师很文气，有些诗人情怀，没有一点架子，言行朴素，话语亲切。苗重安看着放在桌子上的提案草稿，心里想，方济众、罗铭两位老师，都是全国优秀的山水画家，若能与他们在一起共事那该有多好。能以省厅美术专干身份为方济众成立画院尽一份力，苗重安内心感到自豪与喜悦。

302

1980年省政府正式下文批准成立陕西国画院，同时还以文件形式传达了省委组织部的任命：名誉院长石鲁，院长方济众；副院长罗铭、何海霞、刘文西、王子武、苗重安；苗重安同时还兼秘书长。

二

文化厅很快研究设立陕西国画院筹备小组，组长方济众，苗重安为副组长兼秘书长。筹备小组行政管理上归文化厅群文处领导，苗重安具体负责一系列筹备工作；日常工作及办公在文化厅群文处。

方济众与苗重安商量，先把省群众艺术馆的王有政和西安幻灯制片厂的罗平安调到筹备组。这样，最初筹备组成员是方济众、罗铭、苗重安、王有政、罗平安。

王有政是1970年从西安美院国画系毕业分配到陕西省群众艺术馆的。几年后加入当时的秦文美创作组，跟着刘文西先生人物画画得多；1977年

陕西国画院成立时与叶浅予、周思聪等的合影

创作的《我们是大地的主人》参加全国美展，在陕西画坛崭露头角。王有政在西安美院附中学习期间休学过一段时间，等到复学时就插到郭全忠、程征、王宁宇、薛铸所在的班里。那时附中一个班几十个学生。1964年从附中毕业，全班最后升学到学院国画系的就只有五个人：郭全忠、耿健、蒋一功、师锋光和他。大学期间适逢"文革"时期，国画系经常下乡劳动，没法进行正常的教学活动，以至于没有学完国画课的所有课程，而写意山水课几乎没上过。1979年他创作《悄悄话》时，画面背景需要画树，可是总画不好。他大学期间特别倾慕长安画派，当时听说方济众他们在芷园饭店给人民大会堂陕西厅及外交部画画，就到那儿请教方济众。当时，方济众拿了一张纸，结合他的《悄悄话》环境背景给他进行了具体的示范，并教他怎么画树枝、树干。这样就与方济众结缘。因此能被方济众选中到筹备组，王有政特别高兴。

筹备组很快就展开了具体的事务性工作。时间紧张，几个人几乎牺牲了日常的休息时间，加班加点是常态。一般遇到画院专业建设等大事，苗重安就去请示方济众，商量好细节事务，便与王有政和罗平安具体操办。

第一个具体事务便是选定国画院院址与画院基础设施建设。

陕西省农业展览馆，"文革"时是阶级教育展览馆。1958年"大跃进"时，面积有500多平方米，里边盖有简易房，单砖墙。

这个展览馆所在地是北郊龙首塬，龙首塬的龙首村就在大明宫旁边。唐代诗人岑参的"鸡鸣紫陌曙光寒，莺啭皇州春色阑。金阙晓钟开万户，玉阶仙仗拥千官"这首诗，依稀能窥见曾经大明宫的恢宏气势。这里实在是长安的一块风水宝地。

画院选址的时候，文化厅老厅长鱼讯先生与方济众一起，领着苗重安、王有政和罗平安到省农业展览馆内，老厅长拿个拐杖顺势一指又在地上一画，给罗平安说："平安，从这开始都是你们国画院的。"方济众与老厅长鱼讯很熟悉，也是老朋友了。鱼讯在1950年西北文学艺术工作者大会上便与赵望云相识，两人共事多年。1953年，西北行政委员会同时任命鱼讯与赵望云为西北文化局副局长，鱼讯分管艺术，赵望云分管社会文化

陕西国画院建院五周年时与何挺文在画院门口留念

与文物；1954年转换为陕西省文化局，鱼讯被任命为局长，赵望云为副局长，二人互相协作，亲密无间。1977年3月，赵望云重病期间，鱼讯专门去看望。那时，躺在简陋病床上的赵望云已不能说话，他眼含泪水，瘦弱的双手颤巍巍地、紧紧地握着鱼讯的手，似有千言万语，却一句话也说不出。鱼讯也是眼含泪水。不到两天，赵望云就离开了人世。鱼讯每每说起这些，都深为遗憾。

设立陕西国画院是赵望云、石鲁生前的愿望，国画院是传续长安画派的学术阵地与专业平台。作为赵望云多年的老搭档，今天看着他的学生方济众在延续老师未完成的宏愿，老厅长怎能不支持呢？

国画院地址很快就确定下来了。最初苗重安、王有政在原单位上班，具体跑腿干活的事几乎都推到了罗平安身上。画院基本建设和配套设施，如修房、修路、栽树、做画案、办公用的柜子、桌子、椅子，罗平安都是自己设计，然后联系木器厂家制作；需要购买的东西，当时都要审批，通过财政厅社会集团购买。后来罗平安他们实在忙不过来了，方济众便请示了文化局，从省展览馆抽了三个人过来协助。那一阵子，他们时时处在一种紧张而有序的工作状态中。

这期间，方济众与苗重安经常互相走动，来往于彼此家里。有一次谈完事来不及回家，苗重安硬是留下方济众在家里吃饭。饭后，方济众闲不住，习惯性地走过去，伏在苗重安的画案上，画了两幅小品。

筹备过程中，大家废寝忘食、不分昼夜地工作。这其中有很多感人的事情，有时候还会出现些矛盾，比如为地皮、房间分割吵架等，但是他们冲破了重重阻力，使问题得以妥善解决。

文化厅群文处马处长很为他们忘我工作的劲头感动。一次劝他们说，老苗，别着急，慢慢来，今年不行，明年再说吧。但马处长没想到的是，苗重安能如此主动自觉地投入筹建画院工作，是一种内在的力量在支撑。当时大家想着，无论如何要赶在1980年内完成画院创建初期的基本建设工作。

画院筹备过程中，方济众就已在考虑画院成立的形式，同时还思考规划着办院的指导思想、办院宗旨，等等。

三

筹备工作的一个核心环节，就是选拔画家及特聘一些画院顾问。

首先，把郭全忠从省群艺馆调了过来。郭全忠与王有政在美院附中、大学是同班同学。1970年美院毕业后分配至陕西省群众艺术馆。1974年他的作品《任重道远》入选全国美展；1979年《万语千言》入选全国第五届美展并获二等奖，作品还被中国美术馆收藏。

紧接着，方济众又安排罗平安到西安特艺厂办理崔振宽的调动手续。崔振宽1935年生，1960年毕业于西安美术学院。毕业后先留校在师范系任教，后来被疏散到西安特种工艺厂。1952年他还是中学生的时候，就在西北画报社与方济众、徐庶之等见过几次面。1959年在美院学习期间，为

"陕西省庆祝建国十周年美展"创作作品，他下乡采风回来后就创作了一幅人物画，画好后送到了省美协。不几天美协打电话让他过去看画。当他从兴国寺急急赶到北大街的美协院子时，恰好方济众、康师尧、赵望云等先生都在。一下子见到这么多让他敬仰的画家，崔振宽觉得这次算长脸了。他的画是反映"大跃进"时期山区修路搞爆破的场景。方济众说"你画里的人画得不错，但画面背景需要处理"。画面背景是山，但那时他还不会画山水。于是方济众就拿着笔边说边在画上改。崔振宽看着方济众拿起毛笔，几下就把背景山勾出，画面效果一下子就出来了。这情景当时给崔振宽留下了深刻的印象。方济众还告诉他，画面款题得也不是太合适，并且还亲自把画从墙上取下来，然后提笔填补题款。在此过程中方济众话不多，但很热情。虽然只是在画面上作了局部的小改动，可是就是这一小改，给画面增色不少。每当崔振宽回想起来就感叹得不得了。那次以后，他才明白了山水画原来是抢着胳膊拿线往上画，且不是慢慢描也不是在那染。后来赵望云、石鲁、方济众到美院去讲课，讲课过程中方济众给大家示范山水画，其他学生看不懂，可崔振宽喜欢，就把示范画悄悄收藏了。

"文革"期间美协解散，方济众被下放到陕南老家。1974年，特艺厂一帮人到陕南去写生，崔振宽与江文湛由王炎林领着去方济众家专门拜访过。"文革"后期方济众经常来西安，他们还邀请方济众到厂里去过几次。"文革"结束后恢复美协机构，他们几个经常去看望方济众。

1978年春季，在方济众、何海霞等的关心与指导下，由《陕西日报》的叶坚出面，组织成立了"春潮国画学会"，期望借此扶持一批年轻人组成创作队伍。当时这个画会人员组成，首先是长安画派的后人；再者是没有"文革"极左背景；创作理念上坚守"一手伸向传统，一手伸向生活"艺术方向；另外就是画家必须要有创作成就。春潮国画学会人选有何纪争、赵振川、石果、王子武、李世南、崔振宽、江文湛、王金岭、马云等。

春潮国画学会成立后，在环城西路搞了一次展览。展览当时在社会上反响很大。这是粉碎"四人帮"以后陕西美术界的一个有影响的活动。当时美术领域年轻有为、有成就的，堪称中坚力量的画家都在里边。展览过程中，叶坚专门写了评论，《美术》杂志也作了报道。

春潮画会，孕育着文艺春天的来临。

这个画会的创作队伍组织构架，也为陕西国画院的创作梯队提供了参考与支撑。

按照方济众吩咐，罗平安骑着自行车，先后去了特艺厂及桥梓口崔振宽家里。办理调动手续时遇到了麻烦，因为特艺厂只是西安市的一个区办单位，从区办单位调到省级事业单位，中间要跨越好几层，市上、区上都要管。最后实在没办法了，方济众只好直接找到省政府，由省政府开了一个调令，特事特办。

后来把程征也从咸阳调了过来。程征与郭全忠、王有政为美院同学，1969年从西安美院毕业后分配到咸阳地区艺术馆做群众美术工作，其间曾借调到北京《美术》杂志编辑部工作三年。

这样，筹备中的陕西国画院就确定了第一批专业创作与研究队伍成员：苗重安、崔振宽、王有政、郭全忠、罗平安和程征。

经过筹备组的艰辛努力，1980年11月，陕西国画院正式成立的基本条件已经具备。随后，方济众向省府及省文化厅汇报了筹备工作基本情况，最后确定1981年1月5日举办陕西国画院成立仪式。

苗重安算了一下，从国画院正式批复文件下达之日算起，

1981年国画院成立期间，方济众与周思聪等示范交流时的情景

308

到画院确定的成立日期之间，用于筹备的时间实际上还不到一年。

成立大会上需要一个挂牌仪式。罗平安想着让自己的老师方济众题写"陕西国画院"几个字。可是让他想不到的是，方济众坚决不题，认为"德不配位"不能题。眼看着成立日期临近，实在没办法了，就找来李可染寄来恭贺陕西国画院成立的贺词，从中调出"陕西国画院"几个字。征求了方济众意见后，觉得这样最好，然后就请陕西雕塑工作室（现在的陕西雕塑院）将这几个字刻在了一块不到50厘米的石头上，赶在成立日之前镶嵌在陕西国画院的墙上。

一切已准备到位。

四

1981年1月5日，是隆冬的小寒节气，"小寒时处二三九，天寒地冻冷到抖。"古城长安寒气逼人，出行的人们都戴上了厚厚的帽子，穿着暖和的棉衣。然而，北郊龙首村的陕西农展馆内，却是一片热闹祥和红火景象。此时，陕西国画院成立仪式正在隆重举行。

前来参加陕西国画院成立仪式的有省委、省政府领导，全国各地文化艺术界、美术界的领导与嘉宾；中央美院、北京画院、中国美协的领导与嘉宾；北京荣宝斋、上海动画电影制片厂、甘肃日报社及陕西省内相关文化等单位的嘉宾；陕西省文联、美协、西安美院文化部门及高校的领导与嘉宾；我国著名画家叶浅予、李可染、尹瘦石、刘勃舒、潘洁兹、韦江凡、周思聪与陕西著名画家及其陕西国画院罗铭、何海霞、王子武、刘文西、康师尧、李梓盛、卫俊秀等近200多人欢聚一堂，共同见证陕西国画院成立与揭牌仪式。

最让人感动的是，病中住院的名誉院长石鲁虽然不能亲临现场，也特意为陕西国画院成立写了贺词。

成立仪式开始，大家在热烈的掌声中，聆听了省委宣传部领导宣读省委组织部的任命书：聘任石鲁为名誉院长，委任方济众为院长；委任罗

卷三　不辱使命　薪火传续　方济众与长安画坛

309

陕西省委书记张勃兴、文化厅厅长党荣华与陕西国画院画家及工作人员的合影

铭、何海霞、刘文西、王子武、苗重安为副院长；苗重安同时兼秘书长。随后，省文化厅党组宣布，苗重安兼画院党支部书记。

接着省政府副省长谈维煦讲话，谈省长曾做过国民党上将张治中的秘书；当过西北军政委员会副主席、第五届省政协主席，是第七届全国政协常委。谈省长为官做人正派，很有学问，当时他的讲话给在座的人留下深刻印象。谈省长第一讲画品和人品的关系，再讲中国画和文学诗词的关系，第三个讲国画和书法的关系，语言简洁精练、高屋建瓴。

叶浅予在成立大会上主要讲了"两个关照"，并向与会嘉宾介绍了北京画院的经验教训，特别强调要重视人才、尊重人才；他说画院作为学术团体，在进人上一定要"宁缺毋滥"；要像方济众说的"出人才，出作品，出经验"。

这个"三出"就是首任院长方济众办院的指导思想。

陕西国画院自此正式成立。

陕西国画院是继北京画院、上海画院、江苏画院以及广州画院之后，改革开放初期成立的第一所省级画院。改革开放迎来新的历史时期,文艺春风沐浴下的陕西美术界,在拨乱反正恢复重建的关键时期,方济众凭着强烈的责任心,依靠石鲁等的支持,高瞻远瞩,满怀着传续长安画派精神的热血与激情,敏锐地抓住时机,以时不我待的劲头,亲自拟写提案,并以政协常委的身份,与罗铭一道,提交政协常委会,从而引起重视。

方济众在筹备并设立陕西国画院这件事情上发挥了关键性的主导作用。

陕西国画院成立仪式上,方济众提出了"继承长安画派,一手伸向传统,一手伸向生活,以中国画创作研究为中心,出作品、出人才、出经验,在省内起学术带头作用"的指导方针;并以自己的威望与学术影响,依赖社会的协作参与及大力支持,有目的地从省内外请来领导与文化艺术界专家。为画院树立了良好的学术风范,确立了一个明确的思想导向和正确的学术方向,维护了画院的学术品格与艺术尊严。

画院成立仪式后,根据叶浅予语重心长的提醒与告诫,方济众他们很

1982年与蔡若虹、黄胄看望住院中的石鲁时的合影

快在院内成立了艺术委员会、创作研究室、行政办公室。王有政兼创研室主任，罗平安为副主任。

也就在这前后，方济众的师兄黄胄也在北京张罗着筹备成立中国画研究院。

1981年10月，文化部宣布中国画研究院正式成立。黄胄担任常务副院长，方济众也被聘为第一届院委会委员。

这些事情对全国国画界来讲是振奋人心的大事。

1982年，方济众与国画院画家切磋画艺（后左崔振宽，后右郭全忠、程征、苗重安）

陕西国画院春节联欢时的情景

国画院画室一角

313

面壁五年　积蓄营养

一

画院挂牌成立之后，能成为专业画院的首批画家，他们非常兴奋。此后，在方济众带领下，这些画家参与国画院的初期建设，专门从事中国画创作与研究，这是大家一直向往的。

方济众在兴奋的同时，也感到一种沉甸甸的压力。

回想那让人痛心疾首的过去，老师赵望云、同伴石鲁等老一辈画家均遭遇了非同寻常的精神折磨与身心摧残，严冬的寒风冷冻了正在蓬勃绽放的、充满着生机活力的长安画派之花。"四人帮"刚粉碎，老师赵望云还未呼吸到改革开放的春天气息便含冤而去，石鲁此刻还在病床上。如今，他们设立画院的愿望，在自己手里终于得以实现。

然而，以怎样的方式承接当年的接力棒，是他必须要面对的核心问题。画院成立初期引进的第一批画家苗重安、崔振宽、王有政、郭全忠、罗平安和程征，此后就要在他的引领下，长期专注于中国画创作与实践了；并且以后还要陆续引进人才。

第一批引进的院内画家，他们都是美术学院血统，都在20世纪五六十年代接受了学院体系的中国画教学模式的培养与熏陶。方济众回想那些年，他和老师及石鲁也经常应邀到西安美院讲学。他对西安美院国画系的教学理念与审美创作方式再熟悉不过了。当年，美院那些学生手握一把铅

1982年，陕西省□青年国画研修班期间，刘文西正在给学员教学示范

笔画西式素描，刻苦学习的状态确实令人感动。然而，石鲁看着学生在课堂上把模特看作一个机械的教学工具，毫无表情地、被动地进行刻画的那种场景，就很反感并坚决反对。

那时，西安美院在西画观念驱动下，强化素描改造中国画的思维与表现方式，他是很不赞同的。美院的那一套理念与方法死板、教条，所以当让学生拿起毛笔直接画生活，用毛笔直接在宣纸上写意笔墨、经营创作时，却显得那么的别扭、生疏或者让人感觉不知所云。

方济众回味着在老师赵望云引领下到生活中进行写生的生动过程，回想着他与师兄黄胄如何通过提炼把生活中的典型变成一幅画的创作过程；回想着早期西安美协中国画创作研究室在赵望云、石鲁引领下，遵循"一手伸向传统，一手伸向生活"的创作主张，多次深入生活，跋涉关陕秦巴山区写生的过程；回想着他们在钟楼西北角美协院子里不分昼夜地进行创作研讨，然后一次次举办习作展览，不断引起社会关注，直至赴京汇报展览、巡回展览，从而唱响长安□派，并使之响彻大江南北的那一幕幕让人激动的情景。

方济众先生给程征进行画作示范

　　当年，美协西安分会中国画创作研究室成员的作品，至今欣赏时还是那样的充满着清新活力、泥土滋味，富有时代与生活新情新貌。方济众理性地意识到，美院的教学方法与他们这些年坚持的艺术生活创作之路，其实质是贯穿于一种作为中国民族文化的中国画创作理念，在学术判定上的一种思维，一种方法；一种对待生活的方式，对待艺术的态度。这是两个不同的审美系统，一个是站在中国文化发展历程上，一个是中西文化结合模式。而美术学院的这种中西结合的模式，实际上是以西方美学理念作为主导的。这是文化观念与艺术思维上的差异。

二

　　历史地看待新中国成立后陕西美术界的发展演进轨迹，不可否认，"文革"前的西安美院和西安美协，在中国画学术观念、创作方式与审美观照及教学方向上就存在分歧。新中国成立后，美院不断修正与完善培养目标与育人方针，几十年里，历经风雨坎坷，以国家的教育方针路线为主

316

导，坚持了正规化教学。

"文革"期间美协与美院同时被打散，"文革"后陕西美术界重新振兴，这个时候浮出来的人几乎都是美院培养出来的。问题在于，在围绕中国画创作道路上，是在坚守中国画本体民族文化语汇为主导的同时，"洋为中用，古为今用"地借鉴吸收，融合创新，还是以西方文化观念与审美观照为主导，"以西润中，中西融合"，改造民族的传统的经典中国画创作方向？方济众显然坚守并始终捍卫前者。

现在调进来的几个青年画家，都是从学院派里面出来的，过去也经常与他们接触一起创作交流。他们几个人，不可否认，他们还缺失对中国传统文化的深层认知与对中国画本体艺术语汇的实践领悟，因此就必须引导他们以中国文化为主导的艺术观照方法不断创新。他对大家说："当下有许多问题在我们今天来说是一个无法回避的问题，从全国来说，从全省来说，从我们国画事业的发展来说，不考虑这个问题是不行的。"

这个时候的方济众，作为陕西国画院首任院长，完全可以掌握学术话语权了。

方济众按照国画院办院指导思想与创作方针，制定了一系列具有远见的战略规划与具体措施。针对画院画家，他要求他们面壁五年，五年之内不要急于把作品往外拿，不要急于办什么展览；要补传统的课。画国画就得学习传统，不光是一味写生。早期的西安美协中国画创作研究室就很重视传统，经常研究传统，包括临摹，所以方济众的画里有传统有生活。当年他与李可染、陆俨少被邀请到文化部中国画创作组画画时，他在里边是比较年轻的一位。方济众画大小画幅都显得得心应手，像陆俨少这些传统功力很深的老先生对方济众都很佩服、很器重。因此方济众认为，陕西国画院成立以后第一件事就是补传统的课，但是这个传统不是狭义上的传统，而更多的是文化的传统。

这时候的方济众，是以一种崇高的社会责任感在把握陕西国画院的未来建设与学术发展方向。

方济众多次在画院的工作会议上告诫院内画家，要有高远的志向，要争取把画院建成全国一流的学术单位。

对此，他向大家明确提出三点要求，第一，事业上要立志气，学风上要树正气，工作上要有朝气。第二，在艺术创作上，要围绕传统，不断吸取学习古人的艺术手法。第三，"一手伸向传统，一手伸向生活"，这个是长安画派提出的口号，实际上也是千真万确的艺术规律。同时，方济众在此基础上又提出几句很有意思的话语：向古人深入学习，但绝不是重复古人；面向世界向洋人学习，也绝不是重复洋人；要有虚怀若谷的胸襟，取长补短，善于向别人学习，但绝不是重复别人；要有自己的独特追求和鲜明的个性，要重视在传统中继承，在借鉴中汲取，但更重要的是要在自己的艺术实践中不断地求新求变，做到每一幅作品在意境表现与手法表达上都有独特的追求，每一幅都有不同的面貌和样式。这是他的"四个不重复"，或者叫"四个不同"："学古人不同于古人，学洋人不同于洋人，学别人不同于别人，画自己的但又不重复自己。"

三

画院成立初期，方济众平时工作与生活还临时在建国路，但他每星期都要来画院一到两次。

来画院第一个先进罗平安的画室。

罗平安是以兼顾后勤行政与专业画家身份调进的，对于国画他毕竟是半路出家，他也认为自己的正式国画创作实践是在进了国画院以后。到了画院以后，虽然兼顾一部分行政后勤工作，但毕竟是画院专业群体一员，他如鱼得水，激情澎湃。画院里人虽不多，但都是当时陕西国画界精英，画家们和谐团结，学风炽盛。从进画院开始，作为弟子，方济众对他要求很严。罗平安更是有一种紧迫感，也有一种压力。为了抢时间，到了节假日甚至春节，他把自己关在门内埋头作画，常常是一碗玉米粥硬撑多半天。他们这一批人中，像崔振宽、郭全忠、王有政，在美院就是学国画出身，从事国画实践时间都比他早，比他有经验。所以，罗平安特别吃苦勤奋。方济众最了解他，每次来画院都要先给罗平安看画，看了后，有时说一句，最多两句话。比如，方济众指着画说："树，这个树要好好画。"并且拿起笔在画上抹两笔，改一改……于是，一段时间里，罗平安便拼命临摹各种树。等到下一次方济众来了，指着画面说"你这个石头要好好画"，然后拿起笔示范，有时还会在画面上加几笔。在这样的学习状态下，罗平安感觉受益太大了。

罗平安刚开始跟着老师学画，学得还很像，大家开玩笑叫他罗济众。一次，程征告诉方济众说罗平安在变法。方济众就让罗平安把画拿来看看。罗平安心里胆怯，方济众问了他几次后还不敢拿画，方济众就生气了："怎么了，我的话你都不听？"这下把罗平安吓着了，赶忙抱了两卷画就到省美协老师家里。方济众看了以后头一拧就扔给他一句话："急也不管用。"这句话把罗平安敲灵醒了。罗平安理解老师的意思，还是希望他要下功夫，不要急于求变，一定要把基础打好。

画院成立后的几年里，方济众通过长安画派的赵望云、石鲁，引导大家怎样面对生活，去思考，去创作，去反省，最后到顿悟；引导大家对中国民族文化的传统作更进一步的了解。画院画家开始对中国传统文化产生了敬畏之情，真正地感受到了民族大门里面这个庙的不简单，这个庙里边的神就是我们几千年来的文化传统。思想上的脱胎换骨，让大家逐渐地从西方的观念与方式中走出来，用中国画纯正本体思维与观照方式冲击以前在西方观念左右下学到的一些观念、方法等，并找到了不同的探索方位。

但凡画画者都要去下乡，都要面对写生，长安画派有，学院教学也有。但是对笔墨的书写性的表达，对书法的实践学习是长安画派核心的要求。把一种生活中的、客观自然的模式转化成笔墨书写的模式，这是中国画创作的一个根本性的问题，是关乎中国画观念形式转变上的问题。方济众不断地引导画家，实践并突破这一艺术系统上的根本性的变化，这就是导师的作用。

1985年夏天《美术》杂志来了一封信，说要在杂志上刊发介绍王有政的文章，王有政确定让程征写。程征动笔之前，召集全画院的人坐在一起讨论该如何写，王有政买了一个西瓜。大家一边吃西瓜，一边讨论。当时天已经很晚了，谈论到高潮时崔振宽硬是憋着尿不上厕所。其实厕所就在外边，跑出去上完厕所回来再继续谈，可他就是憋着不敢走。

郭全忠回忆说："记得方老过去一面看我们的画一面批评我们，画三个东西就行了……我和有政那时不理解，一直耿耿于怀，生活不是很丰富吗？为啥生活这样丰富，而画面上却只能画三个呢？几十年的艺术实践与岁月感悟，现在我们理解了，画，越单纯越好！"（吉武昌主编：《方济众艺术研究文集》，世界图书出版社2015年版）

初期国画院后勤保障特别好，而行政上的很多事都是罗平安在做。下乡写生创作体验生活，条件很优越，没有规定一个人多少钱，只是在材料费上有所限定。那时一年要出去很多次。80年代初期，每人每年创作经费有500多元，那会儿一刀好宣纸才30多元。

建院初期人少心齐，刚开始画院还没有勤杂工，早晨罗平安喊一声"都出来扫地"，大家就都出来了。

当然方济众的思维与艺术视野并不局限于引导培养画院的一些人，他还是陕西美协主持业务工作的常务副主席，要考虑全省中国画事业发展面对的问题与矛盾。他的师兄黄胄参与主导文化部中国画创作组，以及在中国画研究院成立后，面向全国举办培训班，让全国各地的画家聚集在一起，既是创作交流学习，也是创作业务能力培训。赵振川等就是这样走出来的。

方济众与黄胄可谓秉持同样的艺术情怀，彼此心心相依。

必须要有针对性地进行培训，让他们真正领会到生活和艺术创作间的关系，并直接回归到遵循中国画艺术本体精神与审美的艺术生活之路上来。

方济众下决心要在这个全新的创作环境和纯粹的专业平台上，以一种全新的艺术职责和历史使命，迎着春天的朝阳，携手并引领着一群青年画家展开一场重大艺术活动。

高瞻远瞩　功德无量

一

1982年，经过酝酿与思考后，方济众决定面向全省举办一期"中青年中国画研究进修班"，时间定在1982年2月至4月。

陕西国画院院务会议上，当方济众宣布这一决定并具体安排部署任务时，大家高兴的同时又感到了一种心理的迫切与心境的紧张，还有一种无形的压力。毕竟，画院正式成立才一年多，初期建设过程中还面临许多事情。画院现在屈指可数就这几个人，却要举办一期面向全省、持续时间长、参与培训人员众多的"中青年中国画研究进修班"，这是一个大工程。

大家看着院长方济众，他的眼里分明透出一种坚毅的目光，充满着自信。

按照工作安排与任务部署，开课之前要做大量保障准备工作。举办这期"中青年中国画研究进修班"分文不收，却要大量花钱。

当时罗平安还负责院里行政办公室工作，这时候他又得忙碌了。研修班成员是来自全省各地的、有一定实力和基础的中青年画家，也包括西安美院、省群艺馆等的画家。

那时候画院人少，房子倒不少，画院没啥钱，只能想办法给学员安排住宿。方济众他们商量着，就利用原来展览馆的平房，在房间里置放了临

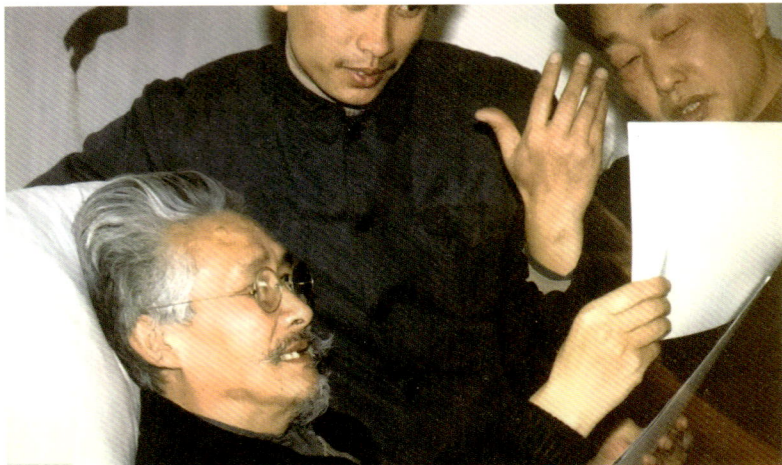

方济众看望住院中的石鲁

时借的床架、床板，按照房子空间大小，小房间安排住三四个人，大房子干脆就打通铺。又从西大街文化厅一个办事处招待所借了一些被褥过来。

条件虽然简陋，但总算能把来自各地市的55名学员安顿下来了。前来参加培训的学员，历经十年文革荒芜，沧桑岁月，大多数年龄也偏大些，但在专业上比较突出。

画院又专门搭建了一个棚子做简易食堂，专门请来了一个师傅做饭。

80年代初期，陕西经济紧张。画院打了报告申请经费，省上批了两万多元，其中还包括一定的教学费，给讲课的老师发放适当的讲课费。

由于工作人员紧张，院内画家既是学员，也是工作人员。

二

2月的古城长安，气温渐渐回升，微暖的空气里还夹带了些北方的寒流，天气忽热忽冷，人们还得裹紧棉衣。

1982年2月15日中午，北郊龙首村的陕西农展馆大门上方悬挂着的由方济众题写的牌匾上，"陕西国画院"几个大字在春光普照下，显得格外亮眼。

322

1982年黄胄进行教学示范时的情景（后排左起为程征、赵振川、罗平安、刘文西等）

　　陕西农展馆内异常热闹。上午10点，由陕西美协和陕西国画院主办的、面向全省的"中青年中国画研究进修班"正式开班了。

　　这是陕西美术界80年代之初举办的唯一一次面向全省的关于中国画学习与研讨的大规模专业培训班。

　　长安画派在艺术探索过程中，其学术主旨是赵望云艺术之路与石鲁艺术精神相融而形成的，然而这与当时全面接受苏联美术潮流影响的美术学院，在创作教学方向上存在着较大差异。为了弥补美院出来的中青年画家传统文化艺术的欠缺与不足，扭转并提升他们以中国民族文化为本体的中国画创作观念与创作思维，同时也为了发挥画院"出作品、出人才、出经验，在省内起学术带头作用"的办院宗旨，特别是提高中青年画家的学养、涵养、修养，打造西北高原艺术上的金字塔与艺术高峰，特举办了这期规模空前、具有极高学术品位的"中青年中国画研究进修班"。此次活动规模空前，影响深远，让画院内外年轻画家们都受益匪浅。

这个学习班很快在全国美术界引起了反响。

方济众一封一封地写信，以自己高屋建瓴的气度与远大宽广的胸怀，以自己的威望与影响力，先后邀请来一大批著名的老书画家、篆刻家；著名作家、著名文史学者与专家，共34位，如当代著名画家吴冠中、华君武、张仃、陆俨少、周韶华、蔡若虹、程十发、黄胄、崔子范、鲁慕迅、汤文选、周思聪、罗铭、何海霞、刘文西、康师尧、杜鹏程、王汶石、霍松林、王子武、陈方既、刘自椟、李世南等。知识结构上涵盖了书法、篆刻、诗词、文学、绘画、理论、哲学等。

当时从外地邀请的老师，来到西安以后一般停留四天左右。老师先讲课，讲完后大家提问；然后，老师再示范讲解一些画法，学员观摩。

从湖北请来的老师有周韶华、鲁慕迅，他们在讲课的同时，还带来作品在展览馆举办了"湖北晴川、申社中国画联展"，南北两地画家互相交流，共同探讨。

陆俨少来到西安后，上半天讲课，下半天示范、演示画法，交流观

1982年，陆俨少先生在研修班上课时的情景

摩；近距离观看名家示范画画，学员们觉得眼界大开。

书画家住宿按照身份、年龄与影响安排，比如陆俨少、吴冠中、华君武、张仃、周韶华、蔡若虹、程十发、黄胄等先生，罗平安把他们接上直接安排住进了人民大厦；其他先生安排在火车站东边的解放饭店。解放饭店经理刘梦秋也喜欢画画，在饭店住宿上给了最大的优惠。

那段时间，院内这几个三四十岁的画家确实是太忙了，每个人的事情都很多。但他们觉得能陪着这些老先生，其实也是忙里"沾光"。现在与老先生吃住在一起，感受到以往没法感受到的许多东西，还可以经常近距离看老先生作画及与他们交流，何乐而不为呢？

最忙的算是罗平安了。研讨会之前，方济众先以书信形式与这些画家联系，随后罗平安拿着画院的介绍信坐火车一一拜访老先生，协商好讲课的时间后，他要提前为老先生订飞机票或者火车票。等老先生人来了，罗平安他们还要到机场或者车站去接，再具体安排吃住。那一阵子虽然奔波辛苦，但心情却是舒畅的。他心里明白，老师方济众就是以这样的方式，在不知不觉中给大家提供与这些国画大家近距离接触的机会。

三

邀请外地老先生们来西安讲课之外，还安排他们参观陕西名胜古迹，游览关陕特色山水，感受西北人文风貌。画院有一辆面包车，负责接送老师到市内旅游景点及周边的杨凌、茂陵、华山等地方参观游览。这个现在很简单的过程，在80年代初做起来却极不容易。

吴冠中讲课完后说想到乾陵去。张振学他们几个陪同，结果一出西安就下雨，泥土路逢雨泥泞，车走到一个地方走不动了，大名鼎鼎的、50岁左右的吴冠中还下来脱了鞋跟他们几个人一块推车。

陆俨少讲完课，方济众与几个年轻画家陪着他几乎游览了西安市内主要的名胜古迹——大雁塔、华清池、秦俑坑、半坡村、碑林；又游览了茂陵、乾陵；还去了黄陵观古柏，又东至禹门口观黄河之汹涌浩瀚。旋谒司马迁祠堂，回来又去长安少陵塬，拜谒杜甫祠。秦岭山脉的雄伟高大，让陆俨少大饱眼福。百忙之中的方济众作为东道主，还特意约老先生到家乡汉中一游。陆俨少归途乘火车过华山，遥望云峰，思绪万千，当时想着华山雄险，觉得年老腰腿不济，所以就没有参观华山。现在只能望着匆匆而过的华山岩而兴叹。

那个时候，一般人基本没有照相机，就算有照相机也是黑白的。学习与工作节奏很紧张。院内画家与学员当时也没有与老师们拍照留念的意识，以至于崔振宽、张振学、程征他们至今回想起来都觉得遗憾。

那一阵子，画院里气氛热闹、紧张，但工作却井然有序。方济众或者在办公室忙着处理行政上的事情，或者到画室里招呼陪同那些在给学员示范的先生，或者与学员一起聆听老先生讲课，并且不时地以自己的情绪与言行带动大家与老师交流。他几乎没有一个完整的作息时间节点。

举办这样规模的研修班，少得可怜的经费运作，方济众只有拿画来打通许多关节了。不光是他自己无私地这样做，何老他们也在这样做。

1982年，吴冠中先生在研修班给学员上课时的情景

四

蔡若虹和黄胄是4月份同时来到西安的。

蔡若虹是中国当代著名画家、美术理论家、美术教育家和社会活动家，从50年代初担任中国美术家协会副主席近半个世纪，是中国美协的杰出领导之一，新中国美术的奠基人之一。蔡若虹和黄胄还共同创建了中国画研究院。1981年11月1日，中国画研究院成立，黄胄和蔡若虹、叶浅予被文化部任命为副院长。

蔡若虹已经有20年未来过西安了。当他与黄胄两人到达西安下榻人民大厦后，省长于明涛、副省长谈维煦等还专程过来看望慰问，并以省政府名义设宴隆重接待了他们。第二天，蔡若虹和黄胄坐上了由省政府安排的专车到了咸阳博物馆，参观了茂陵、乾陵等。

第一次看到古长安这么多的古迹文物，每到一处蔡若虹都很认真地考察参观，心情非常激动。他特别喜欢茂陵的石雕，感受着这些古代艺术作品的雄浑、朴茂、纯正。

蔡若虹和黄胄给大家讲课这天，来聆听的人特别多，学员们早早坐在那里等候，省内其他书画家也慕名前来。展览馆右边一个比较大的平房里都挤满了人。

那天，方济众全程作陪。

一阵热烈的掌声之后，蔡若虹开始讲课。他先从参观感受说起，并以现实主义与浪漫主义情怀，结合中国画特点进行了分析，告诫大家创作中国画要有自己的思想，要有正气，要继承民族艺术纯正的东西。蔡若虹是个大理论家，讲得深入浅出，通俗易懂。掌声之后，方济众站起来总结说："刚才蔡老以高度的爱国主义热情评价了咱们西北古代的传统文化，同时以马列主义的文艺观点全释了革命现实主义和革命浪漫主义相结合的创作方法，以及艺术创作中的典型概括意境、思想情感方面。这些都很重要，对我们很有启发、教育意义。蔡老已经年近72岁高龄了，很多年没有来西安了，今天内给我们做这样精彩的报告，我们再一次表示感谢。"

1982年研修班期间，方济众与陆俨少、何海霞在一起交流

说完，他亲自给蔡若虹添了一杯水，又看了师兄黄胄一眼，面向学员大声说："下面我们再用热烈的掌声欢迎黄胄同志给大家作报告。"

在大家的掌声中，黄胄从前排站起来走到讲台前坐下说："作报告是不敢当，和同志们见见面倒是高兴，感谢美协和国画院给我们这么一个机会能和大家见面。"黄胄稍微顿了顿，深情地望了一下方济众说，"大家知道，我是陕西人，从陕西出去的，西安是我的第二故乡，回来以后处处感到亲切"，他看着前面坐的师弟赵振川，再望了一眼方济众说："今天见了大家也是很激动。"台下瞬间又是一片掌声，许多人以前从未见过黄胄，仰慕得不得了。等大家平静下来，黄胄拉了拉披着的外衣说："蔡老讲得很好，蔡老会写文章，也很讲话。我不行，讲不了，回来总是想跟大家谈谈感想，讲到哪儿算哪儿。"

黄胄主要结合他自己艺术创作生涯，围绕艺术创作的"生活与情感""写生与创作"给大家讲，就像拉家常一样。

黄胄说，从技术上讲，有些人过去觉得拿毛笔画感到麻烦，但是我自己的主要表现形式还是用毛笔画，用毛笔记录生活背东西。画中国画的人最好带着毛笔画速写。生活里面一般都是有感情的，你带着那种激情、带着感情画的时候，和你那种四平八稳地画完全是不一样。深入生活确实要有感情，感情要对头，有时候生活里头本身就教育你。过去那些美术院校的高材生，画得好，留在了大城市，留在了美院，差一点的分到新疆、西藏等，结果过几年后这些下去生活的拿出作品来，说明生活本身是很教育人的。画画的重复过程也是反复实践过程，既要有生活实践，也要有创作实践。画画的道路很长，真正有成就的人、真正好的作品是踏踏实实、不求名不求利画出来的。

黄胄最后说："我讲得比较啰唆，主要是跟同志们见个面。我不善于讲话，下面大家有不同的看法也可以说说。"停了一两分钟，大家没人说话，其实还是想听黄胄说话。方济众说："黄胄同志以他个人的创作体会谈了深入生活的重要性，以及一些创作的方法、立场、观念、态度等，对我们很有启发作用。黄胄同志身体也不好，今天能给我们作这个精彩的报告，大家再次用热烈的掌声表示感谢。"

叶浅予在国画研修班讲课时情景

掌声停下后，几分钟未见人发言提问题，黄胄就说："我提一个问题，关于文人画的问题在西安有没有展开讨论过？"

方济众说："对文人画有很多反对的话。时代不同了，旧文人画要适应发展，这是中国画发展的需要。从思想境界来说，中国画取材是属于另外一种历史范畴。新文人画应该继承这个传统，继承这种方法。我们是这么看的。只能说是有新旧之分。"

黄胄说："旧瓶装新酒。"

方济众说："还不能这样看待。旧文人画以诗、词、书法入画，从写情、写意、似与不似这方面有所发展。新文人画难道不需要文化吗？新文人画要发展，也应该是百花齐放，不应该和旧文人画感觉一样，应该有它的时代特点。"

黄胄说："是否定还是肯定？"

方济众说："应该是肯定。"

黄胄说："如果否定就没有继承的必要，如果肯定就有继承发展的必要。"

师兄弟二人是在辨析传统中国画文人画在当代如何继承与发展的学术大问题了，蔡若虹听着，也不由自主地插话了，他问："湖北怎么样，少

1982年举办研讨会师生合影

330

数人否定文人画？"蔡若虹问这话，应该是有所指的。因为前几天湖北周韶华他们带作品过来搞了展览后，两地画家还在一起座谈交流。

方济众也回答着蔡若虹的问话。

……

如此这样，蔡若虹与方济众又开始了对话，黄胄也插话进来。这下热闹了，台下的学员感觉是在听三位国画大家生动有趣的专业对话、学术探讨了。

三个人就这样你一言他一语地、不知不觉对话了将近半个小时。这样的场面难得也很少有，大家听着，真感觉有些陶醉了。

第二天一早，方济众又与黄胄、蔡若虹、黄苗子，还有赵振川、叶坚赶到了黄雁村省人民医院看望住院的石鲁。石鲁自从赴北京参加了中国美协常务理事会后，回到西安就几乎处于住院治疗中。全国文代会与中国美协换届会上，他缺席当选为中国美协常务理事。时间已过两年，刚好蔡若虹这次来西安讲课，也代表中国美协前去看望石鲁。

这天天气暖和，春天的阳光透过玻璃窗照射进来，病房里显得舒适又温暖。老朋友过来看望，石鲁特别高兴。他特意让女儿石丹找了几把藤椅和一个小木凳放在病房外的露天平台上，女儿搀扶着他与客人走到外边房顶平台上，石鲁招呼客人坐下，大家陪着石鲁愉快地聊天，不知不觉畅谈了一个多小时。

那天方济众陪着蔡若虹、黄胄还专门过去看望了师母赵夫人。师兄弟与师母聊天过程中，师母关心他们各自现在的工作与生活情况。黄胄说，他这几年的精力与时间大多都耗在藻鉴堂那里筹备中国画研究院的基本建设上了，从院址规划到房舍改造，其中的一砖一瓦都要操心到位，身体又有病，感觉苦不堪言。

师兄说着这话，方济众在一旁听着也是感慨，他何尝不是如此呢？他甚至比师兄更忙。这几年，美协展览馆基建、家属楼规划基建，国画院主体楼规划等，硬件与软件建设几乎都要操心。恢复中的省美协基本建设，规划落实全省美术创作队伍，特别是国画院创作学术队伍建设，事情都赶了在一起。

师母一家老小还住在过去低矮的老院子里，方济众说，等美协家属楼盖好后就可以搬过去住了。

说到过去，他们动情地回忆了老师赵望云。方济众说，老师作为早期陕西美协的创建者，长期担任协会领导工作，把自己一生都无私无畏地奉献给了陕西美协事业。可是如今，老美协的家属子女基本生活条件还得不到保障。如今他担着美协与建设国画院的担子，心里总感觉有一种紧迫感、责任感。

方济众深情地说，行走在老美协大院里，总感觉老师的灵魂还在美协大院回荡，心灵时刻都在感受着老师灵魂的召唤。

是呀，在历史转折关键时期，黄胄、方济众作为同门师兄弟，两人很清醒各自身上承载的责任与使命。

4月15号是崔子范讲课的日子。方济众看得出，崔老对这次讲课做了充分、认真的准备。方济众也是全程作陪听讲。

崔子范准备了四个问题，上午讲了两个，下午讲了两个，分头讲完后再进行示范。

崔老第一个问题是谈中国画的基本特点，围绕三个方面：民族性、时代面貌、个人风格。三个特点中崔老主要讲了个人风格的形成过程。他认为，一方面是生活的体验，是生活的经历；第二个方面就是艺术生活问题。这两个问题综合起来，社会生活和艺术生活形成了我们的个人风格，这种风格代表民族的、时代的。第二个问题是谈中国画的四个基本功：造型问题、笔墨功夫、观察方法、文学修养。第三个问题是创作的"立意、构图、典型、笔墨、色调、气韵生动"六要求；第四个问题是谈一谈花鸟画创作。

崔子范讲课给大家留下的印象最深，崔老说，"齐白石说他自己是真正的大写意"。

崔子范示范时，边画边讲，画面上就是黑白灰笔墨关系，大气，简洁，率真。他的大写意示范讲解，给了郭全忠他们很大的启发。崔子范讲课谈问题，无论是多么错综复杂的国内外大事，都是ABC，非常简单。特别是他示范时的写意状态，让郭全忠、崔振宽、赵振川他们真正感受到崔子范为什么要说大写意。

不知不觉两个月的学习班就要结束了。

五

4月16日上午，是研修班结业时间，地点就在展馆中间一个不大的展厅里。罗平安他们提前把展厅四周的墙面上布置了研修期间老师与学员创作的国画。

画院画家、工作人员与学员都到了。何海霞、修军、王子武、苗重安等坐在了前面。学员们坌在前面放有一个话筒和铺有干净画布的桌子周围。

先是方济众讲话。他说："两个月的学习研修就要结束。在这次的研修班里，大家团结、紧张、严肃，但活泼不够，对大家的劳逸结合安排得不够。因为学习任务太紧了，大家拼命地学。根据反映，同志们都还是比较高兴的。"

方济众语重心长地讲了很多。他说："现在我们改革开放，东西方文化交流以后就是常事了。外国人来中国，他欣赏水平不高，到中国了到处买东西，地摊上买，食堂里也买。买回去装裱好后让我们去欣赏参观。去年我与李子青同志在日本访问，对我们很有教育意义。我们一看难受得不得了，李子青同志看了以后满头大汗，说他们把我们的糟粕拿去了。到底什么是糟粕？什么是精华？这涉及一个政治经济与文化的关系。我们办画院，为什么要搞国画院，就是要解决这个问题，从认识上要把这个问题提得比较高一些，站得高一些，看得比较远一些……"随后方济众结合自己的学习心得体会，分别对黄胄、吴冠中、崔子范所讲的主要话题以及他们绘画笔墨特点进行了分析，并提出了自己的看法。他希望大家要带着问题，结合自身去分析去研究。作为主办人，他总结得全面、透彻、深刻，

x

他的精辟分析让大家心生敬佩。

4月17日早上，举办研修班结业茶话会，大家齐聚一堂。最后一次团聚了，这次组织安排有些特别。

也许方济众想让大家消解一下两个月的学习带来的紧张和疲惫，茶话会一开始，他亲自上阵演奏了一曲京胡。

方济众演奏起来还真有专业水平，他自己拉得如醉如痴，大家听着也是有滋有味，学员们没想到他的京胡能拉得这么好。他们哪里知道，方济众这等音乐素养，从他青少年时期就形成了。早年在老师赵望云家学画时，也受到了老师京胡上的点拨。赵氏艺门中的老大赵振霄、老四赵季平可都是大音乐家。赵季平是方济众从小抱着长大的，这几年得空了便会过来看看方济众，他们一起聊书画、聊音乐戏曲，有时也拉拉京胡、哼哼戏曲。

更精彩的是，方济众单独演奏完，又和何海霞合作，他拉京胡，何海霞唱京剧小旦声腔。委婉的京韵和美妙的京胡把气氛一下子推向了高潮。

何老满族人，老北京皇城根下长大的。演唱时那神气、那腔调，一板一眼的。两人一唱一和，堪称和谐完美，让大家领略了他们心目中敬仰的画家的另类艺术风范。

王子武走到前台表演秦腔《火焰驹》。他是长安人，平时说一口关中调，《火焰驹》里边李彦贵"买水"的一段，让他唱得活灵活现……

接着从陕北来的几个学员，也动情地唱起了陕北民歌。后边都是即兴的。画画人表演起来，不是专业，却别有趣味。

欢聚尽兴之后，还是方济众先讲话。他说："研修班已经到最后一天了。从2月15日开始到现在，连着两个月零两天，大家都很辛苦，起早贪黑地完成了学习任务。昨天的发言中，每个人都谈了自己的学习体会，看来还是有很大的收获的。这个学习班是在省委、省政府、宣传部、文化局、美协的很多同志关心之下办起来的。光我们这个学习班学习费就花了不少钱，还有邀请来的一些画家全部的差旅费、大家的房租费。对我们陕西国画来说，现在是一个关键阶段，我们需要认真对待这个问题。西安地区的老画家，'文革'以后60岁的画家就剩几个人了。何老现在是我们陕西省唯一一个年纪比较大的老画家。康老61岁了，石鲁同志63岁了，今年还躺在病床上。过去赵望云同志、石鲁同志、何老，他们为咱们陕西国画奠定了基础。但是现在赵望云去世了，石鲁病着也不能画画了。如何接上去这就是个问题。如何能够不让人感到陕西国画就是昙花一现，无声无息了。这对于我们来说是不光彩的。对我们整个国画艺术来说也不应该，这个接力棒应该有人接下去……研修班看着是结束了，实际上才刚刚开始。这个学习班，画院的也好，协会的也好，都是作为一个成员来参加的。我个人也是这样，我也是作为学习班一个成员来参加学习的。这次不但大家受益很多，我自己也是受益很多。我们互相学习，互相促进，对于我们今后的国画创作会有很大的帮助。协会修军同志来了，何老、子武都来了，听听他们有什么话。下面请何老说说。"

何海霞说："我简单说几句。我在陕西差不多30年了，学习班还没有这样搞过。在我们这样的条件下，各省的画家参与我们的辅导，这是很难得的一次机会。我想陕西的国画在几年之内会有发展。我另一个想法，现在体育冲出亚洲，打到欧洲，争取冠军。我们不仅是在技术上要很好的连接，我想从思想上也要进行。石鲁、赵望云先生当年确实给我做了很多工作，奠定了很好的基础，我们在这个良好的基础上共同再做好。我们要向全国进军。我就说这些吧。"

王子武说："这几年一再强调振兴中华，我觉得这个口号不光是表现在政治角度上。方老把这个事情一再强调了，办这个研修班，就是为了把陕西美术创作搞得更活跃，能够提高一步，这就是振兴中华。画画要拼命，就是要想尽一切办法把画画好。咱能够拼命画，也得有个好胜的心。为啥咱不能当著名画家呢？我觉得在座的同志们，应该有这个勇气。画画要甘于寂寞，甘于贫穷，应该有百折不挠的勇气。"

修军说："我是来祝贺这个学习班的，开幕及开学的时候我没能来参加。大家知道，协会现在基本上就是我跟济众同志，他还要到这边来，事就多得很。这个学习班，的确是美协成立以来第一次，它一定会在今后

显出效果，就是说我们举办这个学习班有着战略意义。咱们这个学习班的同志非常努力，团结得很好，在外边反映很好。咱们国画院的同志在这方面都参与了具体的工作。比如说罗平安同志这些人。罗平安礼拜天都不回家，爱人都为此提出了抗议。这种牺牲的精神值得我们学习。国画院的同志在这方面做得很好。我代表协会向这些同志表示感谢。"

苗重安代表画院画家也讲了话，他说："发言的几位领导也是咱们的老师，是有成就的老师。去年国画院成立大会上，北京画院的同志说，你们这儿的长安画坛，从古代到现代的长安画派，确确实实给我们在艺术上树立了一个高峰。那我们在这个时代怎么办？难道我们这一代人就这样没有出息，没有才气？通过这个学习班，画院的同志切身地感受到了这一点，制订今年计划的时候，大家说如果最近三五年甚至十年左右再不出东西，这一辈子就报销了，就不行了。很多同志带着问题参加学习班。这个学习班都给大家点亮了一把火，确实给大家指了一些前进的路。何老这么大年纪，也连续讲了几天。方老师大家接触多了，有些情况就不必说了，不管课上课下，有时候晚上11点左右了他还在加班辅导。为了大家共同振

336

兴，确实是忘我工作，发寝忘食。他们谆谆教导，循循善诱，不厌其烦。具体工作中，虽然也有些矛盾和问题，但大家都会从大局出发，互相体谅。团结协作是取得这次好成果的主要原因。"

张振学代表学员发言说："想来想去心里很激动，好多话要说。这次画院、美协费了好大劲，牺牲了好多时间精力，办了这样一个有创建性的学习班，对我们来说，确实很难得，也感觉很荣幸。两个月大家感觉确实学了不少东西，比我们原来预期的想象的是大大超前了。办班是对我寄托着一种希望，我们不能够辜负。这个学习班凝结成四个字就是"导流开源"。把我们原来思想上凝结的东西，通过学习开始松动了。回去以后我会思考着逐渐地通畅、通开。"

方济众最后说："徐悲鸿的'以西润中'之路，把西方比较写实的东西带到中国，回来以后办美术学校。但是欧洲在不断发展，而我们没有变。50年代我们又学苏联的那种教学方法，一搞就是几十年。我过去只画过几个月的素描，就很难摆脱，一画就老注意明暗这个东西。大家学了四五年，现在要摆脱这个也是不容易的。比如画人物的同志，要彻底摆脱这个东西，还是要经过很长时间的。我觉得全忠还是搞得比较快的，文西也还是在慢慢蜕变过程当中。世南变化就快，他的人物画，素描影响就少一些。希望大家把谈的东西能整理整理并写成文章。我以前在外交部作画，大家经常在一起谈话，吃饭聊天，下午没事在一起聊聊，经常涉及艺术上的问题，那我就每天写日记。那四个月的日记我写了厚厚的一本。咱们这也两个月，希望大家归纳总结整理，对自己艺术思想提升有很大帮助。希望大家把自己的研修作品也整理出来，一个人可以两三张。征集一起后我们可以搞个内部观摩展。如果内部观摩展不错，我们可以在国庆节拿出来公开展示。"

春天是一年中最美好的季节。"人间四月芳菲尽，山寺桃花始盛开。"古城长安处处繁花似锦，人们在踏春赏景的情致中，寻觅着希望，畅想着未来。

4月17日，陕西中青年国画创作研修班圆满结束，学员们顺利结业。

陕西国画院院长方济众，作为曾经在赵望云、石鲁引领下创建"长安

1982年方济众在研修班进行示范时的情景

画派"时期最年轻的主将，又是改革开放以后，传续长安画派精神的一位旗手，他临危受命，高瞻远瞩，慧心独具，亲自制订计划并促成了一系列具有战略远见计划的实施。来自全省的50多位学员集中在一起两个月的学习培训，所涉及知识领域囊括了从长安画派精神实质到中国画整体表现语言上的理论培训与示范指导、中国文化哲学美学知识的传授等等一系列中国画本体问题，弥补了年轻画家在学校里边所不具备的、所欠缺的对中国画本质的深刻理解。他本人更是经常性地深入学习班演讲示范，"培养大家习惯于用一个中国画家的眼睛去看、用头脑去想，用中国画的独特语言系统去表达"。

来自湖北的当代中国画名宿周韶华，在参与培训讲学过程中，亲身感

338

受到这个学习班办班的不易，所以他内心非常理解方济众做的这件事情，也非常看重"长安画派"的现代价值与延续意义。周韶华当时非常感慨地讲了一句话："方济众这个举动功德无量。"

黄河飞瀑　15cm×67cm　1984年

吸纳新秀　筑建未来

一

　　举办中国画研修班，方济众还有一个目的，即发现人才，挖掘新秀，为画院充实新鲜血液。

　　学习期间，有一个学员张振学，来自宝鸡。学习期间他绘画个性面目较强，在学员里表现出众。方济众几乎每天都会看学员们画的画，张振学

渔村　67.5cm×69cm　1982年

给他留下的印象很深。

1959年张振学还在陕西省艺术师范学校美术班上学时就与方济众认识了。1962年张振学从西安美院师范系分配到宝鸡。60年代还在美院上学时，对李可染的画很感兴趣，那时画册不好买，就在美院图书馆借了李可染的画册，用照相机翻拍了后洗成照片，一张一张临摹。临摹了一批后去找乡党方济众请教。方济众看了以后说："你喜欢李可染的画，你知道李可染的老师是谁吗？"

张振学说："我不知道。"

方济众说："李可染有两个老师，一个是齐白石，一个是黄宾虹。"

张振学说："我喜欢齐白石的画，但是黄宾虹的画我看不懂，他画得黑乎乎的，画的啥也不知道，房子画得歪歪斜斜，下面的船写个中国的中，底下画个杠，那是船吗？"方济众停了好半天说："怎么说话呢？你想想人家一个大画家，把房间画得不像，画不好？画家的那个房子是看的不是住的，画那么整齐真实干什么？你看南方画家整天坐船，会把船画得很真吗？画家画的船不是坐的不是运东西的，是看的。"张振学那会儿还不到30岁，这话以后十多年他一直搞不明白。1981年他创作的画参加全国铁路美展获奖；1982年初，他带着《生生不息》草图到建国路让方济众指导。方济众看了草图后就问："你现在在哪？"

张振学说："我调到铁路局了，在西安。"

方济众说："好，只要到西安就行了，到不到画院以后再说。"

研修班结束的时候，方济众把张振学的小画《毕竟东流去》草图作为重点画作例子观摩总结。方济众当时就有想法把张振学调到画院来，但时机还不是很成熟。

1984年，第六届全国美展举办，张振学的《生生不息》在这届美展上获铜奖。同期展览获奖阵营里，浙江画家谢振瓯的作品《大唐伎乐图》获"第六届全国美展"金质奖。1979年谢振瓯创作的作品《丝绸之路》参加第五届全国美展，也获得二等奖。谢振瓯人在浙江，画的却是表现古长安时期的丝绸之路题材。

一路幽香似醉人　　50cm×45cm　　1982年

一天，张振学突然收到一封信，要调他到省国画院去，问他同不同意。正好现在铁路局格局要变动，西安铁路局要并到郑州铁路局去。张振学当然同意了。那时候交通不方便，张振学办完手续后，就自己骑着自行车到龙首村。

张振学调进来时，谢振瓯也已从温州调了过来。

谢振瓯最早知道方济众是1981年。那年方济众到浙江，浙江美术馆的几个人陪着他到温州走访交流，前后时间还不短。

一次，谢振瓯在他的老师方介堪家里看到方济众的一幅小品画，画的是山羊，随后在博物馆馆长家里也看到方济众画的画。1984年初春，六届全国美展之前，他来到了西安。到了陕西国画院才知道方济众是陕西国画院院长。

谢振瓯通过美协介绍去参观陕西国画院，这样就跟苗重安、郭全忠、王有政他们比较熟了。当时苗重安安排他住进了何海霞原来的画室，何海霞在4月份刚调到中国画研究院。住下之后才知道这里最早是方济众的画室，打开抽屉还有方济众的字画。

当天傍晚，程征就带着谢振瓯去方济众家里拜访，这样就与方济众也

344

熟悉了。方济众这时就有心要调他到画院。

1984年7月，张振学与谢振瓯同时调到画院。陕西国画院又增强了创作力量。在这之前，方济众也确定要调李世南到画院，但湖北周韶华把李世南挖走了。

画院选拔人才严格，当时进人是由画院艺委会一起商量，大家都觉得这人行才能调进来。

二

1980年国画院筹备过程中，将划拨给画院的几排平房及展厅改造成了若干间房子，用于画院办公房舍及院内画家画室。

画院成立后的初创阶段，方济众确定了画院十年建设规划与工作重心；1981年围绕创作研究队伍建设、基本设施建设和建立学术秩序等基础工作而展开。

作为一个省级专业画院，要具备与之相配套的学术环境、基本设施。但要逐步落实，一步步建设到位。按照规划，首先就是建设一座现代化的国画院主体大楼以及家属楼。

画院主体楼建设报告递交上去之后，就一直在等消息。但是，改革开放初期，陕西各方面都要恢复重建，陕西又是个穷省。方济众多次去省政府及文化厅协调，希望能尽快批复经费进行基本建设。

1983年，分管经济的副省长和省计委苗主任陪着国家计委副主任来画院参观，方济众与苗重安觉得这是个难得的机遇。在参观时向领导汇报工作时把画院的实际困难也说了一下，后来省文化厅给下拨了画院基本建设经费。

张勃兴为代省长的时候，苗重安在省府大楼开会时，直接到省长办公室，把画院的工作作了简单汇报，并邀请张省长有空到画院走一走。结果开完人大会的第二天，省政府办公厅打来电话，说省长就要来了。在与省长座谈中，方济众说到陕西国画院初创时期面临的困难、问题和未来的发

展，张省长听完后当场就表态，先从省里的基建费中，拿出30万元用于画院基本建设。随后省长将这事落实给分管财务的张斌副省长。再加上文化厅划拨的经费，经费有了保障。

这样，到1986年底，画院主体楼及生活楼已基本建设到位。

主体大楼六层，按照画室、办公室、会议室、资料室、观摩展示室等一一规划。从二楼开始，第一个是方济众的大画室，紧挨着的是苗重安、王有政、罗平安、郭全忠的画室，等等。画院画家终于有了自己的专业工作室，可以安心搞研究创作了。

方济众一直在忘我无私地工作，他为人诚恳，也很谦和，但谦和里面也有严厉。他要求画院画家要像越王勾践卧薪尝胆，拿出头悬梁、锥刺股的精神面壁五年。这既是非常严厉的，但也是很有用的一种方式。

三

方济众是一个可亲、可爱、又很朴素的文化人。工作中他的包容性很强，在大家面前从来不论是非，也没有偏激地斥责某一个人的艺术作品。

草碧山庄　17cm×68.5cm　1981年

方济众内心平实，充分理解别人，尊重别人。

　　1982年春节，画院成立整整一年了，苗重安就以画院支部名义搞了个春节联欢会。方济众专门邀请名誉院长石鲁来到画院与大家一起欢度春节。联欢会也准备了简单的晚餐，大家欢聚一堂，气氛活跃，薄酒助兴，互相祝愿，一片祥和气象。画院画家都带着家属来了，男女老少欢庆一堂，显得格外热闹。小孩子们唱歌、跳舞，中间还穿插了一个猜谜语环节，画家每人都提前画一幅画装到信封里，并按顺序编号，谁唱歌唱得好，就捏纸蛋；按纸蛋捏号，赠送作品。方济众画了画，也写了字。谁要是捏个号拿到院长的字画，那简直高兴极了。方济众这时候又像一个可敬的长辈，言语神态朴素、自然。

　　客观地说，20世纪80年代初期的陕西美术界，正是由于方济众主持陕西美协工作期间，特别是主政陕西国画院工作期间的辛勤耕耘与辛劳付出，使得作为陕西学术龙头的陕西国画院具有一个非常纯净的创作研究环境。那时的画院呈现出以下几个特点，第一是起点高（以长安画派学术主张与精神旗帜为坐标）；第二是底气足（有古老的长安文化沉淀及长安画派成就历史为资本）；第三是方向正（方济众德高望重品格及纯正学术龙头引领）；第四是力量强（画院选拔人才非常严格，并面向院外聘请了一批在全国有影响的画家比如何海霞、刘文西、康师尧、王子武等作为副院长及兼职画师）；第五是气氛好（院内院外画家潜心探索，苦心修炼，同心凝力，积极进取）。

与叶坚、罗平安等在小品展厅合影

古木春华　68cm×68cm　1987年

西宁同志属正
一九三三年新春 济舟

河洲傍晚　67.5cm×46.5cm　1983年

东瀛交流　文化使者

1982年率书法代表团访日

一

1977年，日本书道访华团来到陕西，在西安拜会了李子青先生并与他交流书艺。1981年，刚成立的陕西书协挂靠在陕西美协，方济众也兼任陕西书协副主席。1981年11月26日，方济众与李子青应邀组成中国陕西省书法代表团赴日本访问。

那个时候国家汇率管理很严，出国访问每人只能换30美元的外汇，换算成日元还不到1万日元。方济众他们到达日本以后受到了特别的接待。可是，作为中国著名画家，兜里却没钱，根本不敢在大街上转悠。

从日本回来后，画院里的人都好奇地问院长去日本的感受。方济众说，人家把他领到商店转，不去不行。进去后售货员特别热情，但他目不斜视、直直地走了过去。为啥？方济众说，他最怕人家那样热情地让他买东西。二女儿方禾想着让父亲给她带点东西，结果方济众只给妻子带了一双袜子。

1985年初，日本友人藤原楞山来到西安，提出希望能与陕西进行书画展览交流。藤原是个中国通，特别喜欢中国文化，对中国书画情有独钟。外事办日语翻译小李就领着他来到国画院。一番友好畅谈后，藤原希望方济众及其国画院能到日本，与日本京都书画院进行交流。

方济众代表陕西国画院接受了邀请。

随后，中日两方通过外事办协调沟通，确定了出访时间，陕西省文化厅很快组织了一个以国画院为主体的访日代表团。确定后的组团名单，方济众为团长，苗重安为副团长兼秘书长。成员有王有政、罗平安、程征、谢振瓯等，还有省艺术馆的付毅和随同翻译。这次省上给院长外出7万日元，还有一定数量的人民币；其他人每人换5万日元。

这个展览是日本京都书画院与陕西国画院的第一次交流展。陕西国画院画家每人创作了一些新画，提前邮寄过去60幅书画作品参展交流。

二

正式出发日期到了。

1985年4月13日，访日代表团先坐火车到达上海。

日本方面是东京大学的一个朋友具体负责画院来往手续，机票是他先寄过来的。方济众他们到达上海的那天，签证却拿不下来，还要跑到北京签证，大家只好在上海等了三天。所住的宾馆电话费用太高，方济众和苗重安只好跑到上海中国办事处，免费用长途电话分别和北京、西安联系。等签证拿下来，机票已经过期。

这个时候去不了日本，意味着代表团没法参加展览开幕式。因此签证拿到以后，又赶快与日本方协调，改签飞机票，改后的目的地，由原来的日本京都改为东京。

这次是陕西与日本文化交流规格最高的一次。多数人都是第一次去日本。罗平安他们坐飞机还从来没有坐过头等舱。飞机到东京后，马上坐火车往京都走，还好赶上了展览开幕式。

代表团访日期间

访日期间与王有政在一起

那天的中日交流展览开幕式现场阵势很大，军乐队气势宏伟，场面热闹；日方出席的人多，参观的人更多。

画展前言是方济众写的：

继中日建交十周年之后，陕西和京都结为友好省府也逾一年了。十多年来，中日两国在善良而明智的广大友好人士的共同努力下，本着和平共处五项原则，沿着中日两国在历史长河中所结成的友谊，可

353

以肯定地讲，我们之间互相谅解、互相学习、互相支持的热浪，已大大超过历史上的最高纪录。

我们有种族和文化的渊源，我们有维护世界和平、推动人类进步的重任，我们相信，只要我们两国人民携起手来，一切阻碍我们前进的障碍，都将被推倒的。

这次陕西国画院和京都书画院举办的书画联展，必将是两国两省艺术家跳动的心灵，去感召更多的观众，并把吸引他们到当代最神圣和平和友谊的行列中来。

当然，艺术家更关心他们今后的事情，通过这次联展，以文会友，互学互助，会更有助于中日两国书画艺术的迅速发展。在此，我谨向中日两国为促进这次联展得以顺利展出的人士和政府领导表示衷心的感谢！并热烈祝贺这次展览成功。

1985年3月吉日

陕西国画院院长方济众

刚到日本的那几天，方济众与罗平安、谢振瓯住在一间房子，睡得都是榻榻米。罗平安、谢振瓯看到彩色电视里的广告，觉得非常的稀奇。晚上他们两个就一直在房间看电视。方济众也不说不要看，觉得时候大了就喘了声气说："平安，咱们差不多了，就睡觉吧。"

展览期间，罗平安说出去找个咖啡店坐坐。第一次来日本，大家对街面有些新奇。方济众说他累了，想躺下休息，就不出去转了。

代表团每天安排的交流很多，不断参观京都有代表性的地方，时间安排得特别紧张。有一天方济众身体乏困得实在没法外出，只好在房间里睡了一天。

实际上这已经是癌症先兆了，但方济众那会儿并没有意识到。其实到上海那天他的大便就是黑色，已经有便血。

罗平安他们在日本大阪街上转悠，80年代初我国刚刚对外开放，所以看到日本街道，感觉与人家的差距太大了。

354

三

开幕式结束以后，日方又安排代表团到东京去。到东京的第一晚，有日方人员专门陪着他们。

第二天要到几个地方参观。先是坐地铁。大家上了地铁以后，王有政感觉有点困，不知不觉就打起了瞌睡。等他睁开眼睛，发现周围同行的人都不见了，咋回事？他脑海里第一反应是自己坐过了站。冷静下来后，他很快坐上了返回的地铁。好在中日文字有许多相同的，王有政就想着用文字交流，写了"失散'二字，坐在一旁的一个老先生一看就明白了，热情地问他要到哪里去。王有政记得好像是去什么博物馆，就写了一个"博"字，老先生指指车上的站牌，说有一个万博中心，王有政说恐怕就是这个地方。坐了两站到万博中心，老先生赶忙给他打手势，让他下车。

出来走到地铁站口，王有政指着站牌问路，工作人员领着他来到站上派出所。王有政向日本工作人员说了下情况，派出所前台就递给他一个纸条。原来是刘翻译留下的，让王有政赶过来以后就在这儿等着他们。无奈，他只好一个人在附近转悠，拍照消磨时间。

本来这次出来，只有他一人随身带有照相机，大家还指望着让他多照相留个纪念呢，想不到发生了这样的事情。

大约三个小时过去了，王有政老远看见方济众他们到了地铁站口，赶忙走过去，心里有些窝火，不高兴地说："你们干什么，下车也不叫我！"大家也不说话，只是看着他一个劲地笑。

回到驻地后，方济众说："当时大家急急下了车，发现你还没有下来，可是已经来不及了，列车已经开走了。"方济众笑着说，"你把你跑丢了，还脾气大得不行。"

出国之前，何挺文和女儿都希望方济众这次能从日本买些东西带回来。

改革开放时间不长，大家都知道日本商品质量好还便宜。这次出来，

1985年访问日本期间作画场景　　　　　中日文化交流期间即兴拉二胡场景

还算带的钱多，方济众才敢转商场了。他和王有政一起进去。

王有政喜欢摄影，他画人物画离不开照相搜集素材，所以摄影器材知识就比方济众多一点。王有政特别喜欢单反照相机。于是就引着方济众来到照相器材柜台前，看着各类精致小巧的照相机，实在是喜欢，方济众和王有政各买了一个一模一样的相机。

回到上海后，方济众给苗重安说他大便带血，但他也没有意识到问题那么严重。

返回之前，日本京都书画院留下了他们的全部参展展品。日方回赠给国画院两辆尼桑面包车。

因为省政府特批，车从天津口岸免税进来了。

两辆车运回来以后，省文化厅外事处借调了一辆车。那尼桑面包当时价格十几万元。后来画院把车给了文化厅外事处，外事处给画院拨了2万块钱，修了个20多平方米的外事接待室。画院自己留了一辆，一直用了十几年。

1985年，方济众（后右二）与郭全忠（后右四）、谢振瓯在中日书画展的开幕式上

陕西国画院这次组团到日本交流访问，前后有两个礼拜的时间，与日本京都画院建立了友好关系。陕西国画院与京都书画院商定，以后每两年进行一次互访交流展。

1985年3月的首次中日交流展，方济众带病坚持带队，开创了陕西中日书画交流的先河。这次对外交流取得了很好的效果。此后，陕西国画院通过这个中日友好交流平台，每年彼此友好往来，与日方书画交流范围越来越广，在推进陕西对外文化艺术交流中，可谓贡献突出。

1987年方济众去世后，第二年在北京中国美术馆举办方济众遗作展，京都书画院的一些老前辈专门从日本赶过来，以非常虔诚敬仰的态度站在方济众的遗像前深深鞠躬。日本朋友把方济众视为家人，觉得方济众与他们不是一般的好友。方济众的突然离去，让他们非常伤感，在展厅里，他们用日本习俗及民族器乐尺管，神情严肃地吹着，尺管声声，凄然深沉，如泣如诉，让所有在场的人都感动得流下了热泪。

随后方济众遗作展在日本京都文化博物馆展出，日本还出版了《方济众遗作展作品集》。

方济众的学术影响不仅在国内，而且已在国际产生了较大影响。

1988年日本画家在中国美术馆方济众遗作展上祭悼时的情景

　　方济众以他的影响与人格魅力，给陕西国画院开启了不同寻常的中日书画交流的历史。延续至今，日本京都、中国陕西书画交流展已达30多次，延续时间之长、活动次数之多、活动范围之广，在陕西省对外文化交流史上可以说是绝无仅有。

　　画院画家感恩方济众。苗重安回忆说，中日书画交流活动，他先后参加了11次，从日本北海道到冲绳岛都去过；陕西国画院的业务人员也基本上都去过，甚至包括一些行政工作人员；以后延伸到书学界，陕西美协、西安美院都先后参与了进来。

山涧　35cm×34.5cm　1987年

敬畏传统　研讨现代

一

学术界有学者把1978年到1984年这段时期称作"后文革美术时期"。反思者认为要重新审视人所处的世界，以人本主义和人性作为艺术追求的核心内容，把视觉美感需求作为艺术形式的指南。

由中国艺术研究院美术研究所创刊并主办的《中国美术报》，主张宽容与多元，以更加开放的姿态积极倡导现代主义思潮，不断介绍欧美现代艺术，并在1985年7月6日头版头条上介绍年青一代的前卫艺术。1984年高明潞从中国艺术研究院毕业后，在《美术》杂志担任责任编辑。他在1986年写了《八五美术运动》发表在《文艺研究》上。

高明潞先后主持了1986年"85新潮美术大型幻灯展"，组织和策划了1989年的"中国现代艺术展"等重要艺术活动。

当时，几乎每隔数周，一种新的风潮、新的宣言便会发表，艺术家大量借鉴西方的现代主义各种风格流派进行创作。1985年"前进中的中国青年美展"是这一时期最为知名的展览活动之一。高明潞当时在《中国美术报》担任前期思潮版外聘执行编辑，《中国美术报》思潮版是"85美术新潮"的舆论催生剂。

那时的新生代美术家，试图以西方的现代哲学和先锋派艺术运动，真正提升中国思想和文艺的现代派的世界水平。一夜之间，传统的、经典的神性光辉在青年美术家意识视野中消失，他们的画面表现转化成对现实的关注。反传统、反艺术……是当时青年美术家打出最鲜明亮丽的招牌，1985年是艺术观念更新最强烈的一年。

改革开放以后，年轻人发现，无论在物质条件还是精神文化方面，自己和外边世界的差距都太大了。于是便拿起西方现代主义和当代主义的艺术理论作为武器，并以一种极端的言行试图改革、曲解民族的传统的经典的艺术。

当时，在中国画领域，否定传统言论甚嚣尘上。彻底否定老一辈艺术家，狂言李可染、黄胄、李苦禅这些老一辈艺术家都是中国画发展的绊脚石的代表人物；认为传统就是框框条条，是绊脚石；中年艺术家就是腌过的鸡蛋，就再也不能孵出小鸡，没有生命力。

1985年在中国画研究院举行的全国画院工作会上，传统派和现代派直接面对面，会场气氛针尖对麦芒。年轻的高名潞发言，语言轻狂，言语刻薄。郑乃珖老先生当时也坐在那儿，老先生心里都憋着一口气。浙江画院的何水法站起来斥责高名潞："你是个什么东西，年轻无知，口出狂言！"把高名潞给镇住了。高名潞说我是刘勃舒请来的，把刘勃舒弄得很尴尬。

其实这都是当时自卑心态左右下的一种缺乏民族自信心的过激言论，目的是要消解我们深厚的民族文化传统。当时《中国美术报》作为先锋媒体，一直走在前沿，海外则有谷文达在呼应。

在这个时候，陕西国画界逆势而为，发起举办了"全国中国画传统问题研讨会"。这个研讨活动的整个过程中，程征发挥了很大的作用。

程征当时正在北京中国艺术研究院参与编辑两套书，一套是《中国美术全集》，另一套是《中国美术史》。

程征常驻北京的那一段日子，中国美术界思想显得异常活跃，《中国美术报》时常刊登一些新的设想，一时间，全国文联、各文艺协会都活跃起来。

在此期间，中国油画界在江西庐山召开了全国油画研讨会，并决定

80年代初期在画院工作室作画

成立中国油画学会，美术史论家华夏先生参加了那个会。华夏回来后，在阅报室看报纸时向大家讲了参加会议的感想，程征听着心里一动，就说："华老师，是不是国画很多问题也需要讨论？"华夏说"是"。程征这几年也思考了中国画界面临的许多新东西与问题，他看华夏先生已经认可，就顺势说："华老师，那要不弄一个国画方面的研讨会？如果同意，研讨会就放在西安。"华夏先生一听，眼睛一亮，说："好啊，你只要能弄两万块钱咱们就可以开。"程征说："那好！"

随后程征很快就给国画院写信。苗重安看到信后，当然希望这个事做成，当即向方济众作了汇报。方济众表示支持，这样陕西国画院很快成立了筹备小组，具体运行研讨会筹备工作。

举办研讨会的材料很快呈交省文化厅并报送省委宣传部，党政文化口都非常支持。

同时，程征设想把研讨内容加以延伸，举办一个具有现代气息的"谷文达现代山水画展"和以传统中国画为代表的"黄秋园国画展览"。

程征先赴浙江美院了解谷文达个人画展准备情况。

谷文达当时还是个初出道的青年，思想现代，作品颠覆传统，浙江还未为他举办过展览。

中国美术馆正在举办"黄秋园国画展览"。程征在展厅联系了黄秋园的儿子。程征说："我们希望在西安给黄先生办一个全国性的展览，邀请你去行不行？"他说："可以。"程征再问："举办画展还有什么要求？"他说："没有什么要求。"

这样两个展览很快就确定了下来。

当一切都在按照计划准备的时候，画院突然收到刘晓纯从北京发来的一封信，信上说美术研究所与你们陕西国画院主办的研讨会活动，所里领导决定暂时延期，意思是不准备办了。

这个消息就像是给程征一记闷棍，大家的情绪都已经调动起来，一切都已准备就绪，这可怎么办？于是他赶紧把这个情况向方济众汇报。方济众也感觉这个问题很严峻，稍微思考一下之后，提笔写了一封信。

信是写给中国艺术研究院美术研究所所长张明坦的。

张明坦早年在延安待过，解放初期与赵望云是同事。早期在西北文化文物处的时候，赵望云是处长，张明坦是副处长。

程征拿着方济众的信到了北京，先见了刘晓纯问了实际情况，刘晓纯说关键是张明坦的态度。然后两人就一起到了锣鼓巷张老家里。

程征先把方济众的信递上去，张老看了以后，气氛感觉就不一样了。当说到赵望云的时候，张老动情地说："如果我继续留在西安，赵望云就当不了右派。"

方济众的信语气很婉转，最后几句话的意思是说，陕西省这边已做了很充分的准备。张老看了信，紧绷的神经一下子放松下来，最后才给他俩讲："我怕你们年轻搞自由化，如果是这样那就没有问题了。这个会议就继续办吧。"

程征回来两天后，美术研究所的正式函就寄了过来，他们心里的石头就放下了。

这次研讨会上是陕西现代美术史上、面向全国举办的一次很有意义且具有重大学术引领作用的研讨会。

二

1986年6月，由中国画研究院、中国艺术研究院、陕西省美协、陕西国画院联合主办，陕西国画院承办的"全国中国画传统问题研讨会"在杨凌农业科学研究中心召开。

研讨会举办了3天。

来自全国各地的60多位理论家、画家聚集在杨凌农科中心进行研讨。当代著名画家、理论家、学者专家几乎都到齐了，有刘勃舒、张明坦、潘公凯、华夏、孙克、陈绶祥、王朝闻、刘晓纯等。陕西国画院院内外画家都参与了研讨。崔振宽向大会提交了论文《中国画传统笔墨的现代价值》。会议共收集了60多篇论文。

同时，还在陕西美术家画廊举办黄秋园、谷文达两人的画展；一个极传统，一个极现代。配合研讨会举办这样的对比展，就是客观地让大家看

在新落成的美术家画廊观看谷文达作品展

看，究竟传统应该是肯定还是否定，也希望大家以宽容的心态面对传统与现代。

研讨会开幕时，官方不希望谷文达作品个展公开展览，方济众说，那就采取内部观摩展形式进行吧。殊不知，这样的内部观摩展览形式却给画展增添了一层神秘的气息，大家以为新奇，想着法、抢着时间过来看展，这个展览反倒是人流如潮。受美术现代思潮风影响，美院的学生、教师、社会上的美术爱好者一波一波蜂拥而来，把内部观摩气氛推向了高潮。

1985年、1986年的现代美术新潮运动，让陕西国画院这些中年画家思想有些迷茫。这次展览、研讨会以后，大家在思想上明确了创作方向，画院画家认为，不是向前走，而是要往回（传统）走。

这次研讨会，增强了大家的民族自信心，树立了自立、自强的信念。长安画派"一手伸向传统，一手伸向生活"的理念没有错。中年画家不是腌过的蛋，而是充满生命力的，传统不是绊脚石。

这是一次澄清美术界思想的、很有意义的学术研讨会，并具有广泛的社会现实意义，它的学术影响力很快辐射全国。

方济众作为老一辈艺术家，面对"85美术新潮"这样的新生事物，不一定会像年轻人一样去呐喊。但是，他以极大的理解和宽容，以及对待这种极具严肃性的艺术行为或者学术创造性的期待和信任，促成了这次活动的顺利举办，并取得了巨大的社会影响。

辛劳成疾　薪火燃尽

一

80年代初，省美协恢复重建工作；筹备并创建省国画院；筹建钟楼西北角美协院内新住宅楼、东大街美协画廊等，方济众经常是早出晚归，为工作东奔西走。早年的腰疾及坐骨神经痛顽疾，还有胃病，使得方济众还不到60岁，就常常要用拐杖助行了。

1987年4月与黄胄等看望师母时的情景

因为他的人格魅力和影响与成就，国家和省市赋予了他太多的社会兼职、全国人大代表、陕西省政协常委、陕西省文联副主席、陕西美协常务副主席、陕西国画院院长，80年代初还兼任省书协副主席。

这几年，每逢星期天，只要赵季平回来都要到他的画室去转转；方济众看到赵季平过来就高兴得很。

他们聊得最多的话题还是艺术。在画室里，方济众让师弟看他新画的画，赵季平愉快地欣赏着。回到西安后，方济众每年春节都要给赵季平送一幅国画，这样的习惯已经保持了多年。

这年年初，赵季平来到他的画室，闲聊的时候，方济众说，他最近感觉腿总是发凉，浑身无力。赵季平听着，心里不是滋味，说，你要到医院检查检查。临走时赵季平对嫂子何挺文说，一定要让济众哥到医院检查，再不敢往后拖下去了……

1983年方济众从北京出差回来后，低烧不退，在何挺文的督促下，到黄雁村的省医院住院疗养。这次住院疗养的时间较长一些，他觉得不能老在病床上躺着，就让家里特制了一个案板置于病榻上，供他作画之用。抱病期间他还整理了这些年写的一些诗词。出生于书香世家的方济众，青少年时期，受叔父及几位兄长的影响，对古今中外文化的主动吸纳、学习以及中国诗词的素养方面，比他的老师赵望云、师兄黄胄要走得更远一些。到晚年的时候，方济众的画中意境与诗韵气息更深了一些。

1984年暮春，方济众再次到省医院医治疗养。清明节前一天下午，他与何挺文特意到陵园路的赵望云、石鲁墓前拜谒、瞻仰了两位先生。这几年，自己身体状态一直不佳，身罹痼疾长久得不到痊愈，特别是职场中常泛起的阴霾、美协院子的历史纠葛、繁忙中身心劳累的无助，让他的精神深处感到了孤寂。此时，看着墓碑上老师与昔日伙伴、战友石鲁的遗像，一时触景生情，悲从中来。回到医院后已是傍晚时分，他借着病房昏暗的灯光，在病床上写下了一首短诗：

匆匆韶光三春暮，

细雨梨花陵园路；

转眼又清明，

垂首无限情，

大师云何在？

空有啼鸟声；

长安一片花纷纷，

相与泪沾襟。

    1984年7月中旬，方济众把这些年创作积累的小品精选出来了一部分，在新建成的东大街美术家画廊举办了"方济众画展"。这次展览在社会上产生了很大反响，更是赢得了省内文化艺术界的一片赞誉。方济众画中水墨气韵的探索，特别是在色墨的互融、形式的营造上，都彰显出其艺术语言与风格的强烈与独特。行内赞赏，老百姓更是喜爱。同年，作为第一届

在省人民医院住院期间留影

1986年在陕北榆林写生时的情景

中国画研究院院委会委员，院长李可染与师兄黄胄邀请他赴京在中国画研究院举办了"方济众画展"。这年天津美术出版社还出版了画册《方济众画集》。

这年也是他最忙的一年。此时他才六十几岁，可是出入却要挂拐杖，可见体力已经明显不如从前了，他总是肿肿的眼泡，面容显得有些憔悴。

二

春天，"陕西国画院作品展"——建院后第一个展览在中国美术馆展出。

陕西国画院从1931年元月创办到现在已经整整5年了。

建院之初，方济众在实施一系列战略计划的同时，告诫画院画家，一定要狠下心来，甘于寂寞，面壁五年，踏实研修，不要急于把作品拿出去。这五年内，特别是1982年春天为期两个月的"中国画研修班"，让画院画家找到了不足，特别是创作理念与审美方法发生了大变化。

在北京展览期间，中央书记处书记习仲勋百忙之中专门来到中国美术

369

馆，在展厅待了半天，认认真真地看完了画作展览，并且与画院画家合影留念。

这个展览也引起北京画界的热切关注。展览过程中，北京有影响的画家都先后参观了展览。但画院画家感觉到，他们不是对展览作品的关注，而是对"长安画派"的关注。

这年7月，方济众率陕西画家代表团刘文西、郭全忠、李梓盛等赴香港参加了在香港展览中心举办的"陕西国画作品展"，并在香港《文汇报》发表了《我所理解的长安画派》。

方济众在香港影响很大。在香港访问的时候，主办者把方济众安排在山顶的一个豪华别墅，看似热情尽心招待，却开好名单让他画画。回来途中，方济众还在广东与当地画家进行了友好交流。

方济众曾任两届全国人大代表。一次赴北京开会，几天下来画了不少画。从北京开完会回到家，他对何挺文说，开会本想借此放松一下，不料却画了几十幅三尺整纸的画，结果比开会还累。那次参加完人大会议回来，他喉咙的痰吐不出来，只好在省医院住院。

陕西国画院一帮子画家都特别喜欢院长的字画，几乎每个人都替别人求方济众写过字。大家总觉得他还年轻，王有政一次还笑着给方济众说他长得有点像吴昌硕，将来一定能长寿，总想着会有机会收藏院长的画。可是至方济众病逝，连院长的一个小片字画都没有。

这一年，国画院画家作品还分别赴冰岛、丹麦进行巡回展出。

方济众作品《红柳滩外好荷花》参加"中国现代画展"赴莫斯科展出。人民美术出版社出版《方济众画辑》。

早些年在西安钟楼美协大院子里，方济众是最年轻的一位画家。不管是外出写生，还是在协会工作，他都比别人显得有青春活力。

"文革"后举家回到省城，方济众工作勤奋，无论做哪一件事，都会认真去做，并力求尽善尽美。他深厚的涵养，沉静、儒雅，遇事待人包容心强，遇到不愉快的事，总会考虑左邻右舍的影响，不会随随便便说出来。他为人处事平和，话语不多，但事事都考虑在先。凡上门求画者都一视同仁，让客人满意而归。

这几年方济众为工作到处奔波，超负荷的劳动，不可避免地造成体力透支。经常不能按时吃饭，时间长了，就会胃疼。工作太忙碌，画画的专门时间就少，他只有利用一切时间画画。在美协，还没有谁像他那样勤奋。只要待在家里，他会从早上8点画到晚上10点。他社会事务多，所以平时画的小画多，因为没有专门时间画大画。

三

从1983年起，每年他都要住院疗养。1986年3月，他愈发感觉身体不好。硬是让何挺文拽着到了医院。他还是闲不住，开始了《艺海扬帆》的撰写。

这年，广东关山月邀请他到广州举办个人画展。他忍着身体的不适，硬是创作了许多作品，赴广州美术馆举办了"方济众画展"。

1986年初，罗平安工作关系转到了陕西美协机关。他把自己几年创作的作品让老师一一把关之后，在方济众的激励与协调下，4月份带作品到北京中国画研究院举办了陕西国画院画家的第一个个展。

展览取得了成功。叶浅予赞扬他的画"有生活，有真情实感"，"是真正的创新"。

这年夏天，虽然方济众身体状态不太好，但还是到陕北进行了一次写生。

这年12月，他又住进了省医院。方济众似乎从自己身体虚弱的状况与几次住院，感觉到了生命的宝贵，在医院里他抓紧时间继续撰写《艺海扬帆》回忆录。

罗平安举办展览回来不久，1986年冬天被美协主席方鄂秦以参加中共陕西省扶贫工作队的名义下派榆林，任榆林文化局副局长。罗平安下派到榆林后，受益很大，这次特殊经历对他来说非常重要。

方济众出院后，已经临近春节了。这些年一直在外忙着，他觉得该回到家乡看看亲朋好友了。

春节前他与何挺文先回到了勉县。家乡人知道他回来了，都蜂拥着去探望他。

他到姐夫王兆民家坐了好一阵子．姐姐专门给他做了家乡饭；勉县县委、县政府宴请接待，完了还要画应酬画。勉县书画爱好者陪他到家门口的武侯博物馆参观并合影。回到汉中市，地委、行署王勋书记等领导出面接待，文化局设宴并全程陪同。之后，便在行署客厅临时布置了一个画案，奉上名单让方济众画画。在文化局廖局长与馆长郭荣章作陪下，与妻弟何挺谟一家参观了汉中博物馆。

临回西安前，侄儿何宁与妻子为了缓解姑父姑母回来十几天不断走访的疲倦，还专门陪他们去南湖感受了一番家乡水色风光。

回来不停脚的走访和走马灯式的接待，使已经63岁的方济众疲惫不堪，但缠绵的乡情又撩拨得他不得不拿起画笔作书作画。

在勉县，他花了一整天时间，挥毫为家乡人民留下弥足珍贵的书画作品一二十件；在汉中市政协，他用淋漓大笔绘下墨荷图相赠，还吟写了"汉水巴山是旧乡，笔砚生涯忘愁肠；最是晚凉堪眺处，稻菽丛里米鱼香"的诗作。

372

1983年住院期间在病房作画的情景

临走的那天晚上，从妻哥何挺警家的青年路小学巷子走出来，方济众非要让何挺文搀扶着，在汉中市的街道上走一走。何挺文扶着他慢慢走着，方济众一步一步地走，步履显得有点艰难，也不多说话。

那天晚上，正遇上全市停电，整个大街两旁显得昏暗，只能凭借月光依稀看清街貌。这几年他总牵记着汉中的亲朋好友和父老乡亲，他说："年纪大了，身体一年不如一年，趁着现在还能动动，到处走一走，看一看。再不来家乡，以后就没机会了！"谁知道他的这番话，竟成了谶言。

四

方济众从汉中回到西安后，又住院了一次。

1987年，转眼间，老师赵望云逝世已经10年了。

春节期间，方济众携全家到师母家拜年时，商量着当年在省美协美术家画廊搞一个纪念赵望云诞辰81周年、逝世10周年纪念会和"赵望云师生画展"等系列活动。

早在五年前的1981年4月27日，黄胄、方济众师兄弟联手中国美协与陕西美协，在中国美术馆举办了纪念赵望云逝世5周年、诞辰75周年画展——"赵望云画展"。老师的晋京画展作品是方济众从200多幅老师遗作中亲自挑选出来的。这个展览在首都引起了极大的反响，许多赵望云生前的同道好友、文艺界学者、著名画家都观看了画展。

展览犹如一部反映中国农家苦到农家乐的长诗，勾起了美术界许多老画家的深情回忆。

1987年的赵望云师生作品联展具有继承开拓性的意义，这也是唯一的一次师徒展。展览以赵望云的遗作为主，黄胄、方济众、徐庶之、韦江帆与赵振川每人展出若干幅。

韦江帆是陕西澄城人。新中国成立初期曾拜赵望云为师专门学习国画，后来在赵望云引荐下进入中央美院学习。曾任教于中央美院，后任中国画院研究生进修班主任、北京画院专业画家，一级美术师。

作为一次对恩师赵望云的纪念活动，赵氏艺门师兄弟都非常重视，他们希望以此形式与老师英灵相遇，以此形式表达老师的怀念之情。

黄胄拿了十多幅比较大的画，还有几幅丈二的，都是精品，赵振川专门到北京取回来的。相比之下，方济众的大幅画作不多。那天赵振川把黄胄的画取回来后，专门到二师兄家里，方济众这时候刚出院，感觉身体不如意，怕画不出来大画。赵振川说："黄胄哥这次拿了几张丈二的，都是好画。"实际上是刺激他。方济众没有吭声，只是微微一笑。赵振川走了以后，方济众强忍病痛，在画案前日夜加班，硬是完成了好几幅比较大的画，赶在展览之前拿了出来。

展览之前，黄胄与郑闻慧回来了，大家到展厅里把画挂起来了。

方济众拿出了作品30多幅。黄胄看完以后把大家召集在一起，先举行了座谈会，方济众说了展览邀请的具体嘉宾、领导及活动议程，然后大家也谈了对挂在展厅里作品的感想，黄胄感慨地说，看来我们的画还都没画过老师呀。为什么说这么说呢？可能他认为老师的画，画面显得更宁静、更纯粹；笔墨也更鲜活。

4月25日，由政协陕西省委员会、陕西省文联、陕西省文化厅、美协陕西分会主办的赵望云逝世10周年纪念会在东大街美术家画廊隆重举行。

陕西省委副书记周雅光，省委宣传部部长毛生铣，省政协副主席刘刚民，省委副秘书长何金铭，省委组织部副部长习正宁，文联党组书记李莎玲，省文化厅副厅长叶增宽、党荣华，西安美院院长陈启南，省音协党组书记、副主席贺艺，省美协主席方鄂秦，副主席方济众、修军、邹宗绪，新疆美协副主席、新疆国画院院长徐庶之，中国画研究院黄胄、李延声，以及国家文化部艺术局的5位同志参加了纪念会。参加会议的还有陕西省画家、美术爱好者数百人。

黄苗子代表赵望云生前好友讲话，黄胄代表家属与赵氏艺门弟子讲话。

374

黄胄说："今天开这个隆重的纪念会我很感动，刚才谈老（谈维煦）、常老（常黎夫）对我们老师的评价我很感动……美协也评价赵望云是'长安画派'的奠基人，这确实说明在西北大地上、在艺术事业上赵先生是有杰出贡献的。作为他的学生，我们也不能不感到由衷的庆幸与自豪。"黄胄深情地回忆说："我们的老师没有门户之见。他那时就反对临摹。我们这位老师从不回避自己没有画过的题材，这次展览画梯田、画西北风光，的确在我们老师笔下是成功的，树立了很好的典范。我们的老师在新事物面前总是勇往直前地、不断地、勤奋地、努力地探索……赵先生的美学，将来可以研究，他有一个新的美的范畴，值得我们探讨与研究……"黄胄讲着讲着，声音哽咽，眼圈红润，泪滴流了下来。当他说到"我们的老师爱学生胜过爱子女，他很关心学生的进步，也关心生活和家庭时"，再也无法抑制自己伤感悲痛的情绪，失声哭了起来。

台上黄胄的哭声，引发了人群思念的情绪，带动了大家回忆的情感，方济众也哭了起来，他本来有些肿胀又充满悲伤的眼睛里，霎时被泪水填满；徐庶之也哭了，可是他看着坐在一旁的师母，只能忍着眼泪不停地安慰她。赵振川、赵季平此时已经淹没在泪水的海洋里。

黄苗子发言说："今天在赵望云逝世后10年，我能够在西安相当规模的美术展览馆里，看到他和他的高足弟子黄胄、济众、庶之、江帆及他的儿子振川的优秀作品，我暗中想，我们的民族是伟大的，我们的文化是毁

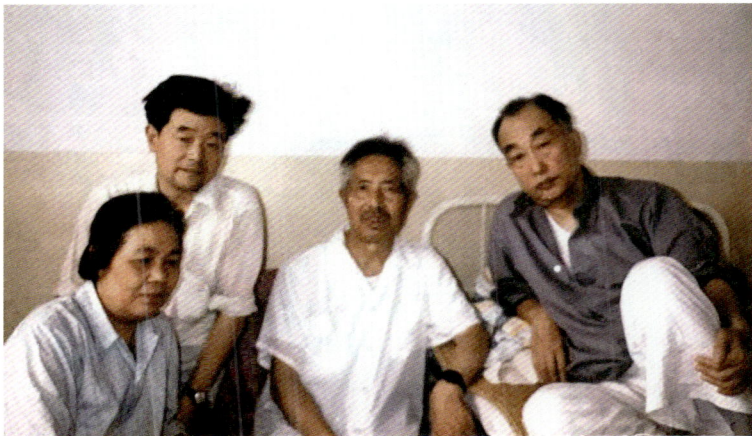

方济众辞世前三天，姐夫王兆民及高尚德在病床前的合影

灭不了的，我们的中国画更不是到了山穷水尽的绝境，而是有无限的生命力，有无限的前途的。"

展览纪念活动结束了。

五

5月至6月中旬，方济众整日感觉头昏，并且持续发低烧，浑身无力。

他不得不再次住院。这两年几乎每年都要住院，住院已经是常态了。家人、朋友、画院画家都觉得这次也只是一次常规的住院疗养。他本来就是个病身，加上这一段为筹备纪念活动操劳，还有加班画大画，几乎耗尽了他的体力。

这天一早，当方济众由儿子搀扶着下楼的时候，遇见了师弟赵振川。他笑着对赵振川说："振川，看病去。"赵振川看着师兄一脸消瘦疲惫，也知道最近师兄体力透支了。赵振川借口说："好，我也不舒服。"于是，他和何挺文及方平一起陪着他到了省人民医院。

在医院里，主治医生觉得这次应该好好检查一下身体，很快制定了医治方案。第一步就是做一个全面的身体检查。方济众这两年一直感觉胃胀、痛、灼热及反酸，还有吞咽不适、食欲不振、体重下降、持续低烧等现象；加上早年的腰疾及坐骨神经痛顽疾等。医生希望通过胃镜检查，方平和两个姐姐商量之后，表示同意。

几天之后，结果出来了。是胃癌！而且已经到了晚期。医生与方济众也很熟悉，多么好的人呀，他们也不敢相信。但是，诊断结果确定无疑。

主治大夫把方黎、方禾与方平叫到一起，向他们告知了诊断结果。简直是晴天霹雳，怎么可能？他们不相信，眼泪一下流出来了。他们反复询问大夫，可是看着胃镜片子，确确实实就是。

主治医师说，胃癌已经出现肾转移并出现了肾衰竭。肾衰竭通过治疗可以得到暂时的控制，但是要痊愈，就只能等胃癌被完全治愈后。医生说，患胃癌的原因在于长期饮食习惯不良。

按照医院的说法，一旦到胃癌晚期，家属就要做好心理准备，因为当时癌症晚期治愈率较低。那么，积极接受治疗是唯一的办法了。

姊妹三个当时愣在了那里。冷静下来后，他们决定，父亲的检查结果先不告诉母亲，更不能让父亲本人知道。除了必须面对美协与画院几个领导之外，尽可能不要让消息外传。

方平到国画院后，把这个不幸的消息告诉了副院长苗重安。苗重安一下子愣在那里半天说不出话来。冷静下来后，就说先保守秘密，消息不要外传。

画院画家知道方济众住院后，也陆续过来看望他。

师弟赵振川私下知道了消息，心里好是伤感，没想到师兄查出来竟然是这样的一个病。他一下子情绪失控没法画画了，把自己关在画室里，一个人闷闷地发呆了半天。从1978年下半年与师兄在同一间房子工作学习，师兄一直提携帮助他，那段美好时光令他终生难以忘怀。后来他们都搬到新盖的美协院子家属楼上，就再也没有了以前那样的相处时光。他多么希望与师兄为陕西美术事业、为长安画派传承、为父亲的艺术生活之路、为自己心爱的国画艺术并肩战斗呀！他怎么就查出这样的病呢？

赵振川还是忍不住告诉了母亲方济众的病情，并说，济众哥他还不知道自己是这个病。母亲听着，伤感地流下了眼泪，对振川说，这次一定要去医院看看。

这几年，自打从他们两家同住进美协新家属楼以后，方济众再忙，也会时不时地与何挺文一起过来看望她。方济众那孝敬、仁爱、宽厚的品性，经常会让杨素芳想起先生赵望云。

这些年，赵望云的北京展览、广东展览，方济众每次都承担着主要的事情，并且每一次都做得很完美。杨素芳心里很感激先生的这位二弟子。黄胄一直不在身边，只有方济众能时常相见。

这次纪念赵望云逝世10周年活动，方济众制定方案，策划展览，邀请人员，亲自选画，也都细心周到。活动期间，还与黄胄夫妇、徐庶之、黄苗子等一起过去拜见了她。杨素芳那会儿只是觉得方济众劳累过度，胃又不好，一脸疲惫，还劝他要好好休息，最好到医院疗养。那天振川告诉她方济众住院的消息，她还觉得心里踏实了，但她想不到会是这样的结果。

张振学来医院探望方济众了。当他走进病房，看着躺在病床上的院长老乡、恩师，显得虚弱羸瘦，他喉咙里泛起了一股酸楚，但还是强装笑颜与方济众打招呼。方济众睁开眼睛看着小老乡来了，微笑着说："振学来了。"他们聊着。张振学听到他说"我好像这一段时间没有画画了"，后边那一句没说，意思是现在身体不好不能画了，这是一种感慨。停了老半天又说了一句"过去那些画大部分是写生，不是画"。

手术的日子确定下来后，方济众给儿子说，他想回去走走。儿子知道父亲的身体，不大同意。可是方济众执意要回去，儿子拗不过他。方济众让方平搀扶着，回到了美协大院的家里。他似乎已经隐隐地感觉到了自己生命的危机，他要再看一眼这个陪伴他工作、生活大半生的美协大院子；他也要去龙首塬那里再看一眼自己一手创建的陕西国画院。

他们先去了国画院那边，再回到美协大院。最后回到家里，进了门，方济众径直走进他那个不太大的画室，慢慢坐了下来。

看着眼前这个熟悉的画案，已经有一阵子未在上面提笔画画了，画案上已积下灰尘。他不由自主地慢慢站起来，拿起挂在书柜角的鸡毛掸子，轻轻地仔细地把灰尘弹扫了一遍。轻微的身体活动，额头上已挂满汗珠，方济众再坐下来，把画案右边平时用的毛笔仔细地摆了摆。

临出门了，方济众突然想到一件事情，他让方平搀着他上四楼，要见楼上的同事王金岭。

他拄着个拐杖，方平搀扶着他，艰难地一步步上到四层。方平敲敲门，门开了，王金岭看到方济众，心里一惊，他知道方济众已经住院了，而且听说病情很严重，他怎么还出来了？

方济众说："金岭同志"，王金岭一下子猜到了他要干什么。

就说："都到这个时候了，你什么也不要说了。"

方济众说："我心里边过不去。"

王金岭说："那你就随便说吧。"

方济众说："你看，本来香港《文汇报》刊发作品，上边那个荷花作品，署名应该是你，但却打成了我。"

王金岭说："就那会也领你情。"

方济众解释说："那个总编死了以后他太太弄的事。"

王金岭说："你不要解释，我领你的情了，不存在什么问题。"

王金岭是个孤傲的艺术家。方济众强忍着病痛过来给他解释，让他感觉到，这个人到现在了还把这点小事记在心里，并且专门登门道歉，他心里很感动，真正地近距离地感受到了方济众文化人的情怀。

苗重安带着画院画家过去看望他的时候，方济众显得很沉静、很平和，虽然他的身体已经很弱了，但他的言语里依然透出儒雅、朴素的气息。方济众还是长者般敦厚睿智，又略带有一点幽默地跟大家对话，给大家留下了很深刻的印象。

但方济众始终不知道他得的是什么病。

这天，省文联副主席、党组副书记韩望愈，省美协主席方鄂秦，陕西国画院苗重安三个单位领导一起来到医院。方济众那会儿正躺着，看着他们来了，方平扶着父亲起来。

方济众说："哎哟，你们还来得真巧，同时来。"

这时候他敏感得很，睿智、聪慧的大脑一下子反应过来了，三个省文化单位的头头来医院看他，那么他的病肯定不是一般的病。但是方济众没流露出一点情绪，半开玩笑地和苗重安他们说话。

六

做手术的那天，韩望愈来了，美协领导来了，苗重安与国画院画家王有政、郭全忠、谢振瓯、程征及张振学等都过来看方济众。赵振川也过来了。

大家想着手术一定会成功的，最起码还会延续敬爱的老院长的生命。

苗重安搀着师母何挺文，方黎、方禾一脸深情，满含期待地默默看着

滄溟先生山高水長

故人濟慈為其畫派傳人此幀係最後遺筆當永寶之
辛未墓方平來京師
屬題 遼西它山 刘汀

父亲。方济众微笑着给大家招手，韩望愈、方平左右搀扶着方济众，一步一步，缓慢地进了手术室。

大家站在门前，看着方济众自己走到手术台上去了。

手术室里紧张地做着手术。门外，大家焦急、紧张地等待着消息。

时间一分一秒地过去了。

可是，让人想不到的是，方济众上了手术台，直到手术做完，都没有醒过来。

听见方济众术后没有醒来，何挺文瞬间感到五雷轰顶，情绪一下子激动起来。苗重安使劲安慰着她，从门窗看着手术台前的大夫拿着呼吸机还在抢救；大家在外边不停地问大夫，醒来了吧？有气息了吧？心提到了嗓子眼儿，都不相信他不会醒来，一直默默地在那儿等着。等到第二天一大早，方济众却没醒来。

手术过程是要把整个胃切除，再把上边的食道和下边的肠道对接。护士从手术室里把方济众的胃完整地端出来。残酷的手术让方济众付出了巨大的代价。

手术后的第四天凌晨，血压最后归零，方济众永远不能醒来了。

噩耗传来，何挺文悲痛万分，她的情绪已经彻底失控了，她不停地哭泣，向苍天呼喊："杀人了，杀人了，我们到医院来治病，你一刀下来就没活过来……"

方平、方黎、方禾伤感至极，悲痛至极，不停地说要起诉。

方家认为这是医疗事故。冷静下来，苗重安他们私下以为这或许是麻醉过头。

一般而言，手术已经完成并缝合，麻醉时间过了后，人就没再醒来，这应该是事故。大手术中，麻醉师和手术主刀人一样重要。一般是手术完后10分钟就让病人醒来，或者是不超过半个钟头让病人醒来。

1987年7月18日，现代长安画坛长安画派精神传薪者，大家敬仰的精神灵魂导师方济众，就以这样的方式过早地离开了人世。

这一年，他才64岁。64岁正是他学术闪光的年龄……

已经成长为著名音乐家的赵季平，正在开会时听到这个消息，心里特别悲痛，他强忍着眼泪，急急赶过去后就直奔太平间，这时候医院已经把方济众的遗体放到了太平间的冰柜里。赵季平流着眼泪，硬是让人打开了冰柜，他说要最后再见他济众哥一面，送一下……从小被方济众抱大的赵季平，和方济众有着不一般的感情，他没有想到济众哥这么突然就走了。父亲赵望云纪念活动期间，他们还见过几次面。这才多长时间，济众哥就走了，简直是始料不及。

　　方济众的突然去世，对于陕西国画院的每个人来说，都感到震颤，痛苦异常。大家心里有一种说不出的滋味，好好的一个人，每天都从早忙到晚，怎么突然就走了…大家悲叹甚至感慨，人生就这么简单，生命会戛然而止！

七

　　7月19日早上，两封从西安发出的加急电报分别发往勉县和汉中。勉县老家方济众的姐夫王兆民与堂侄得到了方济众不幸病逝的消息。

　　汉中这边，电报很快到了何挺警手里，电报上就简短的几个字：妹夫方济众病故，速到西安吊唁。娘家这边商量由何挺警及其儿子何成善，何挺谟儿子、在陕西工学院工作的何宁，三人去西安参加吊唁。

　　大家急急买了到西安的火车票。晚上7点上车，第二天一早到西安。

　　王兆民与何挺警他们在车站会合后，很快赶到了钟楼美协大院家属楼三楼的家里，进门看见妹妹何挺文躺在床上。何挺文看到哥哥和侄儿们来了，叫了声"哥"，就再也不说话了。方黎说妈妈不吃不喝，何挺警看着蜷缩在床上的妹妹，强忍着眼泪，端起方黎放在手里的水说："妹夫不在了，你还有孩子，还有老何家。你把这杯水喝了吧！"说完一手把何挺文扶起来。何挺文看着哥哥，勉强喝了半杯水……

　　灵堂设在美协院内小二楼的一个不太大的厅里。

382

　　陕西省成立了治丧委员会，主任是副省长孙达人。方济众病逝的消息很快传遍省城文化艺术界。

盛夏酷热的7月天，炙热的太阳憋不住它那火热的脾气，刺眼的阳光焦躁地照射着古城长安大地。匆匆行走在街上的人们，脸上几乎都挂满了汗珠。

灵堂上，香火在默默地燃动着，腾升起来飘散四周的一圈圈香雾，似乎在替前来吊唁的人们驱赶着扑面而来的热气。

方济众的遗像端放在灵堂中间，神态是那么慈祥、平和；他那不大却充满着睿智聪慧的眼睛安详地注视着前来吊唁的人们。

楼下大院里已经放满了花圈，挂满了挽幛、挽联，陕西省委、省政府、陕西省人大、政协，陕西省委宣传部、省文联、文化厅、西安美院等单位都送来了花圈、挽联。

从18号早上到19号，市内及从省内各地前来吊唁的单位与个人接连不断。苗重安与画院画家两天来一直在美协大院迎接着前来吊唁的人们……

赵振川与赵季平兄弟姊妹几个来了，一一在方济众遗像前跪拜。父亲的爱徒、他们心目中的济众哥，此刻灵魂已追随父亲而去，在天堂可以永远陪伴父亲了。振川与季平望着济众哥那熟悉的面容，默默无言，只有泪水……

罗平安从榆林回来了，他跪在老师遗像前号啕大哭，他后悔呀！老师住院的消息传到了榆林，从1984年起老师已经住过好几次院了，每次他都会去探望。可是这次他在榆林，没能及时回来看一眼；他哀叹，他伤悲，他那已经哭得红肿的眼睛盯着老师，多么希望老师这时候能像平时那样与他拉家常，聊创作……

汉中方济众以前的老友与学生石景昭、王炎林、刘爱民、许自彬等；汉中市县代表、汉中群艺馆馆长雍致昌含泪吊唁……

肃穆的灵堂里，时不时会传出吊唁的人们悲情伤感的哭啼声。吊唁厅里连续不停地播放的哀乐，悲怆的声波随着炙热的空气散发出去，环绕在钟楼的上空……

八

7月20号上午，在三兆公墓举行追悼会。一早天气居然变得阴了起来。位于三兆塬上的三兆公墓园内，松柏常青，绿树成荫，一片鸟语花香景象，满目郁葱生机，让前来吊唁的人们置身其中，感受到了人与自然的和谐。

赵振川、罗平安与苗重安等已经提前来到三兆公墓办事处协调追悼会具体事宜。

前来参加追悼会的陕西文艺界领导，方济众生前亲朋好友与美术界许多同行画家，陕西省美协主席方鄂秦、副主席修军等，陕西国画院全体工作人员与院内画家，西安美院陈启南、刘文西等各界人士陆续到位。

追悼会规模很大，800多人几乎站满了大厅。各单位团体、各界人士送来的花圈、挽联摆满了追悼会大厅四周。

陕西国画院与陕西美协是追悼会主办单位。

追悼会开始，会上宣读了中国美协唁函，中国画研究院唁函，北京画院、上海画院与上海美术电影厂唁函；李可染、叶浅予、张仃、丁井文、关山月、陆俨少等的唁函。

1987年7月20日方济众追悼会现场（曹军华先生收藏、提供）

陕西国画院常务副院长、党支部书记苗重安致悼词；方平代表家属致答谢词。

追悼会最后，伴随着大厅传出低沉的、催人泪下的哀乐，大家依次与方济众遗体告别。

遗体就要火化了。

苗重安、赵振川、罗平安他们与方平、方黎、方禾一起小心翼翼地与工作人员把方济众遗体推到了火化炉门口。眼看着遗体就要火化了，方黎与方禾突然情绪失控扑到父亲遗体跟前，大声呼唤着："爸爸……爸爸……爸爸……你不要离开我们……"大家的眼泪一下子流了下来，罗平安更是失声痛哭……

方济众与何挺文陵墓

悲兮，叹兮，赞兮。"文革"结束后，长期遭受世俗政治主导干预与极左文化摧残的赵望云、石鲁，以君子纯洁骨风与倔强纯粹品格，各自演绎着鲜明的艺术高标，在艰难抗争中直至生命终结。

改革开放新时代，方济众作为长安画派后期旗手，以自己的人格魅力与榜样力量，恢复重建陕西美协，创建陕西国画院，传续与发展长安画派之新风。由于先生的卓越努力和辛劳付出，短短几载，长安画坛再次显示出一股清新的活力，具有了良好、平和的创作氛围。苗重安、赵振川、崔振宽、郭全忠、王有政、罗平安、张振学、程征、江文湛等中年画家已在走向成长；新的一代人渐渐走向成熟，并且有些已经挑起了大梁；新老交替工作有了良好的结局，长安画坛即将迎来新的艺术曙光，方济众这位传薪者也燃尽了最后一点火苗，告别了他一生为之奉献的长安画坛。

长河落晓天　70cm×65cm　1982年

延边舞　68cm×46cm　1980年

村居　67cm×67cm　1982年

卷四┃诗意笔墨 精神家园┃方济众诗书画作品解读

水墨牧笛　写意鹿铃

一

中国水墨动画，是动画片发展史上一个划时代的标志。诞生于20世纪60年代的国产经典动画片《牧笛》，短短20分钟内向观众呈现出一曲清新自然、质朴纯美的田园牧歌，匠心独运的设计与巧妙的笔墨变化营造出优雅、空灵的画面气氛，在1979年的丹麦欧登塞国际童话电影节中荣获金质奖章。

而鲜为人知的是，其背景设计的作者正是驰骋中国画坛的"长安画派"代表画家之一的方济众，与《牧笛》同样唱响国际美术片舞台的，还有80年代为人们所熟知的电影动画片《鹿铃》。

1960年1月31日，时任国务院副总理陈毅参观"中国美术电影展览会"时，对上海美术电影制片厂的工作人员说："你们能把齐白石的画动起来，就更好了。"

总理的深切嘱托，激发了上海美影厂探索开拓具有民族性的现代美术动画表现方式的激情与动力。

肩负着水墨动画制作实验任务的上海美术电影制片厂首任厂长特伟，出生在上海的一个富庶家庭。他自幼痴迷文艺，年少喜欢涂鸦、临摹与创作连环画。抗日战争时期，他与叶浅予、张乐平等成立了救亡漫画宣传队，并在上海出版漫画刊物《救亡漫画》。1940年初，特伟从桂林转战重

水墨动画片《牧笛》剧照之四

庆,主编出版漫画刊物《抗战漫画》。当时赵望云主编《抗战画刊》,因为职业同行,特伟与赵望云也就此来往并熟悉起来。50年代初期,特伟在夏衍的邀请支持下,从长春回到上海筹备并成立上海美术电影制片厂,并担任厂长和制片工作。1955年,特伟他们尝试着借鉴苏联动画片经验制作完成了一部彩色动画片《乌鸦为何是黑的》,中国美术电影从此进入了彩色片时期。但当《乌鸦为何是黑的》出国参加威尼斯动画电影节评选时,评委却把这部电影当作苏联的作品。为此特伟自尊心大受打击,于是便下定决心,一定要制作出具有"民族风格"的中国美术动画电影作品。

特伟首个动画片以齐白石原画鱼、虾等形象为创作模本,带领厂试验小组,经过半年艰苦反复实验,终于在1961年7月成功制作出了第一部中国水墨动画《小蝌蚪找妈妈》,宣告了中国水墨动画片首创成功。上美影厂备受鼓舞,很快构思了第二部水墨动画的文学脚本《牧笛》。

特伟大胆构思,期望着要把中国画的山水意境与写意人物绘画融入这部动画电影之中。

《小蝌蚪找妈妈》里的蝌蚪和虾取材于齐白石的画作,这次上美影厂选择了著名画家李可染的13幅以牛为题材的水墨画作为创作模本,那背景创作选谁呢？

特伟联系中国美协秘书长华君武，希望总会推荐一名具有很强的中国画现代水墨表现能力的画家来担当动画电影水墨背景设计。

华君武和张正宇商量，一致认为方济众的山水画笔墨灵活，诗意田园，水墨艺术表现民族气息、反映时代精神最生动强烈，遂与正在广东参加中国美协年度理事会的石鲁联系并协调，希望石鲁立即与方济众联系。

当时，美协西安分会国画研究室习作巡展正在苏州举办。

石鲁从广东新会给苏州的方济众发了一封电报，通知方济众立即去上海美影厂报到。

方济众接到电报，又欣喜又意外，"华君武、张正宇和石鲁，竟能将如此艰巨而重要的任务，交给对美术电影背景创作毫无常识、更无经验的自己"（摘自《方济众手稿》），看来自己的新山水图式通过展览已经引起了反响。

以水墨形式作为背景创作，并且与李可染合作，这将开辟以另一种艺术形式展示中国水墨的新天地。

方济众随即返回南京，取了寄存的全部行李，急匆匆地坐火车赶赴上海。

一直在南巡画展紧张路途辗转之中的方济众，无暇理发，一头蓬松散乱的头发，一脸黑黢黢乱糟糟的胡须；又由于巡展期间赶上南方潮湿、阴冷的初冬，他从西安出门一直穿着那件破旧的灰色驼绒棉袄，这时候的他完全是一个地地道道的乡间山民。

当他出了火车站，背着凌乱的行李径直走到前来接他的上海美影厂接待人员面前时，工作人员竟然瞪着眼睛半天不敢认他。他们无法把眼前的他与一个他们所盼望的大画家联系在一起。方济众后来回忆说：下了火车后自己扛着大小行李朝举着接人牌子的方向挤了过去，一直到了接站同志的眼前，他们还是不肯相信眼前这位"流窜犯"模样的"土包子"，怎么可能是大画家方济众呢？

392

方济众只好放下手中的行李，从怀里掏出美协西安分会办公室开的介

《牧笛》剧照

绍信，接站的工作人员仔细看后，才解除了心中的疑虑。几个人帮着把他的行李拿到车上。

　　汽车快到上海美影厂的大门口时，远远看到一个人焦急地站在那里。工作人员说，那就是厂长。到了门口，大家下了车，厂长特伟看到大画家方济众竟如此这般奇特模样，互相握手之间，竟然释放情绪，畅怀大笑。简短问明情况后，特伟更安排工作人员领方济众到美影厂理发室理发。"这个特殊待遇的理发，虽然是件生活小事，但是对美影厂来说，却是一件光彩的大事，不然全厂这么多整天和'美'打交道的职工，看到自己的厂长通过美协总会请来的大画家，原本像个'流窜犯'模样，岂不是要笑掉大牙倒了胃口吗？"（摘自《方济众手稿》）

　　理完发后，工作人员领着他来到厂长办公室。方济众和特伟聊天寒暄，当特伟知道方济众是赵望云的弟子后，彼此间距离一下子拉近了许多，言谈之间也有了亲近的感觉。厂长简单谈了剧本的构思与意境设想，简洁直率地传达出全局轮廓。

《牧童》故事简单：

初夏的早晨，江南水乡，一个天真活泼的牧童在田野放牛，他骑着水牛蹚过河流，每当牧童手中的笛声响起，水牛就会活泼舞动。

牧童在树上睡着了。他做了一个梦，睡梦中，牛忽然走失了。牧童着急寻找，询问了渔翁、其他牧童和樵夫，都说没有看到走丢的水牛。心里不甘的牧童继续寻找，却在一个山涧瀑布下，清澈见底的水中的一个石头上面，发现了水牛。原来水牛流连于山水瀑布，任凭牧童如何唤它，它都不动。

情急之下，牧童找到了一根紫竹，削竹为笛，吹奏出悠扬悦耳的乐曲，引来了百鸟的聆听，水牛也被笛声吸引回到了牧童身边。

牧童醒了，发现是一个梦，他骑上水牛，在黄昏下、踏着夕阳的田埂，吹着悠扬笛声走上回家的路。

这个故事情节唯美，山水、竹林、水塘、大树、水牛和牧童，故事简单，已经挣脱了传统动画片注重情节、寓意、科普的束缚，完全是在展示一种"纯美"。

"借用李可染先生的牧童和牛，作为模特儿，以爱牛为中心，展开一些情节，把无言的音乐、绘画，组成一首中国特色的叙情诗。"（摘自《方济众手稿》）

随着特伟生动简单、富有想象力的描述，方济众脑海里飞快地闪现出那诗意般的田野梦境画面，艺术家的想象力如诗般的情怀，让他进入了牧童梦中的艺术世界。从小在"西北小江南"汉中的生活经历，使他的艺术境界与剧本内容相遇并达到了契合。

从技术层面来说，水墨动画片的关键都集中在摄影部门。其制作过程烦琐又耗时间，题材与形式基础保障更为重要。制作必须凸显水墨的鲜明质感和国画的写意传神性。

第一阶段，先由画家画出一系列水墨画，每秒包含15张画作。再运用特殊处理技术，翻动纸张拍摄而成。把水墨画形象画在动画纸上，分解、描线、分层着色并且在摄影台上一而再、再而三地重复固定和拍摄。最后再重合在一起，用摄影方法处理成浓淡相宜、虚实相配的水墨渲染的效果。

那么，方济众的水墨背景系列就显得很重要了。

李可染的14幅以牛为题材的水墨作品，匠心独具，语言独特，风格鲜明。自己要与李可染合作，方济众深感机会来之不易。

水墨动画，首要者在于水墨画形式经营与意境表现，从水墨画到水墨动画，如何处理这个"动"，这就需要创作许多连续系列作品，形成延续链接。

《牧笛》将国画情节中的人、物和山水贯穿在一起。这样的山水表现形式，实际上他在随老师赵望云长期创作实践中，老师如何在山水情景里融入人物、动物生活情节，与山水互融相映，相得益彰。但是，水墨背景制作和动画技术结合毕竟是一个新课题。对方济众来说，无疑是一个严峻的考验。

方济众先画了40幅作品寄给李可染，李可染看后很满意，回信方济众，言语里极尽赞赏与鼓励，并返回30幅，自己留藏10幅，还特意创作了一幅《暮韵图》以回赠。随后的《牧笛》背景创作期间，他与可染先生保持着书信来往，友情互动，感受颇丰。

水墨动画片《牧笛》剧照之五

1978年在北京为外交部创作布置作品，他们在台基厂再次相聚，回忆起这段经历时，方济众深情地说："可染先生和我四五次的通信中，鼓舞之中亦有建议，颇有助人为乐的长者之风。"（摘自《方济众手稿》）

在上海期间，方济众在工作之余，专门拜访了关良和林风眠。

林风眠看到方济众拿给他的100幅水墨淋漓、意境美妙的小品画时，非常赞赏，建议方济众把这些小品画装裱，搞一次个人画展。林风眠亲自协调联系美协上海分会展览部，希望以美协名义承办，先生说："不怕画小，只要好就行，你把传统的笔墨和现实生活结合得很好！很有新意！是完全可以拿出来让大家看看的。"但方济众觉得都是小画，慎重考虑，觉得这些小品水墨画都是动画素材，而动画正在创作中，最终还是没有拿出去。但是，著名画家方去疾亲自安排把其中一部分小画以木版水印形式制作成册，着实让方济众对这位宗兄心存感激数十年。

贺天健、钱君陶两位先生，方济众早已仰慕，到杭州饭店拜访他们时，恰好叶浅予与张正宇也在。于是，他与四位长者欢聚一堂，相聊甚欢，其乐融融。"叶先生是早已熟悉的了，由于他和望云老师的关系，我一直视叶先生为老师，但贺、钱二老，还是初遇，他们都是早已蜚声全国的老画家和篆刻大师。我有时看他们画画，有时也请他们看我的画，指指毛病，的确很有收获。钱老还高兴地为我刻了两方图章，一方'北国风光'（满白文），一方'方印济众'（细朱文）。"（摘自《方济众手稿》）

上海老画家唐云、钱瘦铁、程十发、朱屺瞻、来楚生等，方济众在紧张工作之余，也都一一拜访请教。

在广东取外景期间，恰逢春节，方济众大年初三便登门拜访了关山月和黄新波。关山月是老师赵望云的好友。方济众上门请教，关山月倍感亲切，询问老师近况，回忆曾经岁月，感叹世道沧桑。广东春季到处盛开着鲜花，关山月家里摆着正在旺开的桃花，引起了方济众的浓浓诗兴，他随口吟诗一首《羊城花市短曲》。关山月有感于好友赵望云弟子方济众文思才敏，遂请正在广州参加全国音乐会议的著名指挥家陈传熙专门谱了曲。

方济众回到西安，与家人愉快地过完春节，并去老师家里拜年。赵望云听着方济众的描述，心情很是舒畅。看着弟子一天天成长起来，他心里很是欣慰。

1962年初春，方济众再次来到上海。

美影厂安排他住在扬子饭店。饭店离厂有一段距离，每天上班倒车，坐有轨电车，转公共汽车来回很是不便。时间久了，往返耗时又费钱。每月150元住宿费，耗资太大，让方济众心疼至极。

方济众遂向特伟提出，希望在场内找一间便房安住工作。美影厂管理严格，又涉及保密，一般情况下不允许其他人留宿厂内，更何况长期居住了。特伟理解方济众的心情，也感受到了他的朴素情怀，于是予以特批。

住进厂区，方便工作，心情舒畅自在。"我住在二楼，显得特别的和谐清静，尤其是晚上，当一轮明月从万家高楼的上空冉冉升起时，谁家的广播里传来了《春江花月夜》和《二泉映月》，上海的夜晚还是十分迷人的。"（摘自《方济众手稿》）

《牧笛》的外景基地选在肇庆七星岩风景区。厂长、编剧、导演、作曲、动画、绘景以及摄影的同志，都参加了此次外景搜集素材的工作，方济众也不例外。

《牧笛》的分镜头是由动画专家钱家骏完成，其中涉及140余个场景都需要方济众完成，最重要的，是要与李可染的水墨系列牛相互融合。按照特伟（编剧、导演）的动画设计构思，方济众先创作了100余幅水墨连环画。140余个场景，每一个场景都要画十几幅水墨小品，个别场景甚至要画50余幅。确实是一个大工程。

在上海的前后11个月里，方济众废寝忘食，全身心地投入创作。先后完成画稿达1800余幅，其任务繁重可想而知。其中一部分是他返回西安后补画的。

《牧笛》中的笛子演奏者，是中国笛界一代宗师陆春龄。笛声悠扬，悦耳动听，纯真美妙，让水墨动漫意境愈加美妙。

最终，经过50个人15个月的努力，《牧笛》取得了成功。

林间　扇面　1984年

20世纪60年代至80年代，中国动画发展充满蓬勃生机，不同的艺术形式与动漫互相探索，剪纸、皮影等，民间艺术都在跟进尝试，种类多、数量大，其内容情节、形式经营与艺术表现等方面，已经远超美国、欧洲和日本。

日本的早期动画也受到了中国动画的影响。

中国画界称方济众为"方小块"，其一生最具代表性的小品画创作，就是由此形成并长期固化下来的。

二

1980年，方济众带着一批小品画走进了阔别18年的上海美影厂，举办内部观摩展。厂长特伟在展览座谈会上深情地说："从你的这百余幅作品来看，似乎并没有受到特别大的冲击，仍然是多种多样地反映自己热爱着的生活，能够看到你在艺术表现上不断探索着新路子。"座谈会上再次确定唐澄导演的水墨动画《鹿铃》，背景设计请方济众创作。

1981年，方济众与唐澄开始合作拍摄《鹿铃》。唐澄是动画女导演，特伟麾下的主要导演之一，方济众的老朋友。

《鹿铃》由庐山白鹿书院中一个有趣的传说故事改编，剧作者又赋予了

398

新的内容：一位老药农与小孙女跋涉山间采药时，意外遭遇了一只受伤的小鹿。小孙女将受伤的小鹿小心地抱回家，日夜照料，细心呵护，女孩与小鹿建立了亲密的感情。一次，小孙女为保护小鹿不被坏人伤害，腿部受伤，温情的小鹿便上集市卖药和采购食物，为小女孩疗伤。后来的一次，小女孩与小鹿上山采药时，小鹿忽然遇到失散的父母，小鹿戴着小孙女赠送的铜铃，依依不舍地和祖孙俩告别。

在北京台基厂时，方济众曾和李可染一起探讨过《牧笛》原画及背景创作的不足，《牧笛》的字幕处理也不太理想。这些经验的总结，使得《鹿铃》的制作时间大大缩短。

从《牧笛》到《鹿铃》，方济众在手稿中这样记述："经过两年的努力，总算出片子了，中央文化部初审后，第一次批准去古巴放映，引起了轰动。但为时未久，两个批示下来后，文艺界开始了'社教'，《牧笛》就成了唯美主义的典型，禁止在社会上公开放映。我第一次看到此片时，还是一九七八年与可染先生一起在外交部为我国驻外使馆作画时看的。一九七九年，《牧笛》'出狱'了，在参加国际安徒生童话片展出中，获得金质奖，回国后又获得文化部颁发的最佳美术片奖。《鹿铃》除获得这些奖外，还在苏联电影节上，获得最佳美术片奖。"

方济众与《牧笛》摄制组在外景地星湖宾馆协作时，即兴写了四首诗。特伟读罢，拍手叫绝，随让剧组内著名作曲家吴应炬谱曲。

摄制组开联欢会时，全体人员手拉手演唱，气氛融洽欢快。方济众也从中感受到了大家浓浓的友情。摘录其中两首，从中感受他的情怀。

李可染题写画展名

一

渐行渐远渐无声，
风断离情柳断踪。
归来漫从小桥过，
剩得青山半湖中。

二

相聚相别已平常，
南国一行乐未央。
海角天涯皆兄弟，
他乡亦然作故乡。

1984年，《鹿铃》获金鸡奖和苏联电影节最佳美术片奖。

田园诗意　墨彩华章

　　方济众首先是一个纯粹的现代中国画大师。

　　20世纪40年代中期，他从勉县方家坝山村一个具有浓厚书香世家气息的农耕之家走出，流落于古城西安机缘恩师赵望云并拜师入门成为弟子。从此就一直在实践传续着老师赵望云直面现实、面向生活的艺术之路。赵望云落脚西安后，又以实践的榜样，开拓了表现西北风情山水的新中国画风。

　　赵望云培养弟子是中国传统的师带徒方式。方济众和师兄黄胄皆源于此。

　　20世纪，作为民族传统文化主要组成部分的中国画艺术，在历史演进中，遭遇了西方文化的强势冲击。五四运动、"民主与科学"引导下的文化启蒙浪潮与不断掀起的救国图强运动互为激荡，相互融合，使得中国民族艺术的演进总是与社会体制功能变迁相纠结。西方视野下的教育理念、教学计划、课程结构与教学方式方法，左右着20世纪学校教育进程，却在美术教育机制运行过程中，轻视、弱化了中国画作为中国民族文化主体形态的、形而上的、经典文化的、哲学美学的、人文本体的特质。

　　1906年的南京两江优级师范学堂开设图画手工课，拉开了近代中国学校艺术教育的序幕。从1912年起，相继成立的上海图画美术院、武昌艺专、苏州艺专、国立北京艺专、国立艺术院（后改名杭州艺专），中央大学艺术系等艺术院校，课程设置都有中国画学科。方济众堂哥早年就曾在武昌艺专上过学。受家庭与堂哥影响，方济众在1946年5月拜见赵望云

诗意笔墨　精神家园　方济众诗书画作品解读

401

时，最初也是希望先生能引荐他进入高等艺术学堂。1949年10月新中国成立后，各类艺术院校也都开设有国画课。然而当我们比照20世纪国画演进史，有意思的是，尽管百年来接受学校教育的国画家比非学校出身的画家多，但是成就卓著、成为杰出大家者，却比后者少。学校教育至今没有培养出像吴昌硕、齐白石、黄宾虹、潘天寿、张大千、陆俨少、李苦禅、叶浅予、赵望云、傅抱石、黄胄等这样的大师，这是无可争议的事实。这些取得辉煌成就者中，方济众与黄胄位列其中。

黄胄、方济众接受的是师徒式的教育，其导师是赵望云。师徒式教育的关键是师父的素养、见识与能力。赵望云年轻时代接受了新文化思潮的洗礼，灌输给弟子的是尊重个性自由的人文进步思想。赵望云用他真挚的家国情怀与艺术人生理念引导弟子把握明确的艺术方向；赵望云更是以普罗米修斯的胆略和牺牲精神，在现代中国美术历史发展进程中，开创了一条直面现实的艺术之路，并且由此拓开了西北中国画新风。

1949年中华人民共和国成立，新的意识形态强势观念介入，延安文艺精神作为主导，红色圣地艺术模式与苏联社会主义现实主义模式遂成为举国上下文艺总模式。尽管赵望云开创的"直面现实""到民众中去"与"平民艺术"的艺术之路以及开拓的西北新画风在创作方法与表现现实生活对象方面与延安、苏联模式有着较好的契合度，然而，几十年来，赵望云精神情怀里始终坚守着的是五四新文化运动"艺术为人生"的人本理念，保持着的是朴素的家国情怀、平民意识、独立人格。解放后，共和国新生政权尊重他的艺术地位与社会影响，让他担当着新时期陕西美术事业发展的使命责任，但赵望云在创作思想、创作主体意识行为上并没有一味地顺从主题题材叙事决定艺术形式的政治标准要求。故而，他的作品笔墨图式始终折射着新文化哲学中的人本精神与人文情怀的光环。即使在极左的文化环境中，他也秉承着对中国画文化本体的自信，不盲目跟风，不盲从自我，不被动接受，始终以从容自主的心态去经受、面对。

20世纪中国美术的特点是通俗大众化。以创作喜闻乐见的作品为特色是艺术大众化主体方向。新中国成立初期的艺术家，在感受国家统一、社会主义建设新气象的环境气氛的同时，也开始走延安文艺之路。1961年10

月，美协西安分会国画创作研究室习作展在北京展出成功，长安画派诞生并唱响大江南北。此后，西北地区长安中国画群体被社会刮目相看，近代中国画坛艺术格局被重新界定，年轻的画家方济众个体成就与影响也因之被社会瞩目。

长安画派创新的核心是时代与生活，其诞生的时代在60年代初期，其创作的大本营在西安。那个时代的长安画派创新，首先表现在红色延安情节的内容新，是红色题材的渲染。来自延安并具有坚定政治信念的石鲁，由此屹立于时代的风口浪尖，成为长安画派的旗帜引领者。

然而，由于历史原因，赵望云与石鲁两位大师都先后遭受了极大的身心摧残与精神打击而先后陨落；方济众也无可避免地被剥夺创作权，关在"牛棚"接受思想改造几年。70年代以后，西安美协被迫解散，方济众被下放到家乡汉中。不过与其说他被动下放八年多，倒不如说他在家乡的庇护下，真正地实现了个本人本精神的回归与纯粹的艺术之路的纵深延续。

方济众具有深厚的传统文化素养与宽阔的中西方文化视野，善于吸纳东西方艺术中于他有益的东西，也主动吸收山野民间艺术营养。此外方济众还具有扎实的毛笔书写与实践能力。

60年代的西安美协群体文化结构中汇集了五四新文化文脉、延安红色文化、具有十三朝历史的长安文化文脉，以及传统经典的中国画本体文化文脉。长安画派之所以能唱响，其实是这几根文脉整合汇集的聚合发酵。

长安画派有一个重大的创新，就是石鲁说的"以色代墨，以墨代色"。传统国画长期以来存在一个色彩运用问题，色彩比较简单且只是装饰辅助，没有西方色彩丰富。石鲁直接拿朱砂画人体，他的那一套用色方法是一种创造；何海霞具备传统青绿山水的功底；方济众也在不停地创新。现代中国画创作中，墨色互融、色墨交织、水墨互化、色墨并举；以笔线经营，气韵贯穿；以色彩渲染，墨韵沁润，方济众在这方面比其他几位画家走得更宽，走得更远。开始他也是以水墨为主，进入色彩探索是在开始画秦岭山水的时候，他采用浅绛色的办法，先拿淡墨画然后再罩色，但是画完了总觉得不满足，所以一直在探索。

方济众一直在延续老师赵望云的艺术生活之路，然而，如何在生活写生中探寻属于他自己的个性语言与笔墨图式，这是老师的希望，也是他不断的探索。

　　方济众与长安画派其他几位画家所不同的是，他在几十年的不断探索中，以宽阔的视野，横跨东、西方两条文化主线；以浓烈的中国人文情怀，借鉴西式自然风景图式，融合中国民间艺术元素，直面现实，直接到生活中讨教，直接去自然中写生，以写生图式变更传统，革新传统。

二

　　从1950年至1970年，是他国画创作的第一个阶段。这个时期可以视为方济众作品风格的孕育探索阶段。

四到强家湾　68cm×68cm　1974年

方济众与赵望云老师及同伴石鲁，置身于西安美协中国画家群体，不断地适应新的文艺精神与现实主义创作理念，按照时代要求，勤奋地、自觉地吸纳传统的，并蓄民族的、民间的，兼容西方审美理念中有益的东西；用全新的艺术审美视野引导着个体笔墨面向现实，努力使自己的主体创作思维融入表现时代与生活营构的群体创作思维中。

　　这一时期，他创作了大量的作品，这些作品带有明显的时代与生活标签式的印痕，并且艺术表现与经营方式还未脱离老师赵望云的生活笔墨图式影响，画面上的笔墨生活气息总体上是客体的、写实的。

　　这一时期，其笔墨表达试图借助西式造型理念与风景写生方法解构传统国画样式，并力图赋予画面一种新视觉形式与新生活气息。作品中笔墨语言清新生动、质朴自然，与老师相比，笔法上显得灵动，老师的笔墨灵动中更显拙厚朴茂。同时在墨色表现上也吸收了石鲁的拖泥带水、以色代墨法。

　　1953年，方济众还在学习阶段创作的第一幅国画《最初的道路》，便参加了西北五省区美展，从此拉开了国画创作的序幕。

　　这幅画虽是山水图式，但画面墨彩气息浓郁，形式经营饱满，尽管是标签式的生活场景，但画面处理却显得自然真切。整幅画笔墨服从于情节构思的需要，以此反映新中国成立初期国家在大西北山区，修建铁路环境的严峻、工地场面的火热，以此彰显艰苦奋斗的精神与人定胜天的激情建设情境。

　　1954年创作的横幅《云横秦岭》算是一幅比较大的国画，参加了第一届全国美展并被收藏。1955年创作的《溪柳迎风》发表于《美术》杂志并被收藏；《黄河大桥》参加全国青年美展并获三等奖。1956年创作的《秦川一角》参加全国美展；《青杉河上》参加西北五省美展。

　　此期代表作品《秦川一角》，其经营形式采用了摄影的表现手法：终南山下，泾渭平原，大河两岸一派金秋盛景。欣赏整幅画面，不得不佩服方济众观察生活与表现生活的细致入微，以及非凡的笔墨色彩写实表现能力。

　　一条小路曲折延伸到远处，画面前景刻画出一条条饱满下垂的谷穗，谷穗用朱砂伴殷红点缀，墨色丰富，生动逼真；甚至谷叶底下还夹杂着的争奇斗艳的白色小花，也画得栩栩如生。中景右边一棵很大的布满朱砂红叶的大树，左边树丛中隐约能见几间农舍；浓密的树林中还夹杂许多松树与其他杂树。画面用色鲜明而不失雅致，沉着又不失清新。远处田野呈现出一片热闹的丰收农忙景象。

1957年，方济众应邀为人民大会堂创作的巨幅山水画《西岳华山》，想必是《秦川一角》带来的效应与影响。

《西岳华山》应该是西安美协第一幅作品入驻人民大会堂，只可惜至今未能留下作品图片。而石鲁的《延河饮马》则是1960年为人民大会堂陕西厅创作的作品。

这一年方济众赴内蒙古参加活动期间的系列作品，内容多以人物场景写生为主，这也应该是方济众用新国画手法表现内蒙古草原牧民生活迄今最早的作品。

《草原骑手》54cm×40cm这幅画，人物造型逼真，动态刻画，主体结构用中锋笔线写出，简洁大方，生动传神；人物衣服用朱砂加少许淡墨挥洒而成；皮靴以浓墨渲染；人物身后的猎狗露出的半个头，全用笔墨刻画，黑黑绒毛里的眼睛，闪着敏锐警觉的雄光。

《蒙古姑娘之家》（40cm×54cm），人物面部带有明暗调子印痕；《挤奶》（40cm×54cm），四个不同形态的牛与人动态处理得和谐巧妙，人与物场景浑然一体；《风吹草地见牛羊》（73cm×50cm），是赵氏写生图式的延续，只不过在色彩上的恰当运用更加彰显地域风貌特点。

1958年创作的《山居》（68cm×49cm），画幅不大，主体山势与中景贯穿在一起。前景山石以焦墨意笔灵动洒脱写出，辅以简单皴擦，前后浓墨、淡墨运用自然；以小笔触皴擦山势；一条山路崎岖而上，路边挺拔高耸的青杉树用重墨写出，远处群山层叠。这幅画没有了写生的印痕，完全是一幅独立的山水佳作。《清江一曲绕山流》笔墨表现亦如此。

同年西安美协七人围绕黄河写生，创作了《九曲一泻赴龙门》，色彩运用上吸收了石鲁的色墨混用法。

创作的《夜渡》发表于《美术》杂志。

1959年创作《江村雪后》（69cm×46cm）这幅画里，水的淡墨渲染恰

山居　68cm×49cm　1958年

卷四　诗意笔墨　精神家园　方济众诗书画作品解读

显纯净，写意笔法独特鲜明，与雪留白处理形成对比。

《高原引水图》（72cm×49cm）整幅作品，用笔简括，山石结构纯中锋用笔，浓淡墨法勾勒，辅以赭石写染，气势饱满，笔法娴熟流畅。春光映照下的田园山景，明媚入镜；山前绿汪水田与山后层层石绿梯田呼应，主体山上新修水渠洞里，轻盈水流自然而出。

《初冬的山谷》（68cm×53cm）与《山居》采取同样的笔法，发表于《解放军画报》封底；《幽林》参加首届维也纳国际博览会展；《夜渡》（85cm×57cm）发表于《美术》杂志。这年还创作了《林海新村》（62cm×62cm）、《山林秋色》（69cm×94cm）等作品。

1960年创作的《汉江渔村》，江边突兀的山峰，几乎全用简洁的中锋用笔线条写出，绿荫下一个祥和的渔家房舍，院子里到处搭起的竹竿上挂着串起晾晒的鱼。这幅画里明显吸收了黄宾虹的笔意，纯以线写出，辅以简单的皴法。画面题款也能感受到黄宾虹的书写气息。

1961年10月，在美协西安分会国画研究室六位成员晋京展的北京展览座谈会上，石鲁说："我们几个的习作，有共同追求的地方，甚至也有某些技法相同，但从个人风格上来说，尽管还都不很成熟，但个人风格总有差异。"中国美协总会领导蔡若虹在会上讲话："有些同志说这次展览的风格大致相同，是的，是有些相同。但仔细比较一下又有不同之处。如果说何海霞同志作品里有一个'秀'字，那么，石鲁作品里有一个'豪'字。方济众的《溪柳迎风》和《山村傍晚》，都是一个作者画的，但风格也不相同。康师尧的《玉米》《芙蓉》又与方济众的《案头小品》完全两样。赵望云同志的作品，我以为比过去要好得多，也不一定非要保持过去的风格不可……"（《长安画坛中国画论集》（上），第72页）

随后的南巡展，将这一时期的作品汇集展示，再次形成几波高潮。特别是南巡展第二站杭州展览期间，在杭州美院的座谈会及拜访潘天寿时，潘先生与他们的画谈，可看作是对方济众这个阶段风格语言的总结：

"过去给人的印象，从唐以后，由于政治、经济中心南迁，文化中心亦随之南下，几百年来，西北和中原似乎成了国画的荒凉不毛之地，这个看法，现在应当改观了，看了西安这次展览，我认为国画这个文化中心很快会回到长安。石鲁和方济众同志在用线上是努力的，但在构图上有写生化的倾向，形式上的推敲还不够严谨、精练，还要在传统的形式规律、构图规律、笔墨规律上下功夫，要懂得借用书法艺术形式上的可贵之处。"（《方济众手稿》）

杭州展览结束后紧接着赶往南京、苏州巡展。

苏州展览过程中，石鲁召集五人进行了一次南巡画展小结会，方济众在会上进行了自我总结："第一真正感到了自己的不足，还需要从书法形式规律、民族绘画的传统美学观里去深入探索问题、解决问题。第二，不能有任何自满和骄傲情绪，南方画家绝大多数是有特色、有创造性的，如南京的傅抱石、亚明，上海的林风眠、关良、钱瘦铁、朱屺瞻、来楚生、唐云、程十发、王个簃，杭州的黄宾虹、潘天寿，从这些前辈身上去学习、借鉴，对我们还是有必要的。第三，南方有南方的特色，要找到表现有地方特色的艺术手法，需要花费一定的气力，也不是短时间就能奏效的。"（《方济众手稿》）

1961年底，方济众赴上海美术电影制片厂参与《牧笛》水墨背景创作，历时11个月，先后完成1800余幅画作，皆以纯小品水墨形式出现。这次合作，进一步锤炼了他的水墨表现能力，也初步彰显了方氏山水画作品的风格特点与语言风貌。

北京习作展览产生的社会反响以及座谈会上专家学者的发言，特别是南巡展期间行内专家的中肯建议和感悟总结，给随后方济众的动画背景水墨系列创作过程，在思想上与审美表现及水墨实践上，提供了充足的心理准备与实践保障。《牧笛》水墨背景创作的成功，也为他以后在长期创作实践过程中，将水墨彩绘小品作为主要表现形式，最终形成鲜明的诗意田园山水图式风格做了有力的学术实验铺垫。

1962年至1966年这四年间，西安美协大院的画家并未因为北京及南下巡展取得的成就与影响而停止艺术耕耘与创作的脚步。

1962年7月赵望云从北京社会主义学员结业，7月23日，陕西省委宣传部宣布："同意摘掉右派分子帽子。"政治身份明确后，这年夏天，赵望云随西北局统战部部长常黎夫到西北写生；美协大院中国画创作研究室再

秦川一角

一九五五年
贺渭滨
午涼秋禾
常笼
溷冈建设
大河滾滾
海枯三栏
連溪绵南
山上洞天
长川流
坚頃列
丰連庫
鸣曲画沙
犀鸣飛
播長泓红
旗晓空
覺神採
作本盡
异青年
题记

次有了相对平和创作研究氛围与相对平稳的创作环境。

410　　在1963年开始的社教运动中，文化艺术界又出现了将学术性问题上升到政治问题的极左倾向，但是，院子里的画家在经历了"反右"政治风波之后，彼此已经更加坦诚相待、平和相处了。赵望云、石鲁相住同一小院

秦川一角　54cm×162cm　1958年

门，两家互尊有爱；方济众作为赵望云的学生与石鲁的战友，彼此情谊来
往，友情互助，给了两者之间友情三角支撑。作为赵望云的学生，方济众
依然承续着老师朴素的家国情怀与纯粹的人文情操，作品始终保持着朴素
平民情结与自然人文田园山水情调。

1963年石鲁患上肝硬化，在终南山下的常宁宫的干部疗养院养病。读书之余，他用新的美学思维理念，探究如何将传统画论与新时代艺术创作相结合，并将几年来在创作过程中随手记录的手札、日记进行归纳整理。后来发现的《画语录》便是其时问世的。然而，石鲁创作的《转战陕北》这幅反映革命历史题材的典范作品却被无端指责，遭受厄运，被迫从中国革命博物馆陈列厅摘下并打入冷宫。随后1963年10月创作的《东渡》，也因语言探索超前性而遭受政治否决。怀有坚定政治信念的石鲁，其艺术却遭遇党内政治否定，无疑对他的精神带来巨大刺激。《东渡》至此成为石鲁政治与艺术命运的转折点。政治重压与身体疾病的双重折磨下，终使石鲁精神分裂。那些日子，美协院子里的气氛让人感觉沉闷、压抑，石鲁的遭遇，给美协院子带来了可怕的阴影。

　　北京展览与系列巡展及参与《牧笛》水墨动画背景设计取得成功后，方济众在感悟反思实践中，山村田野、诗意田园意味性的作品实践探索步伐似已趋于明显，画面形式融入了民间审美的趣味。

　　1963年4月，方济众创作了《晚饮》（39.5cm×34.5cm），《山春》（72cm×54cm）；8月，创作了《山林雪后》（131cm×64cm）。

　　1964年，创作人物主题国画《榜样的力量》（70cm×136cm）、《山径邮铃》（96cm×56cm），虽有口号式叙事情节和说教内容，然而，这两幅作品以人本情怀朴素地描述，整体画面气氛却显得和谐自然。

　　这年创作的《平湖春晓》（180cm×77cm），明显地有意将之前激越轻快的写意笔法收敛。尽管匠心构思，画面中水的处理还借鉴了西画光影特点，表现了山区村社田间劳动的祥和与春色烂漫场景，但还是少了些笔墨生机。

　　总体而言，这个时期，方济众绘画风格语言还处于探索孕育期。

三

　　尽管创作题材选取、表现手法如此谨慎，方济众还是不得不面对社教工作的锻炼及"文革"开始后四年的"牛棚"思想改造。

这一时期，长安画派在经过了短暂的艺术成名及群体聚变风格凝结之后，在巨大的风波冲击下，不得不将各自的个体语言探索心理小心翼翼地收敛。以赵望云与石鲁语言风格为主导——以何海霞笔墨传统为典范参照；赵望云质朴平淡苍劲拙厚，石鲁雄强奔放激越；又有其时政治文化专制带来的对人格主体的扭曲，方济众裹挟其中，艺术再造空间狭小，置身群体风貌中个体语言的抑弱，使得他的艺术探索方位左右徘徊，无法清晰。

如此说来，1970年以后被迫"下放"陕南汉中，家乡的绿山清水屏障让他远离政治文化中心，迎来个体自由创作的天然宽松环境可谓因祸得福、如鱼得水……

这是方济众艺术风格的第二个时期——本我的自在、自由与个性探索时期。

相对于省府西安，故乡其人其环境，可谓超然物外。故乡山水田园宁静而清丽，汉水两岸处处呈现出清秀纯美的诗意美境，让先生真正地完成了生命主体里精神家园的回归。笔的灵动所生发出来的画韵，已无昔日之霸气；墨的激情所抒发的已是质朴自然、清丽明快、充满机趣灵性的新山水画风。

1972年，先生还在洋县下放劳动时，创作的《山村秋色》（75cm×58cm）这幅画延续老师赵望云的创作格式，画面写实，以客观视野表现山村夏季繁忙丰收景象。院内院外、山上山下，处处都是劳动的人们。晒谷场上，三位劳动者顶着烈日在摊晒谷粒，一圈堆放着稻秆垛，形象地展示了当时生产队的劳动场景。

这年创作的比较大尺幅的《太白幽林》（68cm×147cm），以细腻的写意笔法，生动地刻画出了太白松林郁郁葱葱、充满蓬勃生机的景象；远山用湖蓝淡墨写出太白山常年阴冷寂静积雪的状态。

《南原秋收图》（69cm×53cm）落款雪农，1972年8月绘于西安。为什么用笔名雪农？想来可能是在丈八沟为外贸创作一批画时留下的画。1972年创作的《早春》（67cm×67cm），画面展示了绿水清清的江面，远处桥上奔驰着一列火车。1973年创作的《山青水碧》（76cm×58cm），描写一排木筏蜿蜒行走在清丽的江面，一片树林掩映的山坡上田地里正在辛勤劳动的人们。两幅画用同一清新的墨色格调刻画汉江两岸春天的青山绿水景象，凸显出方济众此时期情感与心境的变化。

先生借调到汉中艺术馆后，工作上没有具体事情，时间完全由自己支配，创作上也有了自己的环境空间。这年创作了《山村秋色》。

最能代表这一时期作品风貌的是，1974年元月一个月之内连续创作的《十到强家湾》系列组画。

十幅作品篇幅不大，全部四尺对开（59cm×59cm）。方济众采用新诗体排句，每一幅作品配以不同诗句深化作品，再进行画面形式表现与意境气氛渲染。方济众有1962年为美术电影《牧笛》动画背景将近一年实践性主体、情节性创作的经验，创作表现强家湾新农村新变化的情节性系列作品，就显得得心应手多了。

以山水形式赋予说教内容进行系列创作，他还是花费了一番功夫与时间的。

首幅作品以纯山水彩墨形式表现，依据诗句"初到强家湾，那时解放前七沟八岔少人烟。到处是荒山"，方济众借用了传统文人山水画萧散简远、寂静空旷的意境衬托。

左面山脚下，一条荒凉的山路穿梭而过。路旁杂树环围坡下一个农家小院。放眼望去，中间主体绵延山势，空旷、荒凉，愈显寂静。方济众用淡墨简笔写意的笔法，勾擦出荒凉的山势，再以淡墨流动写出山的结构变化，辅以浅绛赭石渲染，并点出山上枯草。一群小鸟从山间飞过，给寂荒的山野灵动的气氛。以这样的意境来处理，首先考验的是方济众对传统山水意境与笔墨表现的驾驭能力。不能画出传统古典形态，必须是新形态山水，而情节又得用传统国画山水意境来反映，难度显然就大了。然而，方济众情节与形式结合得恰到好处。

组画之三"三到强家湾，一九五八年，互助合作闹得欢，干劲冲破天"，方济众采用了赵氏山水表现法，劳动过程中的人与牛，采用动态放大点缀。前景用飞动变化的焦墨苍笔写出土地下山坡的结构，然后用淡墨写出。起伏的土地上，一派繁忙紧张的耕地情景。中间远处淡墨润笔写

二到强家湾　60cm×60cm　1974年

出层层田地，田间小路上行走着扛着锄头、赶着牛的人们。远山几笔散淡润墨画出山势状态。前景与远景留白，空旷的山野里，一群山鸟在自由飞翔，给画面平添祥和快乐气氛。

　　之二、之四、之八与之九，依据不同内容与情节需要，画面气氛如同现代风俗画描述。方济众吸收西画元素与中国古代界画式的雕刻建筑房舍表现手法，用笔严谨，形象地刻画了山村建筑面貌。

之二"二到强家湾，解放一周年，斗倒地主把身翻，泪眼笑开颜"，表现解放初期"三反""五反"的政治生活景象。画面若太写意，则没法形象地表现情节，而画面必须要用大量的动态人物场景揭示这一主题。房舍静态处理要画得详尽具体，人物动态还要写实，这对方济众的创作能力是一个考验。若没有平时大量人物动态写生积累，完成这样的场景刻画显然是不可能的。

一幅四尺对开的画面上，方济众硬是凭借着高超的人物群体刻画动态表现能力，把大量人物活动场景，以浓烈的墨彩熏染，横幅标语、红旗列队；房舍建筑到处是标语，热烈又严肃的会议气氛渲染，却因着竹林棕树细笔墨彩写出，显得不那么生硬压抑。

其余几幅作品的气氛渲染，方济众采用了不同的写实表现手法。

十幅系列组画，每幅根据画面内容场景需要，都需要借助人物动态场景进行刻画。点缀人物，或多或少，全凭场面需要。

现在看来，这一组用新形式、新笔墨、新内容表现那个时代新农村改天换地新面貌、新事物、新风尚的系列组画《十到强家湾》是非常成功的。构思是巧妙的，想法是大胆的，表现是需要勇气的。

方济众用现代形态国画艺术创新意识与新手法，力求形式与内容完美结合的严谨创作态度与创作精神，是我们永远学习的动力与精神榜样。

1995年9月荣宝斋出版社出版的《方济众画集》，收录了一幅与《十到强家湾》系列同年同月同规格的作品。这幅画作落款"山外青山田外田1974年元月29日济众作于滋卉园"。因为没有情节内容的制约，故而这幅画以轻松优雅平和心态，描述了"清丽淡绿润江南，春暖花开醉三月"的农忙插秧景象，诗意般的人文田园风光，把人带到了一个祥和宁静、纯美清丽的世界。

这几年，方济众画了大量小品画，既是创作实验小稿，也是他心目中诗意田园的写照。久而久之，这样的小品实验模式融合到他的心性思维轨迹中，成为方氏艺术风格的一个雅称。

方济众经常给人说："怀中是画，大了这个是作；手抱之处是画，超过这个部分是作。"这个画就是书画用笔的"写"。虽不是巨制，重在反

五到强家湾　60cm×60cm　1974年

复实验着许许多多的写意小景。林间小鹿，岩畔山羊，水乡小鹤，江南梯田，崇山峻岭，险石绝崖……这些在他笔下经常刻画并反复出现的平常元素，一旦由他信笔写出，便会显得意趣纯真，格调清新，耐人寻味。

　　长安画派的两个最大特点，一个是继承传统，一个是创新。说起来简单，但是怎样继承？如何创新？这个继承是文化精神到技法、技巧的继承，那么创新就要体现时代精神基础上新的形象特点。

　　方济众创作特点是，直接在生活实践中感悟并淬炼适合自我的经营形式、表现手法、审美取向，这是老师赵望云的艺术之路法宝。他也受了

417

些何海霞青绿山水画风的影响，但何海霞的入门不是从速写开始，而是从临摹开始。新中国成立以后美术学院的中国画教学方式，临摹与速写两手抓，石鲁对这个种教学方式有辩证的看法，他认为美术学院继承学习的是技法而不是精神。实际上这种思维来自赵望云。

石鲁在经营、方法与笔墨表现的初期，吸收了赵望云的许多东西。方济众敬佩石鲁，年龄的相仿、志趣的相投，使得他与石鲁在各个时期和谐相处，诚之往来，密切合作。

石鲁于他，既是领导，也是同事，更是艺术阵营里的战友伙伴。但是，方济众知道，他的性格不像石鲁，石鲁那激越的革命主义信念与浪漫主义言行，体现在自身创作上的那种天才、超前的意识，非凡、绝对的精神维度，决定了他的艺术生命是悲壮的。方济众也非何海霞艺术表现技法的丰富，他的画面墨彩的丰厚和意境的高度，到晚年，可以肯定地说，已经实现了自我超越。方济众的品性继承了老师的更多。个性基因里那平实、内秀、温润与文化积养的才思敏慧，以及来自家乡文化自然的滋润，使方济众的艺术视角始终以对人文的关注为主，在生活中寻觅着自己的艺术元素与表现图式。

方济众的许多小品让人感到，他在生活里边随时随地都能找到题材和要表现的主题，其实并非如此。一般画者画葡萄就画葡萄，画葫芦就画葫芦。然而方济众无论是表现怎样的题材内容，不管画幅大小，哪怕画一个锦鸡，他都要表现那一种美的倾向，一种笔墨形象本身内化的感情与精神维度。

他始终都在艺术创造、摸索探索过程中。

《十到强家湾》组画，方济众在形式与色彩上进行了大胆创作，并且这样的实践开拓一直伴随到他去世之前。

四

1976年12月至1977年创作的组画《忆延安》之《枣园春》《山丹丹花开红艳艳》《金光闪闪的秋天》《延安行》，参加了当年的全国美展，并

清溪水迢　册页　1986年（何宁藏）

于1977年6月发表于《人民画报》封底；当年还发表于《延安画刊》1977年第4期封底。

粉碎"四人帮"以后，方济众在创作中完全变了一种心境。《忆延安》组画中，方济众画延安的柳树，直接拿朱砂写出树干，然后再压墨，画面整体显出阳光灿烂；后边的山直接遮墨。与《十到强家湾》相比，在笔墨表现与色墨运用上显得更加自由畅通。画完以后他自己也很赞赏。

这组作品笔墨灵动充满生机，色彩亮丽却不失典雅厚重，当时在全国美展会上，引起很大反响。

《忆延安》组画，是这一时期方济众的艺术形式和风格发生转变的重要标志。这组作品的问世，标志着方济众笔墨图式和艺术风格已进入一个新境界。

方济众在许多画中反复题写他的一首诗："汉水巴乡是旧乡，笔砚生涯忘愁肠；最是晚凉堪眺处，稻花丛里鱼米乡。"下放家乡的生活进一步熔铸了他的思想与精神个体的自由张扬，他的艺术语言已确立，绘画风格已趋成熟。

1977年，方济众赴外交部为外交使馆、北京饭店、首都机场作画；在友谊宾馆及藻鉴堂文化部中国画创作组创作，四五个月中创作了数十幅大画，可以说是方济众志得意满的体现，是他语言风格成熟的彰显。

　　从1978年到1987年7月，是方济众创作艺术风格成熟的第三阶段。

　　改革开放初期近十年时间，政治干扰较少，市场干扰还未来临，艺术家的心态比较清静，一心只想着怎么把画画好。方济众正是在这十年中有效地掌握着陕西国画院的基本方向，奠定了严肃的学术风气。也是在这十年里，迎来了他的创作高峰期。

　　这一时期，文艺界迎来改革开放的春风。环境的变化、身份的更替、职务的叠加、责任的重大工作的繁重，让方济众时时处于一种奔波劳累状态之中。然而他每天迎着朝阳，坚毅地、心情愉悦地、不知疲倦地行走耕耘在创作的个体世界里。

　　这一阶段方济众创作情绪旺盛，精神饱满，佳作精品不断地从他激情飞动的画笔下产生出来。

　　1979年冬，方济众接到山东省美协和省美术馆发来的邀请函，邀请他年后到济南举办个人画展。

　　1980年5月初，方济众携200余幅小品一路火车到济南，展览非常成功。山东省美协举办的座谈会上，与会者老、中、青济济一堂，方济众与他们分享并交流了对现代国画创新与继承的看法与实践体会。

　　也是在这里，他提出了属于他自己的艺术论断："必须学古人，但绝对不能雷同于古人。也要学洋人，但绝不能雷同于洋人。更要学今人，但也决不能雷同于今人。艺术家在创作上的高难度，主要是思想感情所唤醒的美感、激情，如何化为技巧和表现方法，特别是个性化了的形式与风格。"

　　长安画派几大家里，行内行外公认，方济众书法语言最独特，风格最鲜明。他的笔墨功夫非常深厚。流动的线条，多以中锋带出，又有圆中带方、润中见苍、古拙遒劲的笔头味道；用色鲜明而不失典雅，沉着又不失清新；画面布局像一方方印章一样，对虚实、节奏、开合、争让处理得相当严谨，这在小画中尤为突出。创作时，他始终自然把握着"以书入画"

写意笔墨状态。运动节奏中流淌着笔墨灵动结构，墨色运化中吟唱出田园诗意韵律。

方济众就像一个在乡间田地辛勤躬耕的山民。与山民的区别在于，他是靠情感精神的躬耕劳作，经营着一幅幅诗意田园般的自然艺术世界。他那诚朴厚道的作风，从容稳重的形态，深沉内涵的性格，特别是平和、朴实的言行，常常让大家感到他有几分老农的风度。方济众有两方印章，一方是别号印"雪农"，一方是象形章，根据篆文"方"字变化而成的一个掘地农民的形象。

1979年的《桂林山水甲天下》（28cm×103cm）这幅画，与李可染、白雪石同样题材的创作相比，应该是较为出众的一幅佳作。方济众以饱满的情志与激情，以运动变化的笔触，用宁静苍拙的中锋焦墨线条与皴擦结合的笔势，灵动地画出了桂林山的突兀与奇崛。再用赭石渲染，花青统一，水的倒影以花青淡然再淡墨写出晃动的水纹，远处云雾里忽隐忽现的纵横山脉以淡墨横竖写出。前景水面悠然行走着扬帆小船写意出秀润苍厚人文笔墨的桂林山水。

80年代以后，方济众在创作过程中，挥洒自如，自由运笔，富有生命节奏韵律的线条，营构着万千诗意田园世界。因而，他的画里总是流淌着一种生命的鲜活通达气息，笔法愈加灵动与劲健，画面墨色更加清丽明快，意趣更显清雅醇厚；诗意田园画面意境里尽显清新自然，朴素亲切，泥土醇香。

回到西安的几年里，繁忙工作的同时，他一直在探索思考中。创作中或者以纯水墨大写意挥洒，或者色墨互融严谨刻画，或者参以古朴的原始陶器瓦当的民间意味，或者借用孩朴纯拙率真个味。方济众不断尝试，在创作中反复试验，一切有审美趣味的艺术形式，都会令他生发探索的兴致。

省国画院成立后，方济众经常过来在画室作画，画院画家也经常去观摩他画画。

有一天，程征从画院里面拐过去到他画室。他正在创作一幅六尺大画，画中是西北的山，远处是雪山，近处是松林，松林前面还有一个山坡，石头上还有一个羊。远处的雪山在阳光照耀下显得格外刺眼、透明。

当时程征心里佩服得不得了，他说："方老师，怎么表现这个情景？你这画让人感觉简直不是画出来的。"程征激动地说："终于看到方老师最大一张画了。"

可是，第二天过去看，画却被裁掉三分之一；第三天又被裁掉一块，最后只剩下一小块。

这个事情让程征陷入了深层的思考。程征觉得，方老师名气已经这么大了，可是面对创作还如此严谨认真，令人敬佩。这就是方济众。当他进入创作状态时，画面应该怎样画、要表现什么、画面应该是一个什么样的面貌，他心里是非常清楚的。

方济众不管在哪里，画画都保持着这个习惯，到一个地方没事的时候也不闲着，他先准备一沓裁成小块的纸，然后开始画。画的第一张肯定是黑羊，这是他的规律。第二张可能还要画羊，画到第三张的时候就有变化了，随后越变越多。他的创作思维引着他，第一张只是用画羊作为开门砖，因为羊是他画得最顺手的元素。他边画边开始酝酿构思创作内容。人们经常会在他画室的墙上看到同样尺寸、同一题材的系列作品，或四尺三开的，或小品式的，或四尺对开的。比如同样都是画羊，但是在背景处理上，却用不同手法与表现形式。

方济众画了不少表现内蒙古大草原的作品。大草原上的山少，不同季节的草原上，马、牛、羊场景如何表现？比如他画了很多内蒙古草原上的落日，是用绿霞淡墨压底，古人是没有这个办法的。他还画了较多以黄山为题材的作品。他在黄山画了不少写生，怎样表现黄山新貌，他直接用青绿罩染并兼工代写笔法，树木竹林用石绿加朱磦提，五颜六色的。

1981年创作《云漫天山》（81cm×71cm），用轻松、熟练、运动着的墨色笔线，辅以青绿赭石，绘成一幅小写意墨笔青绿山水。

1984年创作《天山牧歌》（78cm×78cm），他创新性地用写意式墨彩表现手法，精心刻画出一幅现代天山青绿山水风景新样式。天山草原纯净绿美的山坡上，悠然吃草的、流动的洁白羊群，花青意笔轻快写出的阳光映射下的晶莹连绵的雪山，墨笔与浓彩点染出的起伏变化且富有节奏又充满蓬勃生机的松林，互为交织，相互映衬，共同谱写出一曲清丽明快的天

江村雪后　68cm×68cm　1987年

山草原牧歌。

被中国美术馆收藏的《红柳滩外好荷花》，同样的题材，连续创作了好几幅。方济众反复地以实验性的心境精心描绘。这样的实验性表现，一般人也许会陷入一种纯技术性的、笔墨游戏似的机械重复过程中，方济众却始终把营造一种精神情感中的梦幻意境作为首要，画面的一切墨彩、笔法、形式元素，皆要服从意境需要。于是我们看到，流动的、圆润的笔线写出柳滩静水中生长着的荷叶，洁白的荷花在其中舞动摇曳，荷塘边生长着沙漠特有的石绿坎柳，远处以朱膘一遍遍地厚积涂抹的沙漠上，一队骆驼正在行进……

1980年创作的《黄河岸边》（68cm×46cm），焦墨散笔，中锋淡墨激情勾写，再以浓浓朱膘整体罩染，中间蜿蜒流动的黄河波涛先用赭石意写，再施以淡淡的朱膘。整体画幅充斥在一片激越的颜色海洋里，左边用苍劲自然、拙朴有力的焦墨线条，酣畅挥洒写出的山岩笔势，显得特别生动饱满，韵味十足。

《黄山不老》（136cm×136cm）（《青山不老》（83cm×50cm），几乎全部用纯墨苍笔，水墨交织写出。

1981年创作的《汉水巴山是旧乡》（200cm×68cm），竖式画幅。交织的淡墨写出层层梯田，山前山后跳跃着、起伏变化着一棵棵棕树、松树；绿的、黄的、红的，彩墨流动，变换交织营构着那诗意般的江南田园图画。

《秋江待渡图》（69cm×45cm），秋日酣畅，墨色融融。落款"1981年3月5日济众写汉江小景，时居长安忽又两年矣"。

《霸柳飘金》（68cm×68cm），主体是两棵参天柳树，树身与枝干以浓笔中锋大写意激情挥洒写出，树叶以金黄色渲染，最后罩以淡墨。树荫下三匹马在悠然地吃草。

《伊敏河畔》（88cm×70cm），焦墨苍劲，淡笔朴拙；节奏轻快，墨色交织写出几棵交错变化的老树体态，树下一群牛正在河畔行走；河水以淡墨润写，花青晕染。秋日暖暖，阳光迷人，一幅美妙的秋日伊敏河畔盛景，展示在了人们的眼前。

《海日》（68cm×52cm），墨色激越交织，波涛汹涌激荡。无限辽阔的远方海平面，一轮火红太阳徐徐降落，天边飘散着无限霞光……这幅画并不大，司空如常的情节，可是，方济众以激情澎湃的中国大写意水墨意象表现手法，给我们展示了一幅墨色激荡的落日海霞美境，若没有宽阔的胸怀与非凡的气度和高超的水墨表现能力，是绝对画不出来的。它把中国水墨表现大海的艺术手法推向了极限，可谓前无古人，后无来者。

1982年创作《西岳华山图》（96cm×233cm），这幅画原是1958年为人民大会堂陕西厅作，应该是又重画了一遍。用凝练拙朴、苍润多变的重笔浓墨写出，配以苍劲有力的自题诗词：

矗立太华，
雨后天绝处登观。
大寰岭外，
浮云归幽晋，
遍地烟霞漫秦川。
欣共群峰顶天立，
好与苍松并比肩。
祖国山河多壮丽，
常叫游人戴笑看。

平凡的题材，心灵的羽化，诗意的创作，现代画家有诗情画意素养的，或者能够这样做的恐为数不多。方济众的画面为什么清新别致，这源于他自身的修养。

1982年新春创作的《雪兆丰年图》（68cm×47cm），墨笔写出几棵虬曲苍老的大树，树旁边堆放着积雪覆盖着的麦垛，晚上的乡间雪路，五六个小朋友打着新年灯笼。构思奇妙，寓意深刻，笔墨精到，韵味十足。

1982年创作的《荷渚清风图》（24cm×136cm）是一幅水墨荷花图。酣畅的墨韵意象荷叶，苍润的线写出洁白的荷花，成就了一幅水墨荷花交响曲。

《奔流到海不复归》（48cm×180cm），海中交错嶙峋的山石，通幅用方圆多变、运动节奏般的纯焦墨线一气呵成，中间的浪花以扭曲连续不断的干笔苍线写出，最后淡淡施以赭石，极富韵律节奏感，线的张力带出波涛的恣意。

1983年创作的《山乡初夏》（79cm×51cm），彩墨互渗，墨色交融，自由流动的色墨气息，弯曲连绵的淡墨田园轮廓，一片片金黄色的稻田，田地里水耕牛与人劳作的情景，远处人们在繁忙紧张地收割庄稼。方济众心中编织着一幅幅美丽的江南山村图卷，纯美的自然境界，勾起人们无限的向往。

五

方济众在不停地探索新的语言，每幅作品都力求有一种新的感受与追求。没有了过去政治干扰的环境，不再拘泥于主题情节说教的制约，他进入了旺盛的个体自由创作状态。

香港《文汇报》1985年10月6日发表了方济众的一篇短文《中国画的笔墨》。方济众以自己的创作经验与深切感悟，辩证地分析了中国画创作表现中"笔与墨"的关系，方济众认为："笔是画家作画的工具，它的主要特征是：柔软而富有弹性，四面出锋，可提可按，挥洒勾画，皴擦点染，比较自由，且种类繁多，并依据画家的特殊习惯，采取相适应的工具。它的任务是，在画家的操纵掌握下，在轻重快慢的运笔过程中，以皴擦点染干湿浓淡写出画家所需要写的形象。艺率笔，笔率墨，墨化于水而分出干湿浓淡，然后在纸上展开技巧表现的空间。笔的驰骋、转折、轻重快慢、提按顿挫，皴擦点染是变化无穷的，墨的黑白浓淡、虚实干湿，更没有止境。如果我们能在变化中掌握了和谐，在矛盾中求得了统一，我们就可以在五色缤纷充满了美的现实生活中，在你所找到美的形式感中，找到笔墨的大有用武之地。"

他也谈到"水与墨"的关系："在笔和墨的运用中，水起着重要的作用，笔和墨也只有通过水才能把两者微妙的关系结合起来。才能达到笔精

海日　68cm×68cm　1981年

墨妙的境界。孙子兵法也讲，'味不过五，五味之变，不可胜尝也。色不过五，五色之变，不可胜览也'。墨是所有色彩中最深最重的，因而从浓到淡，它的延展空间比任何色彩就更大。中国画选择了墨作为基本色，我认为是很高明的。但墨只有通过笔才能塑造形象，而造型艺术，富有强大生命力的形象，就是它的生命，只有一片浓浓淡淡的乱墨而毫不成行，就失掉了笔墨的价值。"

谈到创作中画笔的状态，他说："我们的画笔是在运动过程中来表现形象的，而形象本身又是以具有独特运动感觉的形态出现的。因而笔在表现的过程中，就必然要顺随形象本身独特运动感觉的美或轻或重、或快或慢、或刚或柔、或直或曲、或方或圆来予以相应的表现了。"

分析方济众这几年创作的作品，他在实践中不断感受着新的笔墨彩韵，汇集形成的理论表述反过来又是对他创作实践的体验与总结。语言形象真切，让人体味无穷。

《春泉》《汉江雪后》《柳荫深处》《雪霁》《山林秋兴》《万山红遍》《花溪春雨》《黄河畔上》《雪后》《草地黎明》《陕北秋高》《一行白鹭上青天》《秋林山溪》等代表作，书写着他的生命自由欢快的运动节奏，洋溢着墨色交融、神明意畅的音乐旋律。画面或激越，或悠扬，或雅静，或温润，或朴素，或简约，或稚拙，或欢快，或沉静；笔笔相环，意味绵绵，墨色交欢。色即是墨，墨即是色，墨中有色，色中有墨。

《黄河远上白云间》中，徜徉在浩浩黄河的岩岸绝壁之上的羊群，悠然地自在地窃窃私语。《登高山复有高山》中，用诗意浪漫的情怀，抒写了几只憨稚的山羊，站在雪山之巅，遥望着突兀的山外之山，以此喻写本我高远辽阔的胸怀境界。《秦岭横云图》，滚滚翻动的云隙中，几只小鹿流连于云雾迷茫的山境里，产生了一种动荡不宁的神秘色彩。凝重苍劲的笔线运动中自然带出淳朴、厚重、壮美，泽润清雅的墨色节奏里唱出色之明媚和华丽，"扫除腻粉逞风骨，褪却红衣学淡装"。

1986年至1987年7月离世前，方济众的精神里似乎经历佛光的涅槃超度（他的母亲一直信佛。母亲去世前一直伴随着他，对他影响很大），灵魂彻底超越凡尘之后，他的作品笔墨气息与意境已经在悄悄地回归现代文人

428

天山牧歌　78cm×78cm　1984年

雪兆丰年图　83cm×50cm　1982年

山乡初夏　79cm×51cm　1983年

那种清静、平淡、清雅、素朴、平实自然的崇高境界。

　　1986年创作的《雪漫天山》（67cm×47cm），清润的意笔墨彩，画出了天山草原牧归的人间仙境。

　　《坐看白云断险峰》（68cm×45cm），青绿写意墨彩意境，仿佛人在画中。

430

　　《雪后》（69cm×68cm），强烈的蓝橙色调对比，黑白笔墨的协调融会，冬天高原敖包前钓草地上，放牧的牧马人，牛羊在悠闲地吃草，描绘出人与自然和谐共处的人间净地。

《山径邮踪》（80cm×68cm），傍晚时分，静谧的群山，清澈的江水，骑在牛背上的牧民正等着江边饮水的牛。一条蜿蜒纵深的江边小路上，行走着一个肩上担着邮件的邮递员。主体山脉先用笔墨写出，再用石青石绿加淡墨罩染，形象地展示出峻厚突兀的傍晚静穆群山品格与整幅画面悠远意向情景，简直是一个山间诗画梦境。

1987年，为了给赵望云师生画展准备作品，方济众从春节到3月份，画出了一幅幅精妙无比的作品。3月13日创作的《江村待渡图》（70cm×68cm）、〈洪荒大地》（70cm×68cm）、《鸳鸟不群其性使然》（84cm×82cm）、《万山红遍》（69cm×45cm）、《秋山行踪》（68cm×68cm）、《沙窝人家》（70cm×68cm）、《冠草丛中》（70cm×68cm）、《秋山归樵》（70cm×45cm）、《西行漫笔》（67cm×67cm）、《自在水云乡》《花鸟1986》（67.5cm×67cm）、《秋尽江南草木凋》、《花鸟》（68cm×68cm）等，幅幅不同内容，不同表现手法，不同经营形式，方济众确实在通过作品不重复自己的创作原则与理念要求。

3月20日创作的《汇村雪后》（67cm×66cm），画面几条温润中锋淡笔线条，轻松勾出远处群山与江边雪地，仿佛透出山中洁白冷逸、寂静空旷的气息，江岸上用浓墨写出了被雪积压的陕南那特有的两簇竹树；江边停着一只小船，两只在觅食的鱼凫；空旷的江面上飞动着人字形排列的大雁。一幅活脱脱的现代文人画意境呼之欲出。

1987年4月西安赵望云师生展，其间方济众与师兄黄胄合作的《蕉阴微雨》（69cm×68cm）是两位当代国画大师最后相聚合作的见证，也是同门师兄弟最后友情的绝笔。

宋元文人兴起以后，中国山水画美学中的"林泉高智"，已经成为中国山水画创作的最高境界。中国古代文化道家"闲适无为"思想，是山水画境界的文化根底支撑。方济众首先是一位文人，深知中国文人画的价值和精神内涵。在传续老师赵望云艺术生活之路的同时，他又融合了朴素的民生观。方济众也非常赞同石鲁"以神写形"的美学理念，方济众认为，齐白石的"似与不似，绝似就是媚俗，不似就是欺世"，道出了中国画艺术的真谛。

方济众以他如诗般的品格，积极表现现实生活，表现新时代。他的画面意境里，已经没有了传统文人画的田园隐逸，也不是空喊口号式的功利形式教条，这几年的画作表现里，也没有了题材说教。方济众的绘画越来越中国文化本体化，他的艺术精神也愈来愈纯粹化，作品意境精神已经具有了一种超越时代的永恒意义。

晚年的方济众在很好地传承与实践了长安画派"一手伸向传统，一手伸向生活"学术主张的基础上，透过赵望云、石鲁对艺术的观念认知，不断感悟反省自己的艺术道路，提炼自己的艺术主张。"必须和长安画派拉开距离，必须和生活原型拉开距离，必须和当代流行画派离开距离"，及临终前话语"为什么别人画的是画，我画的是生活？""过去那些画大部分是写生，不是画"，等等。朴素简单的话语，是先生精神上的顿悟、认识上的反思、审美本质上的深化；也是长安画派艺术思想的升华，简单话语里蕴含着深刻的艺术哲理。而正是因为先生后期的这些言行，此后一直影响着崔振宽、赵振川、郭全忠、罗平安、张振学这一代人的创作道路。

"心随帆影过长空"，读方济众作品，有一种回家的感觉。诗人评论家沈奇先生说："绘画之于先生，已不单单是一种职业，更是作为一个真纯的人文知识分子真实而自由的呼吸的通道，一种诗性生命的托付与精神守护。"

方济众富有田园诗意的清新画风由此变革了传统山水模式的格局，开创出以描绘时代生活自然形象为特征的纯美、朴素、亲切感人的田园风景模式，从而形成了自己独特的绘画语言特色，真正确立了他在当代中国山水画坛中的地位。

方济众在病逝前画完一幅画，还未来得及落款。儿子方平将父亲遗作带到北京让张仃先生欣赏补款。张仃先生欣然允诺，题款曰："济众先生山高水长。"

山乡邮踪　80cm×68cm　1986年

石门逸韵　方家独品

一

　　方济众小时候的家庭，在他晚年的回忆中，文化环境还是很优越的。家中血脉同宗的兄长中间，出了两位在当地有影响的书法家、三位画家和一位诗人。那时，家里收藏的书籍和画谱很多。每当春节临近，叔父提前拟定好楹联，大哥执笔写，而他只是一个跑来跑去的小观众，感到其乐无穷。兄弟们在家里的时候，对他严加管教，叔父指定他按日背诵《古文观止》《唐诗三百首》《千家诗》等；经常让他背诵的座右铭就是：

　　　小子读书不用心，
　　　不知书内有黄金。
　　　早知书内黄金贵，
　　　也点明灯下苦心。

　　青少年时期家庭传统文化氛围的熏陶，从小培养的书画兴趣，使他自觉自主地，从小就把毛笔书写作为每日必做的规定动作。青年时期入室赵门，与先生赵望云行弟子礼；恩师的教诲，赵氏艺门环境的陶冶，使他坚定了艺术人生的信念，从此走上了专业的艺术人生之路。

秦川一角题款书法

信有蓬莱隔海东，
路漫漫兮雾蒙蒙。
扬帆不惜八万里，
山何高兮水何深！⁹

20世纪的茫茫艺术海洋中，方济众就像一叶扁舟，迎着大海的波涛风浪，不畏坎坷，与他钟爱的书画艺术如影随形。毛笔成了他形影不离的伙伴，每日伏案写字画画成为延续艺术生命的方式。

青少年时期，以习字临帖为日课，在叔父、兄长的严格指教下，注重基本功的训练道，临唐楷，习颜柳，再转而学二王行书及魏碑。方济众在自己的回忆录里记述到，高中毕业后在周家坪小学教书，周内完成32节教学课程，每天带学生出操，批改作业之余，还是坚持每天临帖临字、写生作画。

20世纪50年代初期进入西安美协，当身份转换为专业画家后，方济众便始终以文化人视野、人文画家思维看待自己的书艺实践过程。

然而，早期研习书法之目的更多的是画画。

这应该是他自觉实践书画的第一个阶段。

毛笔作为书写工具出现之后"师徒授受"式的传统教育方式依然是书

法传续的主要存在形式。方济众受家庭传统文化气息熏陶，为他的书写功底打下坚实基础。民国基础教育实行的是"六三三新学制"，书法虽未独立成科，课程却放置于中小学国语课中，"教育举措也将书法提升至国学文化的高度"。民国新学制一直沿用到新中国成立后的1951年。

方济众也在旧式教育体制中，走完了各个阶段的书法教育过程。

1946年下半年成为赵望云弟子入室习画后，老师的教学理念与指导方法看似很简单，其一，临摹传统，包括国画传统与书法传统。但老师不要求死临传统，要与习画结合起来。先生也要求每日临摹习字，不过具有方向性与针对性。其二，日日要求他在案头旁观摩画画。老师作画状态，整个经营过程全在笔墨，笔墨首要在用笔。如何用笔？即笔法运用。笔法从哪里来？自然是从书法中汲取。故而作为一个习画者，首先要能拿起毛笔画画。其三，跟着老师外出写生，老师敏锐的观察力，用写意笔墨写生物象的能力，也在于用笔。老师本是一位国画大师，其笔墨经营图式与表现方法随自然物象而变化。如此，方济众明白，要想画好画，先要写好字。况且，画面上需要毛笔落款，书法必须过关。中国浩如烟海的艺术宝库里，留下来许多书法珍品，是民族文化瑰宝。青年时期的方济众自然明白其中奥秘，唯有下功夫临习，才是绘画笔墨品格不断走向成熟的正确途径。

我们目前看不到方济众青年时代留下来的习字墨迹。但是，从50年代中期方济众创作的作品、题写的长款中，能感受到他的娴熟书法印痕。

1956年3月创作的《秦川一角》（54cm×162cm），左上横着自题一段长款："一九五五年九月泾渭平原秋木丰登，祖国建设已林立于大河两岸；遥望终南山下地润天长，川流纵横。列车过处，群雁飞鸣，白云渺渺与天地丹枫摇成若红旗，睹此不觉神兴具发，随作此画。"通款70多字，堪称一幅绝佳的行草作品。

但凡从事中国画创作实践者都明白，整幅画画好了，若落款不到位，书写字迹差，会让画作黯然失色。画中落款，直接影响作品之气格。行家欣赏画，先看落款，由画作落款便可判断画面整体效果。一般而言，落款涉及画之标题内容，与作品意境点题呼应。若是长款，能直接明辨出画者的诗文水平、人文素养；落款是否在位，还涉及画面形式经营；当然主要者，落款能判断画者创作能力与笔墨表现。方济众这幅画面的落款，以二王笔味书写，可谓一气呵成，秀润雅致，韵味通畅，笔迹连贯；布局与结字相互顾盼，前后呼应，自然协调。方济众创作这幅画时还不到33岁。先不看画作如何，但看落款水平，便可能感受到方济众从事中国画创作的整体水平与人文涵养。

翻越欣赏方济众50年代中期至60年代之间的作品落款，字有多有少，题款有长有短，或行草气息，或隶书笔意，或俊秀，或清润，或高逸，字里行间的笔记气息，似乎能感到心迹韵律的跳动。

二

1961年创作的《山林》（69cm×59cm）画面落款"一九六一年拟黄宾虹老人笔迹写山林生活"。不仅画幅笔迹形态气息拟黄宾虹笔意，更是用黄宾虹书法笔迹直接落款，黄氏笔线那金石篆味气息蕴含其中，高古朴拙；《黄宾虹故居》落款"栖霞山居黄宾虹老人之故居六一年十一月五日济众写"，寥寥数字，宾虹笔迹拟写，笔意连绵，落款字迹与画面顾盼呼应，相携共趣。

1962年方济众在上每参与《牧笛》动画水墨背景设计期间，与李可染先生的一封书信，通篇洋洋洒洒100多字，清秀的笔痕，流畅的书写节奏，一气呵成的书帖逸风：

可染画师：

接到您的此一言，已是五月初了，因此未能复信，您所要的三绿早已买好，一直未能予您寄出，殊以为憾。

牧童短笛绘景，可能延至七八月才能结束。在上海时间过长，您若有什么需要，一定尽力照办。近来身体如何，甚念。随函寄上三绿

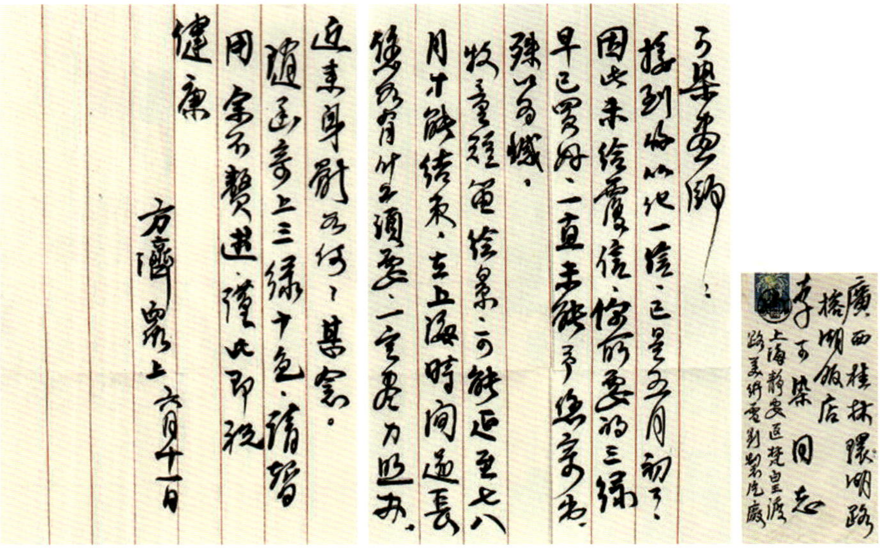

方济众写与李可染的信札

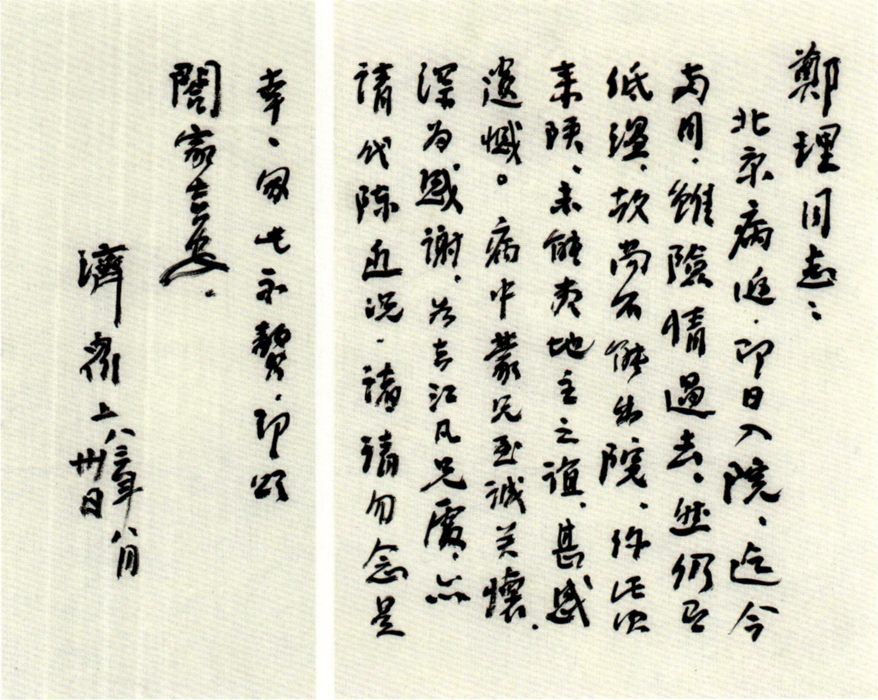

方济众写给郑理的信札

十色，请暂用，余不赘述，谨此即祝健康。

方济众上

六月十一日

这件信札书法非常精彩，字迹端秀清新，笔法精到，笔势连贯，体势自然；章法行云流水，结字轻盈自然；欹侧遒媚，笔力劲健，速度匀畅，不见有任何着意修饰之处。从风格上来讲，上乘二王逸风，直接晚清至民国时期文人信札书法之余荫，其境界之高，放之当代书坛亦不多见。

元代文人画走向繁盛，一幅画面诗书画印缺一不可。明四大家之董其昌；清之石涛、八大山人；至近现代吴昌硕、齐白石、黄宾虹、潘天寿、傅抱石等，他们是绘画大师，也是书法大家。

50年代至60年代末，方济众在书法研读方面，非常注重从各方面吸取营养。他先通过临习古人书法笔迹引导，在创作中再吸收古人画中线之气息。王羲之、李北海、颜真卿、石涛、八大山人等古人和近现代有成就的画家均在其学习研读范围中。他说："凡遇到别人的长处，都应学来，变为自己的东西。有些人看不起别人，放不下自己的架子，拒绝向人家学习，结果反而害了自己，几十年过去了，没有什么进步。我的很多东西都是向别人请教来的，日积月累，变为自己的东西，就不得了。"

方济众在《生活传统艺术》一文中这样表述书法与绘画的关系："书法应该是国画基础的一个组成部分。绘画塑造形象是现实生活中的形象，以接近生活本身的形象为主，比较具体，书法则比较抽象。但从中国化的笔墨运用来看，二者关系比较密切。书法的结构、用笔和中国画基本一样；运用的材料如笔、墨、纸、砚等工具也完全一样。除了字的结构和绘画不同外，用笔的轻重快慢以及许多皴法、笔法和下笔的转折运用也完全一致。书法的形象变化，除了为一种语言交流作用外，还给人以美感作用。中国书法一个字一个结构，构图的安排，疏密的关系在纸面上形成美的形式方面，对国画是可以借鉴的。"

方济众五六十年代工作于古城西安，协助老师创建碑林博物馆，经常欣赏院内收藏的历代碑帖；西安美协成立初期随老师多次考察周边的汉唐石刻、石雕古迹，极大地开阔了眼界，广泛猎取一切有益的民间艺术营养为己所用。

方济众认为："中国画实际上是一个综合性的艺术形式。它是诗、书、画、印四者互相补充而形成的一种完美独特的中国式艺术。"这样的认知始终贯穿于他的书画诗的长期创作过程中。中国画作为中国文化精粹，其本质是文化形态的艺术外化。方济众长期研读传统文化，非常明白从事中国画创作应该具备的文化素养的丰厚度与书法研读的重要性。他有一段非常精辟的见解："书法家不一定画，而国画家必须写字（能书），要能放能收。一味放的结果就是野，而书法则处处有放有收，讲究中锋的变化，处处意在笔先，笔法森严。刷、描、涂、抹都不行，就是要强调一个'写'字，'写'是有音乐感的，是一种运动状态下旋律感的表现。"这段话，实际上是道出了作为民族文化精粹的中国书画具有相对独立审美价值的原因所在。这也是五六十年代长安画派从孕育到诞生的文化

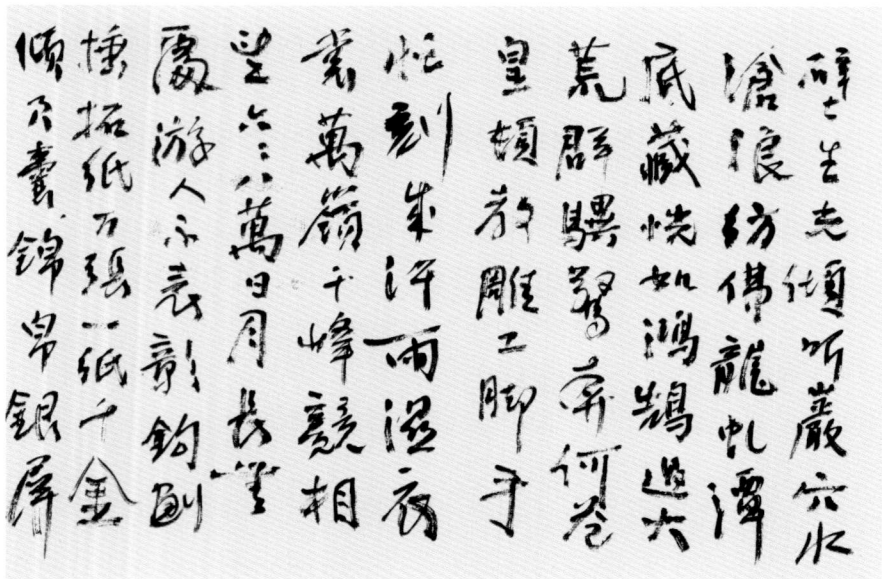

石门放歌　册页局部　1986年　（何宁收藏）

440

根性所在，是作品始终保持中国画本体生命力的意义所在。

三

1970年至1978年下放家乡汉中期间，应该是方济众自觉研读书法并形成独特鲜明风格语言的成熟阶段。说方济众之画，不能离开他的书法；品方济众的书艺，更不能脱离他的绘画。方济众的书艺与绘画语言孕育成熟乃至丰实结果是互为一体，相互关联的。

何挺警1936年在南京求学期间结识了方介堪的学生、汉中同乡李白瑜。日军攻打上海，两人先后逃亡回到家乡汉中。1940年以后，何挺警经常去西乡李白瑜家和他一起研读书法、篆刻。李白瑜家收藏颇丰，何挺警很受影响。何挺警应聘至省立南郑中学，这年秋天，结识了褒河拓印世家传人张金城，购得石门摩崖石刻等拓片多幅。1969年，汉中修建石门水库，摩崖石刻精品要迁移汉中，何挺警参与石门摩崖石刻调查，从而掌握了大量石门摩崖石刻资料。

方济众下放洋县以后，与何挺文经常看望何挺警，来往过程中，得以欣赏并借阅石门石刻拓片在案头临习。1972年11月，方济众已从洋县借调到地区文教局文化馆。1972年12月11日，在参观已搬迁放置至汉中博物馆的石门摩崖石刻十三品时，有感而发，拟写一首石门摩崖诗词：

观石门摩崖放歌

石门电站立千嶂，师门溪水消且长。
石门古道已荒凉，石门文物警辉煌。
玉人移来供高堂，墨客闻讯喜欲狂
千里迢迢归故乡，宾朋樵访兴尤昂。
纵观摩崖壁生光，倾听岩穴水沧浪。
仿佛龙虬潭底藏，恍若鸿鹄遇大荒。

正在修建的石门水电站　21.5cm×15.5cm　1973年9月

群骥惊奔何仓皇？顿教雕工脚手忙，

刻成汗雨湿衣裳，万岭千峰竞相望。

六六八万日月长，无出游人不表彰。

勾画捶拓纸万丈，一纸千金倾君囊。

锦帛银屏供明窗，百读百习亦无妨。

自愧何如李癫狂，书画斗墨不成章。

书画斗墨不成章，我为君歌兮枯衰肠。

诗为证，可见方济众浸润石门至深至透。

70年代下放汉中期间　家门口褒河汉魏十三品之《石门颂》《石门铭》是他反复研习的摹本。《石门颂》笔画中蕴含的隶之草势，篆之线态，以及圆浑、奇肆而又充满丰富自由的线条形态与结构趣味，介乎汉碑与汉简风格之间，"野鹤闲鸥，飘飘欲仙"，常常带给他无尽的想象。他觉得这些字带有山野的气息，与唐楷相比，线条自由洒脱，他特别喜欢碑帖字画起伏间不显山露水，却内涵雄厚奔放的气息。《石门铭》虽然点画结体较为规矩，但是结字之间宽博沉雄，撇捺之间舒展开张，还有那字迹的飘逸超脱、飞逸浑穆之态，似乎暗合了他的平和内秀性情中激越雄强的心性。

于右任先生是近现代中国卓有成就的书法大师，崇尚碑学，以碑入草，不仅朝临暮写，还冥心搜求了从汉代至宋代的墓志400余方，并将许多收藏碑石许多无偿贡献陈列于碑林。民国时期的40年代，于右任曾先后来汉中四次，特别推崇《石门铭》，撰有诗句"朝临石门铭，暮写二十品。辛苦集为联，夜夜泪湿枕"。1941年秋天，于右任由敦煌回重庆途经汉中，何挺警作陪六七天，于右任为其父何象顺书写中堂，为何挺警书写"天行健，君子以自强不息"等。于右任著有书法集《松江急就章》，制作拓本500本，赠送同盟会陕西潼关人李仲山，李仲山将其赠送何挺警二哥何挺杰。后二嫂王观德赠送何挺警。"文革"期间于右任书法列为禁品，只能私下传阅临读。方济众从何挺警处借来，全部双钩并装订成册，视为

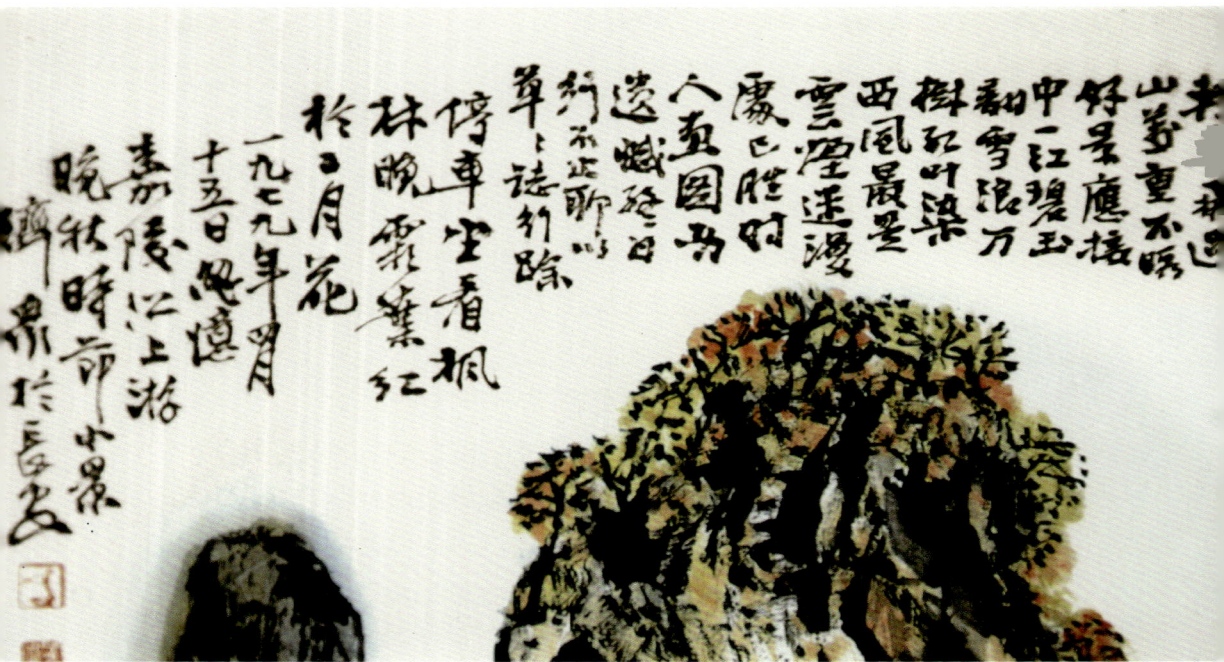

停车坐看枫林晚题画书法（局部）　1979年

珍宝，悉心琢磨，反复品读，时时临摹。

从汉中走出的中国近代书坛章草大师王世镗，其书法艺术作品中透出的高古逸气再现古之章草逸风；重现了章草绚丽辉煌。其理论也独树一帜。于右任鼎力提携并予最高评价："古之张芝，今之索靖，三百年来，世无以并。"

1972年底方济众借调到汉中地区文化馆之后，并没有具体的工作任务，故而他心情愉快轻松，再也没有了美协大院的政治紧张气氛。

他在汉中师范家里自己的滋卉园天地，日夜耕耘，经常临习。这时期方济众不断地吸收并承接碑派书法的文脉，具体在书法形式经营与结字体态上吸收了石门二碑体势舒展开张、紧凑险峻的态势，再融入圆浑、含蓄且自由的线条形态与结构趣味，又在审美取向上与自己多年来帖学典雅内秀相融互化，从而自成一格，凝练出独特鲜明的方家书风。

444

四

到了70年代末，半随着方济众绘画作品风格语言走向成熟，他的书法语言也已明晰，语言走向独特鲜明。

方济众曾在自作诗《习字有感》中直抒感慨："书画之道见性灵，不卑不亢乃真魂。"确然，家乡的一山一水给予他平实的个性特征，而生活中的一花一石一世界又赋予了他创作的灵感，这一时期，一幅幅真切而生动的书画作品不断涌现出来。人们从方济众的作品里，体味感受着他笔下行云流水般的婉转意趣，领悟着他那恒久不逝的艺术情感与精神。

70年代后期，方济众已经独立地以成熟的语言风格经常创作书写大幅作品了。回到省城以后，方济众书法创作实践进入了丰厚成熟时期。这时他的书风劲健朴茂，自然苍拙；浑深而又遒媚，气息高古而又内敛。黄道周说"书字自以遒媚为宗，加之浑深，不坠佻靡，便足上流"。这个"遒"，就是有味道，嚼起来有劲道。

方济众的书法用笔，无论是飘若瑶仙的行书还是朴茂沉着的隶书，其笔法多出裹锋，融入了摩崖石刻苍拙劲挺的线条特质，笔法线条形态呈现出绵里裹铁般浑朴刚健的质感；字体方圆兼备，用笔的快与慢，藏与露，实与虚，粗与细，交相呼应，相得益彰。

品读方济众作品，无论是独立成幅的书法精品，还是一幅幅精彩画面上的题画款式，扑面而来的是那浓浓田园山野纯美及人与自然相融的灵动气息。

中国书画历史浩如烟海，一部优秀的书画作品典籍，品读之，若能从中感受到历史文脉的跳动、延续气息，又能品悟到经典文化元素延续的意味，那么，它的文化价值意义才会明晰与显现。

这需要艺术家的文化素养积累与艺术创作能力的丰实。

如此，品读优秀书画作品，宛若品味经典文化书籍。仅从方济众众多的题画款识中，就能强烈感受到他文化素养的丰实与沉厚，也能体味到他汲取古今经典艺术元素气息与多样文化的缩影。方济众书法诸体杂糅，金

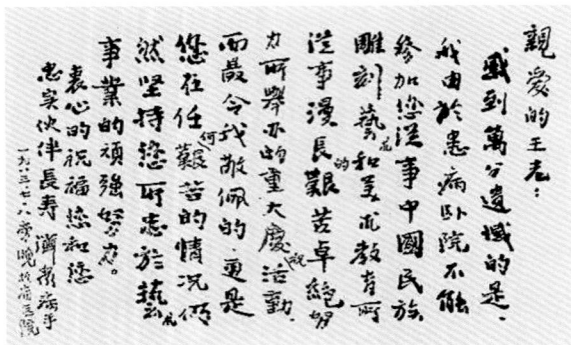

方济众写与王子云的信札

石意味浓烈，互为融合，自然灵动，韵味十足。如作品题款常将"五"写作"✕"，"作"写作金文"⻌"，"月"写作铭文"⺼"。

"强作气势最恼人。"方济众的字迹，不同于老师赵望云的质朴拙厚，也非石鲁的生野奇倔、怪诞拙重，方济众的书法多苍润灵动，特别是题款书法和绘画气息和谐通达。画中有书，书中有画，诗书画合璧；书法的笔力、墨韵、结字、章法等融于国画的线条节奏、构图经营、布势及设色，互为借鉴，相得益彰。

晚年方济众的书法，章法纵横有度，结字散漫开张，线条自由舒畅。他能够把字写得绵中有刚，没有明显的运笔、收笔痕迹。行书瘦劲清逸，用笔劲健，中锋力到，这种线性的深度、力度、韧度把握得非常精妙，完全不逊于书法大家。

80年代以后，尽管方济众年岁已大，但每天读书、写字，手不释卷。在美协，只要他回到家里，他不是画画就是写字，并且他很爱惜材料，宣纸画坏了，把纸边裁下来还要练字。

直至病逝前，他还创作了大量的书法作品。方济众有个习惯，只要脑子里闪出精妙诗语，往往先以书法写出来。如此，诗文情绪与书法写作状态相融归一，诗文情境与书法意味通过激情延续，使得笔下的线条跌宕起伏，笔迹连续尽显运动气息，因而使内在精神情绪得到充分展示与完美释放。

方济众的书法作品许多是以自己诗文内容书写，也经常以古代经典诗文内容书写。他首先是一位人文气息很浓厚的画家。他的许多中国画作品的长款题写，或自拟诗文，或自写词句，然后再用绘画意境状态，确定书写格式与法写状态，因而，题款笔墨气息与画面意境互为呼应，衔接自然，趣味无限，超然象外。让人在欣赏画作的同时，更能感受到高标独立的思想情怀与纯正精神品性。

五

特别值得一提的是，方济众的许多书法经典作品，诞生于他书画前辈等书画名家的往来书信里。

中国文化历史上，许多经典书法作品往往都是通过历代名家信札、手卷、册页甚至官方文件形式流传下来的。这种具有浓浓书卷气的书写形式作品恰恰领标中国书坛高格，见证中国书法的繁荣与延续，更彰显作者的书艺水平与朴茂品性。我国近代一些卓有成就的书画大师，特别注重这样书信形式的营造与传承。信札、手卷、册页既是一种书信友情形式，也是相互馈赠作品的纽带。

现代中国西式美术教育机体出来的中国画名家，能以毛笔书信者寥寥无几。首要者是不具有深厚传统文化涵养与书法能力水平的淬炼。以此看方济众在各个时期与书画友人的一些书信手札，则愈发彰显方济众文化品格的非凡。

前面列举的方济众与李可染之书信手札便是实例。

1983年方济众与海上书画大家方去疾书信：

去疾兄：

　　兹寄上拙作两幅，请酌处。回陕无日不在开会。我已请求退休，不然将一事无成。余不赘陈，即颂体安。

济众上

八三年五月二十四日

同年与郑理书信：

郑理同志，北京病返，即日入院，迄今两月虽险情过去，然仍有低烧，顾尚不能出院。你此次来陕，未能尽地主之谊，深感遗憾。病中蒙兄至诚关怀，深为感谢。若去江凡兄处，亦代陈近况。诸请是幸。匆此不赘即颂，阖家吉安。

济众上

八三年八月三十日

此两帖信札同前面与李可染书信相比，笔痕变得朴拙，少了青年时代的火气，也淡却了笔线的秀润与上下连带，气息内敛，苍拙老辣，又显章法自然灵动。

特别是1983年7月8日还在住院的方济众写给王子云先生的一封信：

亲爱的王老：

感到万分遗憾的是，我由于患病卧院不能参加您从事中国民族雕刻艺术和美术教育所从事漫长的艰苦卓绝努力所举办的重大庆祝活动，而最令我敬佩的，更是您在任何艰苦的情况仍然坚持您所忠于艺术事业的顽强努力。

衷心的祝福您和您的忠实伙伴长寿。

济众病手

一九八三年七月八日傍晚于省医院

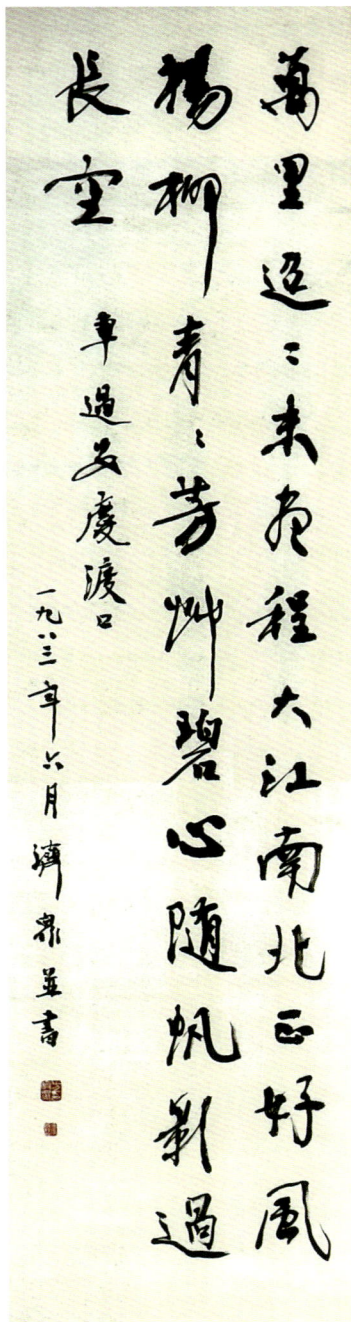

车遇安庆渡口　137cm×34cm　1983年

448

这幅看似小楷笔意的手札，似有钟繇小楷逸韵，但却少了小楷结字点画笔痕，平稳的纵向布白格局中，气息温润，结构平缓，节奏轻快，字里行间似有小桥流水之韵，又跳跃着涓涓溪流浪花飞扬之态。章法布局可谓神完气足，点画形态可谓通运平易，质朴自然，通篇没有跌宕起伏的笔法变化，却蕴含着无比丰厚之情。病中的方济众以平易温和喜悦的语言，以浓浓的文人情怀表达，用这种看似平常的书信往来，却是传统毛笔书法书写形式，既彰显了他与王子云夫妇的深厚友情，又表达了对王子云的敬爱之意。

方济众的许多画作自题款识中，或以行楷笔法草写，如《古城雪霁图》；或以行书草写拟之，如早期作品《山村傍晚》《梨花细雨江南》，落款笔法秀润灵动；如《桂林山水甲天下》《黄洋界即景》《幽兰》，如落款笔法苍劲朴茂；或隶篆相间，如《青青山上松》；或篆意草势《花如解语还多事》；等等。这些题款笔意，一般都是按照画面题材内容、笔态气息、墨彩经营氛围，确定落款字迹形态变化。

从方济众纯粹的书法作品中，你能品味出其笔意营构与画中题款、信札笔迹气息的差异。形式多以竖式条幅面目出现，自由挥洒，往往是一挥而就，一气呵成。布局通达开张，结字聚合有度，线条劲键质朴，无显山露水笔痕，却现灵动飞扬之势。

1984年书写的条幅《延安行》（175cm×47cm）之一、之二、之三、之四便是例证。

那时陕西书画界，长安画派六老中，书法作品最有特色最有成就者，并能得到社会一片赞誉及普遍认可的，方济众便是其中之一。因为方济众深厚的书法底蕴，许多人不仅喜欢他的画，也喜欢收藏他的书法。

中国画与中国书法，是中国民族文化精粹。从毛笔诞生之日起，就以其特有的材质功能，在不同的历史阶段记录、传阅并见证着中华文化的辉煌与延续。作为一个中国画艺术家，方济众在长期的艺术实践中不断体悟着书画同源的深刻含义，并且通过书法临池锤炼了笔法技巧，感知书法线条的内蕴和深层的人文精神境界。

鲁迅先生说，我们所需要的美术家是能领路的先觉，不是公民团的首

延河水清延水甜延安今日
亦豐年春圓公社陽台上南
瓜棗成寶塔山
延安行之一
濟羽書

拂：綠柳絲絲風徐然再访
延安城山容水态晴最好雨
中去覽更见情
一九八六年濟羽

亭！寶塔之晨輝漫待楊
柳拂欽煙側向延河清且新
立地頂天忆當年
延安行之三
方濟羽之

滿目離离谷穗黄，雨露山乡月
荟芳英雄志士思報國尤賴小
米加步槍
延安行之四
方濟羽書於長安
六年夏

书法四条屏　137cm×34cm×4　1986年

领；我们所要求的美术作品是标记中国民族智能最高的标本，不是水平线以后的思想平均数。20世纪的一百年来我们的民族遭遇了太多的磨难，外来文化的大量注入，使我们的民族母体流失了太多的能延续本土文化脉搏的纯正血液。20世纪美术与文化教育的严重西化使我们的文化根基已"难臻绝顶甚至下滑"。"文革"那个特殊的文化虚无时代，民族虚无主义及极左艺术思潮影响，给中国美术界带来人心动荡和中国画界价值观念及秩序的混乱。改革开放给中国带来了翻天覆地的变化，当我们以开放的胸襟主动纳入外来文化时，应该保持一种什么样的姿态？

当我们站在民族大文化的视野审视方济众艺术人生及其艺术贡献，我们惊叹他、敬佩他，方济众是在一个文化完全不能自行发展的过程中完成了一次逆行的精神行军。在陕西书法界，对方济众的书法艺术的推崇是有公论的。正是基于他对中国传统文化道统的认同，故而其书画的价值意义，是在彰显一种文化的自觉，是在完成一种艰难的文化还乡，及文化自向性与审美抉择，在今天依然具有非同寻常的文化现实意义。

方济众的书法气度，契合了他做人平实内秀温良的本分，从容而不迫。

方济众是陕西现代画家中为数不多的、具有传统特点的书法家，是20世纪陕西画家书法的突出代表，也是陕西书法事业的奠基人之一。他曾参与陕西省书法篆刻研究会和陕西省书法家协会的筹备工作，曾任陕西省书协第一届副主席。他的行书作品曾入选全国一、二、三届书法篆刻展，是80年代中国书法中兴以采陕西书坛的重要作者，是现代中国画坛书法文人化和书画兼长的艺术大家之一。

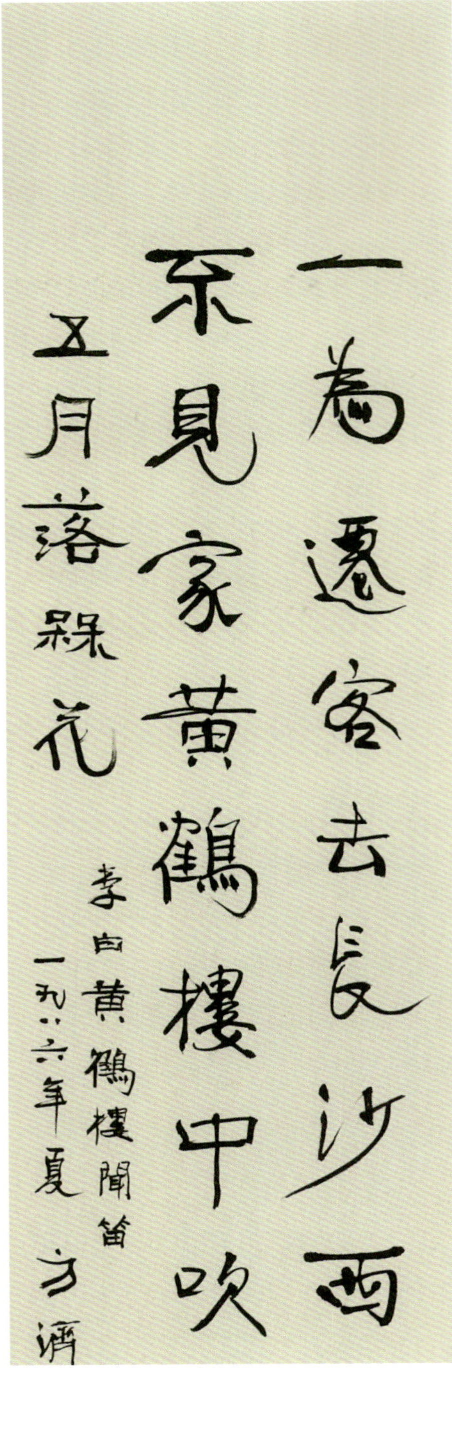

百代苦吟蜀道難 五丁悲歌猶
啼鵑 試看今日虹飛震盪車寧
過萬重山

五車並為別車 川陝道中紀興之一

一九八六年三月 濟羣晶書

百代苦吟蜀道難 竖式条幅 1986年

一為遷客去長沙 西
望見家黃鶴樓中吹
五月落梅花

李白黃鶴樓聞笛

一九八六年夏 方濟

李白黄鹤楼闻笛 竖式条幅 1986年

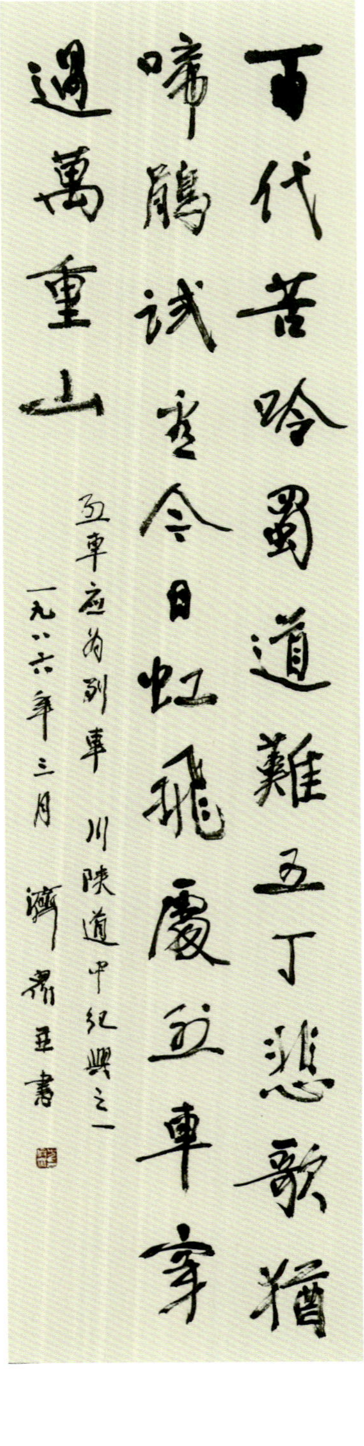

銀河飛瀉碧澗月

五藏奔來雨後山

一九八〇年濟眾遊天台石梁后書

游天台山有感　对联条幅　1980年

心随帆影　诗意长空

一

方济众是一位现代中国画大师、一位现代中国画坛造诣颇深、独得堂奥的书法艺术家，他还是一位名副其实的诗人。

以这样的文学修养和书法功力入画，体现在他的具体作品中，则笔笔传情，笔笔有意。作为一位成就非凡的画家，方济众将自然山水、人文情怀及诗性生命意识融于画中；品读他的作品，常常会体味到作品中那纯正的中国人文山水精神情怀，感受到笔墨图式中自然生发的物我两忘的意象境界。

长安画派的这六位画家里面，画里面最能题诗的，一个是石鲁，一个是方济众。方济众诗文，格律、绝句功夫都有，并且他的诗包含着一种意境清新、格调清逸的味道。相对于石鲁，他的文辞是熟练的，诗意是更加切合中国诗文之本体语境的。

正因为如此，他的绘画充满了浓浓的田园诗意，也成就了他独立于现代中国画坛的诗意田园画风语汇图式。

这首先得益于他纯正深厚的传统文化情怀与人文素养。

中国画艺术是中国文化最具代表性的文化样式之一，几千年的艺术行进轨迹可以视为中国文化存在与演进的缩影。中国画之山水画，其形成之源乃得益于魏晋兴起的玄言诗、山水诗。东汉末年，社会动荡，军阀混

百丈悬崖一身轻　68cm×45cm　1986年

455

战，世族名士常遭杀戮。士大夫看透了官场险恶，于是，老庄思想盛行，玄学兴起。老子的"致虚极，守静笃"的清静自然哲理引导世族士大夫、知识分子的思想，走向"独与天地精神往来""游心于淡，合气于漠"的精神境界，崇山归隐，山林骋怀，当时名士"登山临水，坐怀忘归"一时成为习尚。谢灵运《游名山志》曰："夫衣食，人生之所资；山水，性分之所适。"于是，不再满足于纵情游览，观之不足，心之慕之，诗亦咏之，绘之画之。于是，由以往歌颂高士胜流的题材渐渐转向了山水。田园诗、山水诗，山水文学的大量出现，士大夫的参与，带动并刺激了山水画的产生与发展。至唐代，诗人王维将诗人情怀与田园意境赋予山水，由此，中国绘画品格中的田园诗意画境便成了山水画艺术创作的最高意境，也成为历代中国画山水画家的心灵精神追求。苏轼评价王维："味摩诘之诗，诗中有画；观摩诘之画，画中有诗。"（东坡题跋·书摩诘《蓝田烟雨图》）诗与绘画成了孪生姐妹，文人画风内涵与外延至元四家，则固化并成为界定与标识中国文人画的审美与物化尺码。

古代优秀的文人画家，往往是集于诗书画印一身，唐、宋、元、明之王维、苏轼、黄公望、沈周、董其昌，至清代石涛、八大山人，至近现代吴昌硕、齐白石、黄宾虹，无一不是如此。

二

作为一个从书香门第走出来的画家，方济众从小便向往文人士大夫式的精神操守与志向所为，少年精神骨体里便浸透了浓浓的传统文化人文情怀与诗人情结。小时候他在卧室窗户上自己画的一幅兰花上自作诗："忍着春寒懒放花"，便折射出了他的诗意才华。而堂哥当着全家人的面对他的赞扬"济众这张画有意思，你们不能小看他……说不定他比我们都有出息哩！"更是给了他莫大的鼓励。家庭文化环境的熏陶，母亲、堂兄的严加管教，每日背诵古诗词的长期积累，给他打下了坚实深厚的诗文功底。

1941年清明前后，方济众还在读初中时，一次在课堂上按照语文老师

何处秧田鸣　鹧鸪　1986年　册页（何宁收藏）

的"扫墓"命题，两小时内完成了一首古体诗《老马行》：

> 地阔北风急，天高白云稀，
> 老马啮墓草，相对故人泣。
> 故人少将军，提鞭策战驹，
> 去岁带血回，丧生故园西。
> 井里为一墓，荒丘生荆棘，
> 老马感春阳，出枥扬鬃去。

小小年纪，在较短时间内完成命题诗文写作，老师看了以后，惊叹之余，一字未改，用红笔画了个满分以示表扬。少年方济众凭着敏捷文思驰骋想象，信手拈来，一气呵成，尽显才气；文笔老辣，淋漓酣畅，字里行间一片古意盎然。若不说出年代与身份，我们也许不会想到，这样意蕴十足的诗文，竟出自一个十几岁的少年之手。

方济众的诗文，与他大量存世的画作相比，并不占多大分量。然而，先生闪光的艺术人生中，却始终保持着崇高纯正的诗人品格、温润如玉的诗人情怀与浪漫散淡的田园诗性状态。从青少年喜欢诗歌，勤勉学习与率真诗性才华天性显露，到青年时代执着书画研读实践，成为专业绘画工作者的长期专业创作耕耘，他以浓浓的人文素养与诗人敏思，将诗文与书画融为一体，用诗文修为滋润书画的丰厚，诗意品格恰恰是他纯真至美的人格品质写照，也是他艺术精神世界的内心独白。

方济众不仅喜欢咏读古体诗，也热衷于钻研现代自由诗文写作。少年时受堂兄进步思想感染，接触大量中外民主进步书籍；中学又有抗战时期汉中作为敌后三大文化中心的气氛蒙养，使他养成了用诗文情怀与诗歌方式传情寓情达境的思维习惯，而这一修为，恰恰是成就他成为中国画大师的精神家园，更是他日后从事绘画创作的精神核心。

1944年方济众高中毕业到周家坪小学教书时，有感于学校宰杀一只羊，用诗文动情记录下了他当时的心境：

牧童的哀悼（上）
　　——一九四四年冬于周小

一只哀鸣的羔羊被宰割时，
白色的颈上，
抹一痕淋淋的血渍，
安然逝去。
啊？我的可爱的呀！
祖先给了你一对坚角！
你为何不抵抗于今夕？
祖先给了你蹦跳如飞的四蹄，
你为何又走向了亮尖尖的屠刀？
难道你不知道人间有尖刀？

不知道人间有伪善的面孔？

……

方济众的母亲信佛，从孩提时代，佛心慈悲便浸润于他的精神血液里。

在勉县中学教书期间，有感于冬天迫于生计的下乡农夫的辛劳，他的笔下便自然生发出了山野田园的农夫形象：

洪洪雪原，
沉睡在灰暗的云天下。
在天边，
有多个黑色的小点，
向近处慢慢移动；
啊，原来那是冬耕的农夫，
他一面鞭打着耕牛，
一面跨着艰难的步子，
向着生活的旅途。
……

方济众的笔名"雪农"便是由此而来的。

1946年9月以后，方济众入住赵望云家成为其入室弟子期间，老师创办《雍华》杂志，师兄黄胄担任执行主编，方济众协助师兄参与编辑事务，同时他也写了许多文稿与诗文在杂志刊登。当代中国画大家、长安画派艺术研究院院长赵振川回忆说："当年同乡贾若萍开大千肥皂厂想做广告，做广告没有熟人，家父告诉他说'你有钱做广告拿来咱办杂志算了'。于是由他资助主办了《雍华》杂志，一九四六年十二月一日创刊。我父亲是主编，黄胄是责任编辑 方济众就是投稿人。其时方济众笔名叫雪农，意为雪里边的农民，雪农写的什么诗？雪农写稿是朦胧诗。朦胧诗写得很有

清江一曲　　68cm×54cm

意思，足见他那时思想活跃，视野宽广。"20世纪40年代，方济众在《雍华》杂志上，经常发表自己所写的新诗，在文化艺术界引起了不小的反响，以此跻身当时北方诗人行列。

那时，方济众在〈雍华〉上刊登的一首《鹧鸪天·春耕》便是明证：

> 榆钱绣枝柳芽黄，微云湿透矮山岗。
> 何处秧田鸣鹧鸪，谁家门前绿一汪。
> 水满池，藻满塘，纵横阡陌春事忙。
> 人来牛去呼喝甚，穿梭影里透斜阳。

"鹧鸪天"是词牌名，采唐人郑嵎诗"春游鸡鹿塞，家在鹧鸪天"又名"思佳客""思越人""剪朝霞"，最初是由北宋的宋祁所作。《鹧鸪天》双调，55字，押平声韵。词的上阕第三、四句和下阕两个三句一般宜对仗。

用心品味方济众这首词，描述的是人间最美芳菲三月景象。傍晚时分，江南杨柳依依，榆钱飘飘，微风轻拂。一片片晚霞云彩拂过低矮的山冈，到处弥漫着湿润的微云空气，农家门前一个池塘，溢满的水沟里，轻盈泛起绿绿的水藻。空旷的山岗、层层梯田到处鹧鸪声声鸣叫，纵横阡陌的水田里，农夫们吆喝着水牛穿梭在水影透斜阳的水田里。

三

50年代初期，方济众是西安美协院子里的一名美术干部，兼美协秘书，后来还兼美协中国画创作研究室副主任。

1961年10月，西安美协中国画研究室六位成员进京习作展，展览前言是方济众所写，这既是一种工作职责，也是一种才华展现，得益于伙伴石鲁的支持与信任。

杭州巡展期间方济众住在杭州饭店。漫步于西子湖畔，景色优美，风光迷人；绵绵秋雨中，西子湖浓妆淡抹，别有一番姿色。遂吟《西湖秋光》六首，以下是其中三首：

门对青山窗对湖，花作屏风柳作坞。
谁家女儿临西子，芙蓉桥畔洗荪蒲。
雾蒙蒙中雨蒙蒙，长堤秋柳云重中。
横览烟波临大厦，南北何处是高峰。

晨光无语吻满湖，花自妩媚柳自绿。
轻舟一叶推碧浪，笔醮西泠作画图。
芦荻花开鸟拍红，苏堤白堤吊诗翁。
剩有遗篇垂典范，更留长堤柳千重。

玉泉红树雨后霞，竹林深处有人家。
湖上鹅群向何晚，犹在岸堤蹚芦花。
一轮秋月万户灯，西泠钳入水晶中。
夜游更教西风醉，自在长堤踩花荫。

拜谒位于杭州市白堤尽头西泠桥畔近代著名女民主革命家秋瑾的墓地时，他赋诗感怀：

谒女侠秋瑾墓

蛾眉横扫野狐臣，断头台上歌大公。
秋光烂漫西湖上，犹教游人不忘君。

其间，随杭州饭店经理叶勃新浏览新安江和天目溪水电站，游览桐庐胜境和严子陵钓台，钱君匋先生专陪同游。一日落幕，他们乘舟到天目溪水电站，正值一轮皓月冉冉东升。石鲁诗意遂起，赋诗第一句："秋风江上拂衣凉。"钱君陶先生思索片刻："夜游不觉已苍茫。"方济众应接下面两句："扁舟一叶归何晚？为爱富春明月光。"由此吟成此诗。

1962年1月10日上海美影厂《牧笛》剧组一班人马赴外景收集素材期间，在肇庆等车时赠予厂长特伟的诗：

月近西岩日东升，十里长堤柳青青。
最是星湖风景好，绿山漪漪难舍君。

微风吹皱月一轮，长堤放歌送君行。
满山红豆相思地，袅袅绿杨亦有情。

渐行渐远渐无声，风断离情柳断踪。
归来漫从小桥过，剩浮青山半湖中。

相聚相别已寻常，南国一行乐未央。
海角天涯皆兄弟，他乡亦然作故乡。

与剧组在广州采风期间，长影乐团著名指挥陈传熙希望方济众写词，他谱曲，方济众即兴吟一首《羊城花市短曲》：

南国，今宵迎春，
看羊城灯火，灿烂长空。
花如潮，人如海，一片沸腾。
万花丛里，买花卖花户，
金橘，盆松，昌兰，吊钟，
任挑任选，买一株赏心花儿迎新春。
迎新春，赢得新春满城中。
满城中，望红旗飘飘，
春光万里，舞东风。

1968年底，大女儿方黎和二女儿方禾作为首批上山下乡知青赴宝鸡千阳插队锻炼。临行前，方济众专门作诗一首送给她们：

英年幸有养花天，已是枝头红欲烂。
小院常感风雨寂，大野倾看百卉鲜。
莫向温房争俊俏，应如霜菊攀悬崖，
世上岁有难人事，全在女儿志气长。

两个女儿读着父亲炽热浪漫、晴朗豁达的诗句，禁不住热泪盈眶。处于逆境中的父亲，以坚韧向上、乐观积极的人生态度，用诗文激励儿女，告诫她们勇敢地走出温室，走进广阔天地去磨砺意志，寻觅未来志向。

1950年到1970年的20年里，方济众留下来的诗句不多。受时风左右，在政治挂帅思想支配下写了一些说教诗，比如《延安行》系列诗，虽然读起来有些颂德感化的成分，但也比那时干巴巴的政治说教标语读着爽口。

其一
延安四望好秋光，山末喷香玉米长。
朝阳影里森陈列，恰似当年红缨枪。

其二
昂手扬眉气参天，蔚蔚葱葱满中原。
战歌传遍青纱帐，至今相思吕梁山。

其三
延河水清延河甜，延安今日亦丰年。
枣园公社阳台上，南瓜累成宝塔山。

464

其四

亭亭宝塔立晨辉，漫泞杨柳扫饮烟。

侧向延河清照影，立地顶天亦当年。

其五

拂拂绿柳徐徐风，欣然再访延安城。

山容水态晴最好，雨口亦觉更有情。

其六

稻黍离离谷穗长，雨露山乡自芬芳。

英雄志士思报国，尤颇小米加步枪。

　　注：桃李过后，园林次第复苏，忽一夜东风微雨，满林芳雪，今又遮断空谷。尤是由径去处，窑舍石阶，红岩小院，槐影撒庭除，鹊呼鸠语蜂忙蝶乱，争说道，一代明珠。遥想领袖当年，为民伐罪，将帅群英，运筹帷幄，南北东西转战，灭飞内外强徒。虽一度作饵诱敌，乍蒙醒眙，只几番疾风骤雨，更洗得山青水绿。开国十年，欣游圣地，平添人多少心曲。

　　延安是革命圣地，宝垯山是红色灯塔象征。延安精神代代传咏，红色革命辉煌历史以这样的诗文描述，总比那标语式的政治说教要好。

　　下放汉中的1974年创作的组画《十到强家湾》系列题画诗，采用了那时流行的一口快板说形式，朗朗上口，生动有趣。

　　比如题画诗：

之二："二到蒋家湾，解放一周年斗倒地主把身翻。泪眼笑开颜。"

之四："四到蒋家湾，一九五五年人海人山战地天，移山把水拦。"

松风图　册页　1986年（何宁收藏）

之五："五到蒋家湾，一九五八年沟渠纵横水满田，一片米粮川。"

作为一个下放家乡汉中的干部，有感于家乡农村兴修水利的火热场面，以图文并茂的形式，形象地展示了强家湾水库改天换地的十年历史变迁过程。如今欣赏画作、品味诗文，我们会强烈地感受到那个时代个人命运与时代脉搏的跳动声音。

方济众的一生是多彩的、丰厚的、立体的、乐观的、努力勤勉踏实地为艺术积极奋进的一生。其艺术历程的每个时期也同样演绎着富有传奇色彩的一幕幕精彩生动的故事。

诗是他笔墨生活的怯怯回声，心灵世界的静静对白，情感小溪的拳拳印记。诗如丁零轻盈的泉水鸣动着他那真切纯美的呼唤、憧憬、探索和期待，映照着他爱憎分明的家国情怀。透过诗文分明透析到他在书、画、印之外的妙境，感闻到他对家朋、师长、后辈以及时代、自然与艺术的温润真挚气息。方济众人生阅历、才学素养以及他性格的明朗、积极、乐观、

466

平实，让他的诗信手拈来，"扫除腻粉逞风骨，退却红衣学淡妆"，朴实无华，情景交融，如同山间幽林悠然的小鹿，悬崖百丈上徜徉的小羊，清丽自然，神完气足。

1979年5月，方济众画了一幅山间蓬勃生长的紫萝幽兰图，并在上面写上题画诗：

记得采樵磨镰处，紫萝幽兰醉人香。
扯来藤萝捆我柴，采得兰花作蔬材。
万物生来多为我，为人民做何来？
碌碌此生酣丹青，烟雨林泉未忘情。
尤爱山花多烂漫，俯首甘为传其神。
山川草木尽有情，画人呕血写花魂。
唯独妖婆死恨花，刀伐火烧毁为尘。
从来毁人常自毁，四害一除万木新。
华天丽日和风畅，喜看花枝更满林。

同样的还有1981年写的一首绝句：

重峦叠翠小溪长，忆曾落户此山庄。
记得采樵磨镰处，紫萝幽兰醉人香。

方济众以幽兰花草意境隐喻曾经生活过的山村自然环境的唯美纯真，以此表达对田园山野生活的留恋不舍之情。

1979年11月底参加全国文代会暨美代会，感受到文艺界春天的到来，激动之情凝聚于诗：

百花枝头百花鲜，今年花开胜去年。
但愿明年花更好，万紫千红春满园。

这年，他作为省政协委员随团参观井冈山，回来创作了《黄洋界即景》，并写题画诗：

千回百折上莘岗，驱车若飞过黄洋。
闻说主席挑粮处，盘中倍感莱蔬香。

四

洋洋华夏瀚海诗史，五千年中华文明长河，绝妙诗文若繁星灿烂，精美佳作似仙海溪流。历朝历代，成就其优秀诗人品格者，往往是那些脍炙人口的、广为传咏于人们口头与心中的诗文佳句。一首诗或者几句名言警句，如此，便可青史留名，彪炳后世。唐代是中国诗歌繁盛朝代，一部《唐诗三百首》，几百年辉煌诗歌历史，精选其中并永载史册的也多是一首或几首诗文佳构。

方济众是个画家，一位在现代中国画坛上卓然独立的新田园诗意山水画的大家。那些伴随他的绘画风格语汇走向成熟的诗文中，成就最高者当然是充满笔彩墨韵的田园诗歌了。这些诗主要以题画诗形式出现，真切的人本情怀，悠然舒适的诗语，朴实清秀，清丽至纯，意味无穷，让人真挚自然，每每与画作一起欣赏，让人产生朴素而又浓郁的情感共鸣。

女儿方禾在《父亲的精神家园》一文里这样描述父亲那首脍炙人口的四言绝句的产生过程："十年动乱期间，我们全家下放到洋县白石公社。面对生活的变迁，身为画家，父亲没有丧失对生活的希望，而是以'一个久别故园的孩子，回到母亲的怀抱'的游子之心，写下了这样的诗句：

汉水巴山是旧乡，笔砚生涯忘惆怅，
最是晚凉堪眺处，稻花丛里鱼米香。

松林珍禽图　册页　1986年（何宁收藏）

诗句道出了因祸得福可归故里的自由心态。在父亲一生的画作中，不管名头有否，时代论之厚薄，但最终都是出自真正意义上的创作之中，用情，用心滋养着画笔，先是温暖自己，后才打动他人。有一种'画为心声'的执着。"方禾深情地说，父亲是从陕南汉水之滨走出来的"田园画家"。他的每幅每帧，无不是向家乡的人们诉说着什么……他将诗、书、画完美融合，绘画对他来说已不仅仅是一种职业，而是一个真性情的知识分子呼吸的通道，一种诗情与生命托付的精神所在。

1982年作题画诗《幽兰》：

攀藤扶葛不计程，绝壁登临汗雨身。
崇林丛里幽兰翠，不负游人苦探春。

诗与画面意境交相呼应，游人不畏艰难，踏遍山间幽林，山岩缝隙里倔强孤傲地生长着的几株清幽的兰草，让"绝壁登临汗雨身"的游人顿时心情舒畅，精神倍增。

早年的滋卉园，方济众年年亲手栽植花卉瓜果，每到夏秋季成熟季节，一派田园丰收景象。小小滋卉园，人间臻美界。于是有了题画诗的诞生：

> 丰年懒摘瓜，任它满架爬。
> 待到重阳后，还可赛菊花。

方济众特别喜欢这首诗，经常题写于花卉作品上。

1984年美协家属院盖好，大家都欢喜地搬进了各自的居室。水泥建筑构筑的家庭明显的是空间的不足，无奈，曾经的"滋卉园"情结驱动着他，也只能是在阳台上房间角落里养些植被花草了。虽然如此，家庭里平日那少得可怜的一些兰草花卉影子气息，也能激起他那滋卉园笔墨情景：

> 高楼向晚好斜阳，半天朱霞耀金光。
> 忽见窗前花盆影，淋漓参差粉芬墙。
> （题画诗《淋漓参差满粉墙》，1983年）

> 新劈平湖翠峰峙，碧潭修竹尽有诗。
> 寄语群鸭轻轻过，莫把春山搅如丝。
> （题画诗《莫把春山搅如丝》，1983年）

这首诗的意境是多么的奇妙绝伦呀！一条长满杨柳修竹、清净如碧的平湖水面上，浮动着那翠峰耸峙的群山倒影，微风轻拂，水波涟漪，清丽似梦，美妙的湖面静美风光，让作者忍不住寄语湖里自由游弋的水鸭，轻轻地、轻轻地，不要把水面春山惊扰。

1984年，中国美术馆收藏方济众一幅比较大的作品《三边塞上风光》（197cm×68cm）。画面落款题诗"狼烟寂寥残垣在，红柳滩外好荷花"，取自其诗：

> 万里长城万里沙，黄沙莽莽自天涯。
> 无名白骨遗荒草，大将铁笔镇石峡。
> 狼烟寂寥残垣在，春闺梦断知谁家。
> 千载恩仇成旧事，红柳滩上好荷花。

陕北的定边、靖边、安边古时合称"塞上三边"，方济众在画中形象地营造了一幅塞上江南美景。塞上荒漠戈壁延绵、古老城墙巍然屹立，山峦起伏间，一队骆驼在沙漠里蜿蜒行走；中间密布着郁郁葱葱、遒劲苍翠的老红柳树，近处一大片荷花，接天莲叶，宛若江南之景。方济众将赭石、绿色与墨色有效融合，勾画了"白日登山望烽火，黄昏饮马傍交河"的塞外景象。古今情景交织，诗意比拟，象外之象。遥想古代荒漠戈壁，历代将士在此演绎了一幕幕征战沙场的激烈悲壮惨境。叹兮往昔，歌咏今朝，昔日荒漠中的断壁残垣与今日的红柳与白荷美景交织互映，好一派塞上江南田园风光。这首诗既是田园诗，也是边塞诗。全诗主调雄伟壮丽，却含有清丽秀逸气息，显示出画家深沉悲壮的家国情怀和豁达开朗的胸怀气度。

方济众说："诗不仅写情，也要善于写景；画不仅写景，也要善于写情。"

一个从乡间走出来的中国画大家，一生不但给我们留下了许多传世精品佳作，也给我们留下了一首首精美绝伦的诗文佳句。

"心随帆影过长空"，如辽阔大江的豁达胸怀；

"百丈悬崖一身轻"，显示出镇定自若、波澜不惊、举重若轻、从心而欲的高逸旷达境界；

"登高山复有高山"，显示出纵横人生境界感悟。

品读方济众的诗，我们能透过字里行间，感受到他的情感律动，也能聆听到那些闪烁在诗文绝句中的精神回声与心灵独白。

五

　　1983年6月，身兼振兴长安画坛、"长安画派"传续精神重任，忙碌辛勤耕耘大半生的方济众，在北京参加会议时，处于低烧不退状态，返回西安即住院，治疗两个月，低烧仍不退。常年的劳累，过去留下的腰疾遇阴雨天犯病带来的身体不便，让方济众产生了心有余而力不足的感叹。然而此时期，那早已凝结在他灵魂深处、生命血液里的诗意田园之境却愈来愈单纯、愈来愈明朗化了。这一年他年龄已经六十。"六十而耳顺。"工作辛劳，身体透支，终于等到退休的年龄。他已经给组织提出希望能按时退休，此后能给自己单纯的时间，安心进行书画艺术的实践探索。

　　方济众的心境已经走向纯真、自在、人本朴素的境界和平易、清淡、亲和的情景了。

　　从1978年8月回到西安后，方济众似乎就没有歇息过。疾病的缠绕，这时候的方济众工作出入来往，甚至于不得不依赖拐杖了。

　　1986年盛夏，方济众创作《秋林山溪》，并在画上题诗：

　　百丈悬崖一身轻，好景无处不登临，
　　此道绝非轻易地，一失足兮万仞坑。

　　从艺五十年，他常有登险临危之感。古稀之年始作此《秋林山溪图》，似觉有平易之感。

　　人生匆匆，血液骨体里饱含着的家乡朴素平民情结，秉承老师赵望云的生活艺术之路，传承与开拓"长安画派"精神，勤勉实践一生，创新出属于自己并能傲然独步于现代中国画坛的新山水诗意田园语境风格图式。面对城市格局的不断变迁，生态环境的持续变化，身处凡尘大都市，水泥墙封闭的自家独立房间居室，他再也不能像过去那样在门前开植自己的"滋卉园"了。眼见着门外一天天高楼林立，遮断了那时时向往的陶渊明诗意的"悠然见南山"，遮断了经常在梦里依稀徜徉的自由的村野山庄。

于是，他感慨地写下《红尘闭户偶写》这首诗：

眼外高楼又一重，遮断南山遮断村。
顿觉阳光少半日，哪有清风动帘笼。
晓看烟尘迷大宇，暮愁酸雨浸花丛。
无奈门窗紧关锁，聊写山泉落翠微。

1986年12月10日，方济众开始撰写回忆录《艺海扬帆》，开头是以诗文为序：

信有蓬莱隔海东，路漫漫兮雾蒙蒙。
扬帆不惜八万里，山河高兮水河深！？

他回忆道："在茫茫的人海中，说我是一叶小小的扁舟，也许都有些过分了，应该是沧海一粟。从生活的道路来看，说我像大海里的一叶扁舟，又何尝不可。'人有悲欢离合，月有阴晴圆缺'，人生毕竟是崎岖坎坷的，而也只有坎坷的人生，也才会让人难以遗忘自己的存在……让你所钟爱的艺术，如影随形地伴随着你自己的一生。"

诗，丰厚与充实了他的生命精神内蕴，完善与补充了他的中国画形式与意境。因为诗，他的一生充满着诗化、抒情、充满着诗性的哲理、人文的情怀；因为诗，让他的中国画作品具有了一种诗意、悠扬、散淡、恬静的格调。

方济众的一生是诗化了的一生，是多彩奋斗的一生。

朱霞漫空　67cm×67cm　1984年

山南春雨　59cm×59cm　1974年

沙鸥聚相亲　69cm×45cm　1983年

蕉荫微雨　69cm×68cm　1987年

附录 ▍艺术评述 · 年表 · 谈艺录 ▍

艺术评述

叶浅予（中国美术家协会原副主席，中国画研究院原副院长，中央美院教授）

◎西安画家们的作品首次在北京展出后，在美术界引起强烈的反映，认为他们给山水画开辟了又一个新天地，称他们为长安画派。当年方济众是这一画派的新起之秀。

《泥土香味·方济众画集·前言》　1981年

陈绶祥（著名美术理论家、中国艺术研究院研究员、博士生导师、方济众艺术研究所顾问）

◎抗战胜利那年，痴迷于古代绘画的方济众负笈北上，投奔长安，随赵望云先生修习画中真谛，陶养学历。于"入世"之中悟"出世"之至理，从"点画"之中察"形神"之深情，十多年之后，他终于在"长安画派"脱颖而出之际能独树一格，与他的老师赵望云、画友石鲁一道被时人目为"'长安画派'三杰"。

《荣宝斋画谱·六十五·序》　1992年

◎当年在长安画派里面，方济众先生就是一个平民，真正的画家出身，真正的从乡土走出去再走回来的艺术家。

◎石鲁去世以后，长安画派受到摧残都垮掉了，我以为实际上对于后来的陕西美术界，方济众是起到非常重要作用的。他重新负责把大家的信

480

心建立起来，而且以自己的创作实践完成了这些事情。

纪念方济众诞辰90周年艺术研讨会讲话　2013年

刘骁纯（著名美术理论家，中国艺术研究院美术研究所学术委员会副主任、美术研究所研究员）

　　◎方济众最成功的作品，大多不在巨制，而在写意小景。无论是林间小鹿，岩畔山羊，关西农村，江南水乡，甚至高山峻岭，奇石绝崖……都让人感到天趣纯真，感情质朴，格调清新，诗意醇厚。他的画笔下从不尚雕琢，务求质朴浑厚、古拙凝重。那些平凡景物一经他点化，便显得十分耐人寻味，让人爱不忍释。他是我国写意画坛中不可多得的田园画家。

《迎春花》　1983年第1期

赵振川（当代著名国画家，长安画坛代表性画家，长安画派艺术研究院院长）

　　◎方济众先生作为长安画派后期组织领导者，在"文革"结束后的陕西美术事业重新振兴上无疑做出了巨大的贡献。站在历史责任和历史贡献角度，我们应该好好地总结。

《对话方济众——当代艺术名家专访辑录》　2016年

程征（著名美术理论家，西安美术学院教授、博士生导师）

　　◎"文革"过后，为了重新振兴受到严重摧残的长安画坛，使过早夭折的"长安画派"的艺术精神延续，面对人去楼空的严峻形势，方济众承担起传薪者的使命。他主持创建了陕西国画院。针对毕业于学院的中青年代画家强于素描造型，而弱于以笔墨为象征的中国画艺术观念及基本功的现状，他实施了一系列计划，培养他们习惯于用一个中国画画家的眼睛去看，头脑去想，用中国画的独特语言系统去表达，直至燃尽手中最后一点火。

《长安中国画坛论集·序》　1997年

王宁宇（著名美术理论家，西安美术学院教授、博士生导师）

◎将民间艺术古朴天真的性格注输到文人写意画形式之中，又用文人画的格调和造诣来开发、升华民间艺术的原始形态。70年代后期到80年代前期，方济众的创作再次出现了一个高峰。方济众越到晚年越清晰化了自己的宏大目标——把农民（包括工匠）的思想感情、审美方式和艺术经验移植和融汇入以笔墨表现为主要语言的写意风景画创作中。

《长安中国画坛论集论·"长安画派"》　1997年

苗重安（当代著名画家、陕西国画院原院长、中国国家画院院务委员）

◎画院成立以后，方老师多次在画院的工作会议上，反复地告诫我们，要有高远的志向，一定要争取把画院建成全国一流的学术单位。他明确提出来三点要求，一个就是事业上要立志气，学风上要树正气，工作上要有朝气。方老是一个可亲、可敬的好长辈、好老师，这是在我的心中发自内心的感情。将此升华一点，他就是长安画坛承前启后的一个精神高明导师。

《对话方济众——当代艺术名家专访辑录》　2016年

叶坚（著名美术理论家，《陕西日报》原主任编辑）

◎一管饱含丹青的画笔在方济众手里，像一根闪光的"魔杖"，在小小的"舞台"上挥动。给我们舞出了一个五彩缤纷的世界。它把我们引向天之涯，海之角，山之巅，地之阙，引向恰适的农家小院，浩瀚的草原沙漠，戏谑的鸭塘鸟岛，挺阔的大楼街道；引向森林的幽深处，彩霞的倒影里，山泉的急流中，飘荡的白云上；引向田园诗的幻境，信天游的旋律，轻音乐的节奏，散文家的心潮。这里春山欲笑，那里夏峰欲雨；这边秋岭如妆，那边冬崖如睡……是什么力量把观者的心绪引向广阔无垠的美的遐想和意境中去呢？是方济众作品的生活真切感，情感的时代感，取材的丰富性，特别是艺术表现手法的多变性和独特性。他不铺陈生活的繁杂表象，而选取最能动人情思的形象；不把心中的话直接叙说出来，而是用含蓄的形象语言，打开观者的联想之门。他不把画面塞得满满的，画得细细的，而是留下许多空白，寥寥数笔，以虚代实，以少胜多，以概括代繁杂，造成画虽尽而意无穷。正因为如此，当观者自己用联想补充（或曰在创造）了意境之后，才加倍感受到了审美活动的愉快。

《陕西日报》 1983年

江文湛（当代著名国画家）

◎我这一生受益最深的国画界老前辈有两个人，一个是程十发，一个就是方济众。我在读研的时候，在国画创作过程中，当时对笔墨塑造形象、塑造意境的实践认识还是很幼稚的，没有找到一个很成熟的办法。那时创作的画中，有些人说你这是从方济众那儿来的，我说对，是的，受方济众小景，树木用笔那种办法的影响。早期很多画的用笔确实是从方先生的笔墨得到启发。

◎方先生深知中国文人画的价值和精神内涵，同时他又融合了朴素的民生观，他是非常平易近人的一位画家，他如诗般的绘画，歌唱了家乡，抒发了它的民族感情。如果我们要寻找绘画的方向，我们应思考一些方先生的艺术道路。

《对话方济众——当代艺术名家专访辑录》 2016年

崔振宽（当代著名画家、国家一级美术师、陕西国画家）

◎方老是我心里很崇敬的老师；他对我的艺术人生有很大影响，不管从哪个角度说我要感恩。我与方老有着特殊的感情里不一般的关系。我成长过程最重要的转折点上．方济众在其中起了决定性作用。

《对话方济众——当代艺术名家专访辑录》 2016年

郭全忠（当代著名国画家、国家一级美术师、陕西国画院原副院长）

◎还有重要的一点，需要我们认识方济众先生，我们应该清楚，如果没有他真难以想象今天陕西美术是什么样的。今天在陕西美术上还被大家重视的这些人，都是在他影响下成长起来的。

◎方老在艺术思想方面，对我们影响一直很大，我们也是生活派。他是通过长安画派赵望云对生活的观念，引导我们看生活，去思考去创作，并不断反省，最后到顿悟，是长安画派艺术思想的升华，对我们影响很大。

《方济众艺术研究文集》 2015年

罗平安（当代著名画家，陕西美协书记处原书记，国家一级美术师，陕西国画院画家）

◎我曾跟方先生学画几十年，从我从事国画实践创作以来，从心里讲可以这样说，没有方老就没有我。想起老先生给我们这一代的教育和对我们的影响，我们更应该继承和发扬。可以这样说，没有方济众先生就没有陕西国画院。

《对话方济众——当代艺术名家专访辑录》 2016年

王有政（当代著名画家，陕西国画院画家）

◎那时画院是天时、地利、人和。"文革"时候把方老请到北京饭店画画，他有机会认识全国很多大家。那次研讨会上请了那么多人来，完全是靠他的那种人格魅力。现在严格说起来，老一辈人家直接是传统基础，而我们是从学院过来。最后成就我们这些人，是研讨会开启了大家一个对艺术观念的正确认知和对传统深层理解。辩论以后大家在不同角度进行创作研究。像我当时的观点，我看见那个庙里边有神，但是让我完全走进那个庙，我却完全进不去。所以才形成我现在的画风，用中国文化审美理念把握西画和国画传统的融合。我没有完全的走到庙里边，我觉得我走不过去。当时大家辩论时要往进走的那个决心很大，张振学说是我哪怕学一个棒子我也要进去，就是看到了那个庙里边有神灵，他看见了，我们同时都看到了。所以才形成了每个人从自身认识的不同的程度，寻找不同的方位，然后在各个的方位里边，取得了一定成绩。

484

《对话方济众——当代艺术名家专访辑录》 2016年

谢振瓯（当代著名国画家，中国工笔画学会副会长）

◎艺术流派的演变运程，有涓涓溪流，也有滚滚狂涛，但是他们的精神都是一脉相承的。长安这块地的现代画家还没有游离长安画派"一手伸向传统，一手伸向生活"这个宗旨，这是非常可贵的。你处在这个环境也就游离不开这种地域，这里的文化传续，艺术的文脉演进也就是这样的。我觉得方济众老师他对事业非常敬业，他的画风非常平实，也非常伟大。但是方老师他不是句号，长安画派作为一种地域文化的标志，永远没有句号。地还在，人虽然已不在，历史曾经存在，那你就改变不了。

《对话方济众——当代艺术名家专访辑录》　2016年

黄笃（著名美术理论家，策展人）

◎近年来，随着陕西国画界先后涌现一批如罗平安、赵振川、苗重安、郭全忠、王有政、崔振宽等有着传统功力和独特审美情趣的中青年画家，从而使"长安画派"的领地日益坚固和扩大，并引起美术界的广泛关注。他们的成长与已故陕西国画院院长方济众有着密切联系。如果说石鲁、赵望云是"长安画派"开创者的话，那么对"长安画派"推波助澜者，当推画家方济众。

《美术》杂志　1989年

赵农（著名美术理论家，西安美院教授）

◎晚年的方济众先生刻意求新，勇于探索、反思长安画派的得失，奋发创作，为民族精神传神写照，强化中国画的形式美感，赋予绘画语言以新鲜、生动、准确的含义，升华着艺术灵魂，表达出自觉的文化意识，推动中国画这种古老的艺术从过去走向未来。

《方济众艺术研究文集》　2015年

刘星（著名画家、理论家，陕西师范大学美术学院教授）

◎方济众先生是20世纪中国最伟大的画家之一，其反映家乡汉中一带的田园山水画，被誉为20世纪中国田园诗派山水画的代表。从1960年美协西安分会国画研究室作品展在北京、上海、南京等地巡回展出并由此闻名全国画坛，到1987年7月先生去世，他的画风在陕西乃至全国中国画坛都产生了深远的影响，如果说20世纪70年代之前陕西画坛主要是赵望云、石鲁发生着影响并塑造着长安画派的笔墨性格的话，那么赵、石二位大师谢世之后，陕西画坛则是方济众在发挥着影响，并继续塑造着第二代长安画派画家的笔墨性格。

《方济众艺术研究文集》 2015年

吴振锋（著名书法家、书法理论家，中国书协学术委员会委员，陕西美术博物馆收藏部原主任）

◎方先生他用生命完成了对生命尊严的维护，对历史的担当。方先生如果没有担当，他不会组织几个月的讲座，方先生最大的价值恰恰就在于倒在了回家的路上。在入世的情怀出世的精神下，勾起失落的诗意幻想与文化精神家园。在今天名人效应和消费名人欲望的情况下远远压倒了审美价值、自我价值判断的时候，我觉得对方济众的解读不仅仅应该在艺术，更应该在精神的层面。

《方济众艺术研究文集》 2015年

张渝（著名艺术批评家，陕西省美协理论委员会副主任）

◎在"长安画派"与"后长安画派"之间，便有了一座桥，这桥正是方济众。透过这桥或说透过那无处不在的农民根性——一种山脉土地万年不移的背景，长安的画家们一下子抓住了艺术已经久已忘怀的永恒主题：人与土地的原初关联。

《方济众艺术研究文集》 2015年

沈奇（著名诗人、文艺评论家，西安财经学院文学院教授）

◎我们读方老师的画，足以洗心；我们研究方济众先生的艺术，足以明智。

《方济众艺术研究文集》 2015年

令狐彪（著名美术理论家，陕西人民美术出版社原副总编）

◎纵观方济众的绘画，我们很少看到有险峻的奇峰和浩瀚的江河，更少有大幅巨幛的宏制。乍看起来皆是貌不惊人的小品，似乎十分平淡。但这恰恰是他与众不同的特点。他喜欢在日常平凡的生活中去发掘人们司空见惯而又熟视无睹或不屑表现的题材。这些微不足道的东西，经他过眼过手、迁想构思，却能以独特的绘画语言创造出"人人眼中物"而又"人人笔下无"的意境。在平淡中流露着天真，在单纯中蕴藏着变化，平而不板，单而不薄，犹如刚刚采摘的一束山花野卉，散发着泥土的芬芳。

香港《大公报》 1986年

张立柱（当代著名国画家，国家画院画家，陕西国画院原院长）

◎1985年我们接手的为大雁塔画一幅大型壁画《丝绸之路》。1986年的一次，当时方老陪着中国美协的华君武先生到西安美院。方老他们当时很认真地把那一幅大画（100多米几乎快完了）仔细看。当时因为那一幅画创作方法上用笔不是主要的，在绘画观念上，造型观念上、色彩观念上，整个借用了蒙太奇的手法。但方老看到我的画面其实都是从中国传统中学的造型。那个时候甲方对画面造型并不太认可。方先生陪着华君武、黄永玉、葛维墨，方先生给予了肯定，华君武、黄永玉先生都给予肯定，这样甲方就对这张画不会再有过多的苛刻和指责，后来甲方再也不敢对画提意见了。那一幅画后来能走出来得到大家认可，都离不开方老给予的支持，所以这些都会给我一种鼓动。

《对话方济众——当代艺术名家专访辑录》 2016年

卢新华（清华大学美术学院副院长、教授）

◎方济众是长安画派的一位重要艺术家，也是我国现代山水画的一代大家。他以自己的艺术形式和风格阐释长安画派的思想和精神，与长安画派的创作主流一起，用新的笔墨语言形式，回答了当时中国画继承与发展面临的种种问题，把中国山水画的审美境界和笔墨境界推向了一个新的发展阶段。他的艺术人生经历了长安画派的全部历程，他的作品是长安画派风格的重要组成部分，也是中国现代山水或者说中国民族风景画创新的重要一派。

荣宝斋出版社·《方济众画集》序　2006年

赵权利（中国艺术研究院研究员，《美术观察》副主编）

◎今天，方济众作为长安画派的核心成员之一，他的成就已经得到历史的肯定。方济众在长安画派以及在中国当代美术史上的地位，是依靠他一生的创作，也是在他临终前被自己大部分否定掉的作品所奠定的。我们认为，方济众完全无愧于今天的荣誉。

《中国美术馆》杂志　2014年

王蒙（著名书法家、陕西书协常务副主席）

◎在陕的长安画派能够持久地受到全国美术界的研究和关注，以至于今天仍有强大的艺术生命力、感召力和影响力，也是与其长安画派代表人物方济众先生的为人正派、力主推动是分不开的，并且使他更闪烁在全国画坛。他开创的波澜壮阔的美术事业还将在新的时期后浪推前浪。其画派的领军人物，每一个人都有着令人信服的做人唯正、做事唯实、做艺唯真的人文高度。使美术界的情和意畅，天朗气清，感动和感染了整个时代。

《方济众艺术研究文集》　2015年

王蓬（著名作家，原陕西作协副主席，汉中市文联主席）

◎ 他用质朴清新的笔墨，描绘出的一幅幅蕴含着人与自然和谐相处，田园诗般的多彩世界，给世人留下难忘的印象；他的大幅画作早被国家文化文物部门限制出境，成为国宝。作为一位画家年仅64岁便匆匆离世，让人扼腕叹息。他一生不曾身居要津，手握权柄；更没有腰缠万贯，居产纳贡，但却被列入陕西五千年文明史中一百位重要的历史人物之中。

《中华读书报》 2013年

应一平（西安美院教授，原《西北美术》主编）

◎纵览方济众的创作题材多取材西北农村、高原牧场及三秦大地，体悟自然性灵，抒发主观思绪，将现实生活融入田园诗情化的感受之中。现在重新审视他的作品，具有与传统对话的笔墨语言与价值格趣，映现了"长安画派"的历史内涵和当代意义，而不仅是具有当代"即时性"的泛文化图式。

◎对方济众绘画艺术的研究，要放在当代变革的时代氛围中展开，放在"长安画派"形成、发展的历史背景之中，以静观审视、动态感知，解析其内涵的多层次学术意义。同时，要将其视为一个整体的文化系统，深入理解彼此之间的关系及相互作用，只有这样，才能准确地把握方济众艺术思想的来龙去脉，进一步透彻理解"长安画派"与方济众艺术观完整的审美意义。

《陕西教育·高教版》 2014年

邢庆仁（著名画家，陕西省美协副主席，陕西国画院副院长，国家一级美术师）

◎方济众是长安画派的薪火传递，我们的老师辈。正是从方济众那里，从这样一个传递火种的艺术家手里，得到了长安画派的第一信息。

纪念方济众诞生90周年暨方济众艺术研讨会 2013年

王潇（著名画家、陕西美术博物馆馆长）

◎作为陕西国画院的晚辈，我们对方老师的认识是比较浅的。我是2004年到画院，方老1987年就走了，但是方老的艺术还一直影响着我们，这一点不可否认。我说两点。一是从方老人品和人格、感情色彩上来讲，方老是我们画院的首任院长，好多老画家在给我们不断传输过程中，让我们认识到方老对画院的贡献很大。如果没有方老就没有画院，也没有我们现在这个平台；从感情上来说，我们这些年轻的画家今天是带着纪念的感情色彩进行艺术研讨。第二，就是我从方老的艺术渊源开拓启示方面谈谈我的理解。因为方老是长安画派一个重要的大将，长安画派这个背景下，我觉得赵望云过来以后，他把中国画做成一个新的面貌，从原来传统象牙之塔走入民间十字街头，画真山真水，也就是说寻求从生活入手的一种艺术方式，不是从学院，不是从传统，直接从生活进入。后来长安画派包括石鲁先生都认识到了，都在从生活入手再补传统的课。方先生当然继承的是赵望云这种平实朴素的表现生活的绘画风格，不做作，绘画非常自然，不像现在绘画追求一种符号，他是感情色彩自然流露的一种自然美。我们现在的绘画，都受到长安画派的影响，都是很注重生活。

纪念方济众诞生90周年暨方济众艺术研讨会　2013年

2013年9月14日方济众诞辰90周年研讨会合影

方济众年表

方济众，笔名雪农，陕西勉县人。中共党员。曾任陕西省第五届政协常委、第六届全国人民代表大会代表、第四届全国文代会代表、中国美术家协会常务理事、陕西省文联副主席、中国书法家协会理事、中国画研究院第一届院委会委员、陕西省国画院首任院长、陕西省美术家协会副主席；陕西省书法家副主席。

1923年
7月24日（农历癸亥六月十一日）生于陕西勉县武侯乡方家坝耕读之家。

1928年
父亲病亡，同年入方家坝方家祠堂接受启蒙教育，家兄方济豫任教师。

1929年
入勉县书院读书，校长祁祥安先生（四川美专毕业）任图书课教师，其哥祁余安先生为图画启蒙教师，喜欢书画，开始涂鸦画画。

1930年
勉县（武侯镇）第一高级小学堂读书，受几位堂兄指教及影响，咏读诗词，临习写字。

1937年
在汉中府省立第五中学（后改为省立南郑中学），初、高中连读（六年一贯制学业）。初中期间开始画宣传画；高中期间画连环画，研习中国画、书法。业余学习拉二胡。

1944年

夏天，高中毕业应聘到南郑周家坪小学教书。兼任文学、绘画、体育教师。

1945年

春节过后，应聘到勉县中学任教。担任图画教师，继续研习中国画与诗词。

1946年

5月左右，在西安投考学校期间，遇赵望云先生，拜师入门，正式研习中国画、书法。

1947年

继续在赵望云先生家中研习中国画与书法；并写作诗词，在《雍华》杂志发表。

1948年

2月，任勉县中学国文、图画教师。

1949年

春节，与何挺文结婚。

1950年

春节过后，经赵望云先生介绍，与夫人何挺文到西安，进入陕甘宁边区文协西北美术工作者委员会工作，担任西北文化部美术科文员。

同年，与赵望云先生去渭华地区采访写生。

10月，大女儿方黎出生。

1951年

参与筹办《西北画报社》，任编辑室主任，赴京印刷《西北画报社》创刊号，赴汉中城固参加土改运动，画了第一套连环画配合土改运动。作品《各族人民团结起来，为保卫祖国的安全与繁荣而斗争》参加赴朝鲜慰问团美展。

11月，二女儿方禾出生。

1952年

画了第二套连环画《打通天堂路的最后一关》，发表于《西北画报》。同年，赴大荔等县写生，搜集创作素材。

随西北画报社迁至北大街南口的钟楼西北角，门牌为15号地方办公（即今32号陕西省美术家协会）。

1953年

与徐庶之先生同去宝鸡、太白山区写生。

4月，小儿子方平出生。

5月，西北画报社撤销，石鲁、李梓盛、方济众等原报社美术编创人员业务关系随即编入新成立的美协西安分会，成为专职画家。方济众任美协分会秘书，编制在当时的中国画创作研究室。学习文艺理论，练习素描，临摹古代作品；外出写生；每周观摩一次作品。去宝成铁路沿线写生作画，创作山水画作品《最初的道路》并参加美展。

1954年

10月，美协全体创作人员赴京参观学习"苏联造型艺术展览会"。时正西画盛行，美协画家们提出相反的艺术观点，认为我们必须坚定不移地走自己民族绘画推陈出新的道路。到关中、陕南地区写生。

作品《云横秦岭》入选第一届全国国画展，为中国美术馆收藏。

作品《最初的道路》《开山辟路》《宝成路运输线上》《秦岭之春》等入选西安国画研究会举办的第一届国画展。

1955年

作品《溪柳迎风》为中国美术馆收藏，《美术》杂志发表；《黄河大桥》入选全国青年美展并获文化部三等奖。

1956年

前往上海参观画展，并去南京、杭州、武汉旅行写生。

作品《秦川一角》参加全国美展；《青杉河上》参加西北五省美展。

接母亲胡宝珍到西安一起生活。

1957年

代表西北大区参加内蒙古自治区成立十周年庆祝活动并去内蒙古东部、大兴安岭旅行写生，画了大量的速写。创作《草原骑手》《蒙古姑娘之家》等作品。

为人民大会堂创作《西岳华山》。

1958年

西安美协国画创作研究室设立，石鲁兼主任，方济众兼副主任。

同赵望云、石鲁先生一起前往陕南汉中生活写生，回来画了《杨河上好风光》《山居》《秋之夜》等作品。

同年，美协一行七八去了黄河，回来创作了《九曲一泻赴龙门》《黄河畔上》《夜渡》等作品，其中《夜渡》发表于《美术》杂志上。

作品《黄宾虹故居》《呼伦贝尔的草原上》赴苏联、蒙古等国展出，作品《天堑变通途》参加长江大桥落成美展。

1959年

作品《幽林》参加中国首届维也纳国际博览会展，《初冬的山谷》发表于《解放军画报》封底。创作《山林秋色》《林海新村》等作品。

1960年

去陕北、陕南体验生活，画了大量速写，创作《江村雪后》《汉江渔村》《夕阳》等作品。

1961年

参加西安美协在北京举办的"西安美协国画研究室习作展"，作品《秋林麋鹿》发表于《人民日报》及《解放军文艺》封面。

11月下旬，随"西安美协国画研究室习作展"赴上海、杭州、南京等地巡回展出。

年底，赴上海美术电影制片厂参与《牧笛》动画背景设计。

1962年

赴上海美术电影制片厂参加水墨动画片《牧笛》制作，担任该片背景设计（李可染先生任人物造型设计）。此片获丹麦安徒生童话片国际金质奖。

创作《乡村小学》等作品。

1963年

深入生活，创作《山春》《山林雪后》等作品。

1964年

参加社教，去渭南一带体验生活，创作《平湖春晓》《山野的春天》等作品。

1965年

去茅坪知青林场画速写，体验生活，创作《灯笼会》等作品。

1966年

"文革"开始，遭批斗，被迫住"牛棚"接受教育改造，停笔四年。

1968年

年底，女儿方黎、方禾上山下乡插队宝鸡千阳山区劳动。

1970年

西安美协解散。全家下放到陕南汉中洋县白石乡社王庄二队接受劳动锻炼、思想改造。住生产队仓库，初期白天随生产队劳动，抽空画速写，晚上画小画；这期间画了大量的速写，写了很多书法。

开始《汉江行》长诗的写作，还画了插图。

1971年

为《汉江行》诗配画沿汉江写生考察。研读石门摩崖书法；研读于右任书法等。

1972年

7月，随爱人到洋县文化馆，在洋县一带画速写，为老乡、朋友写了很多书法作品，画了很多画。

1972年

11月，在老朋友的关心下，调汉中地区文教局，参与筹备地区文化馆工作。文化馆成立，没有安排具体事情，主要辅导群众开展美术培训工作。

这期间走访了汉中各个县，举办培训班，深入山区画速写。在汉中师范学校内家门前开辟一个花圃，命名"滋卉园"，种各种花木兰草、瓜果，尤喜秋菊。

1973年

10月中旬，下放汉中期间，第一次外出。赴北京观看展览中途下车，看望老师赵望云与师母，赵望云专门为方济众夫妇作册页相赠；看望身体极为瘦弱、处境十分困难的石鲁。石鲁画了几幅册页相赠。在一幅用朱砂写成的山茶花画面上题诗"兰兮，兰兮，天各一方"……

在北京看展期间，拜访了吴作人。作人先生创作了一幅《金鱼图》赠送方济众。

1974年

元月，创作《十到强家湾》系列国画十幅。

4月份西安"批黑画"事件，赵望云、石鲁、方济众等一批老画家的作品被污为"黑画"遭受批判。

1975年

去长青林业局、华阳、茅坪原始森林写生。

1976年

12月至1977年1月，创作组画《忆延安》（《枣园春》《山丹丹花开红艳艳》《金光闪闪的秋天》《延安行》），参加了当年的全国美展，并于1977年6月发表于《人民画报》封底。当年还发表《延安画刊》1977年第4期封底。

1977年

冬季，赴北京为外交部驻外使馆作数十幅大画，与李可染、陆俨少、吴作人、黄永玉、唐云等画家共住外交部宾馆三个月有余。为北京饭店作画。《美术》杂志、香港和《美术家》发表《黄山颂》等作品数件。

12月12日，国务院与文化部正式成立中国画创作组。应邀到北京友谊宾馆中国画创作组作画。

为首都机场作画。

人民美术出版社出版《昆仑春晓》单幅画。

8月，调回陕西，暂住在建国路83号省作协办公大院一角省美协省美协筹备处。

1979年

2月参加恢复中的省美协第一次工作会议，会议确定石鲁为省美协主席，方济众为常务副主席，主持业务工作。

作品参加陕西国情三十周年美展。中国美术馆收藏《蜀道一瞥》等数件作品。

4月至7月，应省政府之邀，牵头组织创作组集中于芷园饭店，为人民大会堂陕西厅创作布置画，创作《古城雪霁图》。

10月30日至11月16日，参加中国文学艺术工作者第四次代表大会。

11月3日至10日，参加中国美协第三次会员代表大会，当选为理事。

1979年

12月，当选为第五届陕西省人民代表大会代表与政协陕西省常委会委员。

拟写两个提案《关于设立陕西国画院》与《恢复重建西安美术展览馆》的报告。

1980年

年初，陕西国画院批准设立；担任筹备小组组长，国画院创建进入筹备期。

1980年

3月，停滞解散了18年多的原西安美协正式迎来换届。省委宣布恢复原西安美协机构组织，并更名为"中国美术家协会陕西分会"。选举石鲁任中国美协陕西分会主席，方济众与李梓盛、修军、王子云、刘蒙天、杨青为副主席。程士铭任副秘书长。方济众继续负责省美协业务工作。

5月，山东美术馆举办"方济众国画展"。随后，携带展览作品赴上海电影动画制片厂展览交流。

1981年

赴上海美术电影制片厂担任《鹿铃》的背景设计（该片获1984年苏联电影节最佳美术片奖，获文化部优秀美术片奖、金鸡奖）。

1月5日，陕西国画院正式成立，兼任首任陕西国画院院长。

10月，中国画研究院成立，被聘为第一届院委会委员。作品《山野的春天》入选中国画研究院第一届院展。

《美术》杂志发表其作品《荷》。作品数件参加陕西十三人联展，南京美术馆收藏《秋林麋鹿》。

11月26日，率陕西书法代表团赴日本举办书法展览，任团长。陕西人民出版社出版《方济众画集》。

1982年

2月15日至4月17日，在刚成立国画院的院内，举办面向陕西省的"中青年中国画研究进修班"。周韶华亲身感受到了这个中国画学习班办班的不易，非常看重"长安画派"在现代的价值与延续意义，称赞说"方济众这个举动是功德无量"。

作品《昆仑雪山》参加法国春季沙龙画展。作品《水墨荷花》《山居》参加中国现代画展，在美国巡回演出。

1983年

住院抱病整理多年写的诗词，其中一部分被征集于《陕西地方志》上。开始撰写《艺海扬呗》回忆录。数件作品参加"陕西风光画展"并入选《陕西风光画集》。

北大街32号美协院为家属楼与办公区竣工，美协机关从建国路搬回北大街西北角院子。

5月9日，当选为第六届全国人民代表大会代表。

1984年

北大街的陕西省美术家画廊建成。

作品《沙鸟聚相亲》参加第六届全国美展，获优秀作品奖。

7月中旬，陕西美术家协会在新建成的北大街美术家画廊举办"方济众画展"。

10月，作为首届中国画研究院委员会委员，应北京中国画研究院之邀，举办"方济众画展"。天津人民美术出版社出版《方济众画集》。

1985年

初春，"陕西国画院作品展"建院后首展在北京中国美术馆展出。

3月间，率陕西书画代表团赴日本参加"中国陕西、日本京都书画院联展"，任团长。

6月，陕西省美协换届，方鄂秦当选陕西美协主席，当选副主席依次是方济众、邹宗绪、修军、刘文西。陕西美术界普遍认为这是对美术界"老一辈的一次颠覆"。换届之后，陕西美协25年未换届。此后在艺术圈成为一个令人尴尬的笑谈。

7月，赴香港举办"陕西国画展"，香港《文汇报》发表文章《我所理解的长安画派》。作品数件参加"中国画展"赴冰岛、丹麦巡回展出。作品《红柳滩外好荷花》参加"中国现代画展"赴莫斯科展出。北京人民美术出版社出版《方济众画辑》。

1986年

6月，信任并大力支持由程征发起的，陕西国画院主导的、联合中国画研究院等几个学术单位共同主办的"全国中国画传统问题研讨会"在杨凌成功举办。

广州美术馆举办"方济众画展"并收藏作品数件。

7月，到榆林写生；作品《大漠行》参加西北五省美展。

1987年

1月，携夫人何挺文回汉中老家探亲访友。

4月25日，陕西美术家协会举办"赵望云、黄胄、方济众、徐庶之、赵振川师生联展"，入选作品30余件。天津人民美术出版社出版《山石树木技法》一书，为其附图40幅。

1987年

7月18日，因病不幸逝世，终年64岁。

陕西省美术家协会大院设灵堂悼念。

7月20日，在三兆公墓举行追悼大会。

骨灰安放于西安凤栖山墓园。

1988年

中国美术馆举办"方济众遗作展"。日本京都文化博物馆举办"方济众遗墨展"，并出版《方济众遗墨展作品集》。《美术》杂志专题介绍文章《水深土厚，浑然天成》，并发表作品数件。天津杨柳青画社《国画世界》发表作品5件。

1989年

人民美术出版社《中国书画》第二十六辑专题介绍作品14件。香港《美术家》第六十八期专题介绍文章《方济众与长安画派》《方济众画语录》，发表作品13件。

在"香港艺苑"举办"方济众国画小品展"。

1991年

《陕西画报》作专题介绍《田园诗情，泥土芳香》，发表作品6件。

1992年

荣宝斋出版《荣宝斋画谱》方济众山水部分；作品《林间小鹿》入选《中国美术五十年》，为中国美术馆收藏。

1995年

荣宝斋出版《方济众画集》。

2013年

9月，陕西理工大学与汉中市委宣传部市文联在陕西理工大学举办"方济众诞辰90周年及方济众艺术研讨会"，来自全国及省内众多学者专家及画家参加了研讨会。同时成立"方济众艺术研究所"。

2015年

11月，世界图书出版公司出版《方济众艺术研究文集》。

2016年

12月，世界图书出版公司《对话方济众——走出长安画派》。

2018年

勉县方家坝方济众故居重新规划、修葺一新，对外开放。

2023年

10月，省文联省美协举办"纪念方济众诞辰100周年暨'大秦岭·中国脊梁'美术创作工程——重走'长安画派'"之路汉中采风写生活动。

11月6日，陕西省文学艺术界联合会主办、陕西省美术家协会、陕西理工大学、陕西省书法家协会、长安画派艺术中心承办"济众丹青——纪念方济众诞辰100周年"艺术系列展览暨艺术研讨会活动。

（参考《长安中国画坛论集》中《方济众年表》并作补充整理）

方济众谈艺录

一

艺术上的探索，实际上难以避免偏见，个人毕竟是沧海一粟。经历、实践、见闻、修养不能不限制自己的思想和视野。

二

艺术是人类生活中的精神结晶。

它伴随一个民族的发展而发展，也伴随着一个民族的消亡而消亡，因而它的诞生从一开始就不可避免地具有其民族特色。当我们一接触到艺术，它就必然以民族的特色呈现在我们的眼前。

三

我没有任何理由来否认，艺术这种民族的花朵，在日连阡陌，花粉飞扬的世界上，会相互感染，会产生新的品种。但我仍然觉得，艺术这种意识形态的东西，它总是带着传统的民族心理和乡土的自然特色而出现的。恩格斯在谈论"风景"这个艺术范畴问题时，曾热情洋溢地论证了一个事实，这就是物质世界所提供给我们的精神形象，是带有极其鲜明的民族心理特色的。英国的丘陵、德意志的荒原、莱茵河北岸的葡萄园、英吉利海峡的万顷碧波，她们都以其自然神的无比魅力，吸引着作家、诗人、画家，在他们的民间传说中，在他们的诗文名著里，在他们精美的画面上，无不动人心魂地流露出故土的芳香和自然界本来的风采。恩格斯以其广阔的唯物史观，把一个活生生的作家，恰如其分地放到了一个诞生他们的生活摇篮之中，使你会感到自己的家乡、自己的祖国是多么的美好而自负终生。

四

艺术这种特异功能，是以美为诱导的，通过美使人的品德、意识、素质起到潜移默化的质变。因而一切优秀的作品，都在自觉地表现作者对生活独到的发现。

五

生活绝不是艺术。艺术是人的品格化了的第二自然。

六

我们的艺术创作绝不是个人的问题，而是我们作为人类灵魂工程师的历史责任，是作为一个民族文化传统的时代的责任。

七

品德不高，画风不高。画如其人——是至理。

八

鉴别一位艺术家的艺术水准，主要看他是否具有当代最卓越、最强烈、最高超的思想体系、感情表现和技巧。

九

对纷繁的现实缺乏高度概括能力的人，他既不可能成为一位卓越的政治家，更不可能成为一位出色的艺术家。

十

文化只能是相互交流，而绝不是相互排斥或替代。

十一

赶时髦迟早会误了自己的艺术事业。自己的艺术就是以自己的个性特征而存在的。赶时髦的结果，便是经常去改变自己的面目和心灵，经常使自己处在飘飘然的浮游状态中，而不能固守心灵去对艺术作深度追踪。

十二

艺术创造，总在突破自己的现状中不断前进。没有勇气否定自己的人，不仅是懦弱的表现，更是缺乏鉴别能力的表现。因而，他必然站在前进事物的对立面，变成一种阻力。

504

十三

我不敢发誓说，我一定能超过前人，因为真正的艺术大师是很难超过的。绝不能用苏辛替代李杜，也不能用徐悲鸿去替代齐白石。如果一个艺术家能懂得什么是精华和糟粕，从而溶化吸收，创造出别人无法替代自己的艺术作品来，那他便是艺术大师，令人敬佩。

十四

艺术品的生命，正在于艺术家从生活中发现了任何人还没有发现的新的美和新的表现手段。这就是我们要为之而终生奋斗的目标。

十五

我们希望后来者居上，如果没有后来者居上，我们的事业就要停顿，而且还会出现倒退。那将是我们这一代人的耻辱和罪过。

十六

艺术创造的生命就在于创造，就在于标新立异，就在于揭示新的美，以开辟出人类精神世界新的生活领域。

十七

造型艺术除了表现什么之外，如何表现的问题应是千万艺术家苦心探索的重大课题。

十八

新的开始，必须在严肃的审判自己过去的基础上进行——哪些必须割爱抛弃，哪些还要保留与发扬。决不能让那些伪真理把我们吓倒。要从选择中再选择，在过滤后再过滤，把真理的精华充实到自己的血液中去，在作品中发光发热。

十九

潺潺小溪，不舍昼夜，尚能入海。点滴水珠，化为云雾，亦可蔽空。从一开始，增而大之，大而无外。从一开始，减而小之，小而无内。原子虽小，可以震天动地。宇宙虽大，静观亦览空无。涓涓小溪，不亦乐乎。

二十

"人不可有傲气，但不可无傲骨。"

然傲生于气，气生于骨，骨生于人之本性，何能有傲骨而无傲气乎？呜呼！气也骨也本为表里一体之物，何以能分而对待之？然傲，总不是好事，一傲不知己，二傲不知彼，再傲则自信不疑，轻则难于自化，重则与众难合，抑人扬己，必自食其损也！

二十一

风格包括个人的天赋性格特征。但艺术又不完全属于个人，它受社会、人群、历史、自然的外在条件影响。这就存在一个善于选择和学习的问题，因而不能说风格可以自然而然地形成。

二十二

少而精，主要在精。少而精难，繁而精亦难。精王要是意境集中，形象生动，主体鲜明。笔有性，墨有趣，色有香，水有光，纵横观之，无不可以称之为精矣。

二十三

所谓正，循规律胸有丘壑，笔有形象，墨分五彩，远观近取，不无不妥之处，应谓正。所谓邪，心中无数，笔笔踌躇，下笔零乱，不择手段，借物力以助兴，或狂醉，或揉纸，或墨水混泼，以侥幸得出神韵，实为无聊之至也。所谓"甜"，即俗也，通称甜俗。其实画亦应有甜味，然不宜纯甜，过甜必然返俗。所谓甜俗，其形过于求似，其笔过于圆滑。画山止于山，画水止于水。求形而不求其神，求景而不求其韵，求生动而不求其意境，求华彩而不求其生辣。甜与俗，实一通病也。

二十四

把中国画缩小到笔墨这个范畴来衡量一切，是削足适履的表现。对传统文人画要一分为二。

二十五

楚文化的特点是用心灵去探索宇宙的神秘。没有任何清规戒律。

秦文化的特点是从玄想回到了现实。出现了为胜利者服务的雄伟壮阔的艺术成就。

汉文化的特点是物我两忘的意象境界。

二十六

对现象的抽象是理念。对具象的抽象是美的质变。

二十七

少见多怪，多见不怪。你不是声称对抽象艺术并不理解吗？既然不理解你又将用什么样的理由去反对它呢？既然没有理由去反对而又要拼命去反对，这不成了比抽象派还抽象的理论现象了吗？

二十八

一看就懂，一学就会的手艺，绝不是技巧，更不是艺术。

二十九

中国山水画是通过可视的自然形象来表达作者的思想感情。天南地北，春夏秋冬，风晴雨露，山川草木，鸟兽虫鱼，舟车楼宇，伴随着人物的活动，使山水画的内容和面貌出现了千变万化不可胜览的景象。

三十

提到山水画，顾名思义，就必然有山有水，因之历代山水画家的取材和构图大多在透视上不离三远法，取材上又多是林木楼宇，山石溪流，云回雾绕，风雪雨晴等等，形成了大同小异的传统格式，看得多了，总感到有些雷同。我觉得山水画不应受到山水画的局限，有山有水可以是山水画，有山无水、有水无山，山水皆无都可称之为山水画（其实所谓山水画也就是风景画的别称）。沧海扬帆，林间鸟语，大漠落日，长天飞鸿，小窗晨课，蕉荫细雨，帆林夕照等等，难道不可以成为我们选择的角度吗？

三十一

固定的观念，不仅限制人思路的畅通，同时也限制人视野的开阔。由于习惯势力的熏陶和生活感受的不足及高远、深远、平远、远小近大、丈山尺树、寸马分人等陈规的束缚，即使我们已经走进了五彩缤纷的广阔天地，也总会感到兴味索然。我们必须在借鉴古人传统的基础上，在美的海洋里，去探寻你自己所需的珍珠。

三十二

中国画实际上是一个综合性的艺术形式。它是诗、书、画、印四者互相补充而形成的一种完美独特的中国式艺术。

三十三

凡艺术，无不以其民族之化身出现于世界艺术之林。故凡优秀之艺术品，必具下列特色：民族特色、时代特色、作者特色、作品特色。

三十四

同样的题材，会有迥然不同的处理方法，不同的题材，更不应出现雷同的艺术效果。艺术创作是一种新的发现，既发现新的题材和新的表现方法，也发现或发明新的工具器材和新的艺术品类。

三十五

诗不仅写情，也要善于写景。画不仅写景，也要善于写情。

三十六

内容与形式是一个统一的整体，而绝不是我现在已经有了内容，只是苦于找一位形式的法师把内容制造出来。特别是中国的书画，它是笔笔传情，笔笔言志，可以说是一个完善的统一体。达不到这一点就谈不到艺术，也谈不到创造。

三十七

笔的主要特征是，柔软而富有弹性，四面出锋，挥洒勾勒，皴擦点染，比较自如。在画家的操纵掌握下，在轻重快慢的运动过程中，写出画家所需要的形象。意帅笔，笔帅墨，墨化于水而分出干湿浓淡，然后在纸上展开技巧表现的无限空间。

三十八

在笔和墨的运用中，"水"起着重要的作用，笔和墨只有通过"水"才能把两者微妙的关系结合起来，才能达到笔精墨妙的境界。

三十九

我的画笔是在运动过程中来表现形象的，而形象本身又具有独特的运动感觉，因而笔在表现形象的过程中就必须要顺其形象独特的运动感来予以相应的表现。如山岩的坚实厚重，流水的轻快透明，杨柳的轻飘婀娜，苍松的龙钟遒劲，这一切总是带着它自身美的运动形式而呈现出来的。

四十

有生命的笔触、线条所表现的有生命力的形象和画家个人的生命特征，这应是一个画家探求艺术表现中的重要环节。

四十一

运笔应带有强烈的个人风格特征。

四十二

中国书法在结构上，一个字一个构图，布局安排、疏密关系在纸上形成非常美妙的形式感，中国画大可借鉴之。

四十三

书法家不一定要画画，而画家必须写字（能书）。要能放能收，一味放的结果就是野。书法则处处有放有收，讲究中锋的变化，处处意在笔先，笔放法严。刷、描、涂、抹都不行，就是要强调"写"字。

四十四

"写"是有音乐感的，是一种运动状态下旋律感的表现。

四十五

有人问我今后在艺术上有何想法，我想是这样的：

一、必须和"长安画派"拉开距离。

二、必须和生活原型拉开距离。

三、必须和当代流行画派拉开距离。

四、重新返回生活，认识生活。重新返回传统，认识传统特别是民间传统。

五、摆脱田园诗画风的老调子，创造新时代的新意境。

六、不断地抛弃自己，也要在抛弃中重新塑造自己。

（摘自《长安中国画坛论集》并有所补充）

参考文献

　　程征编：《从学徒到大师——画家赵望云》，陕西人民美术出版社，1992年版。

　　程征编：《长安中国画坛论集》（上下卷），陕西人民美术出版社，1997年版。

　　长安画派艺术研究院编：《赵望云艺术文集》（上下卷），人民美术出版社2012年版。

　　陈传席著：《中国山水画史》，江苏美术出版社1988年版。

　　叶坚石丹主编：《石鲁艺术文集》，陕西人民美术出版社2003年版。

　　石丹著：《中国画名家全集——石鲁》，河北教育出版社2003年版。

　　陕西省政协文史资料委员会编：《国画大师赵望云》，陕西人民出版社1994年版。

　　何海霞艺术委员会编：《何海霞艺术文集》，文物出版社2008年版。

　　程征著：《中国画名家全集——赵望云》，河北教育出版社2002年版。

　　《方济众画集》，荣宝斋出版社1995年版。

　　李世南著：《狂歌当哭——记石鲁》，河南美术出版社1997年版。

　　张毅著：《石鲁传》，陕西人民美术出版社2001年版。

　　吉武昌主编：《方济众艺术研究文集》，世界图书出版公司2015年版。

　　吉武昌编著：《对话方济众——走出长安画派》，世界图书出版公司2016年版。

蔡亚红编著：《讲座——1982年中国画研修班导师讲课录》上下卷），三秦出版社2019年版。

勉县方家坝方氏族谱编修委员会编：《方氏族谱》，2019年。

陕西省美术家协会、西安美院编：《西北美术特刊》，《西北美术》编辑部，2018年版。

方平编：《方济众专辑》，《中国书画》杂志社，2006年版。

方平编：《中国画名家作品精选》，陕西人民美术出版社1997年版。

方平编：《方济众画集》，荣宝斋出版社2006年版。

郭荣章主编：《汉三颂专辑》，陕西人民美术出版社1993年版。

刘清河主编：《汉水文化史》，陕西人民出版社2013年版。

汉中市政协文史资料委员会编：《汉中市文史资料》（第一辑、二、三、四、五、六、七、八辑）。

刘茂林编：《方济众水墨画展》，陕西霁林文化发展有限公司。

张渝、韩向东：《长安画派缘起与发生的相关补遗》，《美术》杂志，2021年2月。

耿强：《何挺警编年纪事》，2004年。

《方济众手稿》，韩向东收藏。

后记

  《方济众评传》能得以顺利付梓出版，可谓了我之一桩心愿。2013年9月，陕西理工大学方济众艺术研究所设立，至今已有十个年头。今年恰逢先生百年诞辰，本书能写作成型并正式出版，可谓十年研究心血，许多年成果积累。本书之出版，也是对先生百年诞辰一个最好的献礼。

  该书作为长安画派艺术与汉水文化研究史料，"方济众艺术研究丛书"之四，写作中采用了纪实传记形式，以翔实史料支撑，艺术评述辅佐；文学情节描绘，文史故事平铺相结合的写作手法，以方济众艺术人生为主线，以长安画派恢宏历史演变为背景，全方位地、立体地叙说了当代人无法知晓的长安画派在历史过程中，曾经发生的许多艺术现象与鲜为人知的传奇故事。该书非虚构假想，亦非纯学术研读。写作中，尽可能做到段落情节与语句刻画生动有趣，雅俗共赏，形式活泼，因而亦可说该书是一本纪实性的文学书本。

  该书在写作构架与结构安排上，并非遵循一般的纪实人物生平年代先后顺序进行写作，而是在框架主线主导下的不同时空情节之穿插交错叙说。故而，每个章节都具有主题引导下的文本相对独立特点。同时书中也插入了精选的近200幅与先生有关的精美生活图片与先生书画作品图片，可谓图文并茂，相得益彰。

  方济众作为20世纪陕西美术现代化进程中作出卓越贡献并产生重大影响的杰出中国画家、长安画派创始者与主要代表之一，当代长安画派后期精神旗帜引领者和薪火传续人，因而，本书的出版，亦自然具备了弘扬长安画派精神，讲好长安画派故事，打好长安画派文化品牌的文本优势。

  写作过程中，陕西理工大学原校长、老领导何宁教授始终给予真诚的关注；陕西省作家协会原副主席、著名作家王蓬先生连夜读完电子文本初稿，一早打来电话给予书稿积极肯定，并提出良好建议。我的早年学生、陕西润丰园林景观工程有限公司董事长宁海坤也在这些年的研究过程中给予了我实际的帮助与支持。

叹兮，本书写作及出版过程中，适逢疫情及其他原因，可谓一波三折。书稿最后虽写作戍型，但我却为书籍出版费用焦灼发愁，最后只能寄希望于我的单位了。那天我先走进了分管科研的副校长程琳杰教授办公室说明情况，随后让他领着我，第一次走进陕西理工大学党委赵书记办公室，将方济众诞辰百年活动筹划方案与《艺海扬帆 薪火传续——方济众评传》出版费用申请报告呈于书记办公桌上，前后也仅有十几分钟。晓林书记与我的好友刘星一直有友情往来，他从省府来陕西理工大学任职已近四年时间。惭愧的是，我却与他几乎未谋面，更谈不上打过交道。令我意想不到的是，赵晓林书记在阅读完样书后的一个星期，很快传话并许诺，要协调经费资助我出版该书。叹兮，感兮，研究方济众艺术十年了，联想着工作几十年来单位职场之万象，我激动之情无以言表，唯有感激。同时我也十分感谢副校长程琳杰教授，他与我是多年的老朋友了；感谢汉中市文联党组书记、主席张芳，她亦在精神与友情上给了我热情支持。

感谢西安雁展印务公司柳总的多次协调搭线联络，承蒙中国文史出版社领导厚爱，特别是责任编辑李晓薇女士，因为要保证书籍在方济众诞辰百年活动之前正式出版，李编辑在整个编辑过程中，认真负责与辛苦校对，夜以继日，加班加点。尽管她是基于职业责任，然而她之认真负责的精神，也令我很是感动。雁展印务公司承担书稿设计与印刷，公司柳总真诚对待，公司书籍设计乔小军与小张，仔细核对书稿，再此一并谢之。

我本人其实乃一画人，非专门把玩文字者，本书之写作背景，面对的是长安画派先哲的历史，又有十三都朝的长安文化不断拷问，故而，书中文字与文史故事难免有差错出入，还望行家学人与读者多多指教。

2023年10月

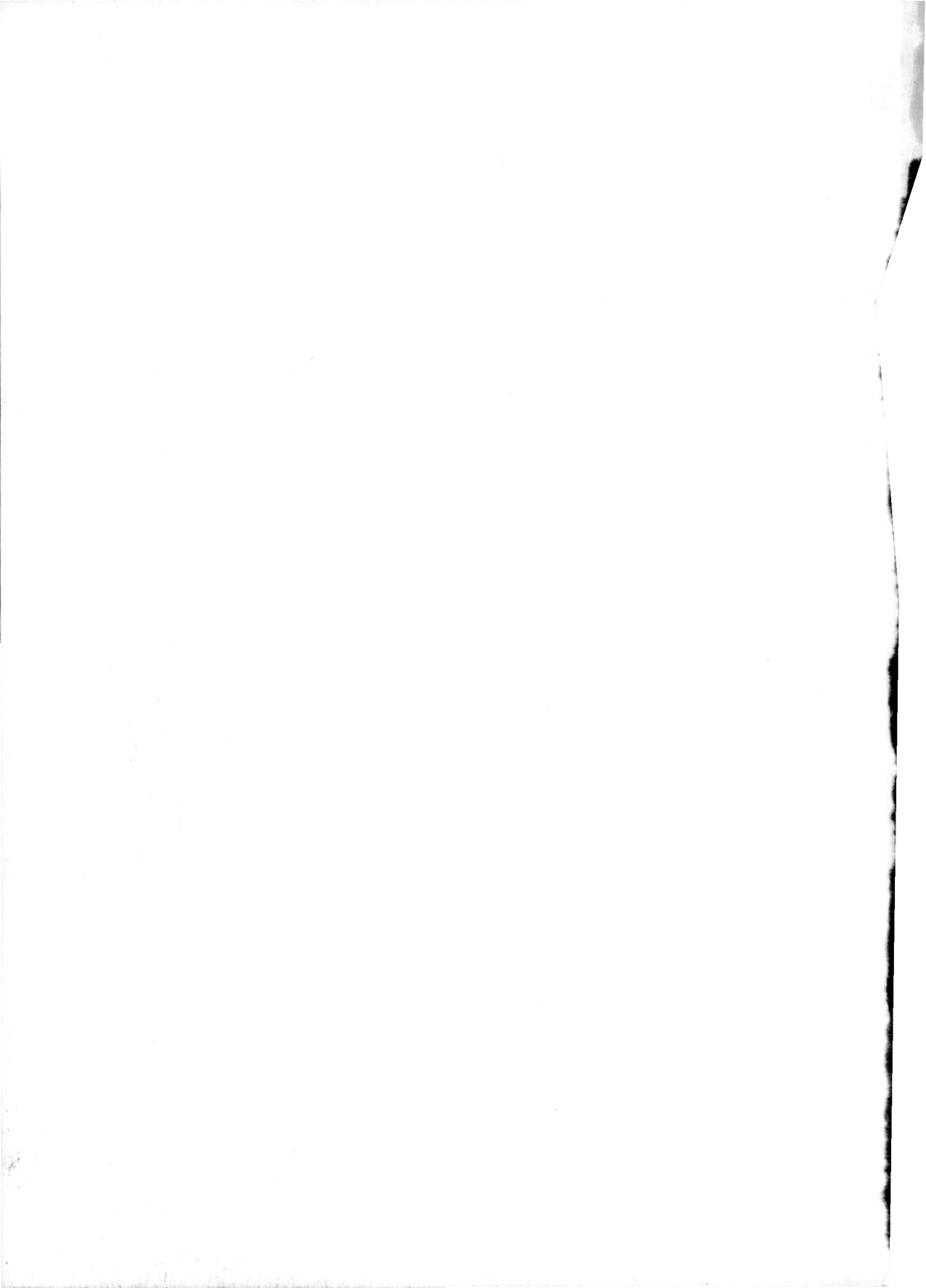